Himmelstürmer Verlag

Von Manuel Sandrino bisher erschienen:

- „Selbstverständlich schwul!“ Nur noch als E-book lieferbar

- „Apollon und Mercury – Wahre Träume leben“
  ISBN print: 9783863613792
- „Apollon und Mercury – Einer muss sterben“
  ISBN print: 9783863613853
  Beide auch als E-book
- 

und viele mehr!

Himmelstürmer Verlag, Nordertorstriftweg 24A, 31582 Nienburg
www.himmelstuermer.de

E-mail: info@himmelstuermer.de
Originalausgabe, August 2015
Zweite Auflage November 2025


Rechtschreibung nach Duden, 24. Auflage.

Coverfoto: istockphoto, shutterstock.

Umschlaggestaltung: Olaf Welling, Grafik-Designer AGD, Hamburg.
www.olafwelling.de

ISBN print 978-3-86361-482-9
ISBN epub 978-3-86361-483-6

Manuel Sandrino

# Nackte Geheimnisse

Himmelstürmer Verlag

Für alle Abenteurer, die dem hörbaren Lebensstrom
lauschen und mutig auf seinen Lichtwellen surfen.

## Inhalt

Vorwort 7
Erst fallen die Hüllen 11
Ich tappe in die erste Falle 15
Reale Träume und imaginäre Wirklichkeit 22
Das Geschenk, das ich niemals sein wollte 23
Ein Angebot, das ich nicht ausschlagen kann 33
Heimliche Verschwörungen 41
Ich muss den Stier bei den Hörnern packen 46
Der Trophäenjäger 52
Was bedeutet frei zu sein? 60
Ein verwegener Vorschlag 63
Überrumpelt und in die Ecke gedrängt 68
Die längste Stunde meines Lebens 72
Schauplatz neuer Peinlichkeiten 79
Unschuldige Sinnlichkeit 84
Kleider machen Leute, doch was ist mit Nacktheit? 90
Transformation 98
Weniger ist mehr 106
Wir alle tragen Masken 109
Ein seltsamer Gast 126
Ich spiele eine Rolle 140
Mutig voraus oder schamhaft untergehen? 148
Feind und Freund 156
Sex ist niemals die Lösung 164
Die Aufgaben eines Botschafters 175
Erleuchtung 181
Das Schicksal will mich tot sehen 187
Die verhängnisvolle Probe 192
Ich sterbe 200
Zwischenstopp im Nirgendwo 204
Nebenwirkungen 210
Coach 217
Ausgefallene Trainingsmethoden 221

Der tiefere Sinn von Ritualen 236
Das war längst überfällig! 243
Verwirrung der Gefühle 252
Wenn Selbstdisziplin fehl schlägt 259
Zorn, die Schwester des Wahnsinns 272
Der große Tag 286
Ähnlich ist nicht Gleich 300
Tun sie das nicht immer? 304
Engländer ticken irgendwie anders 314
Motivation ist die halbe Show 320
Wenn ein Nudist strippt 323
Alte Feinde 331
Konsequenzen 346
Der Preis des Helden 351

Bux' Zukunft 361
Danksagung 362

## Vorwort

Falls dieses geheime Tagebuch jemals gefunden wird, dann nur, weil ich wahrscheinlich tot bin, entführt wurde oder sonst irgendwie verschwunden bin. Wer immer diese Seiten in die Hände bekommt, sei gewarnt: einige meiner Tagebucheinträge sind definitiv nichts für prüde Gemüter oder verklemmte Normalos. Zu schockieren, war nie meine Absicht, doch das echte Leben nimmt keine Rücksicht auf fixe Denk- oder Verhaltensmuster.

Wer immer meine *nackten* Geheimnisse erfahren will, dem rate ich: Sei der genießerische Beobachter oder der scharfe Kritiker, der aus der sicheren Distanz alles be- und verurteilt. Sei der Wolf, der sich hungrig auf die Beute stürzt. Sei der verborgene Voyeur, der nie wegsieht. Sei alles, was du nur heimlich beim Lesen eines geheimen Tagebuches sein kannst!

Warum ein *geheimes* Tagebuch? Ich lernte von meinem Mentor, dass man echte Geheimnisse verschleiern muss, genauso wie die Personen, die damit zu tun haben, weshalb ich keine Person in meinem geheimen Tagebuch beim richtigen Namen nenne. Das hat nichts mit Lüge, sondern mit Schutz zu tun. Jeder sieht das Leben – auch das eigene – nur durch seine eigenen Augen; urteilt über andere nur aus der eigenen Perspektive; oder beschreibt die Ereignisse so, wie sie einem selbst passieren. Man kann nur das sehen, was man selbst sehen kann. Man kann nur das hören, was man hören will; und ja, jedem erscheint die Welt in anderer Verkleidung.

Wahrheit? Wahrheit ist für jeden etwas anderes! Wer mir nicht glaubt, sollte mal eine Zeitung oder religiöse Schriften lesen oder sich mit Politikern unterhalten. Jeder sieht nur das, was er selbst sehen kann oder was er will, dass andere sehen sollen.

Wie alles begann: Kurz vor dem Übergang zu meiner Volljährigkeit verlor ich meine Zukunftsperspektiven. Ich hatte absolut keinen Schimmer, was ich mit meinem Leben anfangen sollte. Darin war ich bestimmt nicht anders, als Hunderttausend andere auch. Vielleicht ahnte ich, dass das Schicksal beschloss, aus meinen Lebensfäden einen ganz neuen Teppich zu weben? Sicher ist, dass ich durch die Chats mit dem unheimlichsten Typen, den ich kenne, zum ersten Mal mein Schicksal akzeptierte, es in die eigenen Hände nahm und all die Fäden aus dem Teppich zupfte, die da nicht mehr hingehörten; es waren viele!

„Reiß dir die Masken vom Gesicht, zerfetze deine Hüllen und zerschmettere deine Hemmungen!"

Logisch, gefielen mir solche Ratschläge!

Logisch, war ich süchtig nach mehr!

Logisch, wollte ich alles sofort in die Tat umsetzen, auch wenn ich absolut keine Ahnung hatte, was damit gemeint sein könnte. Hätte ich es auch nur geahnt, ich hätte den Chat mit diesem Verrückten sofort beendet und mein eigenes Profil auf der Internetplattform gelöscht. Aber ich war von einer unstillbaren Neugier getrieben. So tat ich nichts dergleichen; ganz im Gegenteil!

Ich stieg auf ein verlockendes Angebot ein und betrat damit den teuflischsten Himmel, den ein sterbliches Unschuldslamm betreten kann. Mein Leben und mein Tod – oder umgekehrt – sind fest mit zwei ungewöhnlichen Typen verbunden. Ich hätte von ihren Namen auf Probleme schließen müssen.

Vielleicht lud ich die Typen unbewusst in mein Leben ein?

Vielleicht hörten sie meine Verzweiflung?

Vielleicht war es einfach Zeit, dass ich erwachte?

War der erste der beiden Typen ein Verführer, verliebte ich mich in den zweiten bis über beide Ohren. Damit änderte sich fast augenblicklich alles und nichts war danach mehr so, wie es sein sollte. Traue niemandem vollkommen, egal, wie moosgrün, stahlblau oder golden seine Augen sind; sei sofort auf der Hut, wenn dir jemand schmeichelt; und glaube nichts, was du nicht selbst aus tiefstem Herzen als richtig und wahr empfindest. Ich hielt mich nicht daran.

Ach so: Mein Name ist Martin Holmström, doch alle nennen mich einfach *Bux*. Das kommt daher, weil ich als Kind ein Rotzlöffel war und ständig in Schwierigkeiten geraten bin, genau wie dieser schwule Zeichentrickfilmhase Bugs Bunny. Mein bester Freund, den ich *Curly* nenne, verglich mich schon im Sandkasten mit dem Langohr mit der großen Klappe.

Doch der großmäulige Bux verwandelte sich mit dem Eintritt in die Pubertät in einen gehemmten Feigling. Warum?

Ich realisierte, dass ich schwul bin. Dummerweise erwachte aus dieser Erkenntnis kein Held in mir. Ich wurde verletzlich und angreifbar. Den Sprung über die Klippe gesellschaftlicher Vorurteile schaffte ich nicht und das, obwohl heute – zumindest direkt, so von Angesicht zu Angesicht – mich deswegen keiner mehr verurteilt hat. Doch Theorie ist eben nicht die tägliche Praxis – schon gar nicht an Schwulen oder hinter ihrem Rücken!

Im Oktober vor meinem achtzehnten Geburtstag lernte ich über einen Internet-Chat den Mann kennen, der mir alles eingebrockt hat, was folgte. Das liegt ziemlich genau eineinhalb Jahre zurück. Er nannte sich *Dionysos,* nach dem griechischen Gott der Ekstase, des Rausches und der Wiedergeburt. Da mich mein Opa oft als einen Dionysos beschimpfte, war meine Neugier sofort geweckt. Selbst nach Wochen regem Austausch kannte ich weder Dionysos' Alter, noch wusste ich, wie er aussah, noch wo er lebte. Wir chatteten nur nachts und nur in Englisch über eine Internetplattform. Er sprach niemals über sich; es ging in allen Chats ausschließlich um meine Wünsche, meine Probleme und meine Träume.

„Junge", ermutigte er mich immer wieder, „umarme das Leben und erfreue dich am Lebendigsein! Es gleicht einem Rausch. Genieße diese Verzückung! Reite auf ihrer Hitze und tanze zu ihrem Vergnügen. Vergiss dein Ego! Vergiss deine Vorurteile und deine Hemmungen! Junge, sei was du bist und das ganz und gar!"

Als ich Dionysos daraufhin stolz schrieb, dass ich mich hemmungslos betrunken hätte, um mich frei und lebendig zu fühlen, war er stocksauer. Dionysos drohte mir, falls ich diesem Kinderkram nicht augenblicklich abschwöre, er seine Zeit nicht weiter mit mir verschwenden würde. Lebensfreude und das wahre *Lebendigsein* erwachse aus dem Herzen und komme niemals aus einer Flasche, einem Qualm oder einer Pille.

„Aber alle frönen diesem *Kinderkram*!", meckerte ich.

Falls ich wie andere sein wolle, dann würde ich niemals die Tiefen meines Wesens ausloten. Flaschengeister wären Gefangene ihrer Flaschen, das sollte ich niemals vergessen.

„Junge, erkenne dich selbst, und du wirst die Welt der Götter erkennen", schrieb mir der Typ mit dem mythologischen Spitznamen. „Wie ein Magnet ziehen wir sie an und werden selbst von den Göttern angezogen. Wir lassen den Himmel weinen und die Erde jubeln; und wie kostbare Edelsteine tragen wir in unserem Herzen die Tränen aller Wesen, um sie in Lächeln zu wandeln. Gott stirbt in uns; in uns steht er wieder auf."

Dionysos war es auch, der mir zu diesem geheimen Tagebuch riet. Ich solle alles aufschreiben, denn viel zu schnell würden wir vergessen, was uns das Leben schenkt. Unentwegt provozierte mich der ungewöhnliche Mann, über mich selbst hinaus zu wachsen, meine Grenzen und die gesellschaftlichen Konventionen zu erkennen, um sie mutig zu überschreiten. Ich solle meine geistigen Flügel entfalten und mutig und abenteuerlustig das Leben mit all seinen Überraschungen akzeptieren und leben.

Aber Dionysos war ein Mann voller Widersprüche. So philosophisch und klug er schrieb, so seltsam erschienen mir andere seiner Macken. Immer forderte er mich auf, mich auszuziehen, während wir per Computer kommunizierten, was ich aber niemals tat – ich bin ja nicht verrückt!

Aus dem anderen Typen, der mein Leben auf den Kopf stellte, wurde ich genauso wenig schlau. Zur gleichen Zeit, wie ich mit Dionysos chattete, träumte ich Nacht-ein-Nacht-aus von ihm und traf ihn in immer neuen Versionen des gleichen Traums. Auch mit diesem Typen sprach ich ausschließlich Englisch, er mit stark schottischem Akzent. Der Ort unserer nächtlichen Begegnungen waren diverse Reisebüros. Warum ich mich mit ihm immer über mein Schicksal unterhielt, entzieht sich meiner Kenntnis. Er verwob es mit Los Angeles, obwohl ich in London landete.

Der Teenager nannte sich Seth, was bestimmt ein Spitzname oder eine Abkürzung war. Seine Haare waren rot oder manchmal rotblond; seine Haut oft weiß, doch ebenso oft sonnengebräunt; mal zählte ich siebzehn Sommersprossen über seiner Nase und seinen Wangen, ein andermal unzählige oder aber kaum welche, wenn seine Hautfarbe dunkler wurde. In seinen moosgrünen Augen ertrank ich in schottischen Hochlandseen, denn ein geheimnisvolles Glitzern sog mich regelrecht in ihre Tiefen. Trotz seiner Jugend strahlte Seth Macht und Weisheit aus. Sein Körper war muskulös, aber so geschmeidig wie der eines Schakals. Ich verliebte mich unsterblich in diese Traumfigur.

# Erst fallen die Hüllen

Heute ist der siebte Februar und ich muss eine sehr wichtige Entscheidung treffen. Ich ahne, dass sich danach alles abermals vollkommen verändern wird. Ich ahne, dass ich wieder nach London muss! Will ich das wirklich? Es ist seit meiner ersten Begegnung mit Dionysos und Seth viel Zeit vergangen. Auf meinem Bett herumlungernd, stöbere ich durch die Seiten meines geheimen Tagebuches. Ich muss mir Klarheit verschaffen, wozu ich alles von Anfang an nochmals durchlese. Bin ich danach noch immer überzeugt, konfrontiere ich die beiden Typen, denen ich alles verdanke.

So begann es vor bald eineinhalb Jahren:

Donnerstag: 20. Dezember

„Junge, Geschenke tauchen plötzlich und in Verkleidung auf", schrieb mir Dionysos bei einem unserer Internet Chats. „Zögere nicht, sie zu akzeptieren. Packe sie aus! Nur hüllenlos offenbart sich dir die Welt. Hüllenlos musst du ihr begegnen." Wie prophetisch seine Worte waren, verstand ich erst viel später.

Dionysos kündigte mir an, mich in die Mysterien des Lebens einzuweihen; teils in Träumen, teils durch alltägliche Erfahrungen. Ich solle mir alles in mein geheimes Tagebuch notieren. Die erste Prüfung würde morgen, mit der Nacht auf meinen achtzehnten Geburtstag, seinen Anfang nehmen.

Ich hatte keine Ahnung, was das bedeuten sollte und natürlich glaubte ich diesem Internet Freak kein Wort! Vielleicht ahnte er es? Vielleicht prüfte er mich? Vielleicht war er mir auch einfach überdrüssig geworden? Seine Ankündigung mit der Traumeinweihung war das Letzte, was ich von ihm hörte. Dionysos löschte sein Internetprofil und verschwand aus meinem Leben. So glaubte ich. Was war ich naiv!

Freitag: 21. Dezember

In der kommenden Nacht auf meinen achtzehnten Geburtstag hatte ich meinen ersten Traum, der anders war, als alle meine bisherigen. Er begann als belangloser Albtraum. Erst kapierte ich es nicht, denn ich stand, wie schon etliche Male zuvor, in einem Reisebüro, doch diesmal schien es sich in Los Angeles zu befinden, dem Ort, der für mich offensichtlich wichtig ist.

Seth saß hinter einem wuchtigen Pult und trug eine verspiegelte Sonnenbrille und eine Art Tunika oder einen Chiton, was ziemlich schräg aussah, ihm aber hervorragend stand, nicht zuletzt deswegen, weil das weiße Tuch nur an den Schultern durch Spangen zusammengehalten wurde, seitlich aber interessante Einblicke bot. Seth war barfuß, als er um sein Pult herumkam, um mir beide Hände zur Begrüßung zu schütteln.

„Holmström, bist du bereit?"

Mir fiel auf, wie seine roten Locken vom Wind eines Deckenventilators zerzaust wurden. Wie meist im Traum war ich mir meines eigenen Körpers kaum bewusst.

„Hüllenlos offenbart sich dir die Welt", leckte sich der junge Schotten seine Lippen. „Hüllenlos musst du ihr begegnen. Holmström, du hast es kapiert!"

Ich hatte nur Augen für seinen Griechen-Look.

Seth langte nach meiner rechten Hand und führte mich an neun Pulten vorbei, hinter denen neun Frauen saßen, die entweder in Prospekten blätterten oder sich Notizen auf Schriftrollen machten. Drei von ihnen fielen mir speziell auf, denn sie folgten mit ihren Blicken jeder meiner Bewegungen. Die exotischste der drei hatte ihr schwarzes Haar mit einem feuerroten Seidenband hochgebunden. Auch wenn ich nicht auf Frauen stehe, verzauberte mich ihr Wesen sofort. Sie musste ein Model sein, denn keine Reisebüroangestellte trägt derart hohe High Heels und definitiv kein blutrotes Abendkleid.

„Darling, falls du die heutige Nacht überlebst, sehen wir uns wieder!", flötet sie mir mit portugiesischem Akzent zu und nickte zu ihrer Kollegin, die bestimmt schon achtzig war.

„Er ist stark. Er ist potent. Sein Licht leuchtet hell!" Die uralte Diva klatschte in ihre Hände und drehte sich auf ihrem Bürostuhl einmal um die eigene Achse. Ein Saphir funkelte zwischen Brillanten an einem königlichen Halsband. Ihr weißes, kunstvoll frisiertes Haar verlieh ihr etwas zeitlos Majestätisches.

Noch immer schenkte ich meiner eigenen Erscheinung keinerlei Beachtung.

Die dritte Frau trug ein altmodisches Kleid, wie es zur Zeit der Prohibition in Amerika in Mode war, mit Federkragen, dazu bestimmt eine Million Perlen auf langen Schnüren aufgefädelt. „Bewährst du dich, werde ich dich küssen!", säuselte sie.

„Kaliope", zeigte Seth auf die Brasilianerin. „Klio", wiederholte er die Geste bei der Diva „und Thalia", bei der Perlenfrau.

Ich verneigte mich, da mir ein ordinäres Händeschütteln einfach undenkbar erschien. Kaum senkte sich mein Haupt, dass ich erst meinen Bauch sehen konnte, dann ... Meine Knie sackten unter mir weg. Gefällt kauerte ich auf meinen Fersen, um mich mit beiden Händen krampfhaft zu bedecken. Angstschweiß verklebte meine Sicht auf die neue Realität.

„Junge!", schwebte die uralte Diva um ihr Pult. „Falls du der bist, der du sein könntest, müsste ich mich vor dir niederwerfen!"

Noch kümmerlicher verbarg ich meine Nacktheit, bis Klio statuenhaft und unsterblich sich vor mir auftürmte: „Steh auf!", befahl sie. „Oder entferne dich aus meinem Umfeld!"

Eingeschüchtert hastete ich auf meine Füße, achtete aber geschickt darauf, meinen potenten Stolz weiter zu verbergen.

„Darling", zwitscherte die Brasilianerin, „lass dein Licht leuchten und dein Körper sein Tempel sein."

„Hier", reichte mir Seth einen Lappen in der Größe eines Taschentuchs, den ich mir rasch um die Hüften band.

Klio, Kaliope und Thalia zwinkerten sich gegenseitig zu, was Seths Zeichen war, mich aus dem Reisebüro in einen wartenden Kleinbus zu führen. Die Hitze Südkaliforniens buk die Welt und Smog vernebelte meine Sicht. Im Bus warteten vier weitere Kandidaten. Ein jeder von ihnen war männlich und nackt, wie ich zuvor, nur dass es den vieren nichts auszumachen schien. Verklemmt hockte ich mich zwischen sie. Keiner sprach.

Seth setzte sich hinters Steuer und die teuflischste Sight Seeing Tour durch Los Angeles nahm ihren Anfang. Er ignorierte jede Ampel und jagte mit uns Richtung Norden zu den Santa Monica Hills. Ich klammerte mich am Sitz fest und überprüfte ständig meinen Sicherheitsgurt. *Falls du die heutige Nacht überlebst, küsse ich dich!* Endlich parkte Seth den Wagen am Strand und fünf Überlebende torkelten ihm über einen Pfad der Küste entlang hinterher. Vor einer Höhle sprach er: „Einzeln werdet ihr den Tempel betreten. Nur wer den Weg in den Hain findet, wandelt weiter auf dem Pfad der Götter. Wer stirbt, vergisst."

Einzeln tippte er uns an der Schulter an; einzeln betraten wir die Höhle. Ich war der Letzte. Stumm forderte Seth den Waschlappen zurück. Potent, wenn auch nicht stolz darauf, drehte ich mich von Seth ab, um mein Verderben in der Höhle zu fokussieren.

Meine sichtbare Erektion geißelte mich mehr, als jedes Monster, das sich auf mich stürzen könnte. Mir war egal, wenn ich morgen in meinem Bett erwachen und mich an nichts der Peinlichkeiten erinnern könnte. Insgeheim hoffte ich zu versagen. Ich sehnte das Vergessen herbei. Doch statt Dunkelheit züngelte das Licht eines neuen Tages und verdrängte immer heller werdend jeden Schatten, jeden Schutz im Kuppeldach, das sich als Höhleninneres offenbarte. Knöcheltief versank ich bei jedem Schritt im Sand. Es gab keine Verstecke. Weder mutig, noch stolz, sondern gebückt und ängstlich, schlich ich an der Wand entlang. Nur fort aus dem Zentrum mit diesem Licht! Ein Riss in der Wand, nur ein paar Schritte von mir entfernt, nutzte ich als Versteck. Kaum im Spalt, plumpste ich einfach durch ihn hindurch in eine andere Welt.

Moosbewachsen wand sich eine Steintreppe durch einen Wald den Berg hoch. Die erste Stufe begann genau an dem Ort meines Auftauchens. Wo meine Füße gerade noch durch heißen Sand in dieser Kuppelhöhle schlichen, fühlte ich jetzt das weiche Moos, Blätter und kühle Erde unter meinen Sohlen. Aus Efeu bastelte ich mir einen Kranz und band ihn mir um die Hüften. Etwas bedeckt, pfiff ich ein Liedchen und begann mit dem Aufstieg durch diesen Wald.

Vieles, was ich während dieser ersten Einweihungsnacht träumte, war skurril und beängstigend. Ich kannte weder eine Klio, noch eine Kaliope oder eine Thalia. Was, wenn mir der Vamp mit den Perlenketten in einem nächsten Traum auflauert? Immerhin will sie mich küssen, jetzt da ich überlebte. Da ich mich noch an jedes peinliche Detail erinnern kann, muss ich den Test bestanden haben. Der Traum ergab keinen Sinn, dennoch ahnte ich, dass der Aufstieg in jenem Wald der Anfang einer gefährlichen Reise war: die ersten Schritte in ein neues Leben.

## Ich tappe in die erste Falle

Dienstag: 14. Mai

Einige Monate nach meinem achtzehnten Geburtstag und dem Albtraum mich splitternackt in einem Reisebüro zu befinden, rief mich *Curly*, mein bester Freund, ganz aufgeregt an: „Bux fliegst du mit mir nach London zum diesjährigen *World Naked Bike Ride*? Ich muss da hin!"

„Aber sonst tickst du noch richtig?"

Mein bester Freund klärte mich über Sinn und Zweck der Aktion auf und wurde immer enthusiastischer.

„Ich werde niemals nackt auf einem Fahrrad durch Londons Innenstadt kurven, um mich von Zehntausend Voyeuren und Schaulustigen angaffen zu lassen. Hast du sie noch alle?" Curly wusste nichts von meinem Initiationstraum. Traum ist Traum; Realität ist Realität! Das glaubte ich damals noch.

„Alter, du kannst auch ne Unterhose oder sogar ne Badehose anbehalten. Die Veranstalter sind tolerant: *So nackt, wie du dich getraust!*, lautet das Motto. Ich fliege! Komm mit!"

Logisch habe ich mich für Tage gewunden und tausend Ausreden erfunden. Doch Curly wollte nach London, er wollte es unbedingt und ich, als sein bester und ältester Freund, sollte ihn begleiten. Um mich zu tarnen, färbte ich kurzfristig meine hellblonden Haare. Ich wollte nicht erkannt werden, sollten jemals Fotos von meiner Teilnahme am *World Naked Bike Ride* im Internet auftauchen. Mein Frisör versicherte mir, das Braun mit kastanienroten Strähnchen würde sich wieder rauswaschen.

Warum ich mich überreden ließ, schrieb ich meinem Albtraum zu. Vielleicht glaubte ich, in London eine Antwort auf meine erste Prüfung in die Mysterien des Lebens zu finden? Vielleicht hoffte ich, diesen Wald in England – gar in London – zu finden? Vielleicht war ich auch nur neugierig?

Samstag: 22. Juni

Einen Monat später flogen Curly und ich für das Wochenende nach London. Die Stadt küsste und streichelte mich, wie einen Liebhaber; ich erlag ihrem Charme. Ich vermute, das hat etwas mit unterbewussten Erinnerungen an frühere Leben zu tun; doch sicher bin ich mir da auch nicht. Für die beiden Übernachtungen fanden wir eine Herberge irgendwo in SOHO.

Curly hatte für uns Skibrillen, Baseball Käppis und Lederhandschuhe eingepackt, sozusagen als Partner-Look.

„Wozu die Skibrille?"

„Alter, so bleiben wir anonym, wenn uns gleich Tausende fotografieren werden."

Ich zog mir die Skibrille an und setzte mir das Käppi auf. Meine gefärbten Haare schauten darunter hervor, was ganz cool wirkte. Curly mit seinen krausen Naturlocken wirkte wie ein Clown; die Skibrille rundete das Bild ab. Als Curly in unserem Hotelzimmer aus seinem Hemd schlüpfte, schluckte ich leer. Während er strippte, zog ich über mein dunkelblaues Tank Top noch ein giftgrünes Kapuzenshirt. Dann rutschte seine Jeans auf seine Zehen und der Flitzer gaffte sich im Spiegel neben mir stehend an. „Und?", boxte er mich. „Traust du dich auch?"

Ich schüttelte stumm meinen Kopf.

Schultern zuckend befreite sich Curly von seiner Boxershorts, schnappte sich die Lederhandschuhe und zog sie sich an. Das wirkte echt sexy. „Jetzt du! Nur für mich?"

Ich konnte schon immer stur sein. Aber es war nicht nur das, ich war einfach ein Feigling. Als eine männliche Jungfrau war ich leicht erregbar und total verklemmt. Trotz Curly's Drängen, zog ich mir nicht mehr als meine Jeans aus und präsentierte meine neue Badehose.

Ich sah meinen Hetero-Kumpel oft im Sport nackt, doch jetzt war es anders. Sein jungenhafter, haarloser Körper mit dem zurechtgestutzten Busch, löste Panikattacken in mir aus.

„Bux, hast du ne Latte?"

Meine Badehose verbarg leider nichts.

„Stehst du auf mich? Willst du mich ficken?" Erst als er schallend loslachte, weil ich immer röter und das Ding in meiner Hose immer härter wurde, entspannte ich mich etwas.

„Nackt wirst du mich heute nicht sehen!“, versprach ich.

Ich war nicht der einzige Teilnehmer, der eine Bade- oder eine Unterhose während der Flitzer-Radtour durch Londons Innenstadt trug – doch ich war der einzige mit meinem Kapuzenshirt über einem Tank Top. Alle anderen waren oben-ohne. Die meisten hatten sich ihre nackten Oberkörper mit Slogans gegen die Ölindustrie und die Abhängigkeit von Autos aufgesprayt. Doch da gab es auch echte Paradiesvögel, die vollkommen gold oder silbern bemalt waren und dazu noch auffallende Perücken oder Hüte trugen oder wahre Body Painting Kunstwerke.

Curly verzichtete bald auf alle mitgebrachten Partner-Look-Sachen und fuhr die ganze Strecke nur in den Lederhandschuhen. Er genoss seinen Exhibitionismus. Jedes Mal, wenn sich unserer Blicke in all den nackten Radfahrer trafen, lachte er, schnitt eine Grimasse oder winkte mir mit seinem Pimmel.

Am *Piccadilly Circus* schienen die Ampeln extra lange auf Rot zu stehen, damit die wartenden Touristen Zeit fanden, Souvenir Fotos zu schießen. Dort sprach mich ein junger Engländer mit zerzausten Haaren an. *Pimlico,* wie ich ihn fortan nannte, blieb ab da die ganze Strecke an meiner Seite. Er war Nudist; er verbarg sein Gesicht nicht durch eine ulkige Skibrille wie ich.

Einige Stunden später, am Ziel am *Wellington Arch*, Ecke *Hyde Park,* trudelten immer mehr der nackten Radler ein. Sie kamen aus verschiedenen Richtungen und drängten sich in den Hyde Park. Wenige zogen ihre Klamotten wieder an, die Meisten blieben nackt und ließen sich fotografieren; wie auch Curly und Pimlico. Immer wieder zog der eine oder der andere mich mit sich zu einer neuen Fotografengruppe, um sich mit fremden Girls, Chinesen oder alten Typen im Arm ablichten zu lassen.

Zum Glück blieb mein Penis schlaff. Entweder hatte ich mich an den Anblick all der nackten Jungs und Männern gewöhnt oder es kam daher, dass mindestens genauso viele nackte Frauen unterwegs waren; ihre Gegenwart raubte dieser Veranstaltung für mich jeden sexuellen Reiz. Vielleicht lag es auch einfach daran, dass dies ein Treffen von Nudisten war. Hier trafen sich Nackte jeden Alters, jeder Hautfarbe und beiderlei Geschlecht. Es gab viele hässliche, fette, dünne, große und kleine Menschen, gut aussehende wie auch auffallend viele Teenager und Studenten, die immer in Gruppen zusammen blieben. Es gab buntbemalte Exoten, genauso wie Verklemmte, die ihre Badehosen niemals auszogen. Niemand scherte sich darum. Jeder zelebrierte sich selbst und das, wie er wollte.

Pimlico nahm mir meine Skibrille und das Käppi ab, um beides selbst einmal aufzusetzen. Als er danach mit Curly bebrillt posierte, lachten wir wie die Kindsköpfe. Nur weil es ein wirklich heißer Tag war, zog ich mein Kapuzenshirt im Hyde Park aus. In meinem Tank Top und der Badehose trug ich viel mehr als die meisten und nicht weniger als am Strand.

Dann tauchte ER auf: ER war etwas kleiner als ich – gut, ich war schon damals groß! Seine Haut war leicht gebräunt und vollkommen haarlos. Seine Figur glich der eines Tänzers oder eines Läufers. ER war muskulös, aber geschmeidig wie ein Schakal. Seine Hüften erschienen schmal, doch das konnte auch nur so aussehen, weil er ziemlich breite Schwimmerschultern hatte. ER war kompromisslos nackt, bis auf eine verspiegelte Sonnenbrille, die auf seiner Stirn dazu diente, seine lockigen, hellroten Haare nach hinten zu zwingen. ER war mit Abstand der schönste Mann, dem ich jemals begegnet war.

Augenblicklich verliebte ich mich in die siebzehn Sommersprossen über seiner Nase und seinen Wangen. Als die Sonne in seine moosgrünen Augen schien, verwandelten sie sich in schottische Hochlandseen mit glitzernder Oberfläche.

Dann realisierte ich es – und das war das Verrückteste – ich kannte ihn. ER war der Junge aus meinen Reisebüro-Träumen. ER beriet mich nächtelang über meine Traumdestination Los Angeles. ER war mein Traummann. ER war meine heimliche Liebe. ER war die Quelle all meiner Sexfantasien. ER war der halsbrecherische Busfahrer – ER war Seth!

Jetzt, da ich ihn lebendig vor mir hatte, war ich sicher, ihn noch niemals zuvor im Wachzustand gesehen zu haben. Einen so schönen Mann hätte ich niemals übersehen, nicht mal, wenn er dick in Winterbekleidung gehüllt gewesen wäre. Augenblicklich passierte das, was ich bis jetzt glücklicherweise verhindern konnte: meine Badehose dehnte sich viel zu arg.

Je näher ER kam, desto unwirklicher erschien mir alles außer ihm. Mich überrollte sein Zauber. Der Trubel um mich herum verschwand. Erst verstummten die Menschen, dann der Autolärm im Hintergrund, dann das Vogelgezwitscher im Park und schließlich das Rascheln des Windes in den Baumkronen. Die Welt hielt den Atem an. Die Menschen wurden undeutlich, degradiert zu Statisten, die jetzt, genauso wie die Bäume, einfach nur noch rumstanden. Alles stand still.

Nur noch ER bewegte sich auf meiner persönlichen Bühne. Ich sah nur noch ihn. Ich hörte nur noch ihn. Selbst schweigend, flüsterte sein Atem mir Liebkosungen zu und sein Herzschlag wurde zum neuen Rhythmus in meinem Leben. Als ein einzelner Sonnenstrahl seinen Torso küsste, schimmerte er wie eine Goldrüstung. Ein Glücksgefühl, wie ich es noch nie erfahren hatte, lullte mich ein. Seine Präsenz inspirierte mich, entflammte mich und tötete mich.

„Junge, kannst du dich seitlich so posieren, dass deine Erektion sich härter im Gegenlicht abzeichnet?"

Ich hörte die Männerstimme, kapierte aber nicht.

„Seth!", rief dieselbe Stimme. „Dieser geile Bock ist reif!"

Ich beobachtete, wie der schönste Mann der Welt auf mich zu kam, lächelte und damit das Licht der Sonne in den Schatten stellte. Er berührte mich. Die Glut seiner linken Hand brannte sich tief ins Fleisch meiner Hüften, als er mich fordernd an sich zog. War ich erst verzaubert, unterlag ich jetzt seinem Bann.

„Perfekt!", lobte abermals die Männerstimme.

Ich sah zu Seth und chantete seinen Namen einem Hymnus gleich, während seine Hand tiefer rutschte. Nichts war mehr wichtig, bis auf sein Verlangen, mich zu besitzen. Längst taumelte ich in himmlischem Entzücken und frohlockte wie eine dämliche Jungfrau. Ich lauschte Himmelschören und fernem Donnern. Ich glaubte, Schmetterlinge zu sehen, die zu Hunderten herbeieilten, um mit ihren bunten Körpern eine Krone auf Seths Haupt zu bilden. Ich ignorierte Curly's Lachen genauso wie die weiteren Anweisungen der Männerstimme:

„Weihe das Früchtchen ein!"

Ich sah in seine Augen und ertrank im Ozean neuer Hoffnungen. Er zwinkerte mir zu und ich öffnete sabbernd meinen Mund. Wie hellrosa seine Lippen, wie weiß seine Zähne waren!

„Jetzt!", befahl der Fotograf.

Seths rechte Hand packte nach der Beute, die sich ergab.

Er will mich? Er liebt mich! Er begehrt mich? Tausend Gebete hauchte ich zu tausend Göttern: Nimm mich! Nimm mich! Als mir Seth meine Badehose runterriss, dass sie mir bis zu den Zehen rutschte, japste ich tausend stumme Dankesgebete. Ich vergaß, wo ich war oder was Seth gerade mit mir machte. Linkisch kratzte ich seine Brust. Seine Haut war sanft und seine Muskeln hart. Ich gab jeden Widerstand auf, ließ die Zugbrücke herunter und verbrannte die Wehranlagen. Meine innere Burg wurde erobert, zerfiel zu Staub. Irgendwann hörte ich das Quietschen der Himmelspforten, die sich endlich für mich öffneten, um ihren verlorenen Sohn heim zu locken.

Ich explodierte.

Seths Hand verschwand. Er schüttelte sie und etwas spritzte davon in den Rasen ab. Er grinste, boxte mir in die Rippen, brannte mir sein Zeichen mit einem Kuss auf meine rechte Wange und verschwand ohne ein einziges Wort im *Hyde Park*.

„Alter?", schüttelte mich Curly an den Schultern und sah, vor mir stehend, zu mir hoch. „Hast du gerade abgespritzt?"

„WAS?", gaffte ich meinen Schulfreund schockiert an. Mit Seths Verschwinden, tauchte leider die reale Welt wieder auf.

„Ist das Schweiß?", zeigte Curly nach unten.

Es knallte. Das Schloss der Himmelstore rastete wieder ein und die nackte Realität erschlug mich. Augenblicklich verwandelten sich die bewegungslosen Statisten zurück in schaulustige Voyeure, Fotografen und lachende Zeugen.

„Das war echt geil!", lobte die Männerstimme, die ich vorhin wahrgenommen hatte. „Junge! Junge! Was für ne Show!"

Als Curly weiter auf meine Erektion starrte, realisierte ich langsam, was wirklich passiert war. Traumatisiert zog ich mir ungeschickt die Badehose wieder hoch und verbog mich, um den noch immer gezückten Kameras, die schamlos alles dokumentierten – als ob es ihr Recht sei – auszuweichen.

„Ich bin Wilton", legte der Mann, seine Hände von hinten auf meine Schultern. „Darf ich dich zu einem Drink einladen?"

Nur langsam taumelte ich aus dem Delirium meines Sexrausches wieder in die Wirklichkeit zurück. Wilton dürfte so Mitte Dreißig sein, ein typischer Engländer in dunkelblauem Nadelstreifenanzug, Kurzhaarfrisur und steifem Benehmen. Er sah gut aus. Ich wollte sein Angebot schon ausschlagen und flüchten, als er sagte: „Seth ist schon ein verdammt scharfes Teil, doch du!“, gaffte mir der Anzugstyp auf meine klebrige Badehose, „Junge, du bist saftig!“

Ich klammerte mich augenblicklich an diesen Strohhalm Hoffnung. Dieser Geschäftsmann kannte Seth!

„Seth arbeitet für mich als Koch in meinem Hotel hier in London. Soll ich ihn dir vorstellen?“

„Hier!“, streckte mir Pimlico seine Visitenkarte entgegen, bevor ich mit Wilton losziehen konnte. „Falls wir uns später verpassen sollten.“

Da es im Pub, in das mich Wilton mitnahm, viele Nackte gab, scherte mich mein Aufzug nicht wirklich; ich hatte mich tatsächlich daran gewöhnt, nicht mehr als eine Badehose und ein Tank Top in der Öffentlichkeit zu tragen. Wilton entpuppte sich als interessanter Gesprächspartner. Immer mehr glich Wilton jenem Dionysos, der kurz vor meinem achtzehnten Geburtstag sein Internetprofil gelöscht hatte. Da mich Wilton ausnahmslos *Junge* nannte, obwohl ich mich ihm als Martin Holmström und ebenso als Bux aus Basel vorgestellt hatte, verhärtete sich mein Verdacht. Wilton wich all meinen Fragen, ob wir uns aus einem Internetchat kennen würden, aus.

„Ich hätte schwören können, dass du …"

Was denn Realität sei, fragte mich Wilton, als ich zum wohl fünften Mal versuchte, mir darüber Klarheit zu verschaffen, ob er nicht doch noch eine geheime Identität besitzen würde. Da ich seit der Begegnung mit meinem Traummann nicht mehr sicher war, was ich noch glauben sollte, zuckte ich nur mit der Schulter. „Realität? Keine Ahnung!"

„Junge, alles, was dich zu einem besseren Menschen macht, ist real", blickte mir Wilton in meine Augen. „Alles, was dich über dich selbst hinauswachsen lässt, ist real. Alles, was dein Herz für die Wunder deines wahren Wesens öffnet, ist real; vollkommen egal, ob es sich dabei um ein Buch, einen Film, einen Traum, das zufällige Flüstern auf der Straße oder ein Erlebnis in deinem Wachzustand handelt. Nutze alles, was das Leben dir zu bieten hat, um über dich selbst hinauszuwachsen. Das, mein Junge, bist du dir selbst schuldig!"

„Du bist es doch!", boxte ich Wilton kumpelhaft in die Seite, doch er winkte nur ab.

„Junge, lerne aus deiner Vergangenheit, doch halte dich nicht an ihr fest. Du kannst nur das als wahr und wahrhaftig erkennen, was dein Bewusstsein zulässt."

Nach weit über zwei Stunden verabschiedeten wir uns. Ich war so froh, Dionysos wieder getroffen zu haben, selbst wenn Wilton es auch bis zuletzt abstritt.

## Das Geschenk, das ich niemals sein wollte

Samstag: 21. Dezember

Seit jenem 22. Juni im Hyde Park ist viel Zeit vergangen. Meine Haare sind wieder so hellblond wie eh und je, was mir die Illusion schenkt, jener peinliche Zwischenfall würde sich auch bald restlos aus meinem Leben rausgewaschen haben. Leider träumte ich nie mehr von Seth. Ich befürchtete, da ich ihn jetzt im realen Leben kannte, sollte ich ihn künftig dort treffen und nicht in Reisebüros irgendwelcher Traumwelten.

Heute ist mein neunzehnter Geburtstag. Genau vor einem Jahr hatte ich meinen Initiationstraum in Los Angeles gehabt. Ob auch diese Nacht speziell sein sollte? Wie sehr mir Dionysos mit seinen verrückten Ideen fehlt, wurde mir bewusst, als ich mich in mein Bett legte und die Zimmerdeckte anstarrte, bis ich einschlief und sofort in einer anderen Welt wieder erwachte:

„Happy Birthday, Martin!“, winkte mir der Lover meines Vermieters zu. Offensichtlich bewohnte ich in diesem Traum in der Altstadt eine Mansardenwohnung. Als mir auch der Hausbesitzer zum Geburtstag gratuliert hatte, boxte mir sein Lover in die Seite. „Bist du nervös?“

Ich schien gerade geduscht zu haben und durch den Lärm von Möbelrücken auf die Dachterrasse gelockt worden zu sein. Ich trug nur einen Bademantel. Die verglaste Dachterrasse war jetzt schon schwül eingeheizt. Der Hausbesitzer verließ uns.

„Bux, ich hätte mir längst Mut angetrunken“, verriet mir der vielleicht dreißigjährige Lover des Älteren. „Aber bei deinem Aussehen, ist es etwas anderes!“

Was mein Aussehen damit zu tun haben sollte nicht nervös zu sein, verstand ich nicht. Ich fand nie, dass ich gut aussehen könnte. Bis vor wenigen Monaten plagten mich Pickel, dazu kam, dass ich während meiner Pubertät eine schlaksige Bohnenstange war. Ich sah mich selbst noch immer als peinliche Figur, trotz regelmäßigem Bodybuilding Training.

„Hätte ich deine Figur, ich würde es vielleicht auch wagen.“

„Was denn?“, inhalierte ich seine Komplimente.

„Die Show und die Geschichte mit den Wünschen! Dionysos versteht es, ausgefallene Partys zu organisieren."

„Hoffe ich doch!", tat ich so, als ob auch ich eingeweiht sei.

Am frühen Nachmittag begann die Party. Als erster Gast traf mein Bodybuilder Trainer ein, ein Typ mit Oberarmen, so dick wie mein Oberschenkel. Sein Mund wirkte zu groß, wie auch seine Ohren, die leicht abstanden, doch sie verliehen ihm etwas sehr sympathisches. Ich nannte ihn nur *Coach*. Sein rechter Oberarm wurde von diversen Tattoos geziert, doch da gab es auch noch einen Marienkäfer auf seiner linken Pobacke und einen Delfin über seinem Penis, sozusagen als Schamhaarersatz. Diese Tierbilder passten überhaupt nicht zum bulligen Muskelmann. Weil mir Coach beim Training assistierte, duschten wir auch gelegentlich zusammen.

„Bux, ich wusste immer, dass du mutiger als andere bist!"

„Ja, ja! Klar doch!", spottete ich. Ich war ein Feigling.

„Du wirst es wirklich tun?"

„Eine Idee von Dionysos?", spielte ich mit.

„Hier!", langte Coach in seine Trainingshose und reichte mir ein zerknittertes Stück Papier mit der Party-Einladung.

Neugierig begann ich zu lesen: *Erkenne dich selbst, und du wirst die Welt der Götter erkennen. Deine Wünsche öffnen dir die Tür; doch nur der Mutige erfüllt sie sich. Offenbare Freude; vertreibe Angst; springe über deinen Schatten, um im Licht deiner Erleuchtung zu stehen. Das ist das Geheimnis. Das ist das Mysterium des Dionysos!*

„Sehr poetisch!" Meine Augenbrauen schnellten in die Höhen, denn das dicke Ende folgte: *Martin Holmström träumt davon, sich selbst zu entdecken. Sein Geburtstag dient ihm als Visionssuche. Jeder Hinweis könnte ihm helfen, das Mysterium des Dionysos zu realisieren. Seine geheimsten Wünsche könnten auch deine eigenen sein. Blicke deshalb in dein Herz und schöpfe aus dem Vollen.*

„He?", grunzte ich. *Martin ist ein Träumer. Hilf ihm! Lass deine Fantasie spielen. Martin wird an seinem Geburtstag geheime Wünsche erfüllen.* Ich schluckte leer. „Coach, du hast aber nicht wirklich *geheime* Wünsche an Dionysos abgeschickt?"

„Bux, aus dir wird mal etwas ganz Besonderes", nickte er.

*Skater* trug ein bauchfreies T-Shirt. Meist hing seine XXXL-Hose so tief im Schritt, dass seine Unterhose darunter vollkommen rausschaute – falls er überhaupt eine anhatte! Wir hatten einen geheimen Handschlag, eine geheime Umarmung und sogar eine geheime Art zusammen zu pissen. Wir kannten uns schon lange! Seltsamerweise hatten wir nie mit Sexspielchen experimentiert. Er hatte struppiges Haar und einen stetig lachenden Mund.

„Hier", reichte mir Skater ein Geschenk, einen runden Button auf dem *Novize* stand. „Alter, was gaffst du so verwundert? Du bist noch kein Eingeweihter!"

Als ich mir den Button am offenen Hemd über meinem Tank Top befestigen wollte, klopfte mir Skater auf meine Hände: „Alter, doch nicht dahin!" Er öffnete die Sicherheitsnadel des Ansteckknopfes, fasste nach dem Hosenstall meiner Jeans und schob seine Finger zwischen die Knöpfe. Das tat er so gezielt, dass er nicht nur meinen Hosenstall damit öffnete, sondern auch gleich noch mit seinen Fingern die Knöpfchen meiner Boxershorts überlistete und so meinen Penis berührte, während er seelenruhig den Button montierte.

Immer neue – fremde – Gäste trafen ein, die ich im Traum aber alle zu kennen schien. So auch Fokus und Abschlussballkönig.

*Fokus* war Hobbyfotograf. Weil er die letzten Jahre immer und alles mit seinen Objektiven fokussierte, nannte ich ihn bald nur noch Fokus. Er schwärmte für Aktaufnahmen und gabelte die letzten Jahre viele Weiber auf, die sich von ihm nackt fotografieren ließen. Ich wusste von ihm, dass er jedes Interesse an der Fotografie verloren hatte. Er steckte in einer Krise. Wie viele mit einer kreativen Blockade, war auch er auf der Suche nach einer Muse. Fokus war ein unauffälliger Typ mit Haaren, die wie das Fell einer Kanalratte aussahen.

*Abschlussballkönig* trug, wie immer, ein weißes Hemd zu einer dunklen Hose, dazu eine Seidenkrawatte und eine Schärpe um den Hosenbund in der gleichen Farbe wie seine ärmellose Weste. Weil er immer aussah, als ob er gleich auf einen amerikanischen Abschlussball aufbrechen müsste, nannte ich ihn auch so. Er schwärmte für den europäischen Film. In all seinen Lieblingsfilmen war mindestens einer der Schauspieler längere Zeit nackt zu sehen. Abschlussballkönig hatte viele Theorien darüber, die er mir nach den Kinobesuchen stundenlang intellektuell erklärte. In Wahrheit fand er es einfach geil, wenn Nackte in Szenen auftauchten, in der alle anderen voll bekleidet blieben.

Wenn ich heute, knappe zwei Monate später, diesen ersten Auszug vom Eintreffen meiner Gäste zu meiner Einweihungs-Geburtstagsparty nochmals durchlese, erstaunt es mich, wie detailliert ich mich an die Vorgeschichten meiner Gäste erinnern konnte. Keinem einzigen von ihnen war ich schon jemals zuvor begegnet. In meinem Leben kannte ich keinen von ihnen. Auch würde ich im realen Leben niemals nach dem Training mit einem Coach zusammen duschen. Ich duschte selbst nach dem Bodybuilding Training immer erst Zuhause. Mich nackt zu zeigen, war für mich absolut undenkbar. Ebenso würde ich mich niemals von einem Freund so ungeniert begrabschen lassen, wie das Skater bei mir tat. Sollte mir das alles eine Warnung sein, nicht auf dieses innere Drängen zu hören, das mich schon seit Stunden plagt?

Ich lese weiter in meinem geheimen Tagebuch und was damals im Traum passierte:

Als meine Geburtstagsparty in Schwung kam, rief mich ein über zwei Meter langer, dünner Typ mit platinblondgefärbten Haaren: „Pickelgesicht, hast du ein Bier?“ Der Typ trug eine schwarze Lederjacke, doch nichts darunter, dazu eine hautenge Jeans, Springerstiefel und schwarze Lederhandschuhe mit abgeschnittenen Fingerkuppen. Seinen echten Namen kannte ich so wenig, wie den aller anderen, doch jeder nannte ihn nur *Long*, was wahrscheinlich auf seine Körpergröße zurückzuführen war.

Ich führte Long zur Bar und langte nach der einzig übriggebliebenen Bierflasche in einem der Wassereimer, der bis oben mit Eiswürfeln gefüllt war. Während ich die Flasche an einem Handtuch abtrocknete, packte sich Long den Kübel Eiswasser und leerte mir den ganzen Inhalt über meinen Kopf.

„Mann, spinnst du, oder was?“, schimpfte ich prustend.

„Schlappschwanz!“, beschimpfte er mich. „Sieht so voll geil aus!“ Dabei starrte Long auf mein weißes Tank Top, das jetzt nass auf meiner Brust klebte und durchsichtig geworden war.

Am liebsten hätte ich Long den Inhalt eines weiteren Kübels in seine mit Mascara geschminkten Augen geschüttet, doch dazu hätte ich erst die diversen Weinflaschen rausnehmen müssen. Bis dahin wäre Long längst geflüchtet. Weil sich das nasse Zeug unangenehm anfühlte, zog ich mir Hemd und Tank Top aus, um beides vor dem Kamin zu trocknen – noch etwas, das ich im realen Leben niemals tun würde! Im Traum schien es mir vernünftig, mich auf einer Party oben-ohne zu bewegen.

„Bux, deine Jeans ist auch nass!", hoffte Long auf mehr.

„Die trocknet, wo sie ist!"

„Nacktheit ist ein Geschenk!", brachte sich Coach ins Gespräch ein. „Bux, beschenke uns!"

In meinem Schlafzimmer schälte ich mich aus der nassen Jeans und der Boxershorts darunter und grabschte nackt im Kleiderschrank nach Ersatz. Als ich hinter mir Schritte hörte, blickte ich mich um. Da stand ein Mann, den ich noch nie zuvor gesehen hatte. Anders als bei meinen anderen Partygästen, erinnerte ich mich an keine gemeinsame Vergangenheit mit ihm. Der Fremde war etwas untersetzt, etwas zu dick, mit lockigen Haaren, einem gestutzten Vollbart und Klamotten, die gut zu einem Penner gepasst hätten.

„Ich bin gleich wieder oben!", hoffte ich den Fremden zu verscheuchen.

„Junge, lass dir Zeit!" Damit überschritt er die Schwelle in mein Schlafzimmer.

War dieser Typ Dionysos? Er hatte mich in den Chats immer *Junge* genannt. Blind Dates sind und bleiben Überraschungen! Einerseits freute ich mich über Dionysos Erscheinen, andererseits war ich enttäuscht, denn Wilton hätte mir als Dionysos besser gefallen.

„Mögen sich von deinen eigenen Wünschen die erfüllen, die dich weiter bringen. Die geheimen Wünsche deiner Gäste werden dir den Weg in die Zukunft ebnen. Nichts passiert zufällig. Vergiss das nie!"

Nervös und mir meiner Nacktheit bewusst geworden, kramte ich im Schrank, um nach etwas passendem zu suchen.

„Scheu?", gaffte mir der Dicke auf meinen Hintern. „Nacktheit ist tatsächlich ein Geschenk! Geschenke muss du nicht nur annehmen können, sondern du solltest auch jederzeit bereit sein, dich selbst anderen zu schenken."

Der Typ, der mich während jedes Chats aufgefordert hatte, mich auszuziehen, kam erstmals voll auf seine Kosten. Unsicher blieb ich wie ich war, drehte ihm aber weiter meinen Rücken zu. Der Fantasiename

Dionysos passte gut zum kauzigen Typen, wie das Glas Rotwein in seiner linken Hand. Sein Äußeres war mir sofort so gleichgültig wie bei all unseren Chats; ich schätzte ihn wegen seiner Aussagen und Provokationen, der Mann dahinter, interessierte mich nie wirklich.

„Das Mysterium des Dionysos beinhaltet die Einweihung. Es wird Zeit für eine zweite."

Verblüfft drehte ich mich um. Für den Moment hatte ich vergessen, dass ich noch immer nackt war.

„Novize, jede Einweihung verlangt das Loslassen von Altem. Betrete, befreit von allen Hüllen, das Unbekannte."

Der Novizen-Button lag an meiner abgelegten Hose am Boden. Augenblicklich wurde mir mein Aufzug bewusst. Ich wirbelte herum, schnappte mir aus dem Schrank das erstbeste, was in Griffnähe lag: eine rote Baseball Cap, bedeckte mich damit, um Dionysos wieder zu fokussieren. Die Angst schärfte ihre Krallen. Doch wollte ich mich ihr stellen? „Wie mache ich das?"

„In dem du dich dem Unbekannten stellst", labten sich Dionysos' Blicke an meinem Aufzug. „Junge, wir alle tragen Masken. Wir alle schmücken uns mit Ansichten, Meinungen und Vorurteilen. Du kannst sie nicht bekämpfen, doch du kannst lernen, dich von ihnen zu befreien."

„Wie?" Jeder meiner Herzschläge prügelte gegen meine Brust, warnte mich und versuchte mir Vernunft einzuhämmern. Traue diesem Typen nicht! Er verführt dich! Dionysos tat nicht einmal so, als ob er meine Nacktheit einfach hinnehmen würde, um sie galant zu ignorieren, was mich schockierte, mir aber gleichzeitig schmeichelte. Ich hing längst in seinem Netz und klebrige Fäden fesselten mich zur Unbeweglichkeit.

„Ist Nacktheit wirklich ein Geschenk?", würgte ich heraus. Die neuen Fesseln verdammten oder erlösten mich zum unschuldigen Opfer seiner Begierden. Ausgeliefert genoss ich seine Blicke. Als ich fühlte, wie mein Penis unter der Kappe anschwoll, schluckte ich leer, wendete mich aber nicht ab. „Dionysos ist doch auch der Gott des Theaters und des Schauspiels?", überspielte ich meine Verlegenheit. „Gehören Verkleidungen und Masken mit zu seinen Mysterien?" Meine Stimme klang wie die eines Zehnjährigen, während mein Körper immer deutlicher seine Reife demonstrieren wollte.

Der Mann, der sich spaßeshalber selbst nach einem griechischen Gott nannte, sah mich herausfordernd an. „Alles beginnt mit der Läuterung deines Herzens. Junge, unerfüllte Wünsche verkrusten sich. Sie werden zu Panzern. Anfänglich bemerkst du diese Verhärtungen nicht, selbst wenn sie steinhart deine Potenz verraten. Steh zu deinen Wünschen oder lass dich von deinen Hemmungen versklaven. Jede Rolle, die du nicht selbst erwählst, bindet dich; du wirst zur Rolle und verlierst so deine Identität. Masken, Rollen oder Ängste verhindern deine Entfaltung. Sie werden zum Anker, der dich im Hafen festhält. Junge, du bist der Kapitän. Du bestimmst, wohin auf dem kosmischen Ozean du reisen möchtest."

„Ich will mich entfalten. Ich will nicht in einem Hafen festhängen. Wie löse ich den Anker?" Leider hob und senkte sich ein anderer Anker in der Brandung meiner entfesselten Lust.

Dionysos blickte auf das Käppi, das ich noch immer festkrallte. „In dem du deine Wünsche umarmst."

„Wie?" Ich kannte die Antwort.

„Lote neugierig und abenteuerlustig deine Tiefen aus!"

Dann tat ich etwas, das ich im Wachzustand niemals tun würde: ich ließ meine Hände sinken, doch das rote Cap blieb durch meine Erektion an Ort und Stelle. Zum Glück überspielte ich meine Verlegenheit nicht wie ein Volldepp mit pfeifen! Wir hatten oft über Burlesque gechattet. Ein Burlesque Künstler ist ein Artist, der Nacktheit als fixen Bestandteil in seine Shows einplant. Tat ich jetzt genau das? Nervös gürtete ich mich für den Auftritt. Ein breiter Ledergurt musste dazu herhalten. Abermals mit meinem Rücken zu ihm, straffte ich meine Haltung. Meine Hände ölten. Mein Herzschlag galoppierte. Mein Mund staubte, während mein Penis springflutartig das neue Ufer überschwemmen wollte. Ich packte nach dem roten Sichtschutz und setzte mir das Käppi verkehrt herum auf den Kopf und schob meine beiden Daumen oben in den Gurt. Mein Übermut peitschte mich auf die Bühne. Die Fäden waren verschwunden, das Netz fort; es gab keinen trügerischen Schutz mehr. Torkelnd schwankte ich über einen bodenlosen Abgrund auf dem dünnen Seil meiner unerfüllten Wünsche. Je härter meine Erektion wurde, desto mehr bot sie mir Halt, wurde zur Stange, die mich ausbalancierte. Ich drehte mich um. Meine Scham öffnete hungrig ihren Rachen, um mich zu verschlingen, leckte sich aber die Lippen, als sie Dionysos' Bewunderung registrierte und schmatzte ab da nur noch zufrieden.

„Endlich erwacht das Schlafende!"

Mein eiskalter Schweiß verdampfte.

„Handle und experimentiere!"

Meine Prüderie erlag meiner Lust, bevor sich mein Wesen schizophren spalten konnte.

Der dicke Mann stellte sein volles Weinglas auf einen Schaft. „Drogen sind keine Hilfe; Scham, Moral und Prüderie sind die Droge der Feiglinge. Lege sie ebenfalls ab!"

„Ist das eine Einweihung?", krächzte ich.

„Solange du nicht begreifst, dass dir nichts zustoßen kann; dass dich niemand ausnutzen; dass dir niemand schaden kann, solange du es nicht selbst zulässt, hast du das Mysterium des Lebens nicht erfasst. Nur was sich in Übereinstimmung mit deinem eigenen Bewusstseinszustand befindet, ist im Einklang mit dir selbst und umkreist dich wie Monde und Planeten in sicheren Bahnen; alles andere sind herumirrende Kometen, die deine Welt zerstören können."

Ich löste den Gurt um meine Hüften und ließ ihn zu Boden sinken, dann zog ich mir das Käppi vom Kopf. Ich brauchte keine Verkleidungen mehr.

„Junge, mit jeder Einweihung öffnet sich eine Tür. Doch hindurchschreiten, um die neue Welt zu entdecken, das mein Junge, das musst du selber tun. Viele verharren ein Leben lang vor der offenen Tür und blicken sehnsüchtig auf die Möglichkeiten, die ihnen zu Füßen liegen. Du, nur du alleine, kannst den Schritt über die Schwelle tun. Ich kann dir die Tür zeigen und sie für dich öffnen. Der Rest liegt alleine bei dir."

Seine Worte ließen Holz bersten, Türen wurden aus den Angeln gehoben und Schlösser verrosteten und gaben meinem Druck nach; dann barsten Mauern und die noch anständigen Spießer meiner guten Stube flohen totenbleich. Meine innere Burg fiel in sich zusammen. Plötzlich konnte ich in die Ferne sehen. Mein innerer Blick richtete sich auf saftige und blühende Möglichkeiten bis zu den schäumenden Wellen des Ozeans der unbegrenzten Freiheit. Mächtig und berauschend erhob sich etwas Uraltes in mir, bäumte meinen Körper und entlud sich milchig auf den Fußboden.

Dionysos hob seinen rechten Daumen, drehte sich um und verließ meine Wohnung.

Augenblicklich war mir klar, dies war nur der Anfang. Was sollte ich jetzt tun? Oben saßen meine *Freunde* und vermissten mich bestimmt schon. Mein Mut verließ mich augenblicklich, als ich kurz darüber nachdachte, mich oben nackt zu zeigen. Ich langte nach der erstbesten Hose und zog sie mir über. Auf der Schwelle meines Schlafzimmers verharrte ich und blicke durch die Tür nach draußen. War ich bereit, meine innere Einweihung zu einer sicht- und erfahrbaren Realität zu machen?

„Bux, wo bleibst du?“, rief Skater nach mir.

Eine neue Eruption entlud sich in meinem Kopf und ihr glühendes Magma suchte sich ihre Wege durch meine Synapsen. Trunken und berauscht grabschte ich unter dem Kleiderschrank nach einer Schachtel. Ihren Inhalt hatte ich einst mit einem zwanzig Zentimeter breiten, feuerroten Seidenband eingesperrt. Ein Nikolauskostüm. Ich trug es als Zwölfjähriger auf einem Schulfest, das so richtig in die Hose ging. Wie hatte ich mich damals geschämt, als die Hose plötzlich während der Vorstellung so tief gerutscht war, dass meine Unterhose darunter für jeden sichtbar geworden war. Das Oberteil passte nicht mehr und die Hose nur noch, weil sie extrem weit geschnitten war und ich noch immer schmale Hüften hatte. Ohne Wams und in der viel zu kurzen Hose würde mich keiner als einen Nikolaus, sondern als einen Stripper wahrnehmen. Müsste ich meine Peinlichkeit von damals wiederholen, um mich von ihr zu befreien? Ich hatte etwas anderes vor.

Skater erblickte mich als erster, als ich mich endlich wieder auf der Dachterrasse zeigte. Er pfiff anerkennend durch seine Finger, dass sofort alle seinen Blicken folgten.

„Leute, war für eine Bescherung!“, leckte sich *Snob*, ein weiterer Gast, der eingetroffen sein musste, als ich unten in meiner Wohnung von Dionysos getestet wurde. Snob war, wie mein Spitzname für ihn schon sagt, ein eitler Pfau, der sein Rad immer sofort schlug, wenn andere in der Nähe waren – also fast immer. Er nutzte jede Gelegenheit, andere in Verlegenheit zu bringen. So auch jetzt. Er stellte sich hinter mich, um mich mit seinen Händen zu umfangen. Seine linke Hand wanderte über meinen Torso, während seine rechte keck mit dem breiten, feuerroten Seidenband spielte, mit dem ich mir meinen Penis umwickelt und an meinen linken Schenkel gefesselt hatte – statt die Nikolaushose zu tragen.

„Was für ein Busch!“, rief Long aus. „Pickelgesicht, ich hätte dir ne Heckenschere schenken sollen! Ist der Busch so dicht, damit dein Stummelschwänzchen darin verborgen bleibt?“

„Sehen wir mal nach!“, grabschte Snob tiefer. Da ich mich nicht wehrte und uns alle erwartungsvoll angafften, versuche er das Band zu lösen – vergeblich!

Abschlussballkönig, dem gefiel, dass ich mich beinahe nackt unter all den Angezogenen bewegte, umrundete mich und notierte sich irgendetwas in ein Notizbuch, das er sich aus seiner Weste gezaubert hatte. „Bux verarscht uns heute!"

Ich erwachte, als er mir auf meinen Arsch klatschte.

Schockiert und erregter, als ich jemals zuvor war, versuchte ich damals, am Tag danach, abermals in den Traum zurück zu gleiten – vergeblich! Als ich es aufgab, notierte ich mir alle Details in mein geheimes Tagebuch. Verwirrend fand ich, dass ich im Traum Dinge tat, die ich im realen Leben niemals tun würde. Dinge, die so verrückt und anders waren, dass ich sie mir nicht einmal vorstellen konnte – doch offensichtlich konnte ich davon träumen!

Die Vorstellung mich derart schamlos unter Freunden zu bewegen, mich ihnen nur mit einem roten Geschenkband umwickelt zu präsentieren, ja mich ihnen sogar selbst zum erotischen Geschenk zu machen, holte meine Scham zurück. Ich errichtete sofort wieder neue Mauern, hob tiefe Schutzgräben aus und verrammelte die neuen Tore mit wuchtigen Schlössern.

Was passiert mit mir? Warum feiere ich mit Fremden, die ich nicht kenne, meinen Geburtstag an einem Ort, der mir fremd ist? Doch auch mich selbst erkannte ich nicht wieder. Welches Monster lauert in meinen tiefsten Kerkern? Was wartet darauf, befreit und auf die Welt losgelassen zu werden?

Natürlich suchte ich seither überall in Basels Altstadt nach dem Haus mit der verglasten Dachterrasse, doch ich fand es nie. Im Traum war alles so real, dass es einfach eine Entsprechung in der Wirklichkeit geben musste. Ich suchte am falschen Ort!

## Ein Angebot, das ich nicht ausschlagen kann

Freitag: 7. Februar

Und hier sitze ich nun in der Gegenwart! Heute, mehr als ein halbes Jahr nach dem Weekend in London, ist ein verregneter Februartag. Mein neunzehnter Geburtstag ist gekommen und verstrich. Bis auf den aufwühlenden Traum, ist sonst nichts weiter passiert. Ihn, wie auch den Zwischenfall im Hyde Park, notierte ich mir in mein geheimes Tagebuch. Ich tat das nicht, weil ich stolz darauf bin, sondern um mich immer wieder daran zu erinnern, wie manipulativ Menschen sind.

Seit Tagen quält mich ein Drang, Wilton anzurufen. Warum zieht es mich zu einem Kerl, der mich im Hyde Park derart vorgeführt hatte? Bin ich pervers? Warum will ich Seth, der es nicht mal für nötig empfand, sich mir nach seiner Tat anständig vorzustellen? Sowohl Wilton, wie auch Seth haben einen sehr gefährlichen Einfluss auf mich. Ist es die Gefahr, die mich wie Sirenengesang anzieht?

Abermals suche ich nach Wiltons Telefonnummer. Sie ist leicht zu finden, da ich die Stelle in meinem geheimen Tagebuch schon oft aufgeschlagen habe. Insgeheim warte ich seit letztem Sommer, jenem 22. Juni in London, auf einen Anruf von Wilton. Natürlich kam er nie! Selbst brachte ich den Mut nie auf, ihn anzurufen. Es klingt lächerlich, doch ich hatte – und ich habe – Angst, Wilton könnte wirklich nur ein interessanter Geschäftsmann sein, der mich angebaggert hatte und nicht mein geheimnisvoller Dionysos. Inzwischen bin ich mir sicher, ich habe Dionysos in meinem Traum so entstellt, um ihn als den Dämon abzustempeln, zu dem ihn viele machten: einen Säufer, Verführer und Lüstling. Ich hoffe so sehr, dass Wilton doch mein geheimnisvoller Mentor sein könnte. Leider schaltete Dionysos sein Profil im Internetforum nie mehr hoch.

Wie oft hatte ich schon den Hörer in der Hand gehabt, um Wilton anzurufen? Genauso oft, wie ich unverrichteter Dinge mein Mobile Phone wieder weglegte. Seth ist nur so real, wie mein Glaube, dass mein Mentor Wilton und nicht dieser dicke Mann mit dem Bart ist. Das ist dumm und nichts weiter als eine Ausrede, dennoch rede ich mir ein, dass Seth nur so real wie Dionysos ist; ist einer von beiden Einbildung, muss es der andere auch sein. Curly lachte mich deswegen oft aus, denn er beschwor dann jedes Mal, dass es den Rotschopf wirklich gab und er mir WIRKLICH vor all den Gaffern einen runtergeholt hatte. Er sei dabei gewesen. Es war Realität!

Mein Herz hämmert, als ich die Vorwahl von London eintippe. Gleich platzt mein Traum oder alles fügt sich zusammen. Unverrichteter Dinge lege auf. Wütend über mein Selbst, starre ich aus dem Fenster. Ist mir ein realer Traum wichtiger als eine imaginäre Wirklichkeit? Entschlossen wähle ich abermals Wiltons Nummer, doch bevor es in London klingelt, lege ich auf.

Seth! Tausend Mal hatte ich mir meine Reisebüroträume durchgelesen. Der Mann meiner Träume und das reale Abbild in London sehen identisch aus. Ob sie noch mehr Gemeinsamkeiten aufweisen? Leider blieben all meine Reisebüro-Träume beim Flirten und Seths Auskünften über Los Angeles. Seth bediente mich niemals nackter als damals, als er mich im Bus zum Strand brachte und diesen griechischen Fummel anhatte. Es gab niemals Sex; selbst meine erotischen Träume sind prüde.

Meinen Eintrag des peinlichen Erlebnisses im Hyde Park kenne ich Zeile für Zeile auswendig und in meiner Fantasie habe ich ihn wieder und wieder erlebt. Süchtig danach überfliege ich die Seiten in meinem geheimen Tagebuch aufs Neue.

Komischerweise denke ich dabei an Pimlico. Erschreckt lasse ich mein geheimes Tagebuch sinken. *Skater*s aus dem Initiationstraum ist kein Unbekannter. Ich traf Skater! Ich kenne ihn. Skater ist Pimlico, dieser verrückte Nudist, der mich an der roten Ampel am *Piccadilly Circus* angesprochen und ab dann nicht mehr von meiner Seite gewichen war. Noch eine Traumfigur, die im realen Leben existiert! Ist das überhaupt möglich? Niemand träumt von Menschen, die er noch nicht kennt.

Ich werde Wilton anrufen! Was kann ich verlieren? Kurzerhand wähle ich die Nummer zum dritten Mal und werde von einem Concierge namens *Eldon* verbunden.

„Saftboy? Bist du es wirklich?“, fragt Wilton, kaum dass er meine Stimme erkennt.

Es ist egal, dass wir über ein halbes Jahr nichts voneinander gehört haben; die innere Verbindung steht, als ob Wilton und ich uns erst gestern in jenem Pub nahe des Hyde Parks gesprochen hätten. Eines ergibt das andere und noch bevor ich nach zwei Stunden auflege, macht mir mein englischer Bekannter ein Angebot, das ich nicht ausschlagen kann: Ein halbjähriges Praktikum als Gastronomiekaufmann in seinem Hotel. Ich ahnte, dass dieser Tag mein Schicksal neu ordnen wird. Jetzt ist mir klar, warum ich solange zögerte, Wilton anzurufen, und erst nochmals meine bisherigen Tagebucheintragungen lesen musste.

Curly lacht sich kaputt, als ich ihm später in der Stadt davon erzähle. „Dieser Wilton, der seinen Freund auf dich hetzte, damit du öffentlich abspritzt?", bohrt Curly immer wieder – und das nur, um mich immer und immer wieder aufs neue erröten zu sehen. „Bux, diese Gelegenheit musst du ergreifen. Wann?"

„Von Anfang März bis Ende August."

„Mann, dann wohne ich bei dir im Hotel, wenn ich im Juni zum nächsten *World Naked Bike Ride* anreise."

Zuhause lese ich abermals meine Eintragungen in meinem geheimen Tagebuch durch. Noch hoffe ich, dass mich all das Verrückte darin zur Vernunft bringen wird. Ich ahne, dass ich einen gewaltigen Fehler begehe, wenn ich mich auf Wilton und Seth einlasse. Was ich bisher mit den beiden erlebte, sollte mir genügend Warnung und Abschreckung sein, doch auf keinen Fall süße Verführung!

Montag: 17. Februar

Meine Eltern unterstützen meine Entscheidung, in London eine Praktikumsstelle anzunehmen, so signiere ich den Pakt, der in Form eines Vertrags per E-Mail eingetroffen ist. Kaum besiegelt, passiert es: ich träume wieder von der Party:

Abermals befinde ich mich auf der eingeheizten Dachterrasse.

„Bux, zu deinem feuerroten Geschenkband-Outfit würde ein neckisches Tattoo passen!" Coach erhebt sich aus einer Strandliege neben Buchsbüschen und bietet mir den freigewordenen Platz an: „Lege dich auf den Bauch!", befiehlt er, eilt zum Getränkeausschank, holt sich dort einen wasserfesten, schwarzen Filzschreiber, der für die Beschriftung der Wasserbecher vorgesehen ist, und kehrt zurück. Sehen kann ich auf dem

Bauch liegend nichts, doch ich fühle den Stift und versuche mir aus den Konturen auf meiner rechten Arschbacke ein Bild zu formen. Coach zeichnet mir einen identischen Maikäfer, wie er selbst einen an der gleichen Stelle träg auf. Wie süß!

„Jetzt ich!“, verdrängt ein neuer Gast Coach. Diesen Akzent erkenne ich sofort. Niemand, außer meine heimliche Liebe spricht mit schottischem Akzent. Augenblicklich fühle ich mich billig, unwürdig und hässlich.

„Stört es?“ Da er meine Antwort nicht abwartet, sondern schon beginnt, die Knöpfe seiner Hose zu öffnen, starre ich ihn in meiner verdrehten Haltung hungrig an. Nur noch in einer schlotterigen Seidenunterhose setzt er sich auf meinen Hintern.

„Reite Pickelgesicht zu!“, grölt Long, der nur noch seine enge Hose, die Springstiefel und seine Handschuhe trägt.

Seth platziert meine Füße rechts und links neben die Liege und schiebt mir noch ein Kissen unter die Hüften. War mein nackter Arsch zuvor nur Blickfang, reizt er jetzt zu vulgären Kommentaren. „Gefällt dir das?“, tätschelt er meinen Hintern.

Als alle lachen, stimme ich ein. Besser ich lache mit, als mich auslachen zu lassen. Seth schiebt sich dicht an mich ran, dass ich seine Erektion spüren kann.

„Jetzt fick diese Klemmschwester!“, spornt Long an und stellt sich breitbeinig vor uns. „Pickelgesicht ist überfällig!“

Während der junge Schotte mit dem Filzschreiber Ranken auf meine Hüften zeichnet, checkt seine linke Hand ungeniert meine Intimzone ab. Ich fühle mich augenblicklich wie der Korken einer Champagnerflasche, die geschüttelt wurde. Leider scheitern Seths Versuche, mir die rote Schlinge abzustreifen.

Fokus umrundet uns, wie ein Jäger seine Beute.

„Holmström, ich muss die Position wechseln!“ Der Künstler setzt sich vor mein Gesicht. Da der Liegestuhl dafür zu kurz ist, bettet Seth meinen Kopf auf seinen Schoss.

Ich rieche Limetten, Eukalyptus und eine salzige Sommerbrise über dem Ozean – wahrscheinlich ein Eau de Toilette, eine Seife oder Seths Lusttropfen. Während mit dem Filzschreiber weitere Linien meine Hüften zieren, küsse ich ganz heimlich Seths Hoden, die aus der Unterhose herausschauen.

Erobernd seine Lippen leckend, kniet sich der schönste Mann, den ich kenne, sofort wieder hinter mich. Fleischig fühle ich etwas Hartes. Seth tut so, als ob er sich besser hinhocken müsste, doch in Wirklichkeit zielt er nur jedes Mal aufs Neue. Panisch drücke ich meinen Kopf tief auf die Liege und erstarre. Irgendwann gibt er es leider auf, küsst meine Schultern und setzt sich seitlich neben mich auf die Pritsche. Die Spitze seines Penis glänzt ölig und ragt hart aus seiner Boxershorts. Dass Fokus mit seinem Teleobjektiv immer näher rückt, ignoriert Seth genauso, wie die direkten Blicke der anderen.

„Junge, du musst akzeptieren, was in dir steckt." Plötzlich steht der dicke Dionysos neben mir. Sein gestutzter Vollbart und seine lockigen Haare passen zu seiner Säufernase, wären da nicht diese stechenden, alles sehenden Augen. Dieser Mann ist kein Alkoholiker und von Drogen hält er auch nichts, das hat er mir oft genug gesagt. Das Glas Rotwein in seiner Hand ist unberührt und noch genauso voll, wie zu Beginn der Party. Spielt Dionysos nur eine Rolle? Trägt er nur eine seiner Masken?

„Nichts steckt in dieser Klemmschwester!", spottet Long.

„Bei einigen alten Völkern war es Brauch, zum Zeichen der Aufnahme in den Kreis der Einzuweihenden, den Neophyten zu bemalen und ihn mit den Symbolen der Macht zu schmücken", erklärt Dionysos.

Habe ich mich für die nächste Einweihung qualifiziert?

„Bux, zeige uns diese Zeichen!", fordert mich Skater auf. Als ich wie tot liegen bleibe, schüttelt Skater seine Kopf: „Bux, selbst die Heteros blieben vom gezückten Knüppel dieses Hengst nicht unberührt. Sei stolz auf deine Latte!", streckt mir Skater seine eigene hin, die zu einem Drittel durch seine rutschende XXXL-Baggy Hose sichtbar geworden ist.

„Holmström, ich bin noch nicht fertig mit dir!" Der Schotte packt mit seiner Hand meine durch die rote Schleife gefesselte Erektion. „Diesen Skalp wirst du mir eines Tages opfern!" Seth wühlt in meinen Busch. „Das Teil ist meine Trophäe!"

Widerstand ist zwecklos! Jetzt auf meinem Rücken liegend, sehe ich zu Seth hoch. Bevor ich irgendetwas Kluges oder Dummes darauf erwidern kann, schiebt er mir wieder das Kissen unter und kniet sich zwischen meine Beine. Während der Filzschreiber weitere Blätter, Ranken und Traubendolden neben meinem Schamhaar zeichnet, kreuzen sich unsere Blicke.

Fokus versprüht in kreativer Verzückung Funken. Sein Kopf glüht und der Sucher seiner Kamera fokussiert meine intimste Stelle. Offensichtlich hat er seine Muse gefunden. In einem Kreis um uns herum stehend, bezeugen die anderen Partygäste meine nächste Einweihung. In Abschlussballkönigs Gedanken lese ich intellektuelle Rechtfertigungen, warum er sich nicht abwendet. Coachs breiter Mund schmunzelt, Snob leckt sich die Lippen und Skaters Latte zuckt in seiner XXXL-Hose. Die anderen Gäste kann ich zum Glück nicht sehen.

„Verwandle diesen Dachgarten in den Lustgarten deiner Einweihung. Dionysos' Leiden symbolisieren des Menschen Entfaltung. Erst verliert man die Unschuld!" Dionysos wird zum antiken Chor, der die Handlung kommentiert. „Der wahrhaftige und der reale Dionysos ist sowohl Frau, wie auch Mann; ist sowohl passiv, wie aktiv; ist sowohl das Licht des Tages, wie die sonnenlose Nacht mit ihren Sternen. Ein Gott wie Dionysos steht über der Dualität, weil sein Wesen sich in allen Schattierungen ausdrückt und verkörpert. Erfahre die Natur der Lust, des Leids und der Erkenntnis. Erkenne, dass du eins bist; dass du ganz bist; dass du dich hingeben musst, um des Lebens Geheimnisse zu erfahren. Nur in der Ekstase öffnete sich Dionysos' Mysterium. Empfange und reife. Verteile und schöpfe."

Während Dionysos' mythischem Singsang, zieht sich Seth seine Unterhose aus. „Holmström, lege deine Füße auf meine Schultern!", instruiert er mich, als ob wir alleine, unbeobachtet und ganz privat wären.

Fokus keucht noch nervöser als ich. Ständig streckt er seine Objektive schamlos auf Seths Werk – nicht die Zeichnungen!

„Ekstase ist dein Tor; die Lust dein Weg und die Realisation dein Ziel. Empfange den Segen des Geliebten, um die Natur deines Herzens zu verstehen", labbert Dionysos seine Verse.

Als Seth einfach nicht eindringen kann, legt er seinen Filzschreiber weg, packt nach meinen Füßen und spreizt so meine Beine bis zum Anschlag. So opfere ich meine Scham.

„Schmückt seinen Leib mit Blumen! Krönt sein Haupt mit Kränzen! Salbt seine Lust mit Ölen!", befiehlt Dionysos den versammelten Mänaden. Abschlussballkönig krönt mein Haupt mit einem Kranz aus Efeuranken und Snob schiebt mir eine Girlande aus blauen und weißen Blüten über den Kopf.

Seths Gesicht dicht über meinem, glüht vor Wollust und Liebe. Er will mich beschenken, erobern und besitzen. Helfende Hände träufeln Öl aus einem Flakon auf Seths Rammbock, damit der mein letztes Tor zertrümmern, die innere Burg erobern und sein Heerführer von mir vollkommen Besitz ergreifen kann.

Fokus ist im Rausch und rückt mit seiner Kamera immer näher. Mein alter Freund lässt keinen Zweifel offen, dass ihn meine Entjungferung inspiriert und beflügelt.

*Mit einer Einweihung öffnet sich eine Tür.* Dionysos' Worte, die er vor einer Ewigkeit in meinen Schlafzimmer zu mir sagte, waren bestimmt nicht so zu verstehen, dennoch entspannte ich mich, um Seth die Tür zu öffnen. Ölig dringt er auf Anhieb in mich ein. So opfere ich meine Unschuld vor Zeugen. Mein Leib glüht, meine Nerven schicken Signale an mein Gehirn, dass ich gleichzeitig keuche und schreie.

Seths Tanz wechselt von Walzer zu Hard Rock, von Lambada zu akrobatischem Hip-Hop. Ich passe mich an und lasse mich führen. Als ich plötzlich – oder Stunden später? – mein Vermieter-Paar hinter meinem Kopf stehend bemerke, packt mich Panik. Seth bemerkt es und beißt mich in den Hals, dass ich über den neuen Schmerz meine Lust über Basels Dächer schreie. Als sein Samen in mich hineinschießt, beginnt die Magie zu wirken. Seths Leib glüht weiß auf, als ob die Sonne selbst in ihn gefahren sei.

„Der weibliche Dionysos ist befruchtet. Mögen seine Kinder stark und mächtig gedeihen", kommentiert Dionysos, damit auch noch der Letzte mitbekommt, was gerade passiert ist. So opfere ich meinen Penis, der durch das rote Geschenkband eh unsichtbar an meinen Schenkel gefesselt bleibt.

„Was für ein Partyauftakt!", boxt mir Abschlussballkönig anerkennend in die Seite. „Damals in der Handelsschule ..."

Ich höre zu und empfinde es nicht einmal seltsam.

„Bux, was passiert mit dir? Du hast geleuchtet!", starrt mich Skater an.

„Er transformiert sich! Aus einem Jungen wurde ein Mann!", verkündet Dionysos. „Die Unschuld ist gestorben!"

Dienstag: 18. Februar

Als am nächsten Morgen mein Wecker klingelt, bin ich benommen, erregt und verwirrt. Ungläubig sehe ich mich Zuhause um. Ich lebe noch bei meinen Eltern in meinem alten Kinderzimmer. Nichts von dem, was ich träumte, ähnelt auch nur entfernt der Realität. Da ich am 22. Juni in London Seth persönlich getroffen habe und Skater dieser Pimlico ist, ist es nur logisch, dass ich von ihnen träume. Leider erschien mir Dionysos abermals als dicker, bärtiger Mann und nicht als Wilton.

Bevor ich die Details oder die Dialoge vergesse, die abermals seltsam präsent sind, schreibe ich mir alles in mein geheimes Tagebuch. Ich bin neidisch auf den Bux, den ich im Traum bin. Jener Traum-Bux ist mutig. Er ist selbstbewusst und er ist stolz. Drei Eigenschaften, die ich leider nicht zu den meinen dazuzählen kann. Doch Traum-Bux ist nicht Realität!

Noch zwei Wochen, dann fliege ich für ein halbes Jahr nach London! Ob mich Seth im Hotel verführen wird?

## Heimliche Verschwörungen

Samstag: 1. März

Curly begleitet mich zum Flughafen. In London wird mich Pimlico erwarten, mit dem ich inzwischen täglich telefoniere. Seit ich letzthin von ihm träumte, ist er mir richtig ans Herz gewachsen. Pimlico ist wirklich ein echter Skater, bestätigte er mir am Telefon und er wollte natürlich wissen, woher ich das weiß. Ich verschwieg es ihm, wie auch meine Träume.

Als zwei schwere Koffer im Gepäckschlund beim Check-in Schalter am Basler Flughafen verschwinden und ich meine Bordkarte ausgehändigt bekomme, steigert sich meine Nervosität ins Unerträgliche. In wenigen Stunden werde ich meinen Traummann wiedersehen. In wenigen Stunden werde ich mit Seth unter einem Dach wohne und mit ihm zusammen arbeiten. Ob er mich am Flughafen abholt?

Wilton wird nicht kommen, da er arbeiten muss, ein wichtiger Kongress im Hotel erfordert seine Präsenz vor Ort.

„Mann, ich beneide dich!", drückt mir Curly beide Hände zum Abschied. „See you im Juni!" Spontan umarmt er mich und küsst mich auf beide Wangen, dann schupst er mich zur Sicherheitszone, damit ich mich meinem neuen Abenteuer stelle.

Der Flug über den Ärmelkanal ist kurz. Als ich nach der Landung meine Uhr wegen der einstündigen Zeitumstellung zurückstellen muss, scheint es, als ob Abflug und Landung gleichzeitig passiert wären. Ich hoffe, mein Aufenthalt wird nicht unter diesem Stern stehen: ohne nennenswerte Zwischenfälle kann die Zeit wieder vorgedreht werden.

Pimlico erwartet mich in der Empfangshalle. Seit ich ihn im letzten Juni gesehen habe, hat sich der braunhaarige Skater kaum verändert, nur, dass er diesmal bekleidet ist – naja, so viel eben nötig ist! Seine beige Hose ist so geschnitten, dass er sie extrem tief tragen kann, ohne dass sie rutscht. Hinten schauen zwei Drittel seines Hinterns raus und vorne bleibt seine Schamregion sichtbar, wie auch noch gut ein Zentimeter seines Penisansatzes. Wenn auch eine andere Art Hose, so zeigte Skater während meines Geburtstagstraums die gleiche Neigung.

Als mich Pimlico in der Menge ausmacht, winkt er und brüllt meinen Namen. Die Leute neben ihn kratzt es nicht, dass mein englischer Freund so viel nackte Haut zeigt. Stürmisch schlingt er seine Arme um meinen Hals, um mich zu begrüßen. „Bux, du hast es wirklich geschafft!", strahlt er mich an.

Pimlico wurde vor einer Woche zwanzig Jahre alt. „Happy Birthday!", küsse ich ihn scheu auf beide Wangen und erröte, weil mich eine Gruppe Mädchen daraufhin seltsam mustert.

„Lass uns feiern!", boxt er mir in die Rippen. „Bux, du hast das perfekte Weekend für deine Ankunft ausgesucht. Du bringst den Frühling nach London. Heute Nachmittag soll es bereits über zwanzig Grad Celsius warm werden." Was etwas seinen Aufzug erklärt. Dennoch, mir wäre es viel zu kalt, nur im bauchfreien T-Shirt und so gut wie keiner Hose. Als er meine beiden Koffer auf dem Roller sieht, runzelt er seine Stirn. „Alter, das Zeugs müssen wir loswerden."

Kaum aus dem Flughafengebäude, stellt sich Pimlico an einem Schalter an, um für uns zwei Bustickets in die Stadt zu kaufen. Immer wieder blinzelt er mir zu und scheint sich echt über meinen langen Besuch auf der Insel zu freuen. Pimlico ist auch schwul. Leider ist er fest davon überzeugt, ich teile seine exhibitionistische Vorliebe, da er mich am *World Naked Bike Ride* kennengelernt hatte. Dass ich, bis aufs peinliche Malheur im *Hyde Park*, immer ne Badehose anhatte, blendet der Nudist einfach aus. Die Hälfte all unserer Chats drehte sich um Lokalitäten und Möglichkeiten, Nacktsein auszuleben. Offensichtlich hat Pimlico dieses Weekend genau das mit mir im Sinn.

Als er dann ein Skateboard aus einem Versteck nahe dem Bus holt, grinse ich innerlich. Noch eine Bestätigung, dass Träume manchmal Fenster in die Zukunft sein können. Nicht alles aus Träumen erscheint im realen Leben identisch, aber wenn man sich die Mühe macht, tiefer zu blicken, erkennt man das Geschenk oder den Hinweis. Was wird mich in London erwarten?

Der Schnellbus bringt uns mitten ins Herz von London zum *Central Station*, wo meine beiden Koffer in zwei Schließfächern verschwinden. Kaum vom Gepäck befreit, verwandelt sich mein neuer bester Freund in einen wahren Kenner seiner Heimatstadt. Seine Hose trägt er den ganzen

Nachmittag, wie bei unserer ersten Begegnung. Meist hindert nur sein Penis das Teil daran, vorne ganz runter zu rutschen. Pimlico ist nicht der einzige, der seine Hose so trägt – oder treffender gesagt, seine Schamlosigkeit allen offenbart. Einige Jungs in London surfen definitiv auf dieser Modewelle mit, was ich voll cool finde. Ich sehe mir gerne halb oder ganz nackte Jungs an. Anders als viele der Jungs, die diesem Trend folgen, rasiert sich Pimlico seine Schamhaare nicht weg, sondern trimmt sie sich, was ihm einen rauen, männlichen Touch verleiht. Die Mädchen gaffen ihm Scharenweise nach – und die Jungs nicht minder.

Gegen acht Uhr abends, nach einer langen Sightseeing Tour, verabschiedet sich Pimlico vor dem Hotel und flitzt mit seinem Rollbrett davon. Jetzt, auf seinem Board balancierend, kommt sein nackter Arsch noch viel geiler rüber. Lachend passiere ich die Drehtür ins Hotel hinein.

In der lichtdurchfluteten Lobby begrüßt mich ein distinguierter Butler namens *Cecil* in einer dunkelroten Uniform mit polierten Goldknöpfen und einer steifen Kappe auf dem Kopf. Ich werde den Verdacht nicht los, dass er mich heimlich nach Waffen abcheckt. Er hievt meine Koffer auf einen dieser Hotelrollis und begleitet mich damit zur Rezeption. Auch dieser Hotelangestellte trägt eine Uniform, eine dunkelblaue mit silbernen Knöpfen, und auch seinen Name lese ich von einem Namensschild ab: *Eldon*. Als mich Eldon zum ersten Mal gewahr wird, flammen seine Wangen augenblicklich knallrot auf, was mich gelinde gesagt irritiert.

„Sind Sie Martin Holmström aus Basel?“, fragt Eldon und traut sich nicht, mir weiter in die Augen zu blicken. Unheimlich checkt er mich gründlich ab und lässt seinen Blick immer wieder an meinen hellblonden Haaren einrasten.

„Ja, doch nenn mich Bux. Ab Montag arbeite ich ebenfalls hier.“ Spontan strecke ich dem etwa gleichaltrigen Eldon meine rechte Hand über den Tresen hinweg zu.

„Sehr erfreut!“, schüttelt er meine Hand viel zu begeistert und errötet dabei noch mehr. „Ich bin Eldon und arbeite am Empfang. Mal hier an der Rezeption, doch meist als Concierge“, zeigt er auf ein weiteres, viel kleineres, rundes Stehpult etwas näher bei der Lounge mit den bequemen Sitzgelegenheiten für die Gäste. „Ich bin dein Mann“, er verschluckt sich und hustet, „wenn du etwas über Londons Sehenswürdigkeiten, Special

Events, Clubs, Bars und die Szene erfahren willst." Als ich dankend nicke, wählt Eldon schon eine Nummer auf einem der Telefone vor sich, murmelt etwas und meint dann: „Jonny, wird dir dein Zimmer zeigen." Er tippt meinen Namen in den Computer ein, programmiert eine Magnetkarte und reicht sie mir wortlos. „Bist du in echt hellblond?", würgt er heraus.

Ein arabisch aussehender Page, diesmal in feuerroter Uniform mit Goldknöpfen, erscheint bevor ich antworten kann aus einem der Lifte und eilt breitbeinig auf uns zu. *Jonny*, steht auf seinem Namensschild. „Ey, voll geil! Du bist es tatsächlich!", grinst dieser Jonny sofort feist und mustert mich ungeniert von Kopf bis Fuß, als ob er mich schon mal gesehen hätte und meine reale Erscheinung mit der in seinem Kopf abgleichen wollte. Jonny wirkt sehr jung, muss aber mindestens achtzehn sein, weil Wilton nur volljähriges Personal beschäftigt.

„*Wer* sollte ich tatsächlich sein?", platze ich vor Neugier, das Geheimnis des grinsenden Pagen und des erröteten Concierge endlich zu lüften.

Verschwörerisch zwinkert mir Jonny zu, schweigt sich aber aus. Er nimmt Cecil den Gepäckwagen mit meinen beiden Koffern ab und schiebt ihn in den wartenden Lift hinein. „Los, steig ein!", winkt er mich in den Lift. So jung dieser Jonny auch aussieht, rumkommandieren kann er. Er drückt auf SPA und wir fahren zusammen ins siebte Stockwerk hoch. Kaum öffnet sich oben der Lift, riecht es nach Eukalyptus, Zitrusölen und Chlor, was mich an meinen Traummann erinnert. Na ja, nicht ganz, Seth roch nach Ozean und nicht nach Swimmingpool!

„SPA ist unser Fitnessbereich. Den kannst du gratis mitbenutzen, doch nur zu Randzeiten!", instruiert mich Jonny. Links dient eine Milchglasfront als Eingang in den Fitness- und Wellnessbereich, doch Jonny schiebt den Gepäckwagen nach rechts zu einer unscheinbaren Holztür in einer gleichfarbigen Holzwand. Mit einer Magnetkarte entriegelt er die Tür. Kaum hindurch, befinden wir uns auf einem langen Flur mit diversen Zimmern rechts und links davon. Statt Nummern haben die Zimmer Buchstaben. Ich werde zum Zimmer *M* gebracht.

„Schieb die Karte in den Schlitz!", fordert mich Jonny auf. „Trag sie immer bei dir, Buxy. Damit kommst du vorne durch die Tür und in diverse andere Räume des Hotels. Diese Magnetkarte öffnet dir auch den

Personallift, der nur im Erdgeschoss, im Stockwerk mit den Büros, natürlich hier im Siebten und auf der verglasten Dachterrasse stoppt. Unser Chef wird dich später rumführen und in alles weitere einweihen."

„Nur Bux!", unterbinde ich die Verniedlichung.

Als sich mir mein neues Zimmer öffnet, schlucke ich, denn es ist viel größer, als ich erwartet habe. Ich habe ein großes Doppelbett zu meiner Verfügung, einen abgetrennten Wohnbereich mit einer Sitzgruppe, einem Fernseher und einem Computer auf einem langen Schreibtisch. Eine abgetrennte Ecke beherbergt sogar eine Küche mit allem drum-und-dran.

„Hier werde ich wohnen?"

„Was hast du denn erwartet? Dachkammern für Sklaven?"

„Nein, doch das hier ..."

„Ist angemessen", schneidet mir Jonny das Wort ab. „Ich bewohne die *K.*" Damit holt Jonny meine Koffer vom Flur rein und stellt sie neben mein Bett. „Dieses nordländische Hellblond sieht noch heißer aus!", bemerkt er und verschwindet.

Schulterzuckend begutachte ich meine Bleibe. Ich finde alles, was ich brauche oder auch nicht brauche, selbst ein Bügeleisen mit dazugehörigem Brett lässt sich aus dem Kasten zaubern, wie auch ein kleiner Safe. Ich kann's noch immer kaum fassen; ich bin tatsächlich in London und wohne für sechs Monate in einem Luxus Schuppen. Die Jungs im Hotel scheinen ganz nett zu sein, wenn ich auch noch nicht erfasst habe, was sie über mich wissen, dass den einen erröten ließ und den anderen zu ständigem Zwinkern und Augenbrauenheben verleitete. Curly wird sich freuen, im Juni hier mit mir zu wohnen; kein Vergleich zur Absteige, die wir letztes Jahr die unsere nannten.

In der Küche warten ein voller Kühlschrank und eine Obstschale mit einer Willkommenskarte von Wilton. *Martin Holmström, fühle dich so frei und ungezwungen, als ob du in einem Lustgarten deine Einweihung feiern würdest!*

Dionysos' Worte! Ich schüttle meinen Kopf: das kann nur ein schräger Zufall sein.

## Ich muss den Stier bei den Hörnern packen

Montag: 3. März

Wilton begrüßte mich gestern nur kurz, als er mich im Personaltrakt des Restaurants beim Frühstück antraf. Der stattfindende Kongress raube ihm den letzten Nerv und er sei dankbar, wenn der Haufen Verrückter am Nachmittag auschecken würde. Weil er gleich anschließend eine neugegründete Jury treffen müsse, käme er erst spät nachts zurück. Das war gestern.

Heute frühstücke ich schon um sieben in der Früh an einem wuchtigen, halbrunden Tisch, der fürs Personal in einem abgesonderten Teil des Restaurants hinter Bambusstauden versteckt, reserviert ist. Als einer der Kellner mich erblickt, lächelte er mich sofort etwas zu warm an, was mir einmal mehr bestätigt, dass es hier ein Geheimnis um meine Person gibt.

Der uniforminerte Kellner stellt sein Frühstückstablett ab und klopft mir auf die Schultern, wie man das sonst bei Wettkampfsiegern tut. „Es ist gut, dich mal live zu sehen!“, zwinkert er mir zu. „Blond steht dir besser! Dein Gesicht und dein ...“, den Rest verschluckt er. „Ähm, sorry! Ich bin Phil! Du kommst aus der Schweiz?“ Wir wechseln zu Small Talk, bis die Uhr acht anzeigt und ich mich zu meinem neuen Arbeitsplatz im zweiten Stock aufmachen muss.

Wilton reagiert sofort auf mein Anklopfen und öffnet mir die Tür in sein Chef-Büro. „Martin!“, umarmt er mich spontan und plappert auf mich ein. Mein alter Freund und gleichzeitig neuer Chef zeigt mir meinen Bürotisch in einem Nebenzimmer und führt mich danach durchs Hotel. Es ist riesig, sehr modern und luxuriös. Das Erdgeschoss machen die Lobby, die fast übergangslos in die Lounge übergeht, in der viele bequeme Sitzgelegenheiten in Kreisen zusammengerückt zum Verweilen einladen, aus und über einen Flur, der hinter riesigen Topfpalmen verborgen bleibt, gelangt man ins Restaurant.

Leider ist Seth so früh morgens noch nicht in der Küche, in der jetzt nur Hilfsköche immer neue Schalen und Teller fürs Frühstücksbuffet herrichten. Wilton zeigt mir auch die diversen Lager- und Weinkeller, wie die Wäscherei und die Tiefgarage. Da ich den Personaltrakt ja bereits kenne und mir das SPA selbst ansehen könne, führt er mich nur noch aufs Dach hoch.

Ungläubig klappt mir der Kinnladen runter und ich gaffe mir alles genau an. Es ist die verglaste Dachterrasse aus meinen Träumen. Nur dass diese hier bestimmt zehn Mal so groß ist, wie die aus meinem Traum. Eine niedrige Buchshecke und hohe Topfpalmen verbergen die direkte Sicht auf einen langen Swimmingpool. Die Aussicht über die Dächer von London ist schlichtweg fantastisch. Auch wenn die Realität in manchem abweicht, ist es dennoch der Schauplatz meiner beiden erotischen Träume. Wilton bemerkt, dass ich nervös auf eine breite Liege starre, doch er sagt kein Wort. Es ist genau die Liege, auf der mich Seth entjungfert hatte: der gleiche Stoff, das gleiche Gestell, die gleiche Breite und Länge. Wie kann das sein?

„Unser Lustgarten!", breitet Wilton seine Arme aus. „Hier oben gilt: Clothing Optional! Es ist unsere offizielle Nacktzone, Bekleidung wie auch Badehosen sind hier freiwillig. Jedem, wie es gefällt! Im hinteren Teil werden die Dachfenster bei gutem Wetter automatisch geöffnet. Einige meiner Jungs verbringen hier ihre Mittagspausen oder Zimmerstunde." Damit führt mich Wilton zurück zum Lift und runter in den zweiten Stock, wo sich hinter dem Büro, in dem ich arbeiten werde, noch zwei weitere anschießen. In einem davon stehen Computer, Drucker und Telefone auf oder neben vier Büropulten. Das hinterste Büro ist das geräumigsten von allen. Hier gibt es eine bequeme Sitzgruppe, Stellwände, wie man sie für Sitzungen braucht, diverse Flip-Charts, Beamer und ein Kühlschrank, der unter einem, mit Büchern und Prospekten vollgestopften Regale steht.

„Setz dich!", bittet mich Wilton, es mir auf der breitesten von vier Ledercouchs bequem zu machen, während er zwei Flaschen Wasser und Gläser holt.

Ich lasse meine Blicke im Raum herumschweifen und genieße die Aussicht. Wir müssen uns direkt über dem Haupteingang befinden, denn der Schriftzug mit dem Hotelnamen verdeckt etwas der riesigen Fensterfront. Die Wände dem Flur zu, zieren gerahmte Fotos von Hotelanlässen, denen ich nach dem dritten keine Beachtung mehr schenke.

„Mach es dir bequem!", fordert mich Wilton auf, als er sich mir gegenüber auf einem der Sessel niederlässt.

Erst als ich mich spaßeshalber auf die Couch hinlege, fällt mein Blick in dieser Perspektive auf ein weiteres Foto. Es ist zum Poster vergrößert und auf Aluminium aufgezogen.

Schockiert jucke ich hoch. Sofort wird mir einiges sonnenklar. Die Blicke von Cecil, Eldon, Jonny und heute Morgen von Phil ergeben augenblicklich einen tieferen Sinn. Selbst der Begriff *Saftboy* drängt sich mir geradezu auf. Das Poster zeigt mich im Hyde Park. Ich trage nur das dunkelblaue Tank Top. Seths Hand umklammert meine Erektion, die gerade in hohem Bogen abspritzt, was wegen dem dunklen Shirt als Hintergrund, extrem gut zu erkennen ist. Leider ist von Seth nur dessen Hand, ein Stück seiner Schulter und seine rechte Arschbacke sichtbar, weil er abgedreht neben mir steht. Das Bildzentrum wird von meiner Peinlichkeit und einem ziemlich entrückten Gesichtsausdruck voll in Anspruch genommen. Meine gefärbten Haare entfremden mich kaum.

„Gefällt es dir?“, strahlt mich Wilton an.

„Hängt das schon lange hier?“, würge ich.

„Seit letztem Juni!“

„Aber das ist sehr intim und privat!“

„Privat?“, lacht Wilton. „Junge, du hast öffentlich im Hyde Park abgespritzt. Ich war nicht der Einzige, der dich dabei fotografiert hat. Ähnliche Bilder findest du im Internet, wenn du als Suchbegriff *Horny Naked Bike Rider* eingibst.“

Vor Scham ist mir speiübel. Mit heißem Kopf stiere ich auf das Glas Wasser in meiner Hand und nippe wie an Medizin daraus. Haben mich Eldon, Cecil, Jonny und Phil sofort erkannt, werden das mit Sicherheit auch alle anderen meiner neuen Kollegen. „Muss das da hängen, wenn ich hier arbeite?“

„Schämst du dich plötzlich dafür?“

„Plötzlich?“

„Du hast keinen Grund, dich dafür zu schämen. Meine Jungs lieben das Bild. Hotel Intern wurdest du letztes Jahr als inoffizieller *Horniest Nudist of the Year* gekürt.“

„Na, danke auch!“, brumme ich.

„Du sieht zum Abwichsen gut aus!“, schmunzelt Wilton.

„Etwas, das bestimmt auch schon einige taten!“ Bestimmt Eldon, so rot wie sein Kopf bei meinem Anblick wurde.

„Wer wird bei diesem Bild nicht geil?“ Wilton will meine Hemmungen diesbezüglich einfach nicht wahrnehmen oder er provoziert mich wie in meinen Träumen, als sein Dionysos-Alter-Ego. „Nur zur Erinnerung“, fokussiert er mich. „Martin, DU hast dich gezeigt. DU hast abgespritzt und das öffentlich vor mehreren Kameras. Mit dem Bild zolle ich dir dafür Respekt. Sieh es als eine Art Altar an, vor dem wir Lüstlinge knien und uns von deiner Geilheit berauschen lassen.“ Endlich entlockt er mir ein scheues Grinsen. „Na, geht doch!“

„Was passiert in diesem Raum normalerweise?“

„Hier finden die wöchentlichen Team Besprechungen statt, genauso wie das Ausarbeiten neuer Konzepte. Hier stellen wir die Einsatzpläne für die diversen Anlässe und Konferenzen zusammen. Es ist das Hotel interne Sitzungszimmer. Oft wird es in den Pausen auch zum Relaxen genutzt.“

„Als Wichszimmer?“, versuche ich einen Scherz.

„Ist auch schon vorgekommen. Ich habe nichts dagegen! Die meisten Jungs meiner Belegschaft sind schwul und wer es nicht ist, schätzt trotzdem schöne Schwänze. Ich stelle keine Frauen mehr ein. Das gab in der Vergangenheit zu viel Ärger. Wir sind kein offizielles Gay-Hotel, doch unsere Stammgäste schätzen die einschlägige Atmosphäre – wie auch ich!“

Wie wird es erst sein, wenn ich hier an der ersten Teamsitzung dabei sein werde? Ob ich mich gleich mit einer bissigen Bemerkung neben das Wichs-Poster stellen sollte? So zu tun, als ob ich von nichts wüsste, lässt mich als Schlappschwanz dastehen und macht mich angreifbar. Genau wie in meiner Traumeinweihung, muss ich mich wohl auch hier in London meinen Ängsten als ganzer Mann stellen.

Den Nachmittag habe ich bis um sechs Uhr frei, da ich heute Abend bis zehn mit Eldon an der Rezeption arbeiten soll, um die Abläufe des Ein- und Auscheckens zu lernen. So verbringe ich den freien Nachmittag – meine Zimmerstunde – auf dem verglasten Dachgarten. Seth taucht leider nicht auf. Ich sonne mich – in einer Badehose, nicht nackt – und lese in diversen Prospekten über die Sehenswürdigkeiten Londons. Kurz vor halb sechs dusche ich in meinem Zimmer und ziehe mir die Uniform für meinen ersten Dienst an der Rezeption an.

„Bux, Planänderung: in einer Viertelstunde im Sitzungszimmer!“, verkündet Eldon übers interne Telefonnetz.

Den ganzen Nachmittag über habe ich mir alle möglichen Strategien zu meinem unfreiwilligen Outing als *Saftboy* oder als Hotel interne Wichsvorlage einfallen lassen. Leider lenkte mich der Ort mit der Pritsche viel zu sehr ab und ich schwärmte stundenlang von Seth. Jetzt drängt die Zeit. Was tun? Wilton bugsierte mich in eine Situation, die ich mir kaum schlimmer ausmalen könnte. Sicher ist nur: ich muss den Stier bei den Hörnern packen oder ich überlebe den heutigen Abend nicht unbeschadet. Zeige ich mein wahres Gesicht: den verklemmten Naivling, werde ich dieses Image nie mehr los.

Was auf dem Plakat zu sehen ist, war mein erster und einziger Sex überhaupt! Was Wilton letzten Juni fotografierte, war total aus dem Zusammenhang gerissen. Da meine runtergezogene Badehose auf dem Bild gekonnt weggeschnitten wurde, muss es doch aussehen, als ob ich den ganzen Tag schon so schamlos geil rumgelaufen sei. Dieses Bild von einem nackten Wichser hat sich der Belegschaft doch längst eingebrannt. Es zu leugnen – selbst wenn es der Wahrheit entspricht – würde mir doch keiner abkaufen. Ich bin hier im Hause als *Saftboy* bekannt. Wäre ich kein Feigling, ich würde nackt zur Sitzung auftauchen. So würde ich alle Zweifel, ich könnte nicht voll und ganz hinter dem Foto stehen, tilgen. Dummerweise bin ich wirklich kein Nudist, auch kein Exhibitionist, noch habe ich mir jemals beim Sex in einer Sauna oder einem Gay-Club zusehen lassen. Warum? Weil ich solche Orte noch nie von innen gesehen habe! Die verrückten beiden Träume zählen nicht, das waren Sexfantasien oder skurrile Einweihungen in Dionysos' Welt der Masken und Rollen.

Die Zeit drängt. Nervös durchstöbere ich meine beiden noch nicht vollständig ausgepackten Koffer und werde fündig. Das dunkelblaue Tank Top, dass ich auf dem Foto trug, habe ich eingepackt. Statt meiner Uniform, ziehe ich mir das Tank Top an. Umgezogen mustere ich mich kritisch vor dem Spiegel des Wandschranks. Wenigstens betont das Tank Top meine breiten Schultern und leichten Armmuskeln. Für eine andere Strategie ist es eh zu spät; ich muss los.

In Jeans, Turnschuhen und dem Tank Top verlasse ich mein Zimmer, um in den zweiten Stock und das Sitzungszimmer zu gelangen. Als ich es betrete, gaffen mich alle Hotelkollegen erwartungsvoll an. Rasch suche ich in den vielleicht zwanzig Typen nach meinem schottischen

Prinzen, doch weder er noch Phil sind hier. Offensichtlich müssen sowohl das Küchen- als auch das Servicepersonal jetzt arbeiten. Jonny begrüßt mich mit einem Kopfnicken und Eldon errötet augenblicklich.

„Leute!", hebe ich meine Arme wie ein Sieger, der auf der Tribüne erscheint. „Ihr alle kennt mich als den Saftboy", dabei zeige ich auf das Poster. „Das war ich! Das war gestern! Heute bin ich Martin Holmström. Nennt mich Bux!"

Das Lachen meiner neuen Kollegen lockert meine Verkrampfung und meine Panik verdrückt sich aus dem Raum, warum ich noch einen draufsetzte: „Wie ihr sehen könnt, ging der klebrige Fleck auf diesem Tank Top wieder raus!"

„Aber das Plakat bleibt hängen!", ruft der bärtige Typ, der mir am Sonntag meine Uniform angepasst hatte.

„Nur wenn du in Zukunft die klebrigen Flecken aus der Couch entfernst!", winkt einer der Reinigungscrew ab.

Montag: 10. März

Seit einer Woche arbeite ich nun schon im Hotel und nutze verschiedene Ausreden, mich auch immer wieder in der Küche zeigen zu müssen. Seth schenkte mir nicht ein einziges Mal Beachtung. Klar begrüßte er mich als neuen Kollegen im Hotel, doch das so nüchtern, als ob es unsere intime Begegnung im Hyde Park niemals gegeben hätte. Ganz offensichtlich teilt er auch nicht meine Sexfantasien?

Seth wohnt im Zimmer *G* auf der anderen Flurseite, zwei Zimmer versetzt zu meinem. Da er als Koch meist mittags und abends arbeitet, kann ich zufällige Arbeits-Begegnungen nur in der Mittagszeit arrangieren. In seiner Kochuniform aus einem schwarzen Kittel und ebenso schwarzer Hose zu einer weißen, langen Schürze und weißen Kopfbedeckung, sieht er einfach fantastisch aus. Sein roter Lockenkopf sieht zu seinem dunklen Outfit einfach nur galaktisch aus.

Ich habe schon viel über Seth in Erfahrung bringen können. Seth sei der totale Aufreißer, der jeden haben muss, den er sieht. Vor allem Berühmtheiten stehen ganz oben auf seiner Eroberungsliste. Doch einmal gehabt, reize ihn keiner ein zweites Mal. Da jeder der Hotelbelegschaft, durch das Foto im Sitzungszimmer, bezeugen kann, dass ich bereits abgehakt bin, wundert es auch niemanden, dass Seth mich links liegen lässt. War ich am ersten Arbeitstag irgendwann heimlich stolz auf das dämliche Foto, hasse ich es jetzt täglich mehr.

Jedes Mal wenn ich Seth sehe, rutscht mein Herz in meine Hose. Augenblicklich werde ich hart und kann an nichts anderes als entweder an seine warme Hand denken, die mich vor einem Jahr im Hyde Park packte oder wie er mich in meinen Sexträumen zum Manne machte.

Dienstag: 18. März

Mein Job im Hotel gefällt mir täglich besser, doch die Begegnungen mit

Seth werden dafür täglich schlimmer. War ich erst nur enttäuscht, leide ich inzwischen an einem gebrochenen Herzen. Ich kriege den schönen Seth einfach nicht mehr aus meinen Gedanken. Liege ich nachts in meinem Bett, denke ich an ihn, erwache ich am nächsten Morgen, taucht sein Gesicht als erstes wieder vor meinem inneren Bildschirm auf.

Einzig Pimlico erzählte ich bisher von meinem Liebeskummer. Mein exhibitionistischer Skater Freund rät mir zum Training. Da sich das SPA auf gleichem Stockwerk wie mein Zimmer befindet und sowohl früh morgens, wie auch ab zweiundzwanzig Uhr abends nur noch fürs Personal zugängig ist, stemme ich täglich ein-, oft sogar zweimal täglich Gewichte, fahre Rad oder springe Trampolin. So auch jetzt.

„Jo, was geht ab?"

Ich hebe meinen Kopf, da ich gerade auf einer der Bänke liege, um meine Beinmuskeln zu trainieren, als Seth plötzlich oben ohne und barfuß neben mir steht. Augenblicklich himmle ich meinen heimlichen Geliebten an.

„Ich trainiere!" *Ich trainiere?* Was ist denn das für eine *witzige* Anmache?

Seth zieht sich die Trainingshose aus und trägt darunter nur eine schwarze Jock Straps, also eine dieser amerikanischen Hintern-freien-Unterhosen. So legt er sich auf die Pritsche neben meine und verstellt die Gewichte, um seine Armmuskeln zu stählen. Sein Torso hebt und senkt sich und sein Bizeps spannt sich immer weiter an. Bald glänzt sein leichtgebräunter Körper von Schweiß, was seine Bauchmuskeln nur noch mehr betont. Sein Körper bringt mich fast um den Verstand. Ich stelle mir vor, wie er mich auch in der Realität entjungfert.

Nichts dergleichen passiert. Traum und Wirklichkeit triften gerade in unterschiedliche Richtungen weit voneinander ab.

„Gaffst du mich nur an oder trainierst du wirklich?", lacht der Schotte zu mir rüber, als er mein Schmachten bemerkt.

Augenblicklich bin ich so erregt, dass meine Trainingshose ein Zelt bildet, warum ich mich von ihm abwende und in einer anderen Ecke des Fitnessraumes, mit dem Rücken zu ihm, so tue, als ob ich Handeln heben würde. Seth wechselt von Gerät zu Gerät, bis er abermals vor mir auf einem der Geräte sitzt, bei dem man seine Beine bis zum Anschlag spreizen muss, um Gewichte wegzuschieben, für die Oberschenkelmuskulatur.

Verstohlen beobachte ich im Spiegel Seths erotische Spreizungen.

Einmal treffen sich unsere Blicke im Spiegel. Er labt sich schadenfroh an meiner jungfräulichen Scham. Provoziert er mich? Verführt er mich? Bin ich eine zweite Eroberung wert?

Leider kommt mir kein Grund in den Sinn, mir mein T-Shirt auszuziehen, um selbst für Reizstoff zu sorgen. Wenn mich das Saftboy-Bild auch zwingt, hier den selbstbewussten Macho zu spielen, bin ich es doch nicht wirklich. Ich gaffe meinen Helden einfach nur an. Seth ist kein Junge, er ist ein Mann. Wenn er bestimmt auch nicht älter als ich sein kann, so strahlt er trotzdem eine Selbstsicherheit aus, die mich beschämt. Ich kann meine Blicke einfach nicht von seinem schwitzenden Körper und seiner Schamlosigkeit abwenden. Seth ist mein zu Fleisch gewordener Untergang. Als er irgendwann bäuchlings auf einer erhöhten Liege liegt, um so seine Bauchmuskeln zu trainieren, starre ich auf seinen harten Arsch. Nicht ein einziges Haar spießt auf diesem geschmeidigen Leib.

„Trainierst du oft so spät nachts?"

„Fast jeden Abend", antworte ich ihm.

„Ich arbeite bis zehn, meist bis elf. Offensichtlich haben wir uns bisher immer gerade verpasst."

Seth flirtet mit mir? Augenblicklich sind all meine Zweifel mit den Wurzeln ausgerissen und neue Hoffnung überwuchert den fruchtbaren Boden.

„Wilton ist ein cooler Chef!", redet er weiter auf mich ein, während er breitbeinig seine Oberarme an einem weiteren Gerät trainiert. „Ich habe schon in anderen Hotels gejobt, doch noch nie durfte das Personal das SPA benutzen oder wohnte ich in so luxuriösen Appartements wie hier. Bewohnst du die M?"

„Ja! Und du die G?", plappere ich.

„So, genug für heute Nacht!" Seth steht auf, zieht sich seine Jock Straps runter und lässt sie liegen, wo sie landet, um splitternackt an mir vorbei zu den Duschen zu gelangen. Sein Penis ist halb erregt und wippt bei seinem leicht tänzelnden Gang.

Augenblicklich flüchtet mein Mut. „Ich bleibe noch etwas hier!", rufe ich ihm feige nach und hätte mich sofort ohrfeigen können. Da lädt er mich zu einer gemeinsamen Dusche – und zu weiß was noch ein? – und ich Weichei kneife.

Ich stürze aus dem SPA.

*Den Willigen führen die Schicksalsgöttinnen, den Unwilligen zerren sie!* betitle ich mein Erlebnis mit Seth im Fitnessraum, als ich es in mein geheimes Tagebuch eintrage. Ob Seth mich doch begehrt? Immerhin wollte er mit mir *duschen*!

Samstag: 15. März

Die letzten drei Abende wartete ich vergeblich jeweils von halb zehn Uhr abends bis fast Mitternacht im Fitness Raum auf meinen Traummann. Ich hypnotisiere mich täglich selbst vor dem Spiegel, sollte Seth auftauchen, ich mich ausziehen würde. Um mir selbst zu beweisen, dass ich kein Weichei bin, trainierte ich gestern mit nacktem Oberkörper, was für mich eine echte Überwindung darstellte. Offensichtlich hat mich Seth längst wieder vergessen oder jagt einem anderen Typen nach. Meine Gefühle schwanken wie bei einem Depressiven, von Himmelhoch jauchzend bis zu Tode betrübt.

Mittwoch: 26. März

Wilton spricht mich in der dritten Woche auf meinen Liebeskummer an. Es sprudelt nur so aus mir heraus. Auch wenn Wilton neuerdings mein Boss und Arbeitgeber ist, so hat sich unser freundschaftlicher Umgang dennoch nie verändert. Oft plauderten wir im Sitzungszimmer oder er setzte sich zu mir an den Tisch im Personaltrakt des Restaurants.

„Seth muss man erobern!“, verrät mir Wilton. „Seth ist ein Macho. Er muss sich bei jedem neuen Typen selbst beweisen. Phil war auch mal in Seth verliebt und bei den anderen Jungs gehe ich davon aus, dass sie ihn bestimmt nicht von der Bettkante schupsen würden, würde er sich mit ihnen einlassen. Seth bleibt auf Abstand. Er lässt niemanden wirklich an sich ran. Er ist kein Typ für Beziehungen; ihn interessieren nur das Erobern und der Sex. Er ist ein Spieler!“

„Zu Sex würde ich auch nicht nein sagen“, lüge ich.

„Bux, ich hätte nie vermutet, dass er dem Plakat zustimmt“, zeigt Wilton auf das Poster von mir im Hyde Park, „aber er hat es. Er muss dich irgendwie mögen, sonst wäre das *Saftboy-Bild* längst Vergangenheit. Seth sammelt Trophäen, doch niemals prahlt er damit vor anderen.“

Würde zu einer anderen Zeit mein Skalp hier an der Wand hängen? Im Traum forderte Seth meine Schamhaare als seine Trophäe.

„Seth sucht sich oft Typen aus, die jeder haben will, aber keiner kriegt. Er kriegt sie alle! Ihn reizt die Herausforderung. Heteros stehen ganz oben auf seiner Liste. Jeder erliegt ihm, denn keiner widersteht seiner Aura. Er ahnt noch nicht, was wirklich in ihm steckt. Bux, besser du vergisst ihn!"

Schulterzuckend murmle ich etwas Unverständliches.

„Oder", schürt Wilton neue Hoffnung, „du machst dich für ihn begehrenswert. Bring dich ins Gespräch, sodass sich Seth beweisen muss. Jetzt weiß er, dass ein Fingerschnipsen ausreicht und du bist sein. Das langweilt ihn."

„Und wie mache ich mich begehrenswert?"

„Werde selbstsicherer. Bux, du bewegst dich noch immer wie ein scheues Reh durch die Gänge des Hotels. Am ersten Arbeitstag hast du eine Seite an dir gezeigt, die ich seither wieder vermisse. Du hast mutig neben dem Plakat gestanden und hast so getan, als ob du wirklich das durchtriebene, geile Miststück wärst, zudem dich das Plakat macht. Nur ich und Seth kennen die Wahrheit. Die anderen ziehen falsche Schlüsse, die du aber bestätigt hast. Glaub mir, Seth hätte das beeindruckt."

„Ich bin kein scheues Reh!", verteidige ich mich.

„Nicht, wenn du mit Eldon, Cecil oder Jonny zusammen bist, aber du wirst es sofort, wenn ein Macho im Raum erscheint. Ich glaube aber nicht, dass du ein Bottom bist."

„Nein, das bin ich nicht!" Wie kann ich da so sicher sein? Mein bisher einziger Sex – wenn auch nur in einem Traum – gehörte in diese Kategorie.

„Seth reizen Typen, die selbst Tops sind, sich dann aber von ihm flachlegen lassen. Ich glaube, Seth träumt davon, selbst mal flachgelegt zu werden, doch nur von einem Typen, der ihm ebenbürtig ist. Du könntest so ein Typ sein!"

„Ich?", bezweifle ich. „Niemals!"

„Wie viele Sexpartner hattest du schon?"

Wilton muss nicht alles von mir wissen, weshalb ich so tue, als ob ich an meinen Fingern stumm abzuzählen würde.

„Da haben wir's! Du kannst dich noch an jeden einzelnen erinnern. Seth ist da längst rüber hinaus."

„Ich will aber nicht mit jedem!", protestiere ich.

„Seth auch nicht. Trotzdem ist er ständig auf der Pirsch und scheut sich nie Beute zu machen.“

„Das entspricht aber nicht meinem Wesen.“

„Nicht?“, tut Wilton so, als ob ich gerade scherzen würde. „Und all das Training? Deine Muskeln werden langsam ein echter Hingucker. Nicht nur mir fällt das auf. Bux, in dir schlummert ein Eroberer. Du bist ein Jäger oder ein Sammler.“

Ich lache und wir wechseln zu Small Talk, während ich einen finsteren Plan aushecke.

Eldon hat heute Dienst als Concierge an seinem separat stehenden Pult. „El, hast du einen Trimmer? Ich brauch ihn jetzt!“

„Jetzt?“, gafft mich Eldon verwirrt an. „Ich arbeite noch zwei Stunden. Kann das nicht warten?“ Da ich den Kopf schüttle, sieht er sich nervös um.

„Alter, ich drücke dir den Lift und halte deine Stellung.“

„Soll ihn dir vor die Zimmertür legen?“

„Eldon, das wäre fantastisch! Ich bewohne die *M*.“

„Das weiß ich doch“, lächelt Eldon verlegen.

„Ich kann ihn dir später in dein Zimmer zurückbringen?“

„Ich bewohne die *J*, wenn ich hier Spätschicht schiebe.“

„Das weiß ich doch“, imitiere ich Eldon, wenn mir diese Information auch neu ist.

In meinem Zimmer ziehe ich mich aus, teste den Rasierer und stülpe den Aufsatz für zwei Millimeterschnitte auf. Als ich mich vor dem Spiegel eine Weile betrachte, erscheint mir mein Vorhaben kindisch. Ein letztes Mal packe ich meinen Busch. Im Traum wühlte auch Seth darin. Als das erste Büschchen sich löst, fange ich es mit meiner linken Hand auf und lege es vorsichtig auf ein weißes Papier. Am Ende büschle ich alles zu einem Nest und schiebe es in das bereitgelegte Couvert, das ich beschrifte: *Für Seth, den Trophäenjäger! Martin Holmströms intimster Skalp für die Wand der Eroberungen.*

Danach rasiere ich die Stelle feinsäuberlich und stelle mich lange unter die Dusche, um mit viel Schaum und einer Wegwerfklinge bis auf ein rechteckiges Feld, alle anderen Haare meiner Intimzone zu entfernen. Als ich mein Werk danach im Spiegel bewundere, erregt mich mein neuer Haarschnitt. Dieser Look hat mir schon an Seth immer sehr gefallen.

Kurz nach zweiundzwanzig Uhr schleiche ich mich in meiner Shorts und einem T-Shirt aus meinem Zimmer, um das Couvert mit Tesafilm an Seths Zimmertür zu kleben. Danach klopfe ich bei Eldon an seine Zimmertür. Der Concierge trägt noch seine Uniform, als er mir öffnet.

„Ich bringe dir den Rasierer zurück!"

Eldon starrt auf meine nackten Zehen und errötet augenblicklich, dann räuspert er sich und lässt mich ein. Es gibt kaum persönliche Gegenstände bis auf ein vergrößertes Foto in einem Wechselrahmen, das neben seinem Bett hängt. Als Eldon meinen Blicken folgt, wird er nervös und versucht mich abzulenken. Das Foto ist ein Abzug vom Saftboy. Ich tue so, als ob ich es nicht gesehen hätte.

„Wofür hast du den Rasierer gebraucht?", überspielt Eldon die Peinlichkeit. „Deine Haare sehen noch genau gleich aus."

„Nicht alle!", grinse ich feist. Warum ich das folgende tue, kann ich nur einem schäbigen Sadismus zuschreiben, denn Eldons Verlegenheit reizt mich einfach. Er ist in mich verknallt. „Ich verpasste mir einen neuen Haarschnitt!" Frech knöpfe ich mir meine Shorts auf und ziehe sie vorne etwas runter.

Eldons Gesichtsfarbe nimmt augenblicklich eine lebensbedrohliche Rötung an.

„Willst du mal fühlen?", frage ich, wie ein böser Kobold, der sich am Leid anderer labt. Da Eldon dafür viel zu verlegen ist, fasse ich nach seiner Hand und führe sie über das getrimmte Rechteck. „Fühlt es sich nicht wie das Fell eines Rehs an?"

Eldon befreit seine Hand aus meiner, doch statt sie zurückzuziehen, streichelt er das Rechteck selbst. „Es passt zu dir!", murmelt er, räuspert sich und hustet. Triumphierend knöpfe ich mir die Hose wieder zu und verabschiede mich.

Im Flur kann ich Seth sehen, wie er gerade durch die Verbindungstür kommt, um sein Zimmer anzusteuern. Obwohl ich meine Schritte arg beschleunige, verliere ich das Rennen. Mit einem *What's up?* zische ich an ihm vorbei, um mich hastig in meinem Zimmer zu verstecken und die Tür hinter mir zu verrammeln. Durchs Guckloch beobachte ich, wie Seth den Umschlag öffnet, hineinfasst und kopfschüttelnd meinen Text liest. Ob aus schierer Verzweiflung, Triumpf oder Wahnsinn, kicke ich an die Wand. So habe ich mir das nicht vorgestellt. Was ich wirklich damit bezwecken wollte, weiß ich selbst nicht. Als ich später ins Bett schlüpfe, tue ich das zum ersten Mal in meinem Leben nackt. Wie fühlt sich meine neue Schamlosigkeit unter der Decke an? Ziemlich geil gleite ich in den Schlaf und finde mich auf der Party auf der verglasten Dachterrasse wieder.

„Schau!“, weist Skater mit seiner ausgestreckten Hand übers Geländer in Richtung Themse. „Ein Kranich.“

„Thot schickt dir einen Boten“, murmelt Dionysos.

Mein Traumlokalität hat sich angepasst. Ich sehe nicht mehr über die Dächer von Basel, sondern jetzt über denen von London. In der Ferne entdecke ich den *Shard*, den *Gherkin Tower* und weiter die Themse entlang *Londons Eye*.

„Was will der ägyptische Gott der Weisheit von mir?“

„Bux, sowohl die alten Namen der Götter, wie auch die neuen, sind nur Masken für das Göttliche in tausenderlei Gestalt“, erklärt Dionyos, in Erscheinung des dicken Mannes.

Ich höre nur mit einem Ohr zu, denn Skater schlurft zu uns herüber. „Alter, füttern dich öfters Kraniche mit Erdbeeren?“ Leider zieht er seine tief gerutschte Hose wieder hoch.

Als der Kranich über eines der offenen Fenster in der Dachverglasung flog, ließ er etwas fallen, das ich spontan auffing. Ich sehe erstmals darauf. Tatsächlich eine Erdbeere!

„Junge, du erfüllst Wünsche und wirst dafür belohnt!“

„Abergläubischer Unsinn!“, schiebe ich Dionysos’ Kommentar beiseite. Starre aber auf die Erdbeere.

„Passt zu deinem roten Keuschheitsgürtel!“, deutet Skater auf das verklebte Geschenkband um meinen Schenkel.

Nicht, um dort über Erdbeeren-austragende-Kraniche zu kontemplieren, sondern um zu duschen und mich vom Geschenkband zu befreien, suche ich die Mansardenwohnung auf. Dionysos verkündete, dass mein weiblicher Teil befriedigt sei. Ruft jetzt der Mann in mir nach Geltung und Auftritt? Mit einer Schere durchtrenne ich feierlich das rote Band. Vor dem Spiegel bewundere ich Seths Werk genauer. Um meine Hüften windet sich ein Kranz aus aufgemalten Weinblättern und Dolden. Wie filigran sich einzelne Blätter über meinen Pobacken schlängeln, Ranken sich ihren Weg in meine Kimme suchen oder sich in meinem Schamhaar verlieren, finde ich sehr erotisch. Das hat Rotschopf gezeichnet, während er mich entjungfert hat?

„Junge, mit dieser Erektion könntest du als Mänade die Bacchanalien einleiten." Dionysos' Blicke checken mich ab.

„Ekstase, Rausch und Wiedergeburt: das Mysterium des Dionysos", murmle ich selbst schon diesen kryptischen Blödsinn. War ich zu Beginn der Party ein verklemmter Knabe, fühle ich mich aber tatsächlich jetzt verändert.

„Fühlst du die Ekstase?"

„Ich glaube, ich bin gerade einfach nur extrem geil!", gestehe ich Dionysos.

„Das ist die Vernichtung der Maja. Es gleicht einem Rausch! Es ist Verzückung! Genieße deine Geilheit! Reite auf ihrer Hitze und tanze zu ihrem Vergnügen. Vergiss dein Ego! Vergiss dein kleines, gehemmtes Selbst! Vergiss die Vorurteile und Hemmungen – wenigstens für heute! Heute stirbst du; heute wirst du dich aus der Asche deines abgetragenen Selbst wieder erheben und neu erfinden. Das Kind muss sterben, damit der Mann geboren werden kann!"

„Ist das Wiedergeburt?" Abermals checke ich mein Spiegelbild. Es zeigt jemand, der mir äußerlich ähnelt – aber das ist auch schon alles. Bin ich das wirklich? Gafft mir hier ein unheimlicher Zwilling entgegen, der einfach kurzfristig meine Identität kopiert oder mir seine aufzwingt? Ich ziehe eine Grimasse und mein Spiegelbild ebenso. Das ist kein magisches Wesen, das mir aus einer Parallelwelt oder durch eine verborgene Pforte aus einer fremden Welten entgegenblickt: das bin ich! Das ist Martin Holmström, ein Jüngling aus Basel, der von seiner heimlichen Liebe vor aller Augen entjungfert wurde. Dieser neue Martin hat harte Muskeln und er ist splitternackt. Laut frage ich: „Bedeutet frei zu sein, sich nicht zu fürchten, was andere denken? Bedeutet frei zu sein, sich frei von Zwängen, Prüderie und Sünde zu bewegen? Oder ging ich zu weit?"

„Ihr wart naiv, ursprünglich und archaisch. Ungestüm habt ihr eine Illusion geschaffen und eine Illusion zerstört. Ihr habt schreckliche Tiefen ausgelotet und den Himmel auf Erden manifestiert. Jeder deiner Gäste bezeugte dies. "

„Geile Gaffer!"

„Nein!", wiederspricht mir Dionysos. „Ihr beide inspiriertet zum Träumen! Dieser Junge ist nicht wie andere. Dieser Junge ist etwas ganz besonders – genau wie du."

„Ja, klar! Keiner da oben wird mich künftig als etwas anderes, als einen geilen Arsch betrachten!"

„Wäre das schlimm?"

„Heute nicht!", schüttle ich meinen Kopf. „Heute können sie in mir die Erfüllung ihrer Sexfantasien sehen. Was sollte das mit dem Erdbeere werfenden Kranich?"

„In dir könnte ein Gott wohnen!"

„Ja, klar!", winke ich ab. Es stört mich überhaupt nicht, dass der dicke Mann mich lüstern betrachtet.

„Junge, welchen Wunsch erfüllst du als nächstes?"

„Ich kenne die Wünsche meiner Gäste nicht."

„Dennoch erfüllst du sie!"

„In dem ich mich als Hure präsentiere?"

Dionysos' Lachen dröhnt erheitert. „Du bist keine Hure! Hingabe und Genuss sind essentielle Bestandteile von Sex und der Verschmelzung von Liebenden. Entweihe es nicht! Eure Lust verwandelte den Wintergarten in einen Lusttempel. Seth hat dich nicht benutzt, sondern beschenkt. Er hat dich eingeweiht. Er ist deine Vergangenheit, Gegenwart und Zukunft."

„Glaubst du?"

„Junge, es wird Zeit, den Stammesführer in dir zu erwecken. Manifestiere jetzt den männlichen Dionysos! Etwas Starkes, etwas Wildes und etwas Wahres wurde heute geboren. Jeder konnte es spüren", zeigt Dionysos auf die Erdbeere.

„Ich auch", lache ich auf. „Tief in mir drinnen!

## Ein verwegener Vorschlag

Dienstag: 1. April

Seit einem Monat arbeite ich als Gastronomiekaufmann und bereue noch keinen Tag davon. Noch immer habe ich nicht genug von Lebensmittelbestellungen, Lohnabrechnungen, Reservierungen und dem Zusammenstellen von Einsatzplänen. Leider geht mir Seth aus dem Weg. Stempelt er mich als Spinner ab, weil ich mein Schamhaar als Trophäe an seine Tür klebte?

Pimlico holt mich um zwei in der Hotel Lobby ab, damit wir zusammen in einem der Gay Clubs in SOHO unter die Leute kommen. Es ist wieder ein sehr warmer Tag und überall ist draußen bestuhlt. Seit ich in London bin, regnete es nie, noch gab es Nebel, was ich seltsam finde, da ich mir London immer nebelig und verregnet vorgestellt habe.

Der Skater trägt wieder eine seiner typischen Hosen, die er so tief tragen kann, dass sein Pimmel gerade nicht hervorschnellt. Pimlico präsentiert sein gutes Stück wie andere eine teure Uhr oder ein seltenes Schmuckstück, stolz und für alle sichtbar. Im Gay Viertel fällt er damit wirklich auf. Nicht weil er der Einzige wäre, der dieser Modeerscheinung frönt – was er nicht ist – sondern weil Pimlico ein ziemlich scharfer Typ ist. Er ist dünn und sieht eigentlich nicht wirklich gut aus, doch er hat ein Lachen, dass seine Person regelrecht von innen heraus erleuchtet. Die meisten der anderen zeigegeilen Typen spielen die Unnahbaren oder stolzieren wie Pfaue durch die Straßen, während Pimlico alle angrinst und immer lacht. Er ist der Typ, dem man seine Hose ganz ausziehen will, einfach weil man ihn damit noch glücklicher machen will.

In einem der Lokale mit Billardtischen zieht er mich in eine dunkle Ecke, um mit mir etwas zu bereden. Eigentlich würde ich lieber draußen in der Sonne sitzen, doch Pimlico bleibt hartnäckig. „Bux, ich interessiere mich für die Kampagne für den ersten offiziellen Nudistentag, anlässlich des diesjährigen *World Naked Bike Rides,* speziell für die *Gay-Version* davon."

„Du malst dir einen Regenbogen auf deinen Arsch, statt Protestsprüche gegen die Öl-Magnaten, während du durch die Stadt radelst?", zucke ich unbeeindruckt mit meinen Schultern.

„Ich rede vom Konzept des *horny Nudists.*"

Ich schlucke leer. Den Begriff hörte ich schon einmal. Die Jungs vom Hotel nominierten mich inoffiziell dazu.

„Bist du mit dem Konzept vertraut?", stupst mich Pimlico in die Seite. Als ich meinen Kopf schüttle, grinst er feist. „Eigentlich wird inoffiziell schon länger vom *Nudist Day* gesprochen, wenn das *World Naked Bike Ride* auch nicht so publiziert wird. Die Stadt fürchtet wohl, dass ganz London seine Hüllen fallen lässt, beschränkt sich das Nacktsein nicht auf die paar Stunden Fahrradfahren und den Hyde Park danach."

„Wäre das schlimm?", spiel ich den Coolen.

„Einige Gay Clubs kreierten im letzten Spätsommer ein neues Konzept: den *Nudist Day*. Dein Chef ist übrigens in diesem Komitee mit dabei. In allen Gay Lokalen soll an diesem Tag *Clothing Optimal* gelten, somit wäre Bekleidung dort freiwillig."

„Man kann überall nackt rein?"

„So der Gedanke. Für die Werbekampagne suchen die Organisatoren geeignete Modelle."

„Echt jetzt, du willst dich nackt für ein Plakat zur Verfügung stellen?", fasse ich zusammen.

„Ja, und man kann sich als *horny Nudist* nominieren lassen. Jeder, der für den Wettbewerb angenommen wird, erhält dreitausend Pfund Gage und muss am *Nudist Day* in den Gay Lokalen auftreten. Der Sieger wird zum *geilsten Nudisten des Jahres* gekürt und sackt Zehntausend Pfund Preisgeld ein."

„Zehntausend?", gaffe ich Pimlico an. „Ne Menge Geld für jemanden, der nichts anderes macht als tausend andere auch."

„Alter, genau meine Meinung!", klopft sich Pimlico auf seine Schenkel. Jetzt auf dem Barhocker des Lokals, ist seine Hose noch tiefer gerutscht, dass nur noch die Spitze seines Penis' verborgen bleibt. Wie schon bei früheren Begegnungen, sehe ich meinen neuen besten Freund gerne in diesem Outfit. Für heute rasierte er sich die Haare direkt über seinem Penis vollkommen weg, ließ aber die dünne Straße vom Bauchnabel abwärts stehen, wie auch ein schmaler Ring direkt um seinen Penis; was wie ein dunkler, stoppeliger Kranz aussieht, was ihn männlich und herb erscheinen lässt. Pimlico weiß ganz genau, wie er punkten und die

Blicke seiner Opfer fokussieren muss.

„Bux?“, sucht Pimlico Augenkontakt, als er meinen Blicken gefolgt war. „Hast du Lust?“

Ertappt erröte ich. Pimlico ist nicht Seth, doch ich könnte mit ihm Erfahrungen sammeln – erste Erfahrungen! Wie sich seine dunklen Stacheln wohl anfühlen? Ob es ähnlich kratzt und kitzelt wie ein Dreitagebart? Mit Pimlico würde ich mich trauen. Mit ihm würde ich gerne meinen ersten Sex erleben. Scheu nicke ich und sehe ihm in seine braunen Augen. Als er mich begeistert anlächelt, hüpft mein Herz vor Aufregung und erwachter Lust.

„Cool! Ich hoffte, du willst es auch?“

Plante das mein bester Freund, als er mich in die hinterste Ecke dieses Gay Lokals zog? Hat er seine Hose deshalb noch tiefer als sonst rutschen lassen? Er bietet mir alles dar.

„Ja, ich will es wirklich“, flüstere ich voller Zärtlichkeit und Vorfreude, meine Jungfräulichkeit endlich für immer auch im realen Leben hinter mir zu lassen.

Pimlico klatscht in seine Hände und hüpft vom Barhocker. „Dann nichts wie los!“

Ich bin verlegen. Ich bin erregt. Ich bin total nervös. Für den Moment fühle ich mich sogar etwas verliebt in den braunhaarigen Skater. Scheu und mutig zugleich fasse ich nach seiner rechten Hand, um sie in meine zu schließen. Seine Körperwärme fühlt sich ganz anders als die von Seth an. Auch an Kraft unterscheiden sich die beiden so verschiedenen Jungs sehr. Dennoch: Pimlico fühlt sich richtig an.

Als sich Pimlico mir zudreht, lacht er wieder laut und offen, doch er lässt meine Hand nicht los. „Dein Handschlag?“, fragt er. „Besiegelt er unseren Deal?“

Ich nicke verliebt, ziehe ihn zu mir, um ihm scheu einen Kuss auf seine geschlossenen Lippen zu drücken. „Pakt!“, hauche ich. Dann streichle ich seinen Bauchnabel, der unter seinem viel zu kurzen T-Shirt rausschaut und lasse meine Hand sehr langsam tiefer über die Straße wandern.

„Alter!“, kichert Pimlico verlegen. „Übst du?“

„Ich habe noch keine Erfahrungen darin!“, gestehe ich ihm.

„Sei einfach du selbst!“, stellt er sich leicht breitbeinig vor mich hin und genießt meine Berührungen. „Es ist nur am Anfang fremd, danach gewöhnst du dich daran!", versichert er mir. „Hilft das?", blickt er auf meine Hand.

„Es fühlt sich toll an", gestehe ich ihm. Ein Schauer jagt über meinen Rücken und ich zittere plötzlich vor Verlangen.

„Ich weiß auch nicht, was von uns erwartet wird."

Unsicher schaue ich mich im Lokal um. Wir sind alleine hinter den Billardtischen. Ich wollte immer schon einen anderen Jungen so berühren. Ich bin sicher, Curly hätte es zugelassen, doch es wäre einseitig geblieben. Curly mag mich und er ist aufgeschlossen, doch Curly ist nicht schwul. Jetzt mit Pimlico ist es gerade sehr anders. Er genießt meine Liebkosungen, was seine Hose nicht mehr verdeckt. Den Nudisten scherte es noch nie, wer ihn so sehen kann. Er spazierte schon mit wirklich kaum verdeckter Latte durch London und labte sich an den verwirrten aber fokussierten Blicken der Passanten. Zielsicherer berühre erstmals seinen Penis.

„Damit punkten wir bestimmt!", grinst er, packt nach meiner Hand und schiebt sie tiefer.

Oft träumte ich von einem solchen Moment, mit Seth, mit Pimlico und mit zufälligen Typen, denen ich auf der Straße begegnet war, doch es jetzt real zu erleben, ist tausend Mal besser. Plötzlich begegnen sich unsere Lippen zum Kuss. Pimlicos Zunge spielt mit meiner, während er sich mit seiner linken Hand seine Hose ganz runterzieht. Er will es wirklich. Flammen breiten sich in meinem Körper aus und verbrennen meine Scheu, bis ich meinen neuen, besten Freund rückwärts an die Wand presse, seine Arme über seinem Kopf mit meiner linken festhalte, während meine rechte entschieden zupackt.

„Alter?", grinst mich der Skater an.

So küssen wir uns, während ich seine intimsten Stellen erforsche. Ich hatte noch nie einen anderen Penis als meinen in der Hand. Pimlico schnurrt und rekelt sich wie ein Kater.

„Bux, das ist genial! Machen wir es genauso!" Damit dreht er sich von mir ab, küsst mich ein letztes Mal auf den Mund und zieht seine Hose wieder soweit hoch, dass seine Erektion nicht rausschnellt, aber gut sichtbar bleibt. Es dauert eine Weile, bis er mit seiner Provokation zufrieden ist und die Hose trotzdem sitzt. Er löst sich aus den Schatten und stolziert zur Bar. „Zwei Coke!", bestellt er und stellt sich rücklings an die Bar, um sich zu präsentieren. Kaum bekommt er sein Getränk, prostet er mir zu: „Auf unseren Deal!“

Unsere Gläser klirren. Pimlico leert seines in einem Zug und drängt mich zur Eile. Ob er mich mit zu sich nehmen will? Das Vorspiel hat mich komplett aus der Bahn geworfen; mein gewohntes Denken, wie mein Fühlen konnte nicht mehr mithalten. Auf den Geschmack gekommen, kann ich unseren Sex kaum noch erwarten, weshalb auch ich hastig austrinke und Hand-in-Hand mit Pimlico das Lokal verlasse.

„Underground oder Taxi?“, fragt er aufgeregt.

„Taxi!“, schlage ich vor. Ich habe es nicht minder eilig.

Kaum im Taxi nennt Pimlico die Adresse und wir fahren los. Immer wieder tauschen wir Blicke und jedes Mal kichern wir wie kleine Mädchen. Bei besagter Adresse, keine zehn Blocks weiter, bezahle ich die Fahrt und Pimlico zerrt mich zu einer roten Haustür in einem dieser alten Backsteingebäude; offensichtlich befinden wir uns noch immer in SOHO. Doch statt seinen Hausschlüssel zu zücken, klingelt er.

„Lebst du nicht alleine?“, frage ich deshalb.

„Doch!“ Als der Summton erklingt, schiebt Pimlico die Haustür auf und wir eilen in den dritten Stock hoch. Immer zwei Tritte auf einmal nehmend, hämmert mein Herz wild, als wir ankommen. Gleich erlebe ich meinen ersten richtigen Sex im realen Leben. Gleich wird aus meinem besten Freund mein erster, lüsterner Liebhaber. Gleich wird er ...

„Guys!“, begrüßt uns ein Typ von Mitte Vierzig. „Kommt ihr zum Casting?“

Pimlico fasst nach meiner Hand und zieht mich am Typen vorbei ins Studio hinein. „Yep! Wir sind bereit!"

„Was geht hier vor?", flüstere ich Pimlico zu. Offensichtlich ist das nicht seine Wohnung. „Ich dachte, wir fahren zu dir?"

„Zu mir?", sieht er mich verwundert an. „Warum zu mir?"

Was habe ich falsch verstanden? „Wo sind wir?"

„Beim Casting natürlich. Ich habe dir davon erzählt. Du warst sofort so geil darauf, dass ich dachte, warum lange einen Termin ausmachen, wenn wir es spontan versuchen können."

*Ich war geil auf DICH!*

Der Typ von der Tür reicht jedem von uns ein Formular auf einem Klemmbrett zum Ausfüllen. „Da drüben könnt ihr eure Klamotten deponieren!", zeigt er auf einen Spint mit Schließfächern bei einer hölzernen Sitzbank, wie sie in Sporteinrichtungen üblich sind. „Kommt danach in den Warteraum. Es kommen noch andere Jungs vor euch dran. Lasst euch Zeit, die Bedingungen zu studieren und zu unterschreiben", tippt er auf das Formular in meiner Hand. „Eure Namen?" Wir nennen sie und er notiert sie sich auf der Liste.

Pimlico spaziert zur Garderobe, um sich eines der Schließfächer zu sichern. Als ich einfach versteinert vor Schreck und Wut, so überrumpelt worden zu sein, bei der Eingangstür stehen bleibe, kommt er zurück. „Alter, keinen Bock mehr?"

„Ich hatte nie Bock auf *das* hier", zeige ich um mich.

„Und unser Üben in der Bar?"

„Für mich war das kein Üben!", blicke ich auf meine Turnschuhe. „Ich dachte, dass ..."

„Echt?", fasst Pimlico nach meiner rechten Hand. „Wie süß! Wolltest du mich auf dem Billardtisch flach legen?"

Manipuliert, in meinen Gefühlen verletzt und zu feige, mich der Herausforderung zu stellen, schmolle ich.

„Jedes Model kriegt zweihundert Pfund bar auf die Hand, der Sieger noch Tausend extra." Als ich noch immer nicht aufsehe, boxt mich Pimlico in die Seite. „Bux, ich fand es extrem geil, wie du mich vorhin zu deinem Lustobjekt gemacht hast!"

Wütend nicke ich und komme mir dabei wie ein Vollidiot vor. Pimlicos vorherige Verliebtheit ist vollkommen aus seinen Augen verschwunden. Vor mir steht wieder nur mein neuer, bester Freund mit einem erwartungsvollen Ausdruck im Gesicht. Seine Begeisterung, seine Lust und seine Neugier galten nie mir, sondern immer diesem Casting.

Es klingelt. Der Mann von vorhin öffnet hinter mir die Tür. Ein junger Kerl, der bestimmt über zwei Meter groß sein muss, mit sehr kurzen, platinblond gefärbten Haaren und einem kindlichen Gesicht tritt ein. Er trägt ne extrem enge Lederhose und ein Kettenhemd zu dunklen Handschuhen und Springerstiefeln. Wären seine Augen mit Mascara schwarz geschminkt, seine Ohren und Brustwarzen gepierced und würden Tattoos seinen Körper bedecken oder dicke Silberketten seinen Hals zieren, könnte er ein Punk oder ein Gothic sein. Bis auf seine Klamotten deutete sonst nichts darauf hin. In Wahrheit wirkt der lange Typ eher wie ein Teenager, der den harten Kerl vorgaukeln will oder er ist einfach eines der Tausend Mode Victims, die überall in London zu finden sind.

„Ab achtzehn!", versperrt ihm der ältere Mann den Zutritt und muss arg nach oben sehen.

„Ey! Cool, Mann! Ich bin Neunzehn!" Der dünne Riese grabscht in seiner Gesäßtasche und zückt stolz seinen Ausweis.

„Ok! Willkommen, Powell", liest der ältere Mann den Namen ab. „Hier dein Fragebogen mit integrierter Einverständniserklärung. Dort drüben", nickt er zur Garderobe, „kannst du dich ausziehen. Der Wartebereich befindet sich den Flur runter links. Es warten noch andere, du musst dich nicht beeilen."

„Jungs, was geht ab?", stolziert der dünne Riese an mir vorbei, sieht zu Pimlico und hebt seine Hand für High Five.

„Powell, du machst auch mit?" Pimlico klingt darüber nicht begeistert. Scheut er den Konkurrenzkampf mit Babyface?

„Ey, logo! Pim, die Tausend hab ich doch so gut wie auf sicher! Hast du Hasenfuß an der Tür gesehen? Das konservative Weichei ist doch viel zu feige, sich mit mir zu messen. Falls die anderen auch solche Softies sind, gewinne ich konkurrenzlos! Sorry, ist nicht persönlich gemeint!"

Augenblicklich nervt mich der Typ. Ich kann nicht sagen, was genau den Ausschlag gab, doch ich hasse diesen Gecken aus der Tiefe meiner

Seele. Es sind nicht so sehr seine abfälligen Worte und die Gewissheit, dass er sie absichtlich so laut ausgesprochen hat, dass ich seine Beleidigungen hören musste. Es ist mehr sein leicht hüpfender Gang und die Art, wie er auf jeden hinuntersieht. Zähneknirschend bleibe ich bloßgestellt an der Tür stehen, doch wage ich es jetzt auch nicht mehr zu türmen.

Powell bemerkt es, als er sich sein Kettenhemd über den Kopf zieht und es klirrend in einen der offenen Metallschränke wirft. „Mann, was gaffst du? Schlappschanz, ich strippe nicht für dich! Kapiert? Los, verzieh dich! Das hier ist nur was für Typen mit harten Eiern", dabei fasst er sich in den Schritt und vollführt ordinäre Gesten, während er seine Rechte hebt, um bei Pimlico abermals mit High Five abzuklatschen.

Stellt sich mein Kumpel auf die Seite dieses arroganten Vollidioten? Pimlico wendet sich zum Glück rechtzeitig ab.

Der dünne Macker stellt einen Fuß auf die Bank hoch, beugt sich vornüber und schnürt seinen Springstiefel auf, während er mit seinem Arsch wackelt. Das wiederholt er mit dem zweiten Stiefel. Er ist sich sehr bewusst, dass wir ihn beide anstarren. Seine Haut ist weiß und noch vollkommen haarlos, passend zu seinem Kindergesicht. Jetzt barfuß stellt er sich breitbeinig vor Pimlico und schält sich aus seiner Lederhose. Logisch trägt er nichts drunter und logisch wächst ihm sofort eine gewaltige Latte. Angeberisch dreht er sich abermals mir zu und prahlt: „So stellt sich ein *horny Nudist* seinen Prüfungen!" Der Idiot stemmt sich seine behandschuhten Hände in die Hüften und präsentiert sein langes Teil.

Augenblicklich verstehe ich seine Geste als persönliche Herausforderung. Ohne dass ich es will, bewundere ich ihn gleichzeitig. Auf seine eigene Art überzeugt seine Erscheinung, was mich nur noch wütender macht. Ich selbst bin auch nicht klein, doch bei über zwei Metern Körperlänge, muss auch ich nach oben sehen, was sich ungewohnt anfühlt.

„Ich bin besonders!", lobt sich der Angeber selbst und streichelt seinen überdurchschnittlich langen Penis mit seiner rechten Hand, die noch immer im schwarzen Lederhandschuh steckt. „Bald wird den hier jeder auf dem Plakat anbeten!"

„Powell, der Große!", schlägt Pimlico vor und zwinkert mir zu und grinst, als der Riese nicht hinsieht.

„Yeh, Mann! Pim, du hast es voll erfasst!" Stolz stopft Powell seine Springerstiefel und seine Lederhose in seinen Schrank, packt sich den Wisch zum Ausfüllen und schreitet mit diesem wippenden Gang in den

Wartebereich; seine Lederhandschuhe behält er als einziges an. Auf halber Strecke dreht er sich mir abermals zu: „Pickelgesicht, du kannst jetzt aufhören zu sabbern. Kannst dir später zuhause einen runterholen, wenn du von mir träumst oder wenn du mich als Sieger auf dem Plakat abgedruckt siehst!“ Höhnisch lachend verschwindet er.

Entschieden es diesem Brotgehirn zu zeigen, nähere ich mich zielsicher einem weiteren der freien Schließfächer und beginne mich wortlos auszuziehen. Ich spüre Pimlicos Blicke auf meinem Rücken, doch ich wage es nicht, mich ihm zuzudrehen. Ich bin verlegen und alles andere als überzeugt, von dem was ich tue. Würde meine Wut nicht all meine Vernunft verbrennen, ich wäre längst getürmt. Jetzt bin ich nur noch von einem Gedanken beseelt: ich vernichte Riesenschwanz!

Pimlico ist als erster nackt, verschließt seinen Schrank und steuert den Flur an. Für den Freizeit-Exhibitionisten ist das alles nichts Besonderes. Anders für mich. Nicht einmal in der Schule duschte ich mit den andern Jungs nach dem Sportunterricht; sogar in der Schwimmhalle zog ich mich immer in einer Einzelkabine um. Mich hier gleich splitternackt zu bewegen ist mehr, als nur eine Premiere – es übersteigt meine schlimmsten Albträume. Ich packe schon den Bund meiner Boxershorts, da entscheide ich mich um: ich behalte sie an. Den Rest meiner Kleidung verstaue ich im Schließfach und zucke nur mit meinen Schultern, als Pimlico mich mit gerunzelter Stirn ansieht und auf meine Boxer Shorts tippt. „Ich bin kein Nudist!“

„Aber dir ist schon bewusst, dass wir uns hier als Modelle für den Nudistentag casten lassen?“

„Yea!“, murre ich. „Schon kapiert!“

„Hi, was geht ab!“, begrüßt Pimlico die Jungs im Wartebereich.

Ich bemerke erleichtert, dass ich nicht der Einzige in Unterhose bin. Ein Afrikaner und ein Inder tragen zu ihren Unterhosen sogar noch ein Unterhemd oder ein T-Shirt. Ein stark behaarter Araber sitzt im Schneidersitz auf dem Boden und bedeckt sich mit seinem Fragebogen. Ein anderer mit Tattoos verdeckt seine Blöße mit einem roten Baseball Cap, was mir bekannt vorkommt. Nur ein ausgesprochen hübscher, dunkelhaariger mit gestriegeltem Seitenscheitel, sitzt ganz relaxed splitternackt auf einer Couch und winkt mir zu, damit ich mich zu ihm setze. Er könnte ein Mischling sein: halb Inder, halb Engländer. Er ist mir sofort total sympathisch.

Der neunte Kerl, der sich zum Casting eingefunden hat, ist ein frech wirkender Japaner mit Kopfhörern auf seiner künstlich zerzausten Frisur, der zur Musik auf seinem iPod mit seinem Oberkörper wippt. Er dürfte auch erst zwanzig sein. Einen Fuß hat er über die Sessellehne gelegt und schert sich nicht darum, dass er von den Jungs offensichtlich angetan ist. Wie selbstverständlich einige mit ihrer Nacktheit umgehen, überrascht mich sehr. Und da gibt es noch diesen langen Powell. Er spielt demonstrativ mit seiner Latte, um sein Platzhirschgehabe zu unterstreichen, doch er ist nicht der Einzige, den es nicht schert, seine Erektion zu präsentieren: auch der hübsche Mischling und der Japaner lassen jeden gucken, der will.

„Essex“, streckt mir der Hübsche seine Hand zum Gruß hin, kaum dass ich mich neben ihm niederlasse. Sein Aufzug irritiert mich und ich versuche, ihn nicht allzu offen anzugaffen. Er hat einen kräftigen Körperbau mit ansehnlichen Schultern.

„Ich kenne dein Bild vom Internet!“, flüstert er mir zu, als ob Essex mir ein Geheimnis anvertrauen wollte.

„Ähm“, brummle ich und erinnere mich, dass Wilton mir verraten hatte, dass es weitere Bilder von mir im Internet gibt. „Ja, ja, Danke! Ich war ganz schön schräg drauf“, winke ich ab.

„Dein Foto hat mich motiviert! Irgendwie ist es sogar dafür verantwortlich, dass ich heute hier bin.“

„Echt?“, schüttle ich ungläubig meinen Kopf.

„Ich habe es mir letzten Sommer ausgedruckt und über meinen Computer gehängt. Seither erinnert es mich täglich daran, aus mir herauszukommen und mutiger der Welt zu begegnen. Es ist nichts dabei, schwul zu sein, und es ist nichts dabei, seine Nacktheit auszuleben. Das sagt mir dein Bild.“

Ich kann kaum glauben, was der hübsche *Essex* mir erzählt. Ich soll andere dazu motivieren, Mut zu zeigen, aus sich herauszukommen, um Nudist zu werden? Ich als Vorreiter oder gar als nackter Held? Das hört sich wie ein schlechter Witz an. „Essex, du bist mutiger als ich“, deute ich auf seine Erektion.

Verlegen lächelt er, bedeckt sich aber nicht. „Wir sind doch alle schwul, zudem melden sich nur echte Nudisten als Werbeträger für einen Nudisten Flyer!“

„Ich bin übrigens Bux“, stelle ich mich ihm vor. „Ja, ja, *echte* Nudisten!“, schmunzle ich sarkastisch. Wenn Essex wüsste, wie es zu diesem peinlichen Foto im Hyde Park kam, würde er mich mit anderen Augen ansehen? Bestimmt würde er seine Meinung wechseln und von mir Abstand nehmen. Aber Essex sitzt jetzt neben mir und sieht mir unentwegt in meine Augen. Sein ruhiges und sensibles Wesen zieht mich total an. Nichts an seiner feinen Ausstrahlung entlarvt ihn als den zeigefreudigen Exhibitionisten, den er hier darstellt. Wie alt er sein mag? Bestimmt Zwanzig. Er wirkt unglaublich reif, aber das kann auch von seinem kräftigen Körperbau herrühren. Essex ist weder dick noch muskelbepackt, wenn er es in zehn Jahren auch werden könnte, falls er nicht aufpasst. Er hat große Augen, was von seinen indischen Vorfahren herrühren könnte, wenn er sonst eher Englisch wirkt. Um die peinliche Stille und Nähe, die sich spürbar zwischen uns aufbaut, zu unterbrechen, frage ich ihn:

„Warst du schon mal bei einem Fotoshooting?“ Vielleicht hat er Tipps und Tricks, wie ich den heutigen Nachmittag ohne Panikattacke oder einen Herzinfarkt überstehen kann?

„Ich strippte einmal vor Freunden auf einer Geburtstagsparty“, verrät er mir. „Zudem bin ich seit einem Semester Akt Model an der Kunstakademie.“

„Voll wahr? Cool! Wie alt bist du?“

„Bald zwanzig!“

„Und das hast du alles schon erlebt?“

Der Hübsche errötet, warum ich mich etwas in ihn verliebe. *Beefy*, das ist das Wort, das ihn umschreibt. Essex sieht aus, wie einer jener ersten Pin-up Boys, die in Amerika der Fünfzigerjahre für Pseudo Sportzeitschriften nackt oder in knappsten Tangas posierten. Essex' Hände und Füße sind groß, wie sein Penis, was ihm etwas Teddybärenartiges verpasst. Ich fühle mich mit jeder Sekunde in seiner unmittelbaren Nähe wohler.

Er beugt sich zu mir rüber und flüstert mir ins Ohr: „Ich habe zudem erst kürzlich in einem Gay Porno mitgewirkt."

„Du?", starre ich ihn an. Da ich mir noch nie einen Pornofilm angesehen habe, ist meine Neugier sofort geweckt. Bei Pornodarstellern dachte ich immer an schmuddelige Typen und nicht an sensible Schönheiten wie Essex. Den langen Powell könnte ich mir sofort in einem Porno vorstellen, doch Essex?

„Ich wurde in einem Club angesprochen und weil ich ...", er bricht mitten im Satz ab. „Egal, ich sagte zu. Ich hatte nur mit einem Typen Sex. Der Film kam erst vor einer Woche raus und ist in jedem einschlägigen Laden zu kaufen. Viele aus der Londoner-Gay-Szene kennen mich, weshalb ich auch aufgehört habe, das scheue Lämmchen zu sein. Aber wem erzähle ich das!", klopft er mir auf meinen Schenkel.

Augenblicklich durchzuckt mich ein Blitz, als er seine Hand auf meinem Knie liegen lässt. Seine Pranke stahlt eine angenehme Hitze aus. Verliebe ich mich gerade wirklich in diesen exotischen Schönling? Während ich seine Berührung genieße, rasen meine Gedanken: welche verruchte Popularität verschaffte mir das Fiasko im Hyde Park sonst noch? Essex kennt das Bild, wie auch alle Jungs im Hotel, die mich eh nur *Saftboy* nennen, wenn sie glauben, ich höre es nicht. Doch wer sonst kennt mich noch? Wer sonst noch hat sich ein peinliches Nacktbild von mir ausgedruckt? Die Tarnung mit den gefärbten Haaren brachte ja offensichtlich nichts.

„Denkst du, ich habe eine Chance zu gewinnen?", fragt er zweifelnd. Ihm scheint nicht bewusst zu sein, wie gutaussehend er ist und wie erotisch seine Erscheinung auf andere wirkt. „Ich habe zwei ungleiche Augen!", sieht er mir ins Gesicht.

Erstmals bemerke ich, dass eines seiner Augen grün, das andere blau ist. Hätte er es mir nicht gesagt, ich hätte es wahrscheinlich nicht bemerkt und falls doch, es dem Lichteinfall zugeschrieben. Er leidet unter diesem Makel, denn er fragt ernsthaft, ob er nicht mit dunkler Sonnenbrille posieren sollte.

„Wie heißt der Streifen, in dem du mitgemacht hast?“, boxe ich ihn, als er traurig auf seine Erektion hinunter blickt.

„Gefalle ich dir?“, lächelt er wieder. Da ich nicke und dabei sofort erröte, flüstert er mir seinen Pornonamen ins Ohr und den Filmtitel, in dem er in einer Szene zu sehen sei. „Wenn du willst, können wir uns den Film zusammen ansehen?“

„Gern!“, küsse ich ihn ganz scheu auf seine Wange.

Er blinzelt mehrfach, fährt sich mit seiner linken Hand durchs Haar und zerzaust dabei seinen perfekten Seitenscheitel. Danach lehnt er sich auf der Couch zurück und verschränkt seine Arme im Nacken. Auch seine Achseln sich vollkommen enthaart, was bei ihm wahnsinnig erotisch aussieht, so sehr, dass ich entschlossen bin, es Zuhause auch sofort selbst zu tun.

Pimlico beobachtet mich aus der Distanz und wirkt bedrückt. Geschieht ihm ganz recht! Soll er eifersüchtig werden. Ich wäre jetzt bei ihm Zuhause, hätte er mich nicht gelinkt.

„Essex, wollen die uns mit einer Erektion fotografieren?“, komme ich auf meine Ausgangsfrage zurück.

„Bestimmt!“, zerzaust er sich abermals seine Kurzhaarfrisur. „Auf dem Flyer wird bestimmt keine Latte gezeigt werden. Selbst wenn der Flyer nur für die Gay Community bestimmt sein soll, so wird er dennoch in Schaufenstern hängen oder in Prospekten abgedruckt werden.“ Da ich erleichtert ausatme, rückt er näher an mich heran, dass sich unsere Schenkel berühren, was mich sofort mehr erregt, als mir lieb ist. Essex bemerkt es und streichelt ganz sanft mein Knie. „Wollen wir zusammen rein? Ich könnte deine Rückendeckung echt gut gebrauchen.“

„Du brauchst mich als *deine* Rückendeckung?“, gaffe ich den exhibitionistischen Schönling zweifelnd an. Als er nickt, frage ich: „Darf man das denn?“

„Oh, sicher! Die Jungs vorhin taten es auch.“

Pimlico muss das Gespräch mitverfolgt haben, denn er wechselt seinen Platz und setzt sich auf die Armlehne unserer Couch. „Bux, wolltest du nicht mit mir ...“

„Ja, das wollte ich!“, sehe ich ihm direkt in die Augen. „Doch du hattest ja anderes im Sinn!“

„Bux, bist du deswegen jetzt sauer auf mich?“

„Du hast mich ausgetrickst! Alter, das hasse ich! Ich gehe mit Essex rein!"

„Hi!", streckt Essex seine Hand nach Pimlico aus, um sich vorzustellen. „Ich bin Essex! Falls es Bux recht ist, bilden wir einen Dreier. Oder nicht?", sieht er mich an.

Was läuft hier? Bevor es zu einer Szene kommt, lege ich meine beiden Arme um die Schultern von beiden. „Freunde, bieten wir nachher eine echt geile Show!" Es hier draußen auszusprechen, vor allem in der Gewissheit, dass es der angeberische Powell mitkriegt, bestärkt mich, auch wenn ich innerlich zittere und am liebsten noch immer flüchten würde.

„Dann kommen wir bald dran", offenbart uns Essex. „Vor mir sind nur noch der beharrte Araber und der Japaner dran. Alle anderen trafen nach mir ein. Ihr beiden solltet besser eure Einverständniserklärung unterschreiben."

Pimlico zwängt sich zu uns auf die Couch, dass ich jetzt eingequetscht zwischen ihm und Essex mehr Hautkontakt abkriege, als mir gerade lieb ist. Der Stoff meiner Boxer Shorts verdeckt wohl das rasch wachsende Übel, doch das Zelt verrät alles. Extrem verlegen drücke ich das Klemmbrett mit dem Fragebogen darauf. Wie konnte es nur so weit kommen? Ich will das alles gar nicht! Um niemanden ansehen zu müssen, studiere ich den Flyer. Mit meiner Unterschrift würde ich neben dem Abtreten der Fotorechte auch meine Einwilligung zur Veröffentlichung dreier Fotos auf einer neu eingerichteten Homepage erteilen, die sich *Londons Horniest Nudists* nennt. Jeweils ein Porträt und zwei Aktaufnahmen sollten die Onlinewähler motivieren. In Klammer steht noch, dass eine Erektion die Chancen zu gewinnen beträchtlich erhöhe. Noch könnte ich türmen.

Ich starre bestimmt schon zum hundertsten Mal auf die Uhr an der Wand. Seit vierzig Minuten hocke ich hier mit diesen Jungs und warte auf meine Hinrichtung. Würde mir Essex' Nähe keine solche Ruhe einflössen, ich würde tot umfallen. Heimlich genieße ich es, Essex anzusehen. Er scheut sich kein bisschen, obwohl er ganz bestimmt meine Blicke auf seiner Erektion fühlen muss; von meinem Zittern, das sich von Schenkel zu Schenkel direkt überträgt, ganz abgesehen.

Offensichtlich hatte Essex seinen eigenen Fragebogen vorhin auch noch nicht ausgefüllt, denn er tippt nach einer Weile genau auf den Punkt, den ich gerade gelesen hatte. „Beantwortet das deine Frage?", zuckt er mit seiner linken Augenbraue.

Irgendwann wird der Araber aufgerufen und verschwindet.

Die Zeiger der Uhr kriechen in Zeitlupe vorwärts.

Nach dem Araber kommt nur noch der Japaner vorher dran. Ich kann kaum noch atmen. Powell stolziert gelangweilt ständig hin- und her und spielt dabei an seiner Riesengurke. Hemmungen kennt er echt keine, aber da ist er in dieser Runde nicht der Einzige. Bis auf mich, scheinen all die anderen Jungs mit ihrer eigenen Nacktheit vollkommen im Reinen zu sein.

„Der Platinblonde sieht schon verdammt geil aus!“, flüstert mir Essex zu und nickt in Richtung Powell. „Ich habe ihn schon oft in der einen oder anderen Disco gesehen. Immer umschwärmen ihn Trauben von Verehrern. Noch nie habe ich ihn ohne ein paar schwarze Handschuhe gesehen, es scheint sein Markenzeichen zu sein. Er wäre ne geile Wahl fürs Plakat!“

Hart trete ich Essex auf seinen Fuß. Erst als ich mir den Finger in den Hals stecke und Würgreize simuliere, schweigt er.

Powell dreht sich mir auffordern zu: „Milchbubi, wer als letzter abspritzt muss gehen!“

„Vergiss es! So leicht wirst du mich nicht los!“

„Stummelschwanz, hast du Angst zu verlieren oder doch Hemmungen, deinen Mann zu stehen?“, provoziert er und stellt sich breitbeinig vor uns in Starposition.

„Ach, hau doch ab!“, knurre ich.

Der Empfangs-Typ erscheint abermals und winkt dem Japaner. „Latif scheidet aus. Hiroto, alleine oder mit Partner?“

Hiroto nimmt seine Kopfhörer ab, überprüft sein gezücktes Schwert und schreitet wie ein echter Samurai in den Kampf. Er ist der kleinste von uns allen, aber mit Sicherheit nicht der Unscheinbarste. Die Selbstsicherheit der Jungs hier haut mich um. Selbst der Inder und der Afrikaner, die anfänglich in Unterhosen hier rumhingen, haben sie sich inzwischen ausgezogen. Essex ist die Ruhe selbst. Pimlico auf der anderen Seite wird immer zappeliger. Sein rechtes Knie wippt wie verrückt, dass ich selbst schon damit anfange.

„Angst?“, hoffe ich auf seine Bestätigung, denn so könnte ich ihn nach Hause begleiten, ohne als Versager dazustehen.

„Nur Lampenfieber!“, vibriert Pimlicos Stimme. „Was, wenn ich vor der Kamera keinen hochkriege?“

Mann, hat der Probleme! Immer neue Albträume nehmen in meinem Geiste Gestalt an. Nach unendlichen Minuten taucht der Japaner Hiroto wieder auf und setzt sich selbstzufrieden und noch immer hart erregt zurück auf seinen Sessel.

„Hiroto, was ist los?“, wundert sich Powell.

„Er wird nicht schlaff!“, zuckt Hiroto mit seinen Schultern.

„Viagra?“, winkt Powell wissend ab, bis der Japaner nickt. „Das kann noch Stunden dauern, bis die Wirkung nachlässt. Hast du es schon mit ...“

„Yep!“

„Und?“

„Das siehst du doch!“, dreht sich der Japaner vor Powell um die eigene Achse. „Ich muss warten!“

„Shit!“, murmelt Powell, der wohl das gleiche Zeugs geschluckt haben muss.

„Essex!“, ruft der Empfangs-Typ meinen neuen Freund auf. „Alleine oder mit Partner?“

„Die beiden!“, zeigt Essex erst auf mich, dann auf Pimlico.

„Sorry, maximal zwei aufs Mal.“

Was, wenn sich Essex Pimlico erwählt? Mein Mut sinkt gerade auf den Nullpunkt. Eine letzte Chance, verschwinden die beiden, könnte ich so tun, als ob ich zur Toilette müsste und heimlich verduften.

„Powell, akzeptierst du mich als deine Unterstützung“, nickt Pimlico zum platinblonden Riesen, der sich noch immer mit Hiroto über die Pro und Contras von Viagra unterhält.

„Yo! Pim, geht klar!“

„Sorry, Mann!“, boxt mir Pimlico in die Seite.

„Jungs, die Fotografen warten!“, winkt der Empfangs-Typ.

Essex scheint kein bisschen nervös zu sein. Ganz anders ich. Die wenigen Schritte werden mein Gang zur eigenen Hinrichtung. Noch immer sehe ich mich nach Notausgängen um. Noch immer schicke ich Stoßgebete zu allen Göttern, die ich kenne, damit mich einer von ihnen aus dieser Misere errettet. Nichts passiert: weder bebt die Erde, noch fällt der Strom aus.

Essex wirkte sitzend so groß, doch das ist er gar nicht. Er dürfte kaum über Eins Siebzig sein. Ob er noch nicht ausgewachsen ist? Seine großen Hände und Füße lassen darauf schließen. Da ich immer langsamer werde, bleibt Essex stehen: „Bux, ich stelle mir immer vor, dass auch die Fotografen, Beleuchter und der Regisseur nackt sind. Das hilft!"

„Wie viele erwarten uns da drin?", verlässt mich aller Mut.

„Rechne mit mindestens sechs bis zehn. Falls die Jury mitanwesend sein sollte, können es auch zwanzig sein."

„Sechs bis zwanzig? Mann, das raffe ich nicht! Essex, ehrlich, ich bin kein *echter* Nudist!"

„Muss das jemand wissen?", fragt er mich, hakt sich bei mir unter und führt mich zum Studio. Essex klopft an, tritt aber ohne auf ein Zeichen zu warten ein und zerrt mich mit sich.

Augenblicklich blenden mich Spots.

„Essex und Bux?", fragt eine Stimme aus der Lichtflut.

„Das sind wir!", spricht Essex klar und deutlich. Noch immer ist er kein bisschen nervös.

„Wir fotografieren erst einzeln, dann zu zweit, bis wir haben, was wir suchen. Wer fängt an?"

Essex versteht meinen flehenden Blick und schreitet ins Licht, um sich dort auf einem der Stühle in Pose zu bringen. Ich verdrücke mich zu den Leuten hinter den Kameras. Heimlich zähle ich das Team durch. Zwei Kameramänner, drei Fotografen, vier Beleuchter und noch drei, die auf Stühlen sitzen und einfach beobachten. Zwölf! Im grellen Licht erscheint Essex abermals riesig. Ich bewundere diesen ungewöhnlichen Typ. Er bewegt sich ganz natürlich und ist doch perfekt. Essex ist jetzt nicht nur hübsch, er ist total mega-scharf!

Einer der sitzenden Männer gibt Anweisungen und Essex rückt sein Becken vor, stützt sich mit den Armen vornüber gebeugt auf dem Stuhl ab, legt sich aufs Bett oder setzt sich auf den Boden. Keine seiner Stellungen wirkt vulgär oder billig, dennoch ist er der sexuellste Mensch, dem ich je begegnet bin.

Keine zehn Minuten später ist der Regisseur zufrieden. „Du bist ein Naturtalent! Pure Sexualität! Fantastisch! Bleib noch erregt für das Doppel. Jetzt dein Freund. Bux", sieht sich der Regisseur nach mir um, „nimm bitte Essex' Platz ein!"

Notausgang! Ich muss hier raus!

„Bux, wo steckst du?", sucht einer der Beleuchter nach mir, weil ich mich Schritt um Schritt in den Schatten verdrückte.

„Bux, ich bin dein größter Fan!", unterstützt mich Essex. „Sei der stolze Mann, den ich in dir sehe! Sei mein Held!"

„Ja, ja!", brummle ich und nähere mich dem Lichtpegel. Noch immer trage ich meine Boxershorts, nur dass das vorige Zelt längst einem wahren Schlappschanz Platz gemacht hat.

„Ohne Hose!", befiehlt einer der Kameramänner.

Ich denke nicht dran zu strippen.

Bevor der Regisseur ausflippen kann, steuert mich Essex an. Er stellt sich vor mich, fasst nach meinen beiden Händen und legt sie sich auf seine eigene Brust. Seine Haut fühlt sich sanft an. Als ich sitzend zu ihm aufsehe, ragt seine Erektion erst dicht vor meinem Gesicht, dann berührt sie meine Wange und ich zittere plötzlich vor Verlangen. Noch nie war ich einem anderen Manne so nahe. Mit schräg gelegtem Kopf fahre ich mit meiner Wange darüber. Der Moment ist so intim, so zärtlich und so unglaublich schön, dass ich alles andere vergesse. Essex löst ganz andere Gefühle in mir aus als Seth. Bei Seth lodere ich und brenne vor Verlangen. Bei Essex öffnet sich einfach mein Herz und seine Sexualität reißt mich mit. Bevor ich gierig werde, zieht mich der ungewöhnliche Mischling an meinen Händen vom Stuhl hoch und wirbelt mich, wie in einem altmodischen Tanz, über die Bühne. Seinen nackten Körper an meinem zu spüren, raubt mir den letzten Funken Verstand. Irgendwann nach der dritten oder vierten Drehung steht er hinter mir und umschlingt mich mit seinen Armen, während ich meinen Kopf rücklings an seine Schulter lege, um mich ihm zu ergeben. In Zeitlupe schiebt er seinen Kopf vor, um seine Wange an meiner zu reiben. Abermals blitzt weder meine entfachte Lust, noch zerschmettert mich ihr Donner. Meine Lust fühlt sich an, als ob ich im Hochsommer nackt auf einer Wiese in einer verstecken Bucht beim Sonnenbad liegen würde; erregend und natürlich.

Wir schmiegen uns aneinander und Essex' große Hände wandern über meine Brust. Als sich unsere Lippen zum Kuss treffen, streift er mir meine Boxershorts runter und ich kicke sie lässig von mir. Essex schmeckt süß – so süß. Ganz anders als Pimlico, sein Kuss war hölzern mit einer Nuance grüner Äpfel und der Idee vom nahenden Herbst, Essex hingegen ist der heiße Sommer, schwanger mit den Düften von Jasmine, Vanille und Orangenblüten. Als sich unsere Lippen trennen, sinke ich verträumt auf den Stuhl im Lichtkries nieder. Schmachtend beuge ich mich seitlich über die Lehne und blicke über den Ozean meiner neu erwachten Sehnsüchte. Abermals habe ich alles um mich herum vergessen, bis der Regisseur mich bittet, mich rücklings hinzusetzen. Essex ist so sensibel, dass er mich in meiner Traumwelt abholt, bevor sie an der Realität zerschellt. Abermals fühle ich seine Hände mich vom Stuhl hochziehen, mich streicheln und neu platzieren. Winkend zieht sich mein Faun wieder in den Schatten wogender Ulmen zurück.

„Perfekt! Guys, ihr beide seid pure Poesie!", lobt der Regisseur, als er sich irgendwann zu uns in den Lichtpegel begibt. Essex war immer in der Nähe; umtanzte mich, spielte eine Panflöte oder wirbelte mit Nymphen um mich herum.

Kurz realisiere ich, wo ich mich befinde, dass ich splitternackt bin und meine Erektion mindestens so hart, wie die von Essex ist. Panik steigt auf und ich beginne zu zittern, doch nur bis Essex' Körperwärme mich abermals mit Geborgenheit und Kraft erfüllt; sie beschützt und führt mich. Danach bestehen beide Realitäten parallel, als ob sie sich ideal überblenden und ergänzen würden. Ich kann die Fotografen sehen, doch ebenso die Waldlichtung mit den Ulmen, den Pappeln, den Gräsern und den Farnen. Ich rieche Essex' Atem und den Staub des Studios. Vereinzelte Sonnenstrahlen, die durch die Wolkendecke brechen, faszinieren mich genauso, wie die Hitze der Spots.

„Seid ihr ein Liebespaar?", fragt ein Fotografen, den ich im Gegenlicht nur als sprechenden Schatten wahrnehme.

Bevor ich antworten kann, küsst mich Essex auf den Nacken, dass mir die Antwort wie flüchtiges Quellwasser durch die Finger entrinnt. Keine Worte können die Lebendigkeit und Frische wiedergeben, die ich mit meinem Faun erlebe. Er erweckt Sinne, Reize und Prickeln zum Leben, die mir vollkommen unbekannt waren. Essex tauscht Blicke mit den Fotografen, dann Handzeichen und Gesten. Für mich ist das nicht real. Ich stehe wieder auf der Schwelle in eine mir fremde Welt. Ob mich Essex manipuliert oder ob er mich in unbeschreiblich Schönes initiiert, ist mir im Moment einerlei.

An das Nächste woran ich mich klar erinnern kann, ist mein Liegen auf dem Bett, das nun das Zentrum all der Spots in der Waldlichtung einnimmt. Essex' Küsse wandern über meinen Körper. Jede seiner stummen Anweisungen folge ich: mal liege ich unter ihm, dann auf ihm. Ich bin sein Instrument und Essex weiß es zu spielen. Seine Hände wiegen, kitzeln, massieren und necken ohne Unterlass. Manchmal fühle ich mich wie eine Blüte, die ein Bienchen empfängt, dann wie Pommes Frittes, die in siedendes Öl getunkt werden. Die Sonne steht im Zenit und Vögel zwitschern in der Lichtung. Noch nie zuvor habe ich mich so wohl, so entspannt und so verstanden gefühlt.

Als sich Essex' Lippen zum ersten Mal anderem als meinem Mund, meiner Brust oder meiner Innenschenkel widmen, schließe ich meine Augen. Noch nie war er härter; noch nie kühlten ein Mund oder eine Zunge dieses Glühen. Tiere haben sich unserer Laube genähert. Ein Reh schiebt seinen Kopf vor, danach ein Bär, ein Fuchs und schließlich auch noch ein Rabe. Wir sind umzingelt. Essex' Atem brennt, heizt und fordert immer dringender meine Lust heraus. Sein Mund birgt keine Kühlung mehr. Selbst als ich ungewöhnliche Laute ausstoße, erscheint mir nichts daran falsch.

Stunden später – oder nur Minuten danach – blicke ich in Essex' ungleiche Augen. Ich erkenne nur Zärtlichkeit darin und Zuneigung. Liebe? Hätte ich der Liebe ein Gesicht geben müssen, wäre es das von Essex gewesen.

„Du bist ein Naturtalent", lobt er mich. „Wenn keiner von uns beiden den Job kriegt, dann läuft etwas falsch."

„Welchen Job?", knabbere ich verliebt an seinem Ohrläppchen.

„Als Gesicht und Körper fürs Plakat, Dummerchen. Bux, deshalb sind wir doch hier!"

Wie schon im Hyde Park im letzten Sommer, packt mich auch jetzt die Realität mit ihren kalten Krallenhänden. Was ist passiert? Warum liege ich in einem Bett und bin von Fotografen, Kameras und Schaulustigen umringt?

Essex küsst mich auf den Mund und zieht mich aus der liegenden Position. Verwirrt setze mich auf dem Bett auf und starre verwirrt in die Ferne. Dass ich abermals fotografiert werde, entgeht mir oder ich habe mich daran gewöhnt.

„Guys, wir haben eure Adressen. Ihr beiden hört definitiv schon bald von uns! Das war Pornografie vom Feinsten!“, klopft mir der Regisseur auf die Schultern. „Ich hoffe, ihr stimmt für die Veröffentlichung des Films.“

„Film?“, gaffe ich den bärengesichtigen Regisseur entsetzt an. „Nein! Auf keinen Fall!“

Vor dem Eingang zum Studio warten Pimlico und der platingefärbte Riese mit dem Babyface auf uns. „Was habt ihr denn solange gemacht? Leute!“, boxt mir Pimlico in die Rippen und wechselt einen Blick mit Essex. „Echt, ihr beide wart ne volle Stunde da drinnen!“ Feist grinst mein bester Freund und nickt auf meinen Penis. „Die Session war ja voll befriedigend!“

„Was?“ Etwas Weißes tropft auf den Boden. Bitte, nicht schon wieder! Abermals realisiere ich erst nach und nach, was im Studio wirklich passiert war. Ich hatte Sex vor laufender Kamera. Mein erstes Mal löschte jedes analytische Denken und jedes vernünftige Handeln einfach aus. Ich war Sklave bisher unbekannter Leidenschaften. Ich war das hilflose Opfer meiner erwachten Sexualität. Abermals nutzten andere meine verträumte, naive Art schamlos aus.

„Jetzt sind wir dran!“, schupst mich Powell zur Seite.

Ich hinterlasse Pimlico eine Nachricht an seinem Spint, dass ich von allem Abstand bräuchte und alleine der Themse entlang heim spazieren wolle.

„Ciao!“, verabschiedet sich Essex und sieht weg.

Abermals bin ich enttäuscht über die Grausamkeit der Welt. Traurig verlasse ich den Schauplatz dieser Peinlichkeiten.

Fünf Stunden marschierte ich von SOHO erst zur *Tower Bridge*, danach alles der Themse entlang zurück bis zum *Buckingham Palace*, von wo aus ich mir die Underground ins Hotel nehme. Was war das nur für ein Nachmittag? Erst küsste ich Pimlico und wollte ihn auf dem Billardtisch vernaschen. Waren seine Küsse nur Manipulation, mich zum Casting zu überreden, weil er alleine zu feige war, dort aufzutauchen? Danach nutze Essex meine Naivität und Jungfräulichkeit aus, meinen ersten Sex vor laufender Kamera zu zelebrieren, damit er für die Kampagne punkten konnte. Der Pornostar war so egoistisch wie Pimlico.

Erst als ich am Ziel ankomme, weicht mein Zorn, um endlich meinen fantastischsten Erinnerungen an mein erstes Mal Platz zu machen. Ich hatte Sex! Echten Sex mit einem echten, realen, traumhaft zärtlichen Jungen! Pimlico wird mein Freund bleiben. Ich mag diesen verrückten Nudisten wirklich gerne. Und Essex? Er schenkte mir das schönste, erste Mal. Das Ganze ist so verrückt und grenzt so nahe an den blanken Wahnsinn, dass ich es ganz heimlich inzwischen voll abgefahren finde. Wer kann sich sein erstes Mal schon als Film später nochmals reinziehen? Wie ich wohl beim Sex aussehe?

Plötzlich fühle ich eine Erleichterung, als ob eine zentnerschwere Last von meinen Schultern genommen worden wäre. Ich bekam nur, was ich mir heimlich wünschte. Ob mir das jetzt gefällt oder nicht, ich kann es nicht mehr ändern. Und ja, man kann nur manipuliert werden, wenn man das selbst so will. Das ist eine bittere Pille, doch ich muss sie schlucken. Je früher ich das erkenne, desto gewappneter werde ich der Zukunft begegnen können. Jeder einzelne Mensch ist auf seine eigene Befriedigung aus. Jeder einzelne Mensch eifert seinen eigenen Träumen nach, egal wie egoistisch seine Handlungen dafür auch immer sein mögen; dafür erwartet er dann noch gelobt und gewürdigt zu werden. Die Welt ist voller Egoisten!

„Bux", winkt mich Eldon zu sich an die Rezeption. Wie immer trägt der schüchterne Concierge eine blaue Uniform. „Wilton sucht dich!"

„Ja, ja! Ich will mich erst duschen und hinlegen. Kannst du das Wilton mitteilen?“

„Ey, ey, Sir!“, salutiert mir der Concierge.

Endlich alleine in meinem Zimmer ziehe ich mich aus und stelle mich vor den Spiegel. „Steckt in dir ein Nudist?“, frage ich mein Spiegelbild, das mich nur dämlich angrinst. Plötzlich nehme ich Essex‘ Duft von Sommer, Vanille, Jasmin und Orangenblüten an mir war. Ich rieche an meinen Armen und vergesse alles Negative, das ich beim Themsespaziergang über den ungewöhnlichen Jüngling dachte. Er mag ein hinterlistiger Pornostar sein, der nur meinen Schwanz lutschen wollte, doch er tat das so gekonnt, dass ich ihn dafür einfach nicht hassen kann. Wer wird schon von einem Profi darin eingeführt? Ob er mir seine Tricks verraten kann? Kopfschüttelnd lache ich mein Spiegelbild an.

Auf die Dusche verzichte ich, weil mir Essex‘ Duft abermals Sicherheit und Süße schenkt. Ich bin kein Kind mehr! Ich bin endlich – wenn ich dazu auch neunzehn Jahre und fast vier Monate alt werden musste – ein richtiger Mann geworden! Ich hatte Sex! Ich wurde heute zweimal geküsst; ich wurde verführt und ich wurde sexuell erweckt. So notiere ich mir meine Erlebnisse, so detailgetreu wie möglich, in mein geheimes Tagebuch. Dass ich das alles nackt am Schreibtisch sitzend tue, wird mir erst bewusst, als es nach einer Stunde an meiner Tür klopft.

Ich schnappe mir eines der Hotelbadetücher und schwinge es mir um meine Hüften. Das Schreiben meiner Entjungferung blieb nicht ohne Wirkung, weshalb ich mich so hinter die Tür stelle, dass der Störenfrieden nichts davon sehen wird.

„Bux, ich habe ein Problem!“

Überrascht verlasse ich meine Deckung, doch nur, bis ich seine Blicke bemerke. „Sorry! Ich ziehe mich erst an!“

„Warum?“, fragt mein Boss. „Ich habe alles schon gesehen!“

„Trotzdem!“ Kaum ist die Tür zu und Wilton ausgesperrt, suche ich nach meiner Jeans und schlüpfe hinein. Da ich auf die Schnelle kein sauberes T-Shirt finde, bleibe ich oben ohne.

„Bux, ich komme gleich zur Sache!“, setzt er sich auf einen der beiden Sessel in meinem Wohnbereich. „Das Casting ist noch nicht durch, doch ...“

„Welches Casting?“, spiele ich den Naiven.

„Das Casting, bei dem du gepunktet hast!“

„Woher weißt du davon?“, gaffe ich Wilton schockiert an.

„Ich gehöre zur Jury. Nach deinem Auftritt rief mich *Hackney,* der Regisseur, sofort an, dass er wahrscheinlich den idealen Kandidaten für unsere Kampagne bereits gefunden habe: Dich!"

„Mich?", rümpfe ich meine Nase.

„Er mailte mir ein paar Fotos von dir. Ich stimme Hackneys Urteil voll zu: Bux, du hast genau das, was wir suchen."

„Was?", frage ich einsilbig.

„Unschuldige Sinnlichkeit!"

Während ich verwirrt meinen Kopf schüttle, öffnet Wilton seine mitgebrachte Mappe und breitet neun Fotos auf dem Tisch vor uns aus. Schockiert und peinlich berührt, schnappe ich die Aktbilder von mir, um sie seinen Blicken zu entziehen. Zwei der drei Porträts gefallen mir so sehr, dass ich gerne Abzüge davon hätte, doch die anderen sechs Bilder zeigen mich allesamt nackt, vier davon mit Erektion. So sehe ich aus? Essex ist auf keinem der Bilder im Hintergrund zu sehen. Entweder haben die Fotografen bei der Bildbearbeitung meinen haarlosen Faun rausgeschnitten oder ich stand länger alleine im Zentrum, als ich mich daran erinnern kann. Auf jedem der Fotos blicke ich entweder verträumt in die Ferne, die nur ich wirklich sehen konnte oder ich wirke entspannt, lässig oder stinkfrech. Von meiner Angst und meiner Anspannung ist auf keinem der Bilder etwas zu erkennen. Auch wenn ich mir gerade sehr ausgestellt vorkomme, bin ich trotzdem stolz auf die Bilder, weshalb ich sie wieder offen auf dem Tisch auslege.

„Und?", will Wilton mein Urteil hören.

„Ich kann es selbst kaum glauben", verschiebe ich die Bilder immer wieder aufs Neue. Komischerweise gefallen mir die vier mit Erektion wesentlich besser, als die beiden in schlaffem Zustand. Mit Erektion wirke ich stolzer, ehrlicher und viel selbstsicherer.

Wilton tippt eines mit Schlappschwanz mehrfach an. „Dieses Bild! Die anderen sind alle besser, doch wir werben für den *Nudist Day* und nicht für deinen Porno."

„Du weißt davon?"

„Wir können uns den Streifen im Heimkino reinziehen."

„Lieber nicht", winke ich ab. Falls mich der Film nur halb so sinnlich wie auf diesen Fotos zeigt, halte ich das nicht aus.

„Deine Entscheidung! Zurück zum Grund meines Besuchs: Ich habe ein Problem!" Da ich nur mit meiner Schulter zucke und hoffe, es habe nicht mit mir als Praktikant zu tun, fährt Wilton fort: „Bux, du bist kein Engländer!"

„Halb Schweizer, halb Schwede!" Entspannt verschränke ich meine Arme hinter meinem Kopf und fokussiere meinen Boss.

„Die Mehrzahl der Jurymitglieder könnte sich deshalb für einen anderen Kandidaten entscheiden."

„Ich wollte eh nie für Nudisten werben. Es war immer Pimlicos Traum. Ich habe ihn nur zum Casting begleitet."

„Junge, es geht um tausend Pfund plus die Chance vielleicht sogar den Hauptgewinn von Zehntausend abzusahnen. Ich sehe in dir wirklich den geilen Nudisten, der mich letztes Jahr überhaupt erst zu der Idee inspirierte. Jetzt, auf diesen Fotos kommt es deutlich zum Vorschein: du bist der spezielle, junge Mann, den ich suche. Ich habe mir auch Bilder von einem Typen namens Powell angesehen. Seine Präsenz ist gewaltig, doch du entsprichst mehr dem sympathischen Typen von nebenan. Dich möchte man zum Freund haben. Mit dir möchte man den Nudist Day verbringen."

„Ja, ja, sicher!", winke ich ab.

„Bux, ich könnte dich der Jury vorstellen. Überzeugst du sie, wie du auch schon das Filmteam und mich überzeugt hast, dann ändern wir die Teilnahmebedingungen. Dein Praktikum mit Wohnadresse in London würde dich als temporären Einheimischen bestätigen und zur Wahl qualifizieren."

„Muss ich mich jetzt entscheiden?", stöhne ich überfordert.

„Die Clubmitglieder treffen sich jeden Donnerstag im Country Club. Das ist übermorgen. Schlaf drüber!"

„Ja, ja! Ich denke darüber nach!"

„Das ist eine einmalige Chance!"

Plötzlich bin ich viel zu aufgeregt, um zu schlafen. Immer und immer wieder schaue ich mir die Fotos an. Abermals ziehe ich mir die Jeans aus und stelle mich vor den Spiegel. „Spieglein, Spieglein an der Wand, bin ich wirklich der geilste Nudist im Land?" Als ich lauthals lospruste, binde ich mir ein Handtuch um die Hüften und spaziere so ins SPA, um noch eine Weile Hanteln zu stemmen.

Als ich an einem der Geräte meine Bauchmuskeln stähle, höre ich plötzlich Geräusche von den Duschen her. Vorsichtig drapiere ich das Badetuch neu und fahre mit den Übungen, auf meinem Rücken liegend, fort.

„Entdeckst du langsam, wer du sein könntest?"

Ich wirble der Stimme zu: Seth. So sehr ich heute Nachmittag erst geil auf Pimlico war, dann von Essex' Sexualität überwältigt wurde, so trifft mich Seths Gegenwart abermals mit voller Gewalt. Augenblicklich ist jede Träumerei wie weggewischt und ich blicke der Realität all meiner Sehnsüchte und Träume ins Gesicht – und auf den Körper. „Wie meinst du das?", setze ich mich auf.

Seth trocknet sich seine hellroten Haare und schert sich nicht darum, wie ich ihn anstarre.

„Es gehen Gerüchte um, dass du das neue Gesicht und der Schwanz für die *Nudistentag-Kampagne* werden könntest."

„Die wollen mich unbedingt!", versuche ich nicht zu angeberisch zu klingen und registriere, wie schnell sich Neuigkeiten in diesem Hotel verbreiten. „Ich habe noch nicht zugesagt."

„Warum nicht?"

Gelangweilt zucke ich mit meinen Schultern. „Mein Bild würde in ganz London bekannt werden. Was bringt mir all der Ruhm anderes als Ärger?", spiele ich den Abgeklärten.

„Du würdest zum begehrenswertest Fang der Stadt!"

Augenblicklich sickert die neue Erkenntnis auf fruchtbaren Boden. *Der Fang der Stadt!* Seth würde nicht ruhen, bis er mich als seine Beute kriegt! Augenblicklich steht mein Entschluss fest. Laut sage ich lässig: „Ja, ja, mal sehen!" Den Gelangweilten spielend, lege ich mich wieder hin, um Gewichte zu stemmen.

Seth beobachtet mich, während auch er so tut, als ob sein Körper noch lange nicht richtig abgetrocknet wäre. Er beobachtet mich. Der Fisch zappelt an der Angel. Jetzt muss ich ihn nur noch einholen, doch dafür muss ich mir Zeit lassen. Nur nichts überstürzen! Nur keine Panik kriegen und alles in einem sexuellen Feuerwerk hier und jetzt beenden!

„Shit!", fluche ich. „Ich muss noch einen Freund anrufen!" Mit dieser Ausrede stehe ich auf, wobei ich das Badetuch so manipuliere, dass es am Gerät hängen bleibt. Erstmals, seit dem Fiasko letztes Jahr im Hyde Park, stelle ich mich dem Mann meiner Träume nackt. Ruhig bücke ich mich, um das Badetuch aufzuheben, schleudere es mir lässig über die Schulter und stolziere sichtlich erregt aus dem SPA.

Seth gafft mir mit offenem Mund nach.

Siegessicher lege ich mich in meinem Zimmer aufs Bett und grinse selbstzufrieden, wenn auch mega-nervös. Ohne Zögern maile ich Wilton über den Hotelsurfer meinen Entschluss:

ICH BIN DABEI! WANN MUSS ICH WO SEIN!

## Kleider machen Leute, doch was ist mit Nacktheit?

Mittwoch: 26. März

Das Klingeln des internen Telefons schreckt mich aus meinen Träumen. Gestern war mein freier Tag und heute habe ich Spätschicht mit anschließender Nachtwache am Empfang. Gequält verlasse ich mein warmes Bett, um zu antworten. Erstaunt bemerke ich, dass bereits elf Uhr durch ist. Es ist Eldon, der Concierge, der mir das Eintreffen eines mysteriösen Fremden in der Lobby ankündigt. Fremde werden zum Glück nicht in den Personaltrakt vorgelassen.

„Es ist ein junger Mann!“, weicht Eldon aus.

„Ja!“, stöhne ich genervt. „Details, mein Lieber, Details!“

„Braunes Haar mit Seitenscheitel, etwa Eins Siebzig Groß.“

„Auffälligkeiten?“, murmle ich verschlafen.

„Der junge Mann steht vor mir“, versucht Eldon abzulenken. „Bux, komm einfach runter. Er meint, ihr kennt euch gut.“

„Ist es Pimlico? Kann ich ihn sprechen?“

„Es ist nicht der Arschfrei-Skater. Bux, du weißt, dass ich ihn nicht über meinen Apparat mit dir sprechen lassen kann. Zudem warten Gäste auf Auskunft.“ Eldon legt auf.

Kopfschüttelnd knalle ich den Hörer auf die Gabel. Ich will jetzt nicht aufstehen. Wenn dieser mysteriöse Fremde sich nicht zu erkennen gibt, muss er eben warten.

Zehn Minuten später klingelt das Telefon schon wieder. Da ich tatsächlich nochmals weggebeamt bin, weckt mich Eldon abermals. „Wo bleibst du?“, fragt mich der Concierge.

„Mann, echt!“, murre ich. „Ich habe gerade überhaupt keinen Bock auf Unbekannte.“

„Er sitzt jetzt in der Lounge und liest in einem Buch“, flüstert Eldon ins Telefon. „Irgendwie kommt er mir bekannt vor, doch ich kann ihn nicht zuordnen. Definitiv ist es keiner unserer Gäste. Er trägt schäbige Kleidung“, noch leiser fügt Eldon an, „ich spreche nicht von einfacher Kleidung, sondern von abgenutztem Second Hand Ramsch. Hätte er dich nicht namentlich verlangt, Cecil hätte ihn vor die Tür gesetzt. Wer ist das?“

„Woher soll ich das wissen?“, knurre ich und habe gerade noch viel weniger Bock aufzustehen. „Sieht er gut aus?“

„Er trägt ne Sonnenbrille, als ob er nicht erkannt werden will. Vielleicht ist er auch berühmt und hat sich verkleidet?“

„Richte ihm aus, dass ich noch zehn Minuten brauche.“

Weil ich noch immer leicht nach Essex‘ Orangenblüten, Vanille und Jasmin rieche, hätte ich lieber noch von ihm fantasiert, als die letzte physische Erinnerung an meinen ersten, echten Liebhaber runter zu duschen. Kurz danach, mit nassen Haaren, in einer Shorts, Flip-Flops und einem Polohemd fahre ich mit dem Lift in die Lobby hinunter. Obwohl es erst April ist, zeigt das Thermometer bereits schon siebenundzwanzig Grad Celsius an. Damit mich niemand als Hotelangestellten entlarvt, spaziere ich in meiner Freizeit immer in Shorts und meist barfuß in Flip-Flops durch die Gänge und niemals in Uniform.

Eldon winkt mich zu sich und zeigt auf den verlumpten Leser in der Warte Lounge. Als ich mit meinen Schultern zucke, schubst er mich in seine Richtung davon: „Nicht jeder hat heimliche Verehrer, die sich verkleiden!“

Auch als ich nur wenige Schritte vom mysteriösen Typen entfernt stehe, er aufblickt, um mich zu fokussieren, erkenne ich ihn nicht. Er hat sich jetzt auch noch eine Wollkappe übergezogen. Sein Zuwinken verrät mir, dass er mich kennen muss. Ist es einer, der gestern beim Casting dabei war? Ist er einer der Gestalten, die ich nur als Schatten wahrgenommen habe?

Der Typ steht auf, legt sein Buch vor sich auf einen der niedrigen Eichentische und eilt auf mich zu. Vorsichtig checke ich die Lage. Cecil beobachtet mich aus dem Augenwinkel und Jonny schiebt Dienst beim Haupteingang.

„Bux! Ich wollte dich unbedingt wiedersehen. Unser Abschied gestern war nicht sehr ...“

„Essex?“, gaffe ich den Typen im Bettler-Outfit an. Erschien er mir nackt wie ein Bulle oder ein haarloser Bär, wundert mich jetzt seine unscheinbare Gestalt. Er wirkt geradezu schmächtig.

„Psst!“, hält er sich seinen Zeigefinger auf die zusammengedrückten Lippen. „Euer Concierge lauscht.“

„Weshalb die Verkleidung?“, reiche ich ihm meine Hand und setze mich ihm gegenüber auf einen Sessel in der Lounge.

„Das ist keine Verkleidung“, nuschelt er plötzlich verlegen. „Wenn ich keine Uniform trage, dann ...“

„Uniform? Arbeitest du auch im Gastgewebe?“

„In einer Fish n’ Chips Bude!“

Schlagartig wird mir einiges klar: Essex schämt sich für seine Klamotten. Nackt wirkt er edel und stark, aber in Kleidung ist davon nichts zu bemerken.

Er liest meine Gedanken und flüstert mir zu. „Mit Nacktarbeiten verdiene ich gerade das Nötigste. Den Job als Fisch-Panierer und Fritten-Schüttler habe ich erst seit zwei Wochen.“

Als er sich gestern angezogen hatte, drehte er mir seinen Rücken zu. Schämt er sich wegen seiner Klamotten? Hinter der billigen Sonnenbrille kommt sein hübsches Gesicht überhaupt nicht zur Geltung und all die Lumpen verhüllen seine Schönheit. Essex hat nur seinen Körper, um damit zu punkten. Ist Nacktheit seine wahre Garderobe? Nackt strahlt er und dieses Kostüm kostet nichts. Nackt ist er ein Riese. Nackt ist er ein Magier und ein König. Nackt ist er mein Faun und mein Ritter.

„Kannst du die Brille absetzen? Du hast ein so schönes Gesicht!“, schmeichle ich ihm. „Dieses Monster verdeckt es.“ Scheu schüttelt er seinen Kopf. Ob sich Essex auch wieder wegen seiner ungleichen Augen schämt? Wenn ich es ihm nur beweisen könnte, wie ausgefallen und speziell ihn das macht. „Willst du mein Zimmer sehen?“, ziehe ich ihn hoch.

„Gerne!“, huscht ein warmes Lächeln über seine Lippen.

„Eldon!“, rufe ich durch die Lobby, „das ist einer meiner besten Freunde. Wir gehen nach oben.“

Cecils und Jonnys Augen folgen uns genauso neugierig wie die von Eldon. Bisher ist es mir nie so richtig aufgefallen, doch unbeobachtet ist in der Lobby oder in der Lounge keiner. Jonny ist einfach neugierig, doch Cecil hat alles, was hier passiert im Visier. Ich bin mir sicher, dass er den Butler nur mimt, in Wahrheit aber der unsichtbare Sicherheitsmann des Hotels ist. Der Fünfzigjährige könnte bestimmt jeden mit Karate oder einer anderen Kampfsportart sofort außer Gefecht setzen.

Oben in meinem Zimmer küsse ich Essex zur Begrüßung freundschaftlich auf den Mund und nehme ihm seine Brille ab. „Mann“, boxe ich ihm in die Rippen. „Was habe ich mich vorhin genervt, weil ich mir deinen Duft vom Leib duschen musste. Echt, ich hätte gerne von dir fantasiert und mich kuschelig im Bett abermals an mein erstes Mal erinnert."

„Dein erstes Mal?", schnellen Essex' Augenbrauen nach oben. Als ich nur beide Schultern nach oben ziehe, erschrickt er und hält sich seine Hand vor den Mund. „Wirklich? Das wusste ich nicht! Hätte ich das geahnt, ich hätte niemals ..."

„Mir den wunderschönsten, ersten Sex geschenkt?"

„Dann hast du nicht nur so getan? Aber ..."

„Das Hyde Park Foto?" Kurz habe ich ihm alles erklärt und wahrscheinlich seine Illusionen über mich vollkommen zerstört. Bestimmt wird er mein Foto zu Hause zerreißen – falls das mit der eigenen Bude und seinem Computer überhaupt der Wahrheit entspricht? „Kommst du über die Runden?", rutscht mir raus, als mir seine Kleidung abermals auffällt.

„Vielleicht werde ich ja das *horny Nudist Model*? Die tausend Pfund sind für mich ein Vermögen", sieht er auf seine löchrigen Turnschuhe. „He!", wandert sein Blick auf das Tischchen bei meiner Sitzgruppe. „Sind das Fotos von gestern?" Ziemlich gierig schnappt er sie sich und sieht sie durch.

„Der Hotelbesitzer ist in der Jury."

„Na, toll!", schnaubt Essex.

„He! Ich wusste nicht, dass Wilton seine Hände mit im Spiel hat. Ich war gestern Abend ziemlich peinlich berührt, als mein Chef mir diese Bilder von mir zeigte. Vielleicht hast du es nicht bemerkt, doch meine Latte ist darauf sichtbar."

Erstmals grinst Essex. „Das muss echt seltsam sein, wenn der Boss solche Fotos von einem besitzt."

„Ja, ist es!", schneide ich das Thema ab. Falls ich zum Model für die Kampagne ernannt werden sollte, wird mir Essex niemals glauben, dass Wilton mich nicht vorgezogen hat. Klar wären tausend Pfund ne echt nette Summe für meinen Aufenthalt hier in London, doch ich brauche das Geld nicht wirklich.

„Hast du die Fotos von mir auch gesehen?"

„Nein! Ich bin weder in der Jury, noch sonst irgendwie bevorzugt behandelt."

„So war das nicht gemeint!" Essex schmollt trotzdem, wenn er auch sehr neugierig ein Bild nach dem anderen anschmachtet. „Hier!", zeigt er auf eines davon, „habe ich dir kurz vorher deine Unterhose runtergezogen. Und dieses Bild“, tippt er auf ein weiteres, „das war auf dem Bett, als ich ihn dir zum ersten Mal geblasen habe.“

„Zum ersten Mal?“, rutscht mir raus. Was habe ich tatsächlich alles gemacht und ausgeblendet? „Verdient man gut als Aktmodell?“, wechsle ich das Thema, weil ich zittere.

„Meist habe ich drei bis fünf Anfragen die Woche. Für ne Doppelstunde als Aktmodell bekomme ich sechzig Pfund, die Schule bezahlt nicht schlecht. Als Stripper mache ich zwischen hundertfünfzig bis vierhundert plus Trinkgeld an einem Abend, doch der Schuppen gefällt mir nicht.“

„Stripper?“

„Go-Go-Tänzer. Meist trage ich nur einen Tanga, den ich, wenn ich ins Separee gerufen werde, natürlich ausziehen muss.“ Als ich Luft hole, winkt er ab. „Ach, Bux, das ist nicht so schlimm! Ich bin wirklich sehr gerne nackt und die Bodyguards im Club passen auf, dass keiner aufdringlich wird.“

Mein unglaublicher Freund muss sich von alten Säcken begrabschen lassen, um sich seinen Lebensunterhalt zu finanzieren? Ob ich Wilton überreden kann, Essex das Preisgeld zu überlassen? „Was verschafft mir die Ehre deines Besuches“, versuche ich den Kummer, der mir seine Enthüllung bereitet hat, zu vertreiben. „Hast du schon gefrühstückt?“ Als er nickt, glaube ich es ihm nicht. „Dann Brunch! Mann, die bereiten hier im Hotel das Mega-Super Buffet. Wir können uns in der Küche von allem bedienen. Essex, ich möchte dich zum Brunch einladen. Bitte sag Ja! Bitte!“

Als seine ungleichen Augen erstmals wieder blitzen, fasse ich nach seinen Händen. „Sind wir Freunde?“ Er lächelt nickend. „Essex, ich werde dich niemals vergessen! Du bist mein erster Liebhaber. Egal was die Zukunft bringen mag, sein erstes Mal vergisst man nie!“, stupse ich ihm in den Brustkorb, bis er verlegen kichert. Gestern war er die Selbstsicherheit in Person, er war mein Hafen im Warteraum und während der Fotosession mein Mentor. Er war mein Faun, mein Liebhaber und mein ganz persönlicher Pornostar. Ihn jetzt scheu und unsicher zu erleben, bricht mir fast das Herz. Welche Rolle ist sein wahres Ich? Was ist Maske und was echt? Ich muss mit Wilton reden! Vielleicht kann mich Essex morgen in den Country Club begleiten? Vielleicht können wir uns ganz offiziell das

Preisgeld teilen? Meine Mission diesem widersprüchlichen Jüngling zu helfen, wird gerade zur Besessenheit!

„Wir müssen uns beeilen! Das Buffet ist um diese Zeit schon abgebaut, doch als Angestellter, weiß ich, wo ich an die Leckereien rankomme. Wollen wir?"

„Kann ich mich so unten zeigen?", blickt er an sich runter.

„Willst du etwas von mir anziehen?", schlage ich spontan vor. „Du bist nur etwas kleiner als ich", untertreibe ich schamlos, „meine Sachen müssten dir alle passen." Komisch, dass ich ihn gestern so riesig gesehen habe, wo er in Wahrheit doch eher klein und schmächtig ist. Je besser ich Essex kennenlerne, desto größer wird das Mysterium um ihn.

Seine Reaktion überrumpelt mich. Essex fletscht mich zornig an. „Willst du mich für gestern nachträglich bezahlen? Ich bin kein Stricher! Nur weil ich als Stripper arbeite, als Aktmodell und einmal in einem Porno mitgemacht habe, macht mich das nicht zu deiner Hure! Dein Mitleid kannst du dir sparen!"

Schockiert gaffe ich ihn mit offenem Mund an. „Ich liebe dich!", rutscht mir raus. Rasch korrigiere ich: „Ich habe dich echt, sehr, sehr gerne!"

„Verarschst du mich?", flammt Essex' Zorn noch röter auf.

Mir sind plötzlich die Tränen nahe. „Du hast mir etwas geschenkt, das kein Gold der Welt aufwiegen kann – und auch niemals wird", flüstere ich verwirrt. „Essex, du hast mir gestern eine Welt gezeigt, die mich umgehauen hat. Hättest du mich nicht wort-wörtlich an die Hand genommen, ich wäre zur Salzsäule erstarrt oder vor Scham geflüchtet." Nur langsam weicht der Ärger aus seinem Gesicht, weshalb ich weiter rede – und es wirklich ernst meine: „Essex, wenn du wüsstest, was für ein gehemmtes Küken ich war, als ich gestern die Räumlichkeiten zu diesem Casting betreten habe! Und heute? Schau dir die Bilder von mir an. Ich kann es ja selbst kaum glauben, was alles in mir steckt. Ohne dich hätte ich das niemals entdeckt. Essex, ich bewundere deinen Mut! Ich bewundere deine Stärke! Ich bewundere, wie du alles meisterst! Echt, Mann, du bist mein Held! Und ja, ich liebe dich wirklich als meinen wunderschönen, ersten Liebhaber und hoffentlich auch bald engen Freund."

Erst als Essex Tränen über die Wangen kullern, bemerke ich, dass auch ich wie ein Mädchen heule. Seit er mich gestern in diese Welt der Emotionen gezerrt hat, verstehe ich meine eigenen Gefühle nicht mehr.

Was flenne ich hier rum? Doch mit dem Niederreißen meiner Hemmungen sind offensichtlich auch Schutzmauern um mein Herz gefallen.

„Bux, du glaubst echt an das, was du mir sagst?“, versucht er zu lächeln. Zärtlich fasst er nach meinem Gesicht und bedeckt es mit Küssen. Bevor ich richtig mitkriege, was passiert, liege ich mit ihm auf meinem Bett und er macht sich an meiner Shorts zu schaffen.

„Erst Brunch! Ok?“ Als ich mich aufsetze, staune ich, dass er bereits splitternackt ist. Wann ist denn das passiert? Ohne seine Lumpen erstrahlt wieder sein Glanz und nur mein arg knurrender Magen hält mich davon ab, über ihn herzufallen.

Ganz selbstverständlich zieht er sich nicht wieder seine eigenen Sachen an, sondern die Jeans, die ich gestern anhatte und die jetzt über einem Stuhl liegt. Als er sich mein gestriges, übelriechendes T-Shirt schnappen will, führe ich ihn vor meinen Kleiderschrank. „Such dir eines aus!“

Bald trägt er eines meiner Polohemden und ein weiteres Paar lederne Flip-Flops. Wie verändert er aussieht! Kein Vergleich zu vorher! Ich stopfe seine alten Sachen in einen Wäschesack und benachrichtige den Zimmerservice, sich umgehend seiner Kleidung anzunehmen. Dass mich das fünf Pfund kosten wird, muss er ja nicht wissen. Fürs Personal gibt es eine eigene Waschküche, dort können wir alles gratis waschen. Als Essex bereits durch die Zimmertür in den Flur vorausgegangen ist, entscheide ich mich um. Ich schreibe einen Zettel und stopfe ihn mit in den Sack: *Bitte entsorgen!*

Wir quatschen bis fast vier am ovalen Personaltisch im abgetrennten Teil des Restaurants und schlagen unsere Bäuche mit allerlei Köstlichkeiten voll. Weil ich anschließend meine Spätschicht aufnehmen muss, bleibt nur noch Zeit ihn darüber zu informieren, dass seine Wäsche verloren gegangen sei und er doch meine Sachen anbehalten soll, was er mit einem Zwinkern annimmt. Er akzeptiert mein Geschenk.

Ich hätte wahnsinnig gerne wieder Sex mit ihm gehabt, doch Wilton duldet keine Verspätungen.

„War das nicht Essex, mit dem du den Nachmittag verbracht hast?“, fragt mich Wilton als erstes, als ich an meinem Arbeitsplatz auftauche. „Der Junge ist bekleidet kaum zu erkennen!“

Ich nicke nur, da ich ahne, dass mein Boss sich die Fotos von meinem neuen Freund, wie auch das Sexfilmchen von uns beiden längst reingezogen hat. „Essex ist ein super Kumpel. Er hat es nicht leicht!", nutze ich gleich die Chance ihn zu promoten. „Warum ist er nicht in der engeren Auswahl?"

„Essex ist Pornodarsteller."

„Ich seit gestern auch", tue ich so, als ob nichts dabei wäre.

„Euer gestriger Film wird niemals veröffentlicht werden. Das verspreche ich dir! Seiner jedoch läuft gerade in den Pornokinos der Stadt. Essex' Gesicht – und nicht nur das! – kennen viele Gays. Wir wollen die Nudisten-Kampagne unbedingt vom Rotlichtverdacht freihalten. Wäre es anders, er wäre dein ernsthaftester Konkurrent."

„Er braucht das Geld viel dringender als ich!"

„Wie eine Million anderer Menschen ebenso!", schneidet mir Wilton das Wort ab. „Bux, das ist keine Wohlfahrtaktion, sondern ein Wettbewerb. Essex wird es auf die Liste der Kandidaten für den Titel *geilster Nudist* schaffen, doch er wird niemals das offizielle Gesicht und der Körper der Kampagne sein."

„Kann er mich morgen in den Country Club begleiten?"

„Warum?"

„Weil er mir Kraft gibt. Wäre er gestern nicht gewesen, ich hätte niemals meine Boxershorts ausgezogen und alles andere gemacht, was folgte. Er ist mein Faun, der mich umsorgt und ..."

„Er ist deine erste Mänade", nickt Wilton. Doch als ich ihn kritisch mustere, winkt er ab. „Will Essex denn in den Country Club mitkommen?" Weil ich nur eine Grimasse schneide, fordert mich Wilton auf, ihn anzurufen. „Falls er zusagt, ist er willkommen. Gib ihm auch gleich diese Homepage Adresse zur vorherigen Information über Sinn und Zweck des Clubs. Seine Zusage wäre sein morgiges Erscheinen um fünf hier im Hotel." Wilton kramt in seinem Pult und reicht mir eine Visitenkarte. *Fetish Voyeur Club*, steht in goldenen Lettern und darunter eine www-Adresse.

„Danke!", schiebe ich mir die Karte in meine Shorts. Ich habe mich nicht mal umgezogen. Wilton verlangt entweder Anzug oder Uniform im Büro, offensichtlich drückt er heute beide Augen zu.

Essex reagiert sofort auf meine E-Mail und verspricht sich die Regeln zu Gemüte zu führen. Spät nachts sagt er zu und meint nur, ich sei schon ein *ziemlich schräger* Typ!

## Transformation

Donnerstag: 27. März

Punkt fünf erwartet mich Essex in der Lobby. Er trägt noch immer meine Sache. Mein hellblaues Poloshirt betont seine ungleichen Augen, die jetzt fast beide gleich hellblau erscheinen.

Eldon tuschelt mit Jonny und läuft dabei rot an. Offensichtlich haben sich die beiden Jungs Essex' Porno im Kino reingezogen und ihn erkannt. Mein neuer Freund lässt sich nichts anmerken, sondern winkt den beiden Fans zu. Ich strecke den uniformierten Kindsköpfen meine Zunge raus und hake mich bei Essex unter. Was die beiden sich wohl gerade alles ausdenken?

„Danke für den Tipp!", küsst mich Essex auf meinen Mund.

„Ich hätte mich niemals getraut, mich dort als *Gast*", betont er das Wort seltsam zweideutig, „zu bewerben. Ich wurde als *Gast* akzeptiert!", strahlt er.

Da ich vergessen habe, diesen Club im Internet zu recherchieren, nicke ich nur. „Wilton meinte, wir würden abgeholt werden." So ist es: unter der überdachten Vorfahrt zum Haupteingang des Hotels wartet eine schwarze Limousine mit getönten Scheiben. Ein uniformierter Chauffeur verneigt sich knapp und gibt uns mit einer knappen Geste zu verstehe, einzusteigen.

„Eine Limo?", wechsle ich begeisterte Blicke mit Essex.

„Es ist ein *sehr* exklusiver Club", bestätigt mein Freund.

„Mister Bux, Mister Essex, ich bringe Sie ans Ziel!" Der Chauffeur öffnet uns die Hintertür und wir steigen ein. Es ist eine dieser Strechlimousinen, in der bequem zehn Leute Platz finden. Rechts nimmt die ganze Länge eine Bar ein, links eine luxuriöse Ledercouch, so wie zwei Sessel im Heck und zwei direkt hinter der heruntergelassenen Trennwand zwischen Chauffeur und Fahrgästen. Irgendwo stehen eine Musikanlage und natürlich ein Flachbildschirm.

„Abgefahren!", ruft Essex aus und steigt als erster ein.

Drinnen sitzen zwei Gentlemen in Smokings mit altmodischen Fliegen um den Hals. Beide müssen schwule Söhne reicher Lords oder

Ladys sein. Ihre Haare sind so frisiert, wie man das nur von Nerds erwartet.

„Willkommen, Mister Bux! Willkommen, Mister Essex!“, begrüßt uns der ältere der beiden, derjenige, der bei der Tür in einem der Sessel für Rückwärtsfahrer sitzt. Der Endzwanzigjährige trägt einen fein säuberlich gestutzten Dreitagebart und hat sein lockig schwarzes Haar so mit Gel an den Kopf geklebt, dass ich vermute, diese Prozedur muss schmerzhaft sein. Der Jüngere prostet uns vom hintersten Sitz mit einem Glas Scotch in der Hand zu und bittet uns stumm, Platz zu nehmen.

Kaum schließt der Chauffeur die Tür, bietet uns der Bärtige Getränke an. Wir wählen beide Ginger Ale mit frischem Orangensaft und Eiswürfeln. Die Drinks werden mit Schirmchen und einem Fruchtspieß darin serviert. Kaum verlässt das luxuriöse Gefährt die Hotelanfahrt, reicht der Bärtige jedem von uns eine lederne Sporttasche mit den Worten: „Für Ihre Bekleidung, meine Herren!“

Ich tausche Blicke mit Essex, doch der stopft bereits seine – bis gestern noch meine! – Leder Flip-Flops in die Tasche und zieht sich das Polohemd über den Kopf.

„Alter, was machst du?“, flüstere ich Essex ins Ohr, der sich bereits die Jeans aufknöpft.

„Wir sind *Gäste*“, betont Essex das Wort abermals zweideutig, „bei den *Fetish Voyeuren*. *Gäste* werden *nur nackt* im Country Club geduldet.“

„Aha!“ Ich schlucke leer. Wilton hat mich abermals ins kalte Wasser gestoßen. Er hat sich in den Kopf gesetzt, aus mir einen echten Nudisten zu machen und das mit allen Mitteln. Zum Glück ist Essex bei mir. Mit ihm an meiner Seite komme ich mir nicht billig vor.

Essex hat die Lasche seiner Jeans ganz geöffnet und streckt dabei seine Füße auf den Schoss des Bärtigen hoch, offensichtlich um den aufzufordern, ihm beim Ausziehen zu helfen. So wie er sich anstellt, tut das der Pornostar nicht zum ersten Mal.

Ich schlürfe gestresst an meinem Drink und würde am liebsten sofort wieder aussteigen. Der jüngere Nerd gafft mich unentwegt über seinen Scotch hinweg an. Jetzt komme ich mir doch billig vor.

Essex neben mir ist wieder zum wunderschönen, selbstsicheren Jüngling geworden, als den ich ihn kennengelernt habe. Er scheint auch wieder doppelt so groß wie eben noch zu sein. Das hier ist sein Element. Ich hingegen zapple und schreie, denn abermals werde ich ins eiskalte

Wasser neuer und albtraumhafter Erfahrung gestoßen.

Ich bin kein Stripper! Ich bin kein Exhibitionist! Ich bin ja nicht einmal ein Nudist! Augenblicklich hasse ich Wilton einmal mehr, mich so zu manipulieren, damit ich ins Bild, das er sich von mir gemacht hat, passe. Schmollend mache ich mich über die Früchte am Spieß her und denke nicht daran, Essex' Beispiel zu folgen. Keiner der beiden Nerds drängt mich – na ja, ihre lüsternen Blicke schon.

Natürlich bemerkt mein neuer Freund meine Unsicherheit sofort. Essex ist viel zu sensibel, so etwas Offensichtliches zu ignorieren. Sorgfältig packt er seine ausgezogene Kleidung in die Sporttasche und setzt sich schräg neben mich, um mich anzusehen. Wie erhaben er doch ist! Sanft und sehr vorsichtig, als ob ich ein erschrecktes Reh oder ein gefährliches Raubtier sei, legt er seine rechte Hand auf meine Brust.

Mein Herz hämmert und ich glühe fiebrig. Langsam, doch entschieden, öffnet Essex Knopf um Knopf meines Kurzarmhemdes, um den Stoff vorne zu teilen und mir meinen Torso zu streicheln. Leider erregt mich Essex' Berührung augenblicklich. Seine eigene Erektion gleicht jetzt einem gezückten Schwert, was ihn zum gefährlichen Krieger macht. Meine verborgene Latte gleicht einem hässlichen Petzer, der aus dem Verborgenen den neuesten Klatsch verbreiten will.

Als der Bärtige seine Hand ausstreckt, um mir das leere Glas und den abgelutschten Spieß abzunehmen, verliere ich einen weiteren Halt. Meine Hände werden immer feuchter, sodass ich sie mehrfach an meiner Hose abwischen muss. Essex beugt sich über mich, um meine Brust mit seinen Küssen zu bedecken. Ich habe noch lange nicht genug von seinen Zärtlichkeiten. Um mich selbst abzulenken, vergrabe ich mein Gesicht in seinen Haaren, die wirklich nach Vanille, Jasmin und Orangenblüten riechen. Diese Duftmischung wird mich mein Leben lang begleiten. Als ich wieder aufsehe, überrascht mich die neue Anspannung in der Limousine: unsere Voyeure erwarten eine erotische Show. Auf keinen Fall! Nicht schon wieder! Ich küsse Essex auf den Nacken und flüstere ihm ins Ohr: „Bitte, kein Sex vor diesen Lüstlingen! Bitte!"

Essex dreht seinen Kopf und sieht zu mir hoch. Kaum merklich nickt er und lässt von mir ab. Augenblicklich vermisse ich seine Körperwärme, seine Küsse, seinen Duft und seine gewaltige Stärke. Seine sichtbare Erregung fordert die beiden zum Duell. Sie geben auf, bevor der Kampf überhaupt begonnen hat.

Leider haften die klebrigen Blicke der Snobs jetzt auf meiner ausgepackten Brust. Warum mache ich das hier? Ich prostituiere mich doch nicht für beknackte Jurymitglieder, um als Werbeträger einer Kampagne hinzuhalten, die ich nicht mal wirklich verstehe! Ich muss von mir ablenken. „Ist mein Freund nicht eine Augenweide?“, lobe ich Essex‘ erotische Erscheinung.

Er nuckelt an seinem Drink, als ob er selbst einen Smoking tragen würde und in dieser Gesellschaft aufgewachsen sei.

Der Bärtige lächelt und der jüngere Nerd versteckt sich wieder hinter seinem Glas Scotch. Zumindest der Säufer ist scheu und versucht es zu kaschieren, in dem er den unantastbaren Möchte-Gern-Lord spielt. Glauben die beiden, ihr Geld beeindruckt mich? Essex ist davon in Bann geschlagen. Ich bin es nicht. Reichtum ist auch nur eine Maske, die verbirgt, was wirklich tiefer steckt. Ich komme weder aus reichem Hause noch verdiene ich viel, doch Geld bedeutet mir einfach nicht so viel. Vielleicht wäre es anders, wenn ich, wie Essex, wirklich nie genug davon zum Überleben hätte?

„Ihr beide seid echte Voyeure?“, frage ich ganz direkt und sehe vom einen Snob zum anderen. Der Bärtige gluckst und unterdrückt ein Lachen, doch der Scotch-Typ läuft rot an. Essex schüttelt kaum merklich seinen Kopf, als ob ich gerade einen großen Fehler gemacht hätte. Aber ernsthaft, was kümmern mich Homepage Zitate oder die Regeln eines Country Clubs? Ich gehöre weder zu den Voyeuren noch zu den Nudisten; ich besuche nur die einen und soll für die anderen werben.

„Jungs, geht euch einer ab, wenn ich mich auch ausziehe?“, frage ich stinkfrech, dass Essex mich boxt und der Typ mit dem Scotch leer schluckt. Als mir keiner antwortet, sehe ich von einem zum anderen: „Nicht? Ok, dann lasse ich es!“

Diesmal grinst Essex, doch er verbirgt es, in dem er mir seinen Oberkörper zudreht. Wie gewaltig mir sein Torso wieder erscheint und wie perfekt sich seine hellrosa Brustwarzen davon abheben, fasziniert mich aufs Neue. „Bux, was hast du vor?“

„Ich bin ein Voyeur!“, verkündet plötzlich der Bärtige. „Nackte, junge Männer zu beobachten, macht mich hart“, fokussiert mich der Bärtige mit seinem Geständnis.

Er ist einer, der voll und ganz zu dem steht, was er mag. Augenblicklich ist er mir deshalb sympathisch. Seltsamerweise wechselt seine Art, wie er mich ansieht, vollkommen. Jetzt erkenne ich Bewunderung in seinen Blicken, Neugier und Respekt, das Klebrige und Grabschen-wollende ist gewichen.

„Können wir die Plätze tauschen?“, nuschle ich Essex ins Ohr, der sich sofort erhebt, um eng am Bärtigen vorbei den Sitz ganz hinten neben dem Verklemmten aufzusuchen. Erstmals gaffe ich Essex direkt auf seinen prallen Hintern, als er durch die Limousine krabbelt. „Leute, habt ihr je einen geileren Exhibitionisten als diesen Mann gesehen?“, folge ich Essex' Verrenkungen. Ich bin kein Exhibitionist, doch Essex ist einer. Er liebt es, sich zu zeigen. Er braucht die Blicke der anderen und deren Aufmerksamkeit. Er tut alles dafür! Lebt er einfach seinen Traum, egal, was andere von ihm halten?

Und was ist mit mir? Innerlich habe ich mich mit dem Bärtigen verbündet. Ich schätze seine Ehrlichkeit. Er weiß, was er will und er steht dazu. Er genießt es, anderen zuzusehen, darin finde ich nichts Falsches. Er tut es offen und ehrlich. Dennoch sieht er jetzt mich und nicht den schönen Essex an. Sicher ist: ich werde mich weder für ihn verrenken, noch sein Lust- oder Sexobjekt werden.

All das geht mir durch den Kopf, während die Limousine über eine der Autobahnen die Innenstadt von London verlässt. Wir fahren bestimmt schon eine halbe Stunde. Durch die getönten Scheiben verändert sich die Landschaft. Wo zuvor Haus an Haus stand, dominieren jetzt Bäume, Felder und Hecken. Eine Weile sitze ich stumm dem Bärtigen gegenüber und bewundere die Landschaft im Fenster hinter ihm. Sein Lächeln passt ins Bild des vorsommerlichen Tages. Essex' Sexualität lullt uns alle ein, verzaubert uns und lenkt von mir ab. Ihn einfach anzusehen, ist so spannend, dass die Zeit nur so verfliegt.

„Ich will dich nackt sehen“, spricht es der Bärtige schließlich aus und sucht meinen Blickkontakt. Abermals beeindruckt mich seine direkte Art. Jetzt, da die Fronten geklärt sind, denke ich ernsthaft darüber nach.

Wie schon gestern Abend in meinem Zimmer erscheint mir Nacktheit plötzlich als ein ganz natürlicher Bestandteil meines Lebens. Ich fühlte mich wohl, als ich gestern über eine Stunde lang nackt am Schreibtisch saß, um meine Erlebnisse in mein geheimes Tagebuch zu notieren. Ich genoss es, nur mit einem Badetuch bekleidet den Fitnessbereich zu besuchen. Es störte mich vorgestern nicht, nur in einer Jeans meinen Chef in meinem Zimmer zu empfangen und mit ihm zusammen Aktbilder von mir durchzusehen. Jedes Mal empfand ich meine Nacktheit als einfach dazugehörend. In diesem Moment empfinde ich es genauso, weshalb ich mir mein Hemd ausziehe und in die Sporttasche packe. Ich hocke mich im Sitz aufrechter und knöpfe mir die Jeans auf, um sie einfach runterzuziehen und zusammen mit meinen Flip-Flops in der Sporttasche verschwinden zu lassen. Darin ist nichts sexy, wenn es mich auch extrem erregt. Selbst das stört mich jetzt nicht mehr, auch nicht, dass der Bärtige jede meiner Bewegungen beobachtet. Als ich meine beiden Arme relaxt über der Sitzlehne ausstrecke, ist mir sehr bewusst, dass meine Erektion meine Boxershorts ausbeult und meine Hoden unten rausschauen. Neugierig beobachte ich meine eigenen Gedanken und Gefühle: ich fühle mich wohl. Es ist mir egal, ob mich der Bärtige und natürlich auch die beiden anderen hinten in der Limousine sitzend, angaffen. Sollen sie doch! Das ist ihr freies Recht. Ich bin, wie ich bin!

„Du hast einen schönen Körper!", flüstert der Bärtige.

Bestimmt weitere zehn Minuten fahren wir übers Land. Wie rasch ich mich daran gewöhnt habe, mich mit nichts weiter als einer sehr einsichtigen Boxershorts unter den beiden Angezogenen zu bewegen, erstaunt mich selbst. Erst glaubte ich, ich würde provozieren wollen, doch dem ist nicht so. Es ist eine Mischung aus totaler Gleichgültigkeit und einer Lust, die mir neu ist. Die Situation lässt mich nicht kalt, im Gegenteil, sie erregt mich extrem, aber die Erregung kommt nicht daher, weil ich mich als Lustobjekt fühle, sondern weil ich über meinen eigenen Schatten gesprungen bin. Ich bin stolz auf meinen Mut!

Logisch meldet sich mein schlechtes Gewissen: Das macht man nicht! Das ist sündig! Das ist billig! Das ist pervers! Irgendwann wandern meine Gedanken in die Vergangenheit. Nicht in meine eigene, sondern in die der Menschheit.

Nacktheit war nicht immer verpönt. In den meisten Hochkulturen galt sie als Nobel. Könige und Priester zelebrierten gewisse Rituale ausschließlich nackt. Neophyten traten nackt zu ihren Initiationen an. Die Götter wurden meist nackt dargestellt. Erst als die Levante die Welt mit ihren starrsinnigen Vorstellungen von Recht und Unrecht überrollten, wurde aus Natürlichkeit Perversion. Alles, was sexuelle Reize auslöste, wurde von ihnen verdammt, verteufelt und verboten. Leider akzeptierte die Masse diesen dogmatischen Würgegriff. Aus Wölfen, Bären, Löwen und Drachen, wurden Schafsherden, die an Halsbändern gegängelt, mit

Keuschheitsgürteln fügig gemacht oder gar mental kastriert wurden. Schwanzlose Priester und vertrocknete Jungfrauen gaben plötzlich den Ton an und bestimmten, was in den Schlafzimmern und im Leben ihrer Opferlämmer zu geschehen hatte – und was nicht! Das dunkle Mittelalter breitet seine Schwingen aus. Ein Blick auf den Scotch-Typen bestätigt es mir: das Viktorianische Zeitalter mit seinen steifen Gentlemen – meist verkappten, schwulen Männern, die ihren Status als Junggesellen als Schutzschild benutzten – hat bis heute überlebt! Zum Glück ist ihre adelige Macht zerbrochen.

Neue Gedanken fressen sich durch mein Hirn: Wie werde ich die Hose los, die ich nicht mehr will? Ich brauche sie nicht mehr, um mich selbstsicher zu fühlen. Ich muss nur zu Essex rüber sehen, um zu erkennen, wie stark eine *echte* Nacktheit machen kann. Doch mir meine Boxershorts einfach auszuziehen, wage ich nicht. Ich möchte diesen Moment meiner Freiheit nicht durch einen dämlichen Striptease zerstören. Soviel ist mir inzwischen auch klar: ich bin kein Stripper! Strip ist das Spiel, andere aufzureizen. Es ist eine Show. Ich empfinde meine Nacktheit aber nicht als Show. Sie ist einfach, was sie ist: Nacktheit! Sie ist ein Seinszustand oder eine Haltung.

Damals im Traum stand ich irgendwann splitternackt und erregt vor Dionysos in meinem Schlafzimmer. Auch da fühlte es sich einfach nur richtig an. Habe ich meine Hemmungen endlich überwunden? Ich hatte es im Traum geschafft, also werde ich es heute auch schaffen.

Plötzlich juckt es mich und ich kratze mich, ohne überhaupt darüber nachzudenken. Sofort wandern die Blicke des Bärtigen tiefer. Jetzt, da meine rechte Hand eh schon auf meiner Boxer Shorts liegt, ziehe ich einen Fuß auf den Sitz hoch und spiele mit meinen raushängenden Hoden. Während ich mich selbst irgendwie dabei beobachte, empfinde ich abermals nichts dabei. Ich tue das, was ich zu Hause oft tue, wenn ich allein und in Gedanken bin. Da ich auch plötzlich nichts dabei finde, meine Hand ganz unter die Boxershorts zu schieben, um meine Erektion zu packen, tue ich es einfach. Biete ich jetzt doch ne Show? Hat mich Essex' Sexualität verhext oder bin ich endlich aus dem Kokon verkorkster Hemmungen geschlüpft?

Kritisch beobachte ich meine neuen Gedanken und Gefühle weiter. Ich bin extrem erregt. Es gefällt mir, aber nicht, weil ich mit meiner Handlung zum Sex animieren möchte, sondern nur, weil es mir selbst gefällt. Dass mir dabei der Bärtige, der Scotch-Typ und Essex zusehen, ist einfach so. Es lässt mich nicht gleichgültig, sondern stimuliert mich dazu, noch mehr ich selbst zu sein. Es motiviert mich, ehrlich das zu tun, was ich gerne tue. Als meine Hand unter dem dünnen Stoff damit beginnt, durchflutet mich ein Glücksgefühl, wie ich es so noch nie zuvor erlebt habe. Es fühlt sich vollkommen anders als mein erster Sex an. Diesmal verschwimmen keine Dimensionen; diesmal flüchte ich nicht in eine Märchenwelt, um mich vor der Realität zu schützen; diesmal tue ich es vollkommen bewusst, mit Genuss und Ehrlichkeit.

Leider parkt die Limousine nach kurzer Fahrt über einen Feldweg vor einem ansehnlichen Clubhaus. Wir sind am Ziel. Ich war so kurz davor, mir meine Boxershorts auszuziehen.

Die Wagentür öffnet sich und der Chauffeur streckt seinen Kopf hinein: „Mister Bux, Mister Essex, Sie können ihre Sporttaschen im Wagen lassen. Ich werden die beiden Herren später wieder zurück ins Hotel chauffieren. Mister Bux“, blickt er auf mich nieder. „Gästen ist das Tragen von Kleidung im Country Club nicht erlaubt!“ Galant ignoriert er, was ich mit meiner Hand in der Hose gerade anstelle – wie ein echter Gentleman eben: schweigen und genießen! „Bitte, Mister Bux, entledigen Sie sich all ihrer Textilien, bevor Sie aussteigen.“

„Bitte nach Ihnen, meine Herren!“, rücke ich vom Eingang fort. Erst steigt Essex aus, dann der Bärtige und zum Schluss der junge Snob, er dürfte wirklich kaum älter als Essex und ich sein. Für einen Moment habe ich die Limousine ganz für mich alleine. Kurzerhand streife ich die letzte Hülle – oder meine letzte Hemmung – runter, stopfe sie in die Sporttasche und verlasse die Limousine. Als die warmen Sonnenstrahlen meinen nackten Leib berühren, grinse ich zufrieden. In mir steckt tatsächlich ein *echter* Nudist und noch einer der *harten* Sorte!

Auf der Veranda des Country Clubs warten bestimmt zwanzig weitere Männer in Anzügen und Smokings auf unser Erscheinen. Ich kann ihre Gesichter aus der Ferne nicht ausmachen, denn irgendwie wirken alle identisch. Klone?

Da tritt ein weiterer Anzugstyp auf uns zu, nur trägt er statt Hemd und Jackett obenrum nur eine Seidenweste, eine Krawatte und auf dem Kopf eine lederne Kappe. *Housekeeper*, lese ich auf seinem Namensschild. „Mister Bux, Mister Essex“, begrüßt er uns und blickt uns keinen Moment in die Augen, sondern auf unsere Zurschaustellung echter Männlichkeit. „Ich bin der Housekeeper dieses Anwesens. Ich werde die beiden Herren auf Ihre Rolle im Country Club vorbereiten. Wenn Sie mir dazu bitte folgen wollen?“ Ohne sich nach uns umzudrehen, schreitet er über einen gepflegten Kiespfad zu einer Wiese neben einem Teich mit Springbrunnen.

„Gefällt's dir hier?“, nuschle ich in Essex' Ohr. Als er heftig nickt, atme ich erleichtert aus. „Mir auch!“ Ich atme tief ein und fühle mich wirklich sehr wohl. Der Park ist riesig und überall blüht der Frühling in seiner ganzen Farbenpracht. Mich splitternackt durch den Park zu bewegen ist die totale Befreiung und jeder weitere Schritt bestärkt mich mehr, diesen späten Nachmittag und Abend in vollen Zügen zu genießen.

Am Teich steht ein Schild im Schatten einiger Haselnusssträucher. Das Schild zeigt einen nackten, erregten Mann, der von einem anderen, vollbekleideten Mann im Anzug überall angefasst wird. Das Gesicht des Angezogenen ist weggeschnitten und der Nackte trägt eine Goldmaske mit langer Harlekinnase. Darüber steht als Titel: *Exhibitionist's Rules*.

„Damit sind wir gemein“, boxe ich Essex.

„So stand es ja schon auf der Homepage!“, nickt er.

Unter dem Bild des Nackten sind drei Regeln klar leserlich aufgelistet. Erstens: Jeder Gast ist nackt. Zweitens: Jeder Gast trägt zu jeder Zeit eine Maske. Und drittens: Jeder Gast bestimmt durch die Wahl seiner Maske, seine jeweilige Bereitschaft selbst.

Der Housekeeper lässt uns einen Moment lesen und darüber reflektieren. Doch die Regeln machen mehr als deutlich, was uns erwarten wird, sobald wir das Club House betreten. „Mister Bux, Mister Essex, haben Sie noch Fragen?"

„Gilt das für alle Besucher?"

„Selbstverständlich nur für Gäste, Mister Bux. Jedoch können Nichtmitglieder den Club nur als Gast betreten."

„Mit Gast meint ihr Exhibitionisten?"

Der Housekeeper räuspert sich. „Meine Herren, sollten Sie sich während Ihres Aufenthaltes zur Mitgliedschaft entschließen, durchlaufen Sie ein Aufnahmeritual."

„Wie hoch sind die Gebühren?", frage ich, als ob ich einem Club, der sich *Fetish Voyeurs* nennt, beitreten wollte?

„Das, Mister Bux, erörtern Sie mit dem Finanzminister."

„Woher kriege ich die Masken, die ich tragen muss?"

„Mister Bux, Mister Essex, die liegen am Eingang der verschiedenen Bereiche für Sie bereit. Mit dem Anlegen einer jeden neuen Maske signalisieren Sie ihre Bereitschaft, sich den jeweiligen Raumregeln voll und ganz zu beugen. Niemand wird etwas von Ihnen verlangen, meine Herren, wozu Sie nicht selbst bereit sind und es durch das Tragen ihrer Maske offerieren."

„Was passiert, wenn ich die Maske nicht wechsle?"

„Mit dem Tragen der Willkommensmaske signalisieren Sie, werte Herren, dass jeder sie berühren darf."

„Wo?"

Der Housekeeper räuspert sich genervt: „Überall! Meine Herren, darf ich ..."

„Aha! Ihr Voyeure werdet nicht nur eure Augen zur Betrachtung benutzten? Wir sind nicht nur zur Fleischschau vorgeladen, sondern auch als Touch Objekte!"

Abermals geht der Houeskeeper nicht auf mich ein, sondern fährt fort, als ob ich nichts gesagt hätte: „Meine Herren, wir legen in unserem Club sehr großen Wert auf Diskretion."

„Aha! Aber Sie kennen doch meinen Namen?",

„Nur ich und die drei Herren, von denen Sie abgeholt wurden. Ab sofort erkennt sie jeder nur noch als *Gast*."

„Also Exhibitionist!", korrigiere ich aufmüpfig.

„Meine Herren, noch ein Hinweise: Schweigen ist Gold." Damit checkt er uns abermals ganz offen ab und beendet die Einführung. „Mister Bux, Mister Essex, ich werde Ihnen gleich Ihre Willkommensmaske aushändigen. Diese Maske dürfen Sie als Andenken behalten."

„Cool! Danke!" Als sich der Housekeeper für den Rückweg umdreht, verdrehe ich meine Augen wegen all dem Blödsinn, freue mich aber dennoch irgendwie auf das Spiel der Masken.

Unsere Willkommensmaske ist silbern mit einer extrem langen Nase, die etwas zu sehr einem überlangen, steifen Penis ähnelt. Damit soll wohl nochmals klar gezeigt werden, was von den Country Club *Gästen* erwartet wird.

„Wie die Nase des Mannes, so sein Hannes!", murmle ich in Deutsch eine Volksweisheit, doch Essex versteht mich nicht.

Kurz vor der Veranda wird Essex vom Housekeeper zu einem anderen Zugang ins Gebäude geführt und dort eingelassen. „Mister Essex, die Jurymitglieder möchten Sie als Ersten kennenlernen!"

„Ja, ja! See you, *Gast!*", winke ich Essex nach.

Auf der Veranda sitzen oder stehen noch immer die Klone in ihren Maßanzügen. Allein steige ich die paar Stufen zu ihnen hoch. Es sind achtzehn Typen, die alle ihre Gesichter unter identischen Batman-Masken verbergen. All diese Männer unterschiedlichen Alters mit den spitzen Fledermausohren zu sehen, raubt mir echt die letzte Scheu. Wer sich derart selbst zum Narren macht, dem kann ich nur ironisch begegnen. Theatralisch verneige ich mich und richte mich danach wieder zur vollen Größe auf. *Eyes wide shut*, kommt mir ein verkorkster Hollywood Streifen in den Sinn. Zum Glück sind wir hier in England und nicht in Amerika, wo Nacktheit skandalös oder suspekt erscheint. Unter meiner ulkigen Langnasenmaske kann ich grinsen, ohne dass es jemand bemerkt. Leider kann ich aber auch nicht sehen, was die achtzehn Typen bei meinem Anblick und Auftritt empfinden, denn ihre Batman-Masken bleiben ebenfalls starr und emotionslos.

Unter der Silbermaske und meiner Nacktheit fühle ich mich wie ein klassischer Harlekin. Bei mittelalterlichen Stücken verlor der Harlekin immer seine Hose, um den ewig jugendlichen Lüstling darzustellen. Je härter der Darsteller dabei wurde, desto gelungener die Vorstellung. Wäre das ein Maßstab für Kunst, bekäme ich jetzt einen Oscar verliehen. Noch gestern wäre mir ein solcher Auftritt bei vollem Bewusstsein unmöglich erschienen. Doch das war gestern. Heute genieße ich es. Wie gut, dass ich mein Schamhaar Seths Trophäensammlung gestiftet habe, denn ohne fühle ich mich viel schamloser.

*Jeder Gast bleibt immer nackt und trägt zu jeder Zeit eine Maske seiner Wahl, die gleichzeitig seine Bereitschaft sich den Raumregeln zu beugen signalisiert. Jeder Gast wird nicht nur mit Blicken, sondern auch mit Berührungen begrüßt.* Geistig wiederhole ich die Regeln, um nicht aus der Rolle zu fallen. Immerhin buhle ich heute um den ersten Platz als Model für eine Nudisten-Kampagne. Dennoch will ich mich deswegen weder anbiedern, noch zum Sexobjekt machen. Ob ich diese feine Gradwanderung unbeschadet überstehen werde?

Als keiner der achtzehn Typen sich regt oder etwas sagt – ich sollte ebenfalls schweigen – stelle ich mich einfach vor den ersten hin, damit er mich anfassen kann, sollte er dazu Lust verspüren. Das alles gehört einfach zu diesem verrückten Ritual, das ich mit dem Tragen dieser Maske akzeptiert habe. Kaum fährt seine Hand scheu über meine Brust, wende ich mich ab und spaziere ins Innere des Country Clubs. Ich lasse die Typen einfach stehen – oder sitzen. Ich bin der Regel gefolgt. Wenn einer mehr will, werde ich mich nicht wehren, doch ich dränge mich niemandem auf.

Im Hausinneren sind nicht nur die diversen Dachbalken, sondern die Mehrzahl der Wände und die Decke aus Holz gefertigt. Wendeltreppen führen zu kleinen Terrassen und zu einer Galerie hinauf, die als schmaler Pfad auf einem Zwischenstockwerk alle Räume miteinander verbindet. Das müssen die Logen der *echten* Voyeure sein. Alles in diesem Country Club wirkt edel, teuer und sehr sauber. Wenn dieses Spiel auch an Schmuddelfantasien erinnert, in der Ausführung und der Praxis ist es nicht so. Fast steril wirkt dieser rustikale, von Licht durchflutete Empfangsraum. Die schweigende Ruhe verleiht allem noch einen zusätzlichen Kick.

Fasziniert sehe ich mich um. Überall an den rohverputzten Wänden hängen kunstvolle, aber sehr erotische Bilder oder gerahmte Fotografien. Jede einzelne von ihnen illustriert in unzähligen Varianten, was ich schon am Teich gesehen habe: angezogene, schlicht maskierte Männer grabschen nach nackten Jungs oder Männern, die alle auffallende Masken tragen. Dieses Motiv setzt sich selbst in den wenigen Skulpturen und auf den Ölgemälden fort. Auf letzteren tragen die Lords klassische Gewänder, doch die Lustknaben unterscheiden sich kaum von denjenigen der Gegenwart. Einzig Frisuren und Körperbehaarungen lassen auf unterschiedliche Zeitepochen und kulturelle Vorlieben deuten. Diesen Club muss es schon seit Jahrhunderten geben.

Je tiefer ich über die Verbindungsflure in die Räumlichkeiten dieses exquisiten Clubs vorstoße, desto eindeutiger werden die Handlungen mit den Nackten. Aus scheuen Berührungen werden eindeutig sexuelle Akte bis hin zu harten Penetrationen. Um nicht den Eindruck zu erwecken, ich suche nach genau diesen Erfahrungen, flüchte ich zurück in den riesigen Eingangsbereich, wo außer scheuem Zärtlichkeitsaustausch, kaum anderes auf den Fotos abgebildet wird. Die Marmorböden fühlen sich barfuß angenehm kühl an und der warme Sommertag hüllt mich in seine Arme.

Auf meiner bisherigen Wanderung durch die langen Flure an den diversen Räumen vorbei, sind mir bestimmt schon an die fünfzig bekleidete Männer begegnet, alle mit Halb- oder Ganzmasken, doch keine davon hatte eine lange Nase. Jeder Mann checkte erst meine Maske, dann meinen Körper – na ja, eigentlich in umgekehrter Reihenfolge! Viele drehten sich wieder ab, als sie sahen, dass ich noch immer die Willkommensmaske trug. Essex bin ich nicht begegnet, dafür weiteren *Gästen* unterschiedlichen Alters. Ich nickte zur Begrüßung und sie nickten knapp zurück. Offensichtlich suchen auch sie noch nach den Räumen ihres Gustos.

Eine Gruppe wirklich junger Männer, alle in identisch vergoldeten Halbmasken oder unter diesen Harlekin Langnasen verborgen, stehen leise schwatzend zusammen im Eingangsbereich, als ich von meiner ersten Erkundung zurückkomme. Alle tragen teure Maßanzüge oder Smokings.

Einer von ihnen hält ein offenes Buch in der Hand und macht sich ständig Notizen. Er wirkt jung, doch er scheint ihr Anführer zu sein. Als er sich mir zudreht, unterscheidet sich nicht nur seine Aufmachung, denn als einziger trägt er eine goldig-schwarze Weste aus Brokatstoff, dazu eine goldene Krawatte und eine dieser Schärpen um die Hüften, sondern auch eine andere Maske. Seine gleicht dem Kopf eines Löwen mit offenem Rachen und Schneidezähnen, sowie einer Mähne, die wie eine Krone geformt ist. Das muss ihr Abschlussballkönig sein, denn aus der Nähe ist es unverkennbar, die Jungs sind alle Studenten. Auf einem der Fotos war zu erkennen, dass Studentenverbindungen herkommen, um hier in den Räumlichkeiten ihre Neuzugänge zu prüfen. Wie diese Aufnahmeprüfungen im Detail aussehen, erzählten andere Fotos.

Als die Studentengruppe mich bemerkt, umkreist sie mich, um mich mit ihren streichelnden Händen im Club gebührend zu empfangen. Durch die Sehschlitze der Masken lese ich in einigen Augen Bewunderung für meinen Mut oder Gier nach meiner Schamlosigkeit. Doch die meisten von ihnen wirken nicht nur scheu und unsicher, sie fürchten sich. Vor mir? Erscheinen sie in ihren teuren Anzügen auch als etwas Besonderes, so sind es dennoch nur verkleidete Studenten. Kleider machen Leute; meine Nacktheit macht mich zu ihrem Helden.

Neue Studenten betreten den Raum. Es sind bestimmt dreißig oder mehr. Diese tragen zu ihren Anzügen das Abzeichen ihrer Uni und ein Symbol, das ihren Geheimclub markiert. Wirken die unter ihren Langnasenmasken scheu, bemerke ich bei den Neuzugängen nichts davon. Offensichtlich müssen diese die älteren Mitstudenten sein, welche die jüngeren hier peinlichen Situationen aussetzen wollen. Sie mustern mich kritisch, doch keiner begrüßt mich. In Dreiergruppen verteilen sie sich im riesigen Clubhaus.

Erst als alle abgezogen sind, tauen die jüngeren Studenten wieder auf. Einzeln und immer nur mit einer Hand vollzieht jeder von ihnen weiter diesen Ritus des Empfangs an mir. Empfand ich die ersten Hände auch befremdend, so lässt es sich nicht leugnen, dass es mir ungemein gefällt, so begehrt und bewundert zu werden. Fast jeder lässt seinen Handrücken über mein gestutztes Rechteck gleiten, als ob ich ein Kater wäre, dessen Felldichte man unbedingt prüfen müsste. War ich früher gehemmt, um so etwas zu genießen, tue ich es jetzt ungeniert. Wie sehr mich das erregt, ist nicht zu übersehen. Ich bin heute *Gast*, und der Gast ist König! Schon nach der dritten Hand lege ich deshalb meine eigenen Hände auf meine Hinterbacken, drücke mein Kreuz durch und schreite majestätisch von Student zu Student, damit er mir huldigt. Ich möchte, dass diese Jungs in mir nicht nur einen *Gast,* ohne Namen und nennenswerte Rolle sehen, ich möchte ihr Vorbild sein. Ich möchte ihnen bei ihrem eigenen Übergangsritus beistehen.

Abschlussballkönig notiert sich ständig weitere Beobachtungen in seinem Buch, bis ich vor Neugier platze. Doch als ich mich neben ihn stelle, um von den Seiten zu spicken, klappt er sein Buch zu, kniet sich hin und der Metallrachen des Löwenkopfs verschlingt meinen Penis. Ich bin echt kurz versucht, den Raum zu suchen, wo genau das auf dem Programm steht.

Danach tippt Abschlussballkönig mit seinem goldigen Kugelschreiber auf drei der Studenten und die Berührten verschwinden in einen Raum, den ich als Garderobe erkenne, als sich die Tür bei ihrem Eintritt öffnet.

Das Spiel in der Eingangshalle habe ich für mich ausgelotet. Nur weil ich Angst vor meiner sexuellen Bereitschaft kriege, bleibe ich in den Fluren, wo sich meist nur die jungen Mitglieder aufhalten. Ihre zurückhaltenden Berührungen genieße ich ungemein, wenn mich einige mit gezielteren Streicheleinheiten auch unmissverständlich auf den Geschmack anderer Räum bringen wollen.

Drei weitere, splitternackte Männer nähern sich mir, alle mit denselben silbernen Willkommensmasken aufgesetzt, wie ich noch immer eine trage. Keiner von ihnen ist erregt. An ihrem Gang und ihrer Körperhaltung erkenne ich, dass es ihnen peinlich ist, sich so ihren Kumpels und Freunden zeigen zu müssen. An ihren Händen und ihren Frisuren erkenne ich sofort die drei Studenten, die von Abschlussballkönig vorhin auserwählt wurden. Diese Jungs sind nicht zu ihrem eigenen Vergnügen hier. Natürlich hörte ich schon von peinlichen Mutproben, Demütigungen und derlei Dingen, welche Studenten durchlaufen müssen, um in kuriose Geheimbünde oder Verbindungen aufgenommen zu werden. England mit seinen Elite Universitäten und mit seinen seit Jahrhunderten gefestigten Regeln und Pflichten erschuf immer neue Ventile, dem – wenigstens während dieser Rituale – kurz zu entkommen. So prüde, verklemmt und in ihren starren Regeln gefangen, mussten diese Initiations-Spielchen für manche immer schon extrem schlimm oder extrem befreiend gewesen sein.

Leider genießen es die drei Nackten gerade überhaupt nicht, angestarrt zu werden. Sie erinnern mich an mich selbst, wie ich war, bevor ich meine Reise über den Ärmelkanal antrat. Ihre Schlappschwänze unter oder in ihren dichten Büschen versteckt, sind weder stolz noch erfreut. So hätte auch ich hier ankommen können: als Opfer, das durch seine eigenen Hemmungen und Vorurteile gequält wird. Ich kann diesen drei Initianten nur zeigen, wie sie es machen könnten, um sich aus einem Opfer in einen Genießer zu verwandeln, doch den Schritt über die Schwelle muss jeder von ihnen selbst machen. Das lehrte mich Dionysos in meinem skurrilen Traum!

Abermals verschränke ich meine Arme auf meinem Rücken und

stolzieren auf die drei verunsicherten Nackten zu. Spielten sie vorhin die Rolle von Lords, erinnert jetzt rein gar nichts mehr daran. Ich darf nicht sprechen. Ob ich selbst andere berühren darf, ging aus den Regeln nicht eindeutig hervor. Als ich mit meiner rechten Hand vorsichtig dem ersten über seinen behaarten Po fahre, zuckt er erschreckt zusammen, als ob ich ihn mit einer Peitsche gezüchtigt hätte. Ich wiederhole diese Geste meiner Begrüßung bei den beiden anderen und auch sie schauen mich durch die Sehschlitze betroffen und unsicher an. Einer von ihnen sucht sogar rasch Blickkontakt mit dem Abschlussballkönig, doch der macht sich nur Notizen in sein Buch und verrät mit keiner Geste, was er davon hält.

Das Erscheinen der drei neuen *Gäste* lockt Angezogene herbei, darunter auch eine dieser Dreiergruppen mit den Geheimabzeichen. Wie ich das Spiel selbst sehe, unterscheidet sich bestimmt sehr von dem, wie sie mich wahrnehmen. Für die Meisten in diesem Country Club bin ich, wie auch die drei neuen *Gäste*, nur eines ihrer heutigen Lustobjekte. Nur ihre eigenen Regeln schützen mich vor Überschreitungen. Zum ersten Mal sehe ich in diesen Regeln einen Vorteil. Ich bin hier vollkommen sicher und kann genau das kriegen, was ich ausprobieren möchte: nicht mehr und nicht weniger. Ich selbst bestimme die Grenzen und das laufend und immer wieder von neuem. Hier müsste keiner gequält oder prostituiert, keiner vergewaltigt oder sexuell misshandelt werden. Müsste! Was ich beobachte, bestätigt mir, dass nicht jeder frei über sich selbst entscheiden kann.

Als einer der Angezogenen einem der drei neuen *Gäste* zwischen die Beine fasst, fühle ich, wie der sich innerlich windet. Offensichtlich ist der Jüngling nicht schwul oder falls doch, ist er eine Klemmschwester, wie ich bis vor kurzem. Von seiner eigenen Unerfahrenheit aufgefressen, kann er sich weder wehren noch es genießen, sondern lässt sich an seinem Pimmel vom Angezogenen in einen anderen Raum ziehen. Die beiden anderen aus der Dreiergruppe folgen dicht auf.

Hilfesuchend sieht er sich nach mir um, doch ich kann ihm nicht helfen: da muss er selbst durch! Es ist seine Einweihung, mit seinen eigenen, persönlichen Prüfungen, die er selbst zu meistern hat. Was seine Lektionen beinhalten, weiß nur dieser Student. Ob er irgendwann erkennt, dass in Wahrheit er selbst hier der Spielführer sein könnte?

Dem zweiten der neuen *Gäste* ergeht es nicht viel anders. Kaum taucht eine neue Dreiergruppe auf, versteinert er vor Angst. Als ihm einer der drei zu verstehen gibt, ihm zu folgen, verliert auch dieser seine Selbstbestimmung und bekommt ein metallenes Halsband und Fußfesseln verpasst.

Kopfschüttelnd verlasse ich den Eingangsbereich, um abermals durch die Flure zu spazieren. Endlich erkenne ich unter all den Fremden einen Bekannten. Natürlich trägt Wilton eine Vollmaske, um seinen Kopf unkenntlich vor mir zu verbergen. Sein eiserner Hirschkopf mit kleinem Geweih bringt mich zum Schmunzeln. Mein Boss hätte wenigstens seine Uhr und den Ring am kleinen Finger seiner rechten Hand ablegen können. Vielleicht ahnt er nicht, wie genau ich beobachten kann? Vielleicht will er auch, dass ich ihn erkenne? Ich reagiere nicht auf ihn, auch nicht, als er direkt auf mich zukommt, um meine Brust und meinen Penis zu liebkosen. Cool lasse ich ihm seine Freude und wende mich dann ab, wie ich es bei jedem anderen auch schon getan habe.

Der dritte, nackte Student beobachtet mich. Er war mir gefolgt. Mutig ahmt er mich nach. Anders als seine beiden Kollegen lässt er die ankommende Dreiergruppe abblitzen. Er lässt sich von ihnen anfassen, doch nicht herumkommandieren, was diese verstört und verärgert abziehen lässt. Ich zeige dem nackten Jüngling meine nach oben gerichteten Daumen beider Hände und er verneigt sich zum Dank.

Dann taucht Hirsch-Wilton erneut auf, um mich abermals sehr zärtlich zu berühren. Innerlich kribbelt alles. Der Hirsch begehrt mich! Ob er mich deshalb hierher lockte? Glaubt er echt, ich würde mich in einem der anderen Räume für sexuelle Handlungen vornüberbeugen oder mich für ihn breitbeinig auf einen Tisch legen? Leider denke ich tatsächlich mehrmals darüber nach. Ob meine Vernunft oder meine Hemmungen mich schließlich davor bewahren, kann ich nicht sagen.

Als Wilton später ein drittes Mal zu mir kommt, um mir brünstig seine Lust zu demonstrieren, bleibe ich abermals zurückhaltend. Soll er röhren und scharren! Würde er sich offen zu erkennen geben, weiß ich nicht, wie weit ich gehen würde. Seit gestern bin ich hungrig auf Sex und noch längst nicht satt.

Ein paar neue, nackte Jünglinge stellen sich nacheinander neben mich und lenken mich von meinen erotischen Wunschträumen ab. Inzwischen wage ich mich in einen der Räume vor und trage nicht mehr die Silbermaske mit dem Rüssel, sondern habe sie gegen eine dieser schicken, schwarzen Halbmasken ausgetauscht. An mir bedeutet die Maske, dass ich fotografiert werden darf. Das nutzen einige aus. Jeder, der sich neben mich stellt, um mit mir – oder seiner Trophäe – anzugeben, berührt mich intim, was mir mit jeder weiteren Hand aber besser gefällt. Die nackten Studenten lassen es ebenfalls über sich ergehen und posieren mit diversen Dreiergruppen aus dem Geheimbund in oft erniedrigenden Posen. Warum knien sie sich vor diese angezogenen Witzfiguren?

Abermals hat sich Wilton hinter mich gestellt und langt mir zwischen die Beine, damit uns einer so fotografieren kann. Ob doch auch ein Exhibitionist in mir steckt oder gar ein Lustknabe? Ab letzterem muss ich grinsen. Ein Lustknabe würde sich nicht nach scheuen Küssen von seinen Fans abwenden.

Immer mehr der Studenten, die mich zu Beginn als einen der ihren akzeptierten, schleichen jetzt nackt mit Masken in den Räumen herum. Bis auf zwei, die offensichtlich Spaß am Spiel entwickeln und es auch stolz zeigen, bleiben die anderen Schlappschwänze; natürlich sehe ich mir jeden davon genau an. Nach einer weiteren halben Stunde, verlasse ich den Fotografenraum und tausche die Halbmaske wieder gegen die Willkommensmaske aus.

Auf der nächsten Schwelle verharre ich: trete ich in den neuen Raum ein und ziehe mir die dazugehörige Maske an, würde ich mehreren gleichzeitig erlauben, Hand an mich zu legen. Beim Gedanken daran werde ich so erregt, dass ich nicht lange zögere. Kaum drinnen, entdecke ich in einer vorhin verborgenen Ecke wieder einen der Studenten, der von vielen Händen gleichzeitig missbraucht wird. Entschieden, dem armen Tölpel zu helfen, steuere ich die Gruppe direkt an, die tatsächlich vor mir zurückschreckt und einen Kreis um uns Nackte bildet. Leise flüstere ich dem Missbrauchten zu, er solle nur das zulassen, was ihm auch selbst gefalle. Woraufhin er mir widerspricht, dass er keine Wahl habe. Seine sexuelle Demütigung gehöre zum Ritual, in die Studentenverbindung aufgenommen zu werden. Er wolle es nicht riskieren, abgewiesen zu werden, nur weil er sich wie eine dämliche Jungfrau benehme. Er nehme alles wie ein Mann.

„Genieß es doch!“, ermutige ich ihn. „Erkennen sie, dass du nicht alles mit dir machen lässt, werden sie dich akzeptieren, wie du bist.“ Wild schüttelte er seinen Kopf und krabbelte auf allen Vieren zurück zu seinen Kumpels, die ihn wieder in ihre Mangel nehmen. Kopfschüttelnd wende ich mich ab.

Hirsch-Wilton spioniert mich aus. Kaum von den Studenten und ihren Ritualen fort, fühle ich seine Hände auf meinen Pobacken. Anders als vorhin, packt er jetzt viel entschiedener zu. Als ein gerade erst aus seinem behüteten Kinderschlaf erwecktes Dornröschen, koste ich seine Berührungen voll aus. Wilton gefiel mir immer und ich fantasierte auch schon von ihm. Sanft schiebt er mich zu einem Geländer, dass die Bildgalerie in diesem Raum von den Betrachtern trennt. Zwei neuen Studenten folgen meinem Beispiel und werden genauso intensiv von vielen Händen untersucht, doch sie unterwerfen sich nicht wie dumme Hühner, sondern genießen wie schnurrende Kater.

Während ich mich übers Geländer beuge, wandern Wiltons Hände immer zielsicherer zwischen meine Schenkel. Vor mir, auf den Fotografien, wird ähnliches dargestellt, nur dass die Finger der Angezogenen ... Ich stöhne auf. ... genau dahin verschwinden. So etwas habe ich noch nie erlebt – zumal nicht im Wachbewusstsein! Als noch zwei weitere lustige Maskentypen meine Brust und meinen Penis streicheln, glühe ich vor Verlangen. Hirschkopf ist extrem geschickt, fordernd und ganz ein Eroberer. Bevor ich es nicht mehr zurückhalten kann, stoße ich mich von der Stange ab, drehe mich um und verlasse viel zu rasch diesen berauschenden Raum. Da ich mir die Willkommensmaske, kaum über die Schwelle getreten, statt der anderen wieder aufsetze, bleiben die Männer zurück, wie auch Wilton.

Im toten Winkel zum vorherigen Raum, lehne ich mich an die Wand und keuche, seufze und kichere wie ein Kindskopf. So wurde ich noch nie berührt! Es war extrem aufregend! Dennoch getraue ich mich nicht, nochmals einen Fuß in diesen oder ähnlich gestaltete Räumlichkeiten zu setzen. Das alles geht mir viel zu schnell. Gerade erst habe ich mich damit abgefunden, dass es mir nichts ausmacht, wenn mich anderen nackt sehen – selbst mit Erektion – oder wenn ich berührt werde. Was ich gerade mit Wilton erlebt habe, ist gefährlich. Ich könnte mich vollkommen darin verlieren. Es gleicht einem Rausch, doch jeder Rausch fordert schon den nächsten heraus und bevor man es selbst wahrhaben will, ist man süchtig.

Zwei weitere Stunden schlendere ich durch die Flure, lasse mich berühren, aber auch, in einem der Räume, an intimen Stellen küssen. Wilton bleibt auf der Pirsch. Kaum fühle ich seine Hand irgendwo auf meinem Körper, erkenne ich sie, auch ohne dass ich mich ihm zudrehen muss. In seinen Berührungen erahne ich, wie toll er im Bett sein muss. Ich bin nicht in Wilton verliebt, doch ich könnte in ihm einen Lehrer haben, der mir vieles über Sex beibringen könnte. Die Versuchung ist gewaltig.

Nach drei Stunden im Club langweile ich mich. Selbst der letzte Student, ob aus der Gruppe mit dem Abschlussballkönig oder aus später eingetroffenen, verschwand irgendwann nackt in einen aufregenderen Raum. Einige der Jungs fand ich wirklich süß und ich hätte mich liebend gerne noch länger an ihren Körpern gelabt. Inzwischen müssen sich hier im Club bestimmt weit über hundert Männer aufhalten.

Lustvolle Münder, locken mich Illustrationen in einen weiteren Raum. Hier wird nicht mehr nur kurz geküsst, hier passiert etwas anderes. Zaghaft tausche ich die Maske und übertrete die Schwelle. Mein Herz hämmert, als sich mir der erste nähert. Die Bilder sprechen eine eindeutige Sprache, weshalb ich mich nicht scheue, als er sich vor mich hinkniet und meinen Penis in den Mund nimmt. Einem der selbstsicheren Studenten in einer der Ecken stehend, ergeht es genauso. Da er laut stöhnt, muss es ihm gefallen.

Wilton ist mir abermals gefolgt. Ahnt er, dass ich seine Identität längst auch unter der Hirschmaske entlarvt habe? Noch immer tue ich so, als ob dem nicht so sei, wende mich vom ersten ab und hoffe, Wilton erweist mir als nächstes den Gefallen. Er tut es sofort und mit einer solchen Leidenschaft, dass ich keine fünf Minuten später seinen Kopf von mir zu stoßen versuche. Doch er packt mich nur noch fester, dass mir nichts anderes übrigbleibt, als seinen Mund zu akzeptieren. Er will danach einfach nicht aufhören. Erstmals ringe ich wirklich hart um Selbstbeherrschung: ich will nicht, dass er aufhört – ganz im Gegenteil! Es gefällt mir – viel zu gut!

Abermals flüchte ich, diesmal zur nächsten Toilette. Das kalte Wasser im Gesicht und auf meinem Körper hilft, wenn es auch meine Lust nicht auszulöschen vermag. Deshalb stelle ich mich unter eine der Duschen, die mitten in einem der Räume steht und werde dabei beobachtet, wie ich versuche, unter dem kalten Wasser einen klaren Kopf zu kriegen. Die Maske hier gleicht einer Taucherbrille. Wie werde ich Wilton je wieder in die Augen blicken können? Aber muss ich das? Ich kann weiter so tun, als ob ich ihn nicht erkannt hätte. Offenbart er sich mir nicht, könnte das Spiel funktionieren.

Weil ich echt Angst vor meiner Bereitschaft zu mehr Sex kriege, suche ich eine der Wendeltreppen zur Galerie. Oben ist niemand. Keiner ist mir gefolgt. Der schmale Flur liegt in etwa drei Meter Höhe und führt durch all die Räume. Runde Löcher in den Wänden dienen als Türen von Bereich zu Bereich. Die Regeln sind hier oben aufgehoben. Von hier aus können stille Genießer alles aus sicherer Entfernung beobachten, ohne selbst direkt involviert zu sein: typisch für Voyeure!

Inzwischen sind bestimmt, zusätzlich zu den diversen Studenten, an die fünfzig neue *Gäste* in den diversen Räumen verteilt. Anders als vermutet, sind es nicht ausschließlich junge oder schöne Männer, sondern Typen jeden Alters, Rasse oder Körpervolumen, dicke sind so zahlreich wie dünne, behaarte oder rasierte. Einige sind vermutlich selbst hier Mitglied und besuchen ihr eigenes Etablissement heute als *Gast*. Jeder sucht hier eindeutig sexuelle Handlungen. Anders als vom Flur im Erdgeschoss aus, gelange ich über die Galerie in Räume, die man unten nur erreicht, wenn man von Raum zu dahinterliegenden vordringt und nochmals in dahinterliegende.

In einem dieser inneren Räume entdecke ich Essex. Er kniet auf einem wuchtigen Holztisch und drei Typen massieren seinen Hintern und führen etwas Glitschiges in ihn ein. Da ich eine Ahnung davon bekommen habe, wie aufregend sich das nur schon mit einem Finger anfühlt, gaffe ich fasziniert zu. Einerseits bin ich angewidert, kann aber meine Neugier nicht zügeln. Ich schleiche näher, um meinen Freund von oben zu beobachten. Steckt in mir auch ein Voyeur? Wie viele Masken trage ich noch unter der Sichtbaren?

Essex' Gesichtsausdruck verrät mir, dass er voll und ganz bei der Sache ist. Ihn schert es auch nicht, dass er von drei weiteren Männern dabei fotografiert wird. Bestimmt ziert sein Bild bald die erotische Galerie dieses Hauses. Sein Körper wirkt aus der Distanz noch erotischer. Als einzig Nackter an diesem Tisch, leuchtet er wie ein Juwel unter seinen angezogenen Lustspendern. Sex ist wirklich das, was Essex zu etwas ganz besonderem macht.

Noch immer hat mich keiner bemerkt – oder ignoriert mich galant. Ich lehne mich übers Geländer und beobachte, wie Essex immer heftiger mit seinen Hüften einladende Bewegung vollzieht. Da entdecke ich Abschlussballkönig. Er ist noch immer vollbekleidet und trägt seine goldige Löwenmaske vor dem Gesicht und in seinen Händen sein Buch und den Goldstift. Er hat mich bemerkt, wenn er auch so tut, als ob nicht.

Ein neuer Typ nähert sich Essex. Ist das Wilton in neuer Verkleidung? Größe und Haltung schließen auf ihn, doch der Mann trägt nur einen schwarzen Lendenschurz und schwarze Kniesocken, was zu seiner kupfernen Eberkopfmaske mit Hauern, grotesk aussieht. Aus der Ferne versuche ich seine Uhr zu erkennen, doch ich bin zu weit entfernt. Etwas blitzt am kleinen Finger seiner rechten Hand, aber hier tragen die meisten Typen diese Art Ringe, wie auch viele der Studenten aus den diversen Verbindungen. Als der Eber hinter Essex ankommt, schleiche ich oben näher. Die leichte Körperbehaarung des Mannes ist am ganzen Körper getrimmt, was ihn männlich und potent erscheinen lässt. Der fast nackte Mann zieht Essex bis an die äußerste Tischkante zu sich heran, langt zwischen seinen offenen Schenkeln hindurch, um meinen Freund als Sexpartner zu begrüßen. Essex blickt sich nicht um, hebt aber sein Becken an. Der Mann lässt sich von zwei Helfern seinen Lendenschurz ausziehen und ein Kondom überstülpen.

Plötzlich nehme ich eine andere Welt war. Da mir das immer wieder passiert, lehne ich mich einfach bequemer über die Brüstung der Galerie und lasse mich darauf ein. Der nackte Eber ist jetzt mit einem Kranz gekrönt und Faune und Mänaden tanzen um das Paar. Immer wieder wechselt dieser Dionysos seine Stellungen und immer sieht er dabei zu mir hoch. War dieser Mann zu Beginn vielleicht noch Wilton, mein Chef, dann ist es jetzt definitiv der mythologische Gott Dionysos. Sieben Gestalten, alle in Lendenschürzen, diesen schwarzen Kniesocken und Handschuhen, formen einen Kreis um den Tisch, um den jetzt Fackeln brennen. Essex‘ Körper glüht feuerrot.

Mehrere Schaulustige fotografieren den Geschlechtsakt und Abschlussballkönig macht sich Notizen. Immer mehr Faune und männliche Nymphen treffen sich unten im Raum und bilden einen Ring stummer Beobachter um Essex und Dionysos. Essex' Leib steht in Flammen, die immer höher züngeln. Nur für den Moment verwandelt sich die Latte des Ebers in ein blitzendes Messer, das sich tief in Essex rammt und Blut den Altar besudelt.

Erschreckt schrei ich auf und wende mich ab.

Als ich verwirrt mehrfach blinzle, verschwindet das Bild, doch nur um einer noch verrückteren Vision Platz zu schaffen: um Essex' Leichnam wuchern Weinranken, Waldblumen sprießen aus dem Holztisch, um betörend duftend ihre Kelche und Blüten zu öffnen.

Als ich meine Augen reibe, verschwinden meine Vision. Essex liegt jetzt auf dem Rücken und genießt die Penetration.

Ich habe längst mehr gesehen, als ich wollte. Essex' neue Stellung lockt mich mehr, als ich ertragen kann. Ich flüchte.

Zurück in die Eingangshalle bei der Veranda ist jetzt niemand mehr. Keiner folgte mir, ich wurde vergessen. Alleine spaziere ich ins Freie und finde unter der Veranda Liegestühle. Ich schiebe mir einen davon unter zwei Wärmelampen und lege mich drauf, um die laue Frühlingsnacht zu genießen.

So findet mich, bestimmt eine weitere Stunden später, Wilton. Er trägt jetzt keine Maske mehr. Heimlich checke ich seine Uhr und seinen Ring. Ja, der brünstige Hirsch war Wilton. Selbst sein frisches Hemd, eine andersfarbige Hose und ein neues Jackett täuschen mich nicht darüber hinweg.

„Bux, offensichtlich ist das nicht deine Szene", stellt er sachlich fest und setzt sich neben mich auf einen Stein, der von den Wärmelampen beleuchtet wird.

„Oh, ich habe es sehr genossen! Es war extrem aufregend! Ich habe mich total ans Nacktsein gewöhnt. Es stört mich auch nicht, wenn mich mal jemand anfasst, streichelt oder auch intim küsst. Doch mehr will ich nicht. Ich könnte mich niemals wie Essex, Fremden zum Sex hingeben."

„Dein Freund blüht richtig auf. Er kriegt gar nicht genug! Er hat schon dreimal geduscht und bestimmt schon zehn oder fünfzehn verschiedenen Masken ausprobiert."

„Ich habe ihn in einem der Räume von der Galerie oben beobachtet", verrate ich.

„Spanner!", boxt mir Wilton in die Seite.

„Wann treffe ich die Jury?", wechsle ich ertappt das Thema.

„Das ist längst passiert. Bux, du wurdest einstimmig als Sieger für die Kampagne gewählt."

„Wirklich? Ich habe mich doch fast allem und beinahe jedem entzogen. Mehr als etwas Streicheln habe ich wirklich nur einem brünstigen Hirsch erlaubt. Alle anderen habe ich abblitzen lassen. Essex ist euer Mann!"

„Brünstiger Hirsch", schneidet Witon eine Grimasse.

„Ja, irgend so ein geiler Bock, der sein Platzgehabe deutlich demonstrieren musste."

„Essex ist *heute* wirklich unser Mann!", wechselt Wilton das Thema. „Ich schätze, du wirst mit mir zurückfahren müssen, denn dein Freund will noch nicht aufbrechen. Bux, gerade deine Zurückhaltung gab den Ausschlag. Wir suchen einen Nudisten und als das hast du dich bewiesen. Wir suchen aber definit keinen Pornodarsteller und auch keinen aufdringlichen Angeber. Gratuliere!"

„Was passiert mich Essex?"

„Er wurde von sieben Mitgliedern auserwählt!"

„Für was?"

„Egal!"

„Nein!"

„Essex wird einer der Kandidaten für den Titel *horniest Nudist* sein. Aber du wirst das Gesicht unserer Kampagne sein! Willst du deine Prämie in bar oder als Scheck?"

„Bar!"

Wilton öffnet seine Brieftasche und zählt mir zehn Hunderter raus, offensichtlich hat er mit meiner Antwort gerechnet.

„Krieg ich noch einen Umschlag und Papier?"

„Findest du alles drinnen. Ich ahne, was du planst. Glaub mir, diese noble Geste ist einer der Gründe, warum du unser Mann bist. Du hast versucht, einige der Studenten zu warnen. Nur wenige begriffen, was du ihnen vorgelebt hast." Wilton hebt seine Schultern. „Bux, soll ich den Text für dich schreiben, damit Essex deine Handschrift nicht erkennt?"

„Du kennst mich besser, als mir gerade lieb ist."

„Du mich doch auch!", zwinkert Wilton. „Die Hälfte?"

„Mehr wäre verdächtig, zudem will ich in London noch einkaufen!"

Kurz darauf kommt Wilton mit einem Schreiben zurück, in dem der Country Club als Hauptsponsor des *horny Nudist* Essex für seinen zweiten Platz für die Endausscheidung der Kampagne dankt. Weil die Entscheidung knapp ausgefallen sei, habe die Jury beschlossen, den zweiten Platz mit fünfhundert Pfund zu belohnen. Hochachtungsvoll, bla-blabla.

„Kannst du dafür sorgen, dass er den Umschlag erhält?"

„Ich stecke ihn ihm in seine Sporttasche. Kommst du?", zieht mich Wilton aus dem Liegestuhl hoch. „Holen wir deine Willkommensmaske und verschwinden von hier."

Ein Schrei! Ich fahre hoch und lasse meine Hose, in die ich gerade steigen wollte, fallen. Lauschend blicke ich mich um.

Wilton legt seine rechte Hand auf meine Schulter. „Einige spielen draußen weiter!"

„Der Schrei klang echt!", schüttle ich ihn ab.

Ein neuer Schrei, noch schmerzerfüllter, als der erste, lässt mich schaudern. Bevor mich Wilton zurückhalten kann, laufe ich auf dem Kiesweg zum Teich und weiter zum nahen Wald. Im Mondschein kann ich nur den fahlen Pfad erkennen, der Rest der Welt ist in Schwärze gehüllt. In der Ferne brennen Fackeln, die durchs Unterholz eines Waldes und über verwitterte Stufen den Hügel hoch führen bis zu einer Waldlichtung. Gebannt und von neuen Angstschreien angelockt, folge ich den Lichtern. Oben auf dem Berg, beleuchten im Kreis weitere Fackeln einen einzelnen Monolithen, der wie ein Opferstein vor einem brennenden Scheiterhaufen steht.

Abermals ein Schrei, doch diesmal schrill. Danach durchbricht ein Horn die aufkommende Stille, bis dumpfe Trommeln einsetzen. Neugierig schleiche ich mich von Baum zu Baum näher, immer darauf bedacht, von keinem Fackelschein beleuchtet zu werden oder auf knackende Ästchen zu treten. Nackt verschmelze ich mit der Umgebung. Ich spüre die Rinde der Bäume, Blätter und jeden Windhauch auf meiner Haut. Der Duft von feuchtem Moos und Erde mischt sich mit dem Ruß der Fackeln und dem Rauch des Feuers. Da mein nackter Leib das Licht der Flammen reflektieren oder mein Angstschweiß glänzen könnte, krabble ich auf allen Vieren durch die Büsche.

Ein nackter Student wird von sieben Hirschgeweihgekrönten Männern in schwarzen Lendenschürzen auf den Steinaltar geschleift. Die Angstschreie des Gefangenen übertönen die immer nerviger klingenden Trommeln. Das ist kein Spiel, das ist ein dunkles Ritual mit einem Menschenopfer.

Unbewaffnet schleiche ich mich näher. Hinter verwitterten Felsen ducke ich mich. Die Typen mit den Geweihen auf ihren Köpfen haben alle weißblondgefärbte Haare, die im Fackelschein klar zu erkennen sind. Alle tragen dunkle Halbmasken und Handschuhe zu Springerstiefeln.

Ihr ausgeliefertes Opfer windet sich verzweifelt, während ihm einer einen Knebel in den Mund schiebt und die anderen ihn an Händen und Füßen rücklings auf den Opferaltar fesseln. Das Opfer wirkt riesig und ....

Der Nackte, der wie hypnotisiert oder unter Drogen gesetzt ins Leere starrt, ist Essex. Das ist kein erotisches Spiel! Das ist tödlicher Ernst! Wo ist Wilton? Er muss sofort die Polizei alarmieren. Warum ist er mir nicht gefolgt?

„Einer von uns“, zelebrierte ein Stimme aus einem wuchtigen Buch, „als Opfer für ...“

„NEIN!“, schreie ich in meinem Versteck und stürze auf die sieben im Kreis zu, als die Klinge eines Messers im Fackelschein aufblitzt.

Keiner der Sieben regt sich, als meine Faust vorschnellt, um dem Bewaffneten das Messer aus der Hand zu schlagen. Im Moment, in dem ich ihn berühre, wird mir bewusst, was ich getan habe und was es mich kosten wird.

Ein stechender Schmerz flammt über meinen Schädel.

Freitag: 28. März

Wilton legt mich in mein Bett und flößt mir einen ätzenden Trank ein. Im Zimmer brennt nur meine Nachttischlampe und durch das Fenster erkenne ich den Mond, rund und voll. Benommen sehe ich Wilton ins Gesicht. Ich bin noch immer nackt. Eldon steht neben meinem Bett und starrt mich mit rotem Kopf an, während Jonny's Blicke mich ungenierter abchecken, bevor Wilton eine Decke über mich wirft.

„Was ist passiert?“, versuche ich zu sprechen. „Wo ist Essex?“

„Deinem Freund geht's gut! Bux, du wurdest ohnmächtig, da brachte ich dich heim“, stützt Wilton meinen Hinterkopf und hält mir weiter diesen Kelch an die Lippen. „Trink! Das hilft!“

„Ich wurde nicht ohnmächtig, ich wurde niedergeschlagen!“, korrigiere ich ihn.

„Du hast dich in der Dunkelheit an einem Ast gestoßen.“

„So war es nicht!“, setze ich mich auf und verrutsche damit abermals die Decke, die meine Nacktheit vor den beiden jüngeren Hotelangestellten verbergen sollte. „Da war eine Gruppe blondgefärbter Männer mit Hirschgeweihen auf dem Kopf, mit nichts als schwarzen Halbmasken, Lendenschürzen und Springerstiefeln auf dem Leib, die Essex mit Drogen gefügig gemacht haben, um ihn in einer Waldlichtung zu ermorden. Ich habe es doch mit eigenen Augen gesehen!“

Sanft wehre ich Wiltons Trunk ab, als er mich sanft zwingt, einen weiteren Schluck davon einzunehmen.

„Bux, was du gesehen zu haben glaubst, waren bestimmt Szenen der exotischeren Spielereien des Clubs, die deine Fantasie in ein Szenarium …“

„NEIN!“, schlage ich gegen den Kelch, dass er klirrend zu Boden fällt und die Brühe darin ausleert.

„Bux, niemand wurde zu etwas gezwungen, was nicht vorher vereinbart wurde.“

„Essex wollte sich ermorden lassen, auf einem Altar erdolcht und danach auf einem Scheiterhaufen verbrannt werden?“, gaffe ich Wilton schockiert an. Mein Schädel brummt und ich fühle mich trunken und fiebrig.

Eldons Gesicht wird immer röter, doch er sieht nicht weg, als ich mich auf meinem Bett aufsetze und meine Nacktheit darüber komplett vergesse.

„Wir haben dich über eine Stunde lang im Wald gesucht. Bux, du lagst bewusstlos auf feuchtem Waldboden. Du musst dich erkältet haben. Die Temperaturen im Frühling sinken nachts erheblich.“

„Nein! Ich habe es doch ganz genau gesehen!“

„Ein Fiebertraum?“, rät Eldon und gafft mir weiter auf meinen Pimmel, bis ich mir mein Kissen darüber schiebe.

„Wirklich?“, beginne ich an meinem Verstand zu zweifeln.

„Du hast einen Lustschrei aus dem Club gehört und bist in die Nacht davongelaufen. Als du danach nicht mehr aufgetaucht bist, habe ich einen Suchtrupp zusammengestellt“, erklärt Wilton in immer neuen Worten einen vollkommen anderen Hergang der Ereignisse, als ich ihn selbst erlebt habe.

„Aber so war es nicht“, schüttle ich abermals meinen Kopf und mir wird schwindelig. „Da war dieser Schrei!“

„Bux, du hast geträumt. Hattest du noch nie seltsame Dinge gesehen, die gar nicht da waren?“ Damit entwaffnet mich Wilton und ich gleite in einen traumlosen Schlaf.

## Ein seltsamer Gast

Dienstag: 22. April

Nach jenem Zwischenfall im Country Club, musste ich für drei Tage mit Fieber das Bett hüten. Was damals wirklich nachts passiert war, verschwimmt mit den Erklärungen von Wilton und neuen Albträumen von weißblondgefärbten Typen in Springerstiefeln, die um ein Feuer tanzen. Sie suchen nach einem neuen Opfer, da ich durch mein Einschreiten das ursprüngliche entweiht habe. Inzwischen kann ich nicht mehr unterscheiden, was in jener Nacht Realität und was ein Fiebertraum war.

Sicher weiß ich nur, seit meiner Erkenntnis, dass ich ein *echter* Nudist bin, ein Monat vergangen ist. Öffentliches Nacktsein habe ich nicht mehr erlebt. Ich trainiere seit meiner Genesung nur noch nachts im Fitnessraum und trage dabei nie mehr als ein Handtuch um meine Hüften. Das ist das Maximum an Eingeständnis und Umsetzung meines Nacktseins.

Seth sah mich noch einmal so im Fitnessraum. Kaum sprach ich ihn an, suchte er die Duschen auf. Abermals war ich seiner stillen Aufforderung zum Sex unter der Dusche nicht gefolgt – falls er das wollte? Seither tauchte Seth nie wieder im SPA auf, wenn ich dort war. Bis auf gelegentliche *Hallos* beim Essen am Personaltisch oder in den Hotelfluren, blieb er mir fern. Ob es ihn nervt, dass ich ihn abblitzen ließ oder ob ihm tatsächlich meine Trophäe genügt? Je mehr er sich distanziert, desto stärker zieht er mich an. Leider träume ich noch immer Tag und Nacht von ihm. Es ist masochistisch, wie ich mich nach jemandem verzerre, dem ich vollkommen egal bin.

Dank meiner finanziellen Unterstützung, kaufte sich Essex ein Second Hand Skatebord und freundete sich mit Pimlico an, den ich ihm als Skate Bord Partner vorgeschlagen hatte. Jetzt sind die beiden ein Liebespaar geworden. Soviel dazu, selbstlos zu sein! Es hat mich gleich zweier Freunde beraubt. Klar treffe ich noch mindestens einmal wöchentlich Pimlico, doch unsere Beziehung hat sich seit unserem Kuss in der Bar und der neuen Tatsache, dass er mit Essex zusammen ist, definitiv verändert.

Alles Knisternde ist weggefegt und seine Sexgeschichten mit dem unglaublichen Essex, nagen an mir.

Essex war noch mindestens zwei weitere Male im Country Club, denn er hat dort echte Fans gefunden. Zwei Mal rief er mich an, um mich zum Mitkommen zu überreden, doch beide Male lehnte ich ab. Ich fragte ihn einmal, ob er sich in jener Nacht an Sex-Spielen im Wald beteiligt hatte, doch er schwärmte dann nur, dass er trunken vor Lust sich nicht mehr erinnern könnte, wie er heim kam. Mehr habe ich nie rausbekommen. Ich sehne mich nach Essex' Vanille-Jasmin-Orangen-Duft, seinen kundigen Händen und seinen leidenschaftlichen Küssen. Maskierte Voyeure können mir den Buckel runterrutschen. Auch wenn ich inzwischen selbst glaube, wirklich im Fieberwahn halluziniert zu haben, ist mir der Club trotzdem suspekt.

Zum Glück hat meine *Spende* wenigstens dahin geführt, dass mich Essex nicht hasst, weil ich den Wahlsieg davon getragen habe. Ich weiß, dass er mich noch immer sehr gerne mag, denn noch immer trägt er am liebsten meine Jeans und das hellblaue Polohemd, dessen Farbe seine Augen fast identisch aussehen lässt. Er trägt eigentlich nur noch hellblau; seine braun-graue Mäuschenphase hat er hinter sich gelassen.

Meine Suche nach neuen Freunden verläuft ziemlich ergebnislos. Da wir im Hotel – nicht zuletzt wegen dem außergewöhnlich sonnigen Frühling – extrem viel zu tun haben, bin ich oft nicht mehr in Stimmung für Clubs oder Partys. Oft hänge ich nach der Arbeit mit Jonny, dem kindischen Liftboy, oder gelegentlich auch mal mit Phil, dem Kellner, auf der Dachterrasse rum, jedoch nie nackt. Einmal versuchte Mikey, der Bartender der hoteleigenen Bar, bei mir anzubändeln, doch ich blieb dem Irländer gegenüber distanziert. Als wir uns zufällig im Fitnessraum trafen, beobachtete er mich heimlich beim Duschen, worüber ich seit dem Club anders denke.

Da Wilton ständig unterwegs ist oder für den Nudistentag im Country Club beschäftig ist, sehe ich ihn kaum noch privat. Niemals ließ er durchblicken, dass er mein heimlicher Lustspender im Country Club war. Vielleicht bin ich für ihn auch kalter Kaffee geworden. Leider denken viele schwulen Männer so: einmal gehabt – nicht mehr interessant. Klar schwatzten wir oft zusammen im Büro, doch kein einziges Mal baute sich wieder eine sexuelle Spannung zwischen uns auf.

Dann gibt es noch Eldon, den verkorksten Concierge, der total in mich verknallt ist und noch immer errötet, wenn ich ihn ansehe. Seine heimlichen Blicke verfolgen mich, wohin ich auch gehe. Seit er mich nackt im Hotelzimmer gesehen hat, ist er richtig besessen von mir. Wie Eldon war ich früher selbst einmal. Ich will nicht ständig in den Spiegel meiner eigenen Vergangenheit blicken, wenn ich ihm gegenüber bei einer Coke sitze, warum ich auf gemeinsame Pausen oft verzichte.

Bis auf unzählige Erkundungsspaziergänge durch Londons Innenstadt ist kaum etwas Nennenswertes passiert. Zusammengefasst: der letzte Monat war stink langweilig.

Heute schiebe ich Frühschicht an der Rezeption. An Dienstagmorgen ist nie was los. Bis auf Cecil in der Halle und Eldon, der mich aus dem Büro hinter dem Tresen unentwegt beobachtet, sind wir drei alleine in der Lobby, als ein Typ in einem Outfit, das mich an einen Missionar erinnert, das Hotel betritt. Er sieht nicht gut aus, wirkt langweilig und brav. Als er an der Rezeption dämlich grinst, erkenne ich lange Schneidezähne.

„Ich bin Simon Hancherow aus Kanada", nennt er mir seinen Namen, da ich heute fürs Einchecken verantwortlich bin. „Doch ich lebe seit sieben Jahren in Miami Beach. Meine Eltern sind mit Wilton befreundet. Sie bleiben in Südfrankreich und kommen vielleicht nur für ein Wochenende nach London ..."

„Willkommen, Mister Hancherow!", begrüße ich den Schwafler und lächle ihn in der korrekt eingeübten Art und Weise an. Er kommt mir total bekannt vor, wenn ich ihn auch definitiv nicht kenne. Er ist weder einer der Gäste aus jenem Geburtstagsparty-Fortsetzungstraum, noch bin ich ihm je zuvor in Basel oder hier in London begegnet. Seine Gegenwart fühlt sich so an, wie das Gefühl, das ich hatte, als ich zum ersten Mal nach London kam: total vertraut. Ich tippe seinen Namen in den Computer ein und lese vom Bildschirm ab:

„Mister Hancherow, für Sie und Ihre Familie ist eine Suite im obersten Stock reserviert. Sie bleiben bis Ende Juni Gast in unserem Hotel?"

„Ja, zehn Wochen!", nickt mir der Kanadier zu. „Vielleicht auch elf oder nur neun, das weiß ich jetzt noch nicht, denn ..."

„Kein Problem", unterbreche ich den Schwätzer abermals.

„Kann ich eventuell die Familiensuite in eine kleinere tauschen, da meine Eltern ihre Reisepläne geändert haben?"

„Eldon!", rufe ich nach meinem Kollegen.

Eldon checkt die Lage, tippt einige Varianten im Computer ein, verschiebt später anreisende Gäste in andere Suiten und nickt schließlich. „Mister Hancherow, ich kann Sie umbuchen. Bleiben Sie diesmal die ganzen zehn Wochen im Hotel?"

„Nein! Ich werde für ein paar Tage nach Paris, nach Oslo und Venedig fliegen. Vielleicht noch nach Rom und Berlin, doch ich würde wieder gerne hier eine feste Bleibe haben."

Ich checke am Bildschirm den Wochenpreis für die Suite und schlucke leer. Der Typ muss stinkreich sein, wenn er eine so kostspielige Suite tagelang für nichts bezahlen kann. Eldon zeigt mir ein paar Funktionen am Computer und irgendwie schafft er es immer, dass sich dabei unsere Finger berühren. „Mein Kollege, Martin Holmström, wird die Umbuchung vornehmen und Sie einchecken. Er wird sich um alles kümmern und während Ihres Aufenthalts auch Ihr persönlicher Ansprechpartner sein!" Damit zieht sich Eldon wieder zurück. Ungesehen vom Gast, kickt er mich hinter dem Tresen in den Hintern und zwinkert mir verschwörerisch zu. Offensichtlich kennt er diesen Gast und seine Allüren von früheren Besuchen.

Cecil schiebt unterdessen einen hoch beladenen Wagen in die Lobby hinein und winkt mir zu.

„Mister Hancherow, ich werde Sie auf Ihr Zimmer begleiten!", reiche ich ihm seine Magnetkarte.

„Sehr freundlich von Ihnen. Sie müssen wissen, dass ich ..."

„Der Gast ist König", plappere ich distinguiert und unterbreche ihn abermals in seinem Redefluss. Cecil drückt uns einen Lift herbei und schiebt danach den Rollwagen hinein. Mit dem Gast und seinem Gepäck fahre ich ganz nach oben. Hier war ich noch nie, denn normalerweise prügelt sich Eldon um die reichen Gäste, die auf dieser Etage absteigen, denn die sind oft mit dem Trinkgeld sehr großzügig.

Die Suite liegt am Ende des Flurs und macht eine der Ecken aus. Ich öffne die Doppeltür aus Mahagoniholz mit meinem Generalschlüssel und hieve den ersten der Koffer vom Rollwagen. Mein Gast dürfte kaum älter als ich selbst sein, wenn überhaupt? Anders als in den normalen Einzel- oder Doppelzimmern, ist der Boden dieser Suite mit Marmorplatten belegt statt mit Teppichen und die Raumhöhe doppelt so hoch. Zudem gibt es in dieser Suite ein zweites, kleineres Schlafzimmer in der Dachschräge, das über eine Freitreppe erreichbar ist. Es ist eine enorm helle

Bleibe, denn durchs Dachfenster flutet Licht hinein und die Fensterfront reicht von zwei Seiten des Gebäudes vom Boden bis zur Decke und bietet einen fantastischen Ausblick auf Londons Innenstadt und die Themse in der Ferne.

„Wo soll ich Ihr Gepäck abladen, Mister Hancherow?", frage ich und bereue es, dass Jonny heute seinen freien Tag hat und ich jetzt Koffer schleppen muss.

„Vollkommen egal! Sie können mich auch einfach Simon nennen!", lächelt er mich an. „Ich hoffe, wir freunden uns an. Ich kenne in London nur ein paar alte Leute."

„Selbstverständlich!", gehe ich darauf ein, wie ich das bei jedem Gast aus purer Höflichkeit auch tun würde.

Mittwoch: 23. April

Eldon ruft mich im Büro im zweiten Stock an, da ich heute mit Buchhaltung beschäftigt bin und informiert mich, dass Simon Hancherow persönlich nach mir verlange. In Eldons Unterton ahne ich, dass er genau das vorhergesehen hatte: mich als Laufbursche für einen reichen Schnösel. Etwas genervt fahre ich hoch.

Als sich die Tür öffnet, steht da ein Mann um die Vierzig im Anzug. „Ich bin Scott, der hiesige Anwalt der Familie Hancherow", stellt er sich mir vor und ich nenne meinen Namen. Er bittet mich hinein und offeriert eisgekühlten Orangensaft, während er mich mustert. „Martin, sind Sie Model oder Schauspieler?" Gelangweilt nippt an seinem Glas Single-Maut-Whisky.

Ich war bis vor kurzem eine pickelgesichtige Bohnenstange, weshalb mein Ego gerade Purzelbäume schlägt. „Ja, ich bin tatsächlich ab und an Model."

„Martin, hätten Sie Interesse an einer Rolle?"

Ich plustere mich auf und schneide eine Grimasse.

„Ich suche einen Begleiter für meinen Mandanten."

„Prostitution? Danke, aber nein, Danke!"

„Es ist ganz harmlos", beschwichtigt mich der Anwalt.

„Scott", spreche ich auch den Anwalt mit Vornamen an. „Ich bin weder ein Stricher noch ein Callboy!"

„Nichts dergleichen!", beteuert er. „Die Idee kam mir gestern, als ich mich mit Simon zum Abendessen traf. Er klagte, dass er hier ganz alleine sei. Simon wird während seinem Aufenthalt in London immer wieder gesellschaftlichen Verpflichtungen nachkommen müssen."

„Ok!", mime ich den aufmerksamen Zuhörer.

„Da kam mir die Idee, einen europäischen Cousin für Simon zu erfinden."

„Ernsthaft? Geht es dabei doch um Sex?"

„Mit dem eigenen Cousin?", runzelt Scott seine Stirn und lacht. „Simon ist scheu, wenn er auch seine Allüren hat, die so überhaupt nicht ...", bricht Scott mitten im Satz ab. „Eine Frau könnte ein harmloses Têt-a-Têt zu ihren Vorteilen auslegen. Ein reicher Junggeselle ist ein guter Fang. Ein Skandal oder Klatschpresse will die Familie unbedingt vermeiden."

„Ich soll als Cousin von der Tatsache ablenken, dass Simon in London an Frauen kein Interesse zeigt? Ist das nicht *sehr* verdächtig?"

„Simon ist begeistert von dir!", weicht Scott aus.

Ein reicher Schnösel will einem anderen, *stinkreichen* Schnösel aus einer imaginären Patsche helfen. Das könnte leichtverdientes Geld sein! „Was müsste ich tun?"

„Gut wäre, ihr beiden würdet euch diese Woche etwas besser kennenlernen, damit die erste, offizielle Einladung – wahrscheinlich schon in wenigen Tagen – reibungslos abläuft. Martin, Sie müssten bei Simon einziehen, zumindest ein paar Tage, damit ihr euch beide besser kennenlernt."

„In diese Suite? Ich wohne doch schon in diesem Hotel in meiner eigenen Wohnung. Reicht das nicht aus?"

„Simon bezahlt Sie für den Job", Scott beugt sich vor und flüstert mir einen beträchtlichen Betrag ins Ohr. Wie verzweifelt musste man sein, um sich einen Pseudo-Cousin für extrem viel Geld zu mieten, um an langweiligen Dinner Partys keine Verlobte vorstellen zu müssen? Armer Simon – glücklicher Bux!

Donnerstag: 24. April

Simon bittet mich durch eine Nachricht, mich heute nach Feierabend bei ihm in der Suite einzufinden. Da ich Frühschicht schiebe, bin ich um fünf Uhr mit der Arbeit fertig, dusche mich in meiner Wohnung und ziehe mich um. Wegen der Hitze und weil ich mich für diesen Schnösel nicht verkleiden will, trage ich nur Shorts, ein Tank-Top und ein paar Flip-Flops.

Simon öffnet mir wieder in einem seiner Missionarsanzüge. „Martin", strahlt er, „komm doch bitte rein!"

„Bitte, nenne mich Bux, das tun alle! Wie stellst du dir das vor?", gehe ich direkt auf Konfrontation.

„Hast du Hunger? Soll ich dir etwas zu essen bestellen?", wechselt Simon verlegen das Thema.

„Wie stellst du dir diese Cousin-Rolle vor?"

Simon gafft aus dem Fenster und schweigt.

„Ist es so schlimm, alleine an einer Dinner Party?"

„Nein!", sieht er mich endlich direkt an. „Doch, aber …"

„Aber?", hake ich nach, weil er nicht weiterspricht.

„Als reicher Junggeselle will mich jeder verkuppeln. Ich will aber hier nur ein paar Wochen Ferien machen und diverse Kunsthändler treffen", stiert er weiter über Londons Dächer.

„Du würdest lieber mit einem Typen abhängen? Yo, kann ich verstehen. Geht mir oft auch so."

„Oft?", wirbelt Simon zu mir herum.

„Ich spiele glaubhaft deinen Cousin!", zwinkere ich ihm zu. „Wie, was, wo? Das warum haben wir ja schon geklärt!"

„Könntest du dir vorstellen, hier in meiner Suite die Mansardenwohnung zu beziehen. Wenigstens für ein, zwei Wochen?", zeigt Simon auf die Treppe und das abgetrennte Schlafzimmer oben, das zur Galerie hin offen über dem Wohnzimmer liegt. „Um glaubhaft Verwandte zu spielen, müsstest du meine Familienmitglieder alle namentlich und von Bildern her kennen, wie auch wichtige Punkte ihrer Lebensläufe. Du …"

„Ich soll mit dir zusammen leben?"

Simon schluckt leer. „Als mein Cousin."

„Nein!", winke ich ab. Da der Kanadier im Missionarsoutfit sofort erbleicht, grinse ich schäbig. „Nicht als dein Cousin, sondern als ein Freund, der deinen Cousin spielt. Mann, echt, du bist total verrückt, aber du bist witzig und das mag ich."

„Ich bin witzig?" Offensichtlich überhörte er, dass ich ihn als Verrückten abstempelte.

„Diese Cousin-Idee ist so derart blöd, dass ich sie witzig finde. Ja, ich spiele deinen Cousin, aber du auch meinen!“

Als Simon nicht in Begeisterungstürme über meine clevere Idee ausbricht, sondern wieder Richtung *Shard* und die *Tower Bridge* starrt, werde ich nervös. Endlich, nach unendlich langen fünf Minuten, sieht er mich an. „Martin, ähm, Bux: Deal!“

Ich stopfe nur das allernötigste in die Sporttasche, die ich bei meinem Besuch im Country Club geschenkt bekommen habe, und mache mich wieder auf den Weg zurück in Simons Suite. Wir haben uns erst zum Abendessen um sieben Uhr verabredet, doch weshalb eine Stunde totschlagen? Da ich jetzt glaubhaft seinen Cousin spielen soll, klopfe ich nicht an, sondern benutze den Generalschlüssel und lasse mich selbst hinein. Simon scheint zu schlafen oder zu duschen, weshalb ich mir die Mansardenwohnung über dem Wohnbereich ansehe. Kaum oben, muss ich einfach lachen. Es ist genau die Mansardenwohnung meines Fortsetzungstraums. Der einzige Unterschied zwischen Traum und Realität besteht darin, dass es hier oben keine Küche gibt, wie auch keinen direkten Zugang zum Treppenhaus auf die Dachterrasse hoch, doch das angrenzende Badezimmer, wie auch das Dachfenster über meinem Bett sind traumidentisch. Ob man oben auf der Dachterrasse, weit über das Geländer gebeugt, reinspähen kann?

Da ich mir angewöhnt habe, nur noch nackt zu schlafen, habe ich nur meinen Kulturbeutel, mein geheimes Tagebuch, meinen Laptop, meinen Wecker, zwei Ersatz T-Shirts und ein frisches Hemd eingepackt, wie auch die silberne Langnasen-Willkommensmaske aus dem Country Club, die mich daran erinnern soll, dass ich hier nur eine Rolle spiele. Um Simon zu überraschen, begebe ich mich leise in die Küche, um dort frischen Kaffee zu brühen. Ich schenke gerade zwei Tassen ein, als Simon splitternackt in der Küche auftaucht. Erst sieht er mich nicht, da ich hinter der Theke stehe.

Der so brav aussehende Typ ist heimlich doch nicht so verklemmt. Ich checke ihn ab: bis auf ein paar Brusthaare, sind sonst nur seine Schienbeine leicht behaart, doch er hat einen wirklich ansehnlichen Busch zwischen seinen Beinen. Simon ist unbeschnitten, was meinen ersten Verdacht, er könnte Jude sein, entkräftet. Er ist nicht schlecht bestückt. Seine Arm- und Brustmuskeln sind trainiert, wenn auch nicht stark, doch es genügt, dass er nicht wie ein Schuljunge, sondern wirklich wie ein schlanker Mann Anfang zwanzig aussieht.

Plötzlich nimmt er mich wahr und zuckt zusammen. Offensichtlich hat er mich wirklich nicht gehört, denn seine Reaktion kommt glaubhaft rüber. Nur weil er mich so schockiert ansieht, schlucke ich eine sarkastische Bemerkung runter. Schuldbeladen humpelt er, mit beiden Händen seine sehr rasch wachsende Erektion bedeckend, zurück in sein Schlafzimmer.

Als er nach zehn Minuten wieder zurück in die Küche kommt, jetzt vollkommen angezogen, erwähnt er den peinlichen Zwischenfall mit keiner Silbe, sondern begrüßt mich so, als ob wir uns erst jetzt zum ersten Mal wiedersehen würden.

„Du hast einen Zweitschlüssel? Das ist gut so, du wohnst ja jetzt hier", dabei erbleicht er und dreht sich von mir ab, um so zu tun, als ob er die Aussicht auf die modernen Hochhäuser und die alten Gebäude Londons durchs Fenster bewundern würde. Es ist ihm peinlich, dass ich ihn nackt gesehen habe, doch offensichtlich stimuliert es ihn, denn plötzlich liegt eines der Couchkissen auf seinem Schoss, als er sich hingesetzt hat.

Nach dem Essen in irgendeinem teuren Schuppen in London, besteige ich Zuhause mit Simon den Lift – was Jonny ein schäbiges Grinsen entlockt, auf das ich nicht reagiere – und fahre ins oberste Stockwerk in meine vorübergehend neue Bleibe. Simon war den ganzen Abend *sehr* gesprächig. Entweder ist er einfach ein Plapperer oder er ist oft einsam.

Wir lungern noch eine Weile auf der Couch herum und bewundern bei Kerzenlicht die Aussicht. Jetzt lebe ich schon zwei Monate in diesem Hotel, doch es kam mir nie in den Sinn, auf dem Dach die Stadt bei Nacht anzusehen.

„Simon, ich trainiere jeden Abend im Fitnessraum des Hotels, das würde ich gerne beibehalten. Kommst du mit oder treffen wir uns wieder hier in einer Stunde?" Da er unter Jetlag leide, würde er früh schlafen gehen, so trennen sich unsere Wege.

Unten in meinem Zimmer ziehe ich mich aus, binde mir eines der weißen Hotelbadetücher um die Hüften und stemme fast eine Stunde Gewichte. Ich bin kein bisschen in Simon verliebt, aber ich mag den verrückten Kauz wirklich. Einen Monat lang suchte ich mir einen neuen Kumpel und finde ihn jetzt ausgerechnet in einem Hotelgast.

Leider taucht Seth nicht auf, weshalb ich kurz vor Mitternacht das

Warten aufgebe, mich dusche und wieder in Shorts und T-Shirt ins oberste Stockwerk hochfahre. Simon muss wirklich schon schlafen, denn es ist, bis auf eine einzelne Leselampe im Wohnzimmer, dunkel in der Suite. Lange liege ich in meinem neuen Bett und starre durchs Dachfenster in den Sternenhimmel. Jetzt bin ich Gast im eigenen Hotel und spiele die Rolle des verschollenen Cousins aus Europa für einen Ex-Kanadier, der in Miami Beach lebt und hier ein Doppelleben inszeniert.

Freitag: 25. April

Da ich Simon in der Küche höre, stehe ich vor meinem Wecker auf. Meine Schicht beginnt heute erst um zehn Uhr, doch an Ausschlafen ist in der neuen Situation nicht zu denken. Kurz bin ich versucht, nackt die Treppe hinunter zu steigen.

„Martin“, winkt mir Simon zu. „Ähm, sorry, Bux!“, korrigiert er sich. „Hast du gut geschlafen?“

Ich habe noch nie mit jemand anderem als mit meinen Eltern zusammen gewohnt. Jetzt von einem anderen Mann früh morgens das gefragt zu werden, fühlt sich irgendwie cool an. „Galaktisch! Ich sehe in meinem Bett den Sternenhimmel.“

„Dann muss ich auch mal oben schlafen!“ Kaum ausgesprochen, errötet Simon. „Natürlich erst, wenn du wieder ausgezogen bist“, haspelt er nach.

„Sorry, Alter!“, zucke ich mit meinen nackten Schultern. „Wir haben bisher noch nicht über die Kleiderordnung zu Hause gesprochen“, deute ich mit einer Geste auf meine halbnackte Erscheinung, denn ich trage nur eine Shorts.

„Zuhause?“

„Ich lebe seit acht Wochen hier im Hotel, deine Suite gehört jetzt einfach mit dazu!“, versuche ich meinen Versprecher zu banalisieren, denn ich will Simon keine falschen Hoffnungen machen, einen Stalker im Hotel reicht mir voll und ganz. „Ich kann mir auch mehr anziehen“, mustere ich Simon, der wieder in einem seiner Missionarsanzüge vor mir steht.

Plötzlich klingt Simons Stimme ernst. „Bux, ich habe ein Geheimnis.“ Hastig greift er nach seiner Kaffeetasse.

„Echt?“, tue ich überrascht.

„Ein dunkles Geheimnis“, nuschelt er.

„Du bist schwul!“, lächle ich ihn an.

„Woher weißt du das?“ Simon wirkt tatsächlich überrascht.

„Erstens würde sich ein junger Typ keinen Cousin mieten und zweitens“, boxe ich ihm kumpelhaft in die Seite, „ist es nicht zu übersehen, wie du mich ansiehst.“ Als Simon betroffen auf seinen Kaffee blickt, zwinkere ich ihm zu. „War's das?“

Simon räuspert sich, dann würgt er hervor: „Martin, ähm, Bux, du darfst nicht darüber lachen oder es weitererzählen.“

„Bestimmt nicht“, gelobe ich und beiße mir auf die Zunge.

„Versprich es!“

Ich berühre feierlich mein Herz. „Ich schwöre!“

„Ich bin ein Flitzer!“

„WAS?“, gaffe ich den Anzugstypen vor mir an. Krampfhaft unterdrücke ich das Lachen, das einfach explodieren will.

„Es ist wie ein Zwang. Ich kann es nicht ändern.“

„Echt jetzt? DU?“

Simon beginnt unkontrolliert zu zittern.

„Warum bist du nicht nackt?“, starre ich ihn an.

„Ich habe mich noch nie einem anderen nackt gezeigt.“

„Das verstehe ich nicht! Du bist doch ein Flitzer?“

„Das bin ich“, gesteht er und ersucht mit seinen schuldbeladenen Blicken um Ablass von seinen Sünden. „Aber nur heimlich, wenn ich sicher bin, niemand kann mich sehen. Da du mich dabei ertappt hast, ist es nur fair, wenn ich dich warne!“

„Wovor?“

„Martin, ähm, Bux, ich schlafe immer nackt und bewege mich wie ein Perverser in meiner Wohnung. Es tut mir leid wegen heute Morgen!“ Simon entschuldigt sich ganz ehrlich, was mich alle Kraft kostet, nicht los zu lachen. Ich klammere mich an meiner Kaffeetasse fest und beiße mir weiter fest auf die Zunge. „Du hast mich erwischt. Hätte ich geahnt, dass du schon zurück bist, ich hätte dir den Anblick erspart. Niemals hätte ich...“

„Deine Latte spazieren geführt?“, beende ich den Satz, was Simon knallrot werden lässt. „Übrigens“, fasse ich nach seiner linken Hand, die wirklich zittert, „du hast eine schöne Latte!“

„Du bist nicht schockiert?“, zieht er seine Hand weg.

„Logo! Aber nur wegen deiner Flucht."

Als Simon Tränen aus dem Gesicht wischt, bin ich mir einmal mehr bewusst, dass Amerikaner, egal ob gebürtige oder eingewanderte, von Nacktheit schlicht überfordert sind. „Ich gestehe dir mein zutiefst verdorbenes Wesen nur, weil ich dir vertraue. Urteile nicht zu hart über mich!", flehen seine Blicke.

„Stopp!", fasse ich nach beiden Händen meines Pseudo-Cousins. „Simon, es ist überhaupt nichts Falsches daran, gerne nackt zu sein! Nichts!"

„Aber", krächzt Simons Stimme, „ich habe dabei IMMER eine Erektion!"

„Du bist ein gesunder, cooler Typ! Alter, lass dir doch von niemandem etwas anderes einreden!" Als ich mir selbst zuhöre, platze ich beinahe wieder vor Lachen und muss rasch wegsehen. Wie lange brauchte ich selbst, das einzusehen?

„Hast du nur Mitleid mit einem bedauernswerten Sünder?"

„Daran ist absolut nichts Sündiges oder Bedauernswertes!" Einen Moment lang überlege ich mir, ob ich mich Simon offenbaren sollte, unterlasse es aber, da ich erkenne, dass er Hilfe sucht. Sein Geständnis muss ihn all seinen Mut kosten. Er muss mir wirklich, wie einem *echten* Verwandten, vertrauen, um mir sein intimstes Geheimnis anzuvertrauen. War er mir vorhin suspekt, verstehe ich ihn plötzlich. Es ist kein Mitleid – na ja, etwas schon! – doch hauptsächlich fühle ich nur eine tiefe Verbundenheit mit Simon. Er ist mir viel ähnlicher, als ich ahnte.

„Adam und Eva sind aus dem Paradies geworfen worden, als sie sich ihrer Nacktheit bewusst wurden. Nacktheit ist ..."

„Gesund, natürlich und total cool!", schneide ich ihm das Wort ab. „Die beiden sind aus dem Paradies geflogen, weil sie nicht weiter dumme Actionfiguren eines Gottes sein wollten, der ihnen den freien Willen entzogen hatte!" Als mich Simon daraufhin verwirrt anstarrt, winke ich ab. „Egal! Simon, steh zu dem, was du bist! Steh auch zu ihm", nicke ich auf das Kissen. „Ich bin dein Cousin! Zudem habe ich ihn schon gesehen!"

Anstatt aufzuatmen und das Kissen von sich zu schmeißen, drückt er es noch fester auf seine Erektion und flüchtet in sein Schlafzimmer. „Wenn du es mit einem Perversen in der gleichen Wohnung nicht weiter aushältst, dann musst du nicht mehr hier übernachten", ruft er mir aus seinem Zimmer zu.

„SIMON!", brülle ich seinen Namen. „KOMM SOFORT WIEDER HIERHER!"

Scheu streckt er seinen Kopf um die Ecke des Flurs ins Wohnzimmer. Hier steht ein echt verstörter Mann vor mir, der sich am liebsten die Kleider vom Leibe reißen würde, es aber wegen seiner Erziehung und dem Dogma seines Glaubens einfach nicht kann. Statt sich frei zu entfalten, verdammt er sich selbst, fühlt sich schuldig und vereinsamt.

„WAS?", gafft er mich an. „Warum siehst du mich an, als ob ich ein Außerirdischer wäre?"

„Weil du dich so benimmst! Simon, setz dich wieder!" Als er scheu seinen alten Platz wieder einnimmt, sehe ich ihm lange in seine braunen Augen. „Simon, kannst du es mir beibringen?"

„WAS?", schnauzt er.

„Ein Nudist zu sein!"

„Ich soll dich verführen, Sünde zu begehen und ein Perverser, wie ich selbst einer bin, zu werden?"

„Kein Perverser!", schüttle ich abermals meinen Kopf. „Lehre mich, ein Nudist zu sein."

„Danke für dein Mitleid!" Simon will sich schon wieder abwenden, um sich in ein neues Schneckenhaus zu verkriechen.

„Es ist mein voller Ernst! Bitte", flehe ich Simon glaubhaft an. „Zeig es mir!"

„Du machst dich über mich lustig!", knurrt er.

„Es ist kein Zufall, dass wir uns gefunden haben."

„Du meinst es wirklich ernst?", mustert er mich kritisch.

„Ich muss jetzt zur Arbeit. Denke dir etwas aus, wie ich von dir lernen kann." Damit verlasse ich die Suite.

Draußen vor der Tür lehne ich mich an die Wand. Ging ich zu weit? Jeder des Hotelpersonals kennt mich als *Saftboy*. Was, wenn Simon davon Wind kriegt?

Als ich spät abends nach meiner Schicht bei Simon in der Suite auftauche, ist er nicht nackt, sondern abermals in einem seiner Missionarsanzüge. „Wie war dein Tag?", winkt er mich in die Küche, wo eine Platte mit teurem Fingerfood auf mich wartet.

„Am Freitag reisen viele Wochenend-Touristen an und die Geschäftsleute, die wochentags in London arbeiten, checken aus." Mehr will ich Simon nicht über das Tagesgeschäft in einem Hotel langweilen. Der scheue Mann soll endlich aus sich rauskommen, seine Hüllen ablegen und sein Leben als Nudist nicht mehr nur heimlich und mit schlechtem Gewissen ausleben, sondern offen und in Gesellschaft.

Nach dem Essen und viel Small Talk, werde ich schläfrig.

„Bux, du willst Nudist werden?" Augenblicklich bin ich wieder hellwach und ich nicke. „Gut! Du arbeitest morgen erst am Nachmittag. Morgen früh beginnt deine Umerziehung!"

## Ich spiele eine Rolle

Samstag: 26. April

„Martin! Aufstehen!“, weckt mich Simon kurz nach acht und klingt entschlossen. „Wir frühstücken oben beim Pool!“

Da meine Morgenlatte aus Vorfreude einfach nicht schrumpfen will, ziehe ich mir eine Unterhose unter der Shorts an und stülpe mir noch ein XXL-T-Shirt über, das vorne zusätzlich als Lendenschurz dienen soll. Das ganze Zeugs holte ich mir gestern Nacht aus meiner Wohnung rauf, um glaubhafter mein früheres Ich zu mimen. Simon soll glauben, *ich* wäre der Verklemmte. Als ich im Spiegel die Tarnung überprüfe, blicke ich einfach durch ein Fenster in die eigene Vergangenheit.

Simon sitzt im Wohnzimmer auf der Couch und trägt nur eine weiße Denim Unterhose. So nackt habe ich ihn – außer vor zwei Tagen am Morgen eiskalt erwischt! – noch nie gesehen. Er zittert, aber das könnte nicht unbedingt vor Scham sein. Das hier ist sein Coming-out als Nudist.

„Noch kannst du einen Rückzieher machen?“

Wir haben die Rollen vertauscht. Ob Simon das auffällt? „Nein, ich will es!“, antworte ich und versuche, seine Stimmlage zu kopieren. „Erzieh mich zum hemmungslosen Flitzer!“

Simon wird noch nervöser. „Du musst keine Hemmungen haben“, ermutigt er mich, hockt aber selbst so verdreht auf der Couch, dass ich mich konzentrieren muss, nicht loszulachen.

„Simon, wir sind Wahl-Verwandte. Ich vertraue dir und deinen Methoden, mir die Angst vor Nacktheit auszutreiben!“

Simon grinst feist und steht von der Couch auf, um in der Küche die Kaffeemaschine anzuschalten. An seinem ulkigen Gang, vermute ich, dass er wieder hart erregt sein muss, doch seine Hände fuchteln in der Luft, als er vor sich hinplappert, statt sich damit zu bedecken. Er durchleidet Todesqualen. Seine gespielte Leichtigkeit wirkt alles andere als legere, doch ich tue so, als ob mich seine Selbstsicherheit überzeugen würde.

„Du bist so locker!“, versuche ich, seine Latte zu ignorieren.

Simon schwellt tatsächlich etwas stolzer seine Brust, stellt sich aber so hinter die Kaffeemaschine, dass ich seine Unterhose nicht mehr sehen kann. „Ich bin Nudist! Was ist schon dabei!", spielt er den Macho, was total komisch aussieht. „Um diese Zeit sind nie Leute am Pool", behauptet er. Wahrscheinlich hat er Eldon oder Jonny danach befragt.

„Und falls doch?", spiele ich weiter meine Rolle.

„Martin, ähm, Bux, zieh endlich diese Klamotten aus! Sei doch nicht so prüde!", fügt er noch an. Als ich keine Anstalt mache, ihm zu gehorchen, rät er mir zu einer Badehose.

„Die muss ich erst aus meinem Zimmer holen!"

Simon wickelt sich ein wuchtiges Badetuch um seine Hüften und zieht sich darunter seine Unterhose aus. Da seine Erektion den Stoff vorne bohrt, zolle ich ihm Respekt dafür.

„Trag du das!", reicht er mir ein Tablett mit zwei, bis oben gefüllte Kaffeetassen und zwei Club Sandwiches, die er sich von der Küche aufs Zimmer hat liefern lassen. Seine Hände zittern, als ich ihm das Tablett abnehme.

Im Personaltrakt unten, bleibt Simon vor meiner Zimmertür stehen und ich reiche ihm das Tablett zurück, während ich mich drinnen rasch umziehe. Nur in Badehose betrete ich wieder den Lift und muss abermals das Tablett übernehmen.

„Martin, stehst du auf Schwänze?", will er herausfordernd wissen.

Bin ich doch der gemietete Stricher?

„Stehst du auf Schwänze?", wiederholt Simon und spielt echt überzeugt den Draufgänger. Er muss meinen kritischen Blick bemerken, weshalb er aus seiner Rolle fällt: „Beruhige dich! Bux, du spielst mein Cousin. Wollte ich einen Callboy, hätte ich mir einen gemietet." Simons Tonwechsel und seine Art, wie er mich gerade anschmachtet, verraten mir, dass er lügt. Simon drückt den Stoppknopf und der Lift hält. „Martin, stehst du auf Schwänze?"

„Ja!", gebe ich zu und starre auf die Zehen meines angeblichen Cousins. Seine Pediküre verrät mir, dass er Wert auf ein ästhetisches Erscheinungsbild legt. Auch muss er sich heute früh seine Brusthaare getrimmt haben, wie seine Schienbeine.

Da stehen wir, beide so gut wie nackt in einem Fahrstuhl. Verführt zu werden, ist eines, doch gegen Bezahlung ist etwas vollkommen anderes. Leider irritieren mich seine Blicke nicht nur, sie jagen mir auch noch viel zu viel Blut in meinen Penis. Immer dicker wird das Ding in der Badehose, dass ich das Tablett senken muss, um weiter den Prüden zu mimen.

„Martin, dreh dich um!“, befiehlt mir Simon. Da ich mit beiden Händen das Tablett mit den vollen Kaffeetassen trage, muss ich mich vorsichtig bewegen, um nichts zu verschütten. Kaum habe ich ihm meinen Rücken zugedreht, lacht er unsicher und gluckst: „Wie weit würdest du gehen?“

„Ich bin kein Stricher!“

„Bist du mutig?“, fragt mich der Mann, der vor Verlegenheit und Angst kaum deutlich sprechen kann.

Energisch schüttle ich meinen Kopf.

„Dein Pech!“ Damit packt sich Simon mit beiden Händen den Bund meiner Badchose, um sie mir mit einem Ruck bis zu den Knien runterzuziehen.

„He!“, protestiere ich, kann aber die Hose nicht hochziehen, weil ich das Tablett trage.

„Ah!“, lobt Simon. „Ein Knackarsch!“ Bevor ich reagieren, reklamieren oder fluchen kann, kniet er sich hinter mich, schiebt meine Badehose noch tiefer und fordert mich auf, ganz aus ihr hinauszusteigen. Danach zieht er sie sich selbst an. Offenbar haben seine Hemmungen gesiegt! „Du bist doch Europäer?“, fragt er etwas, worauf er die Antwort kennt. „Europäer baden doch nackt?“

„Es ist nicht überall erlaubt. Ich habe es selbst noch nie gemacht!“ Ich drücke mich in die Ecke des Fahrstuhls und verhindere so, dass Simon mehr als meine Rückseite sehen kann.

Simon löst den Stopp Knopf und der Lift setzt sich wieder in Bewegung. Als er hält, sind wir im obersten Stockwerk mit Simons Suite. Mein Lehrer tritt auf den Flur hinaus. „Auf was wartest du? Willst du so wieder runterfahren? Nacktheit wird auf dem Dach toleriert, aber nicht in der Lobby.“

Da Simon meine Rolle als sein schüchterner Cousin gefällt, bleibe ich dabei. Ich tue so, als ob ich zu feige sei, mich umzudrehen. Rückwärtsgehend, verlasse ich den Lift. „Warum sind wir nicht ganz nach oben gefahren?“ So etwas wie ein Soft-Sadist muss in ihm erwacht sein. Er will mich leiden sehen. Er will, dass ich mich nackt überwinden muss, den langen Flur entlang zu gehen, bis zur Treppe aufs Dach hoch. Irgendwann zahle ich ihm das in gleicher Münze zurück.

„Martin, bist du so stolz auf deinen Knackarsch, dass du ihn mir deshalb so derart schamlos präsentierst?“

„Arsch!“, schnauze ich ihn. „Du hast mich ausgetrickst“, knurre ich und bleibe vor dem Lift stehen.

„Feigling!“, lacht Simon und stolziert zur Treppe voraus, wo er, den ungeduldigen Erzieher mimend, wartet. Er will sich rächen. Er will auch mich nackt mit Erektion sehen, damit wir quitt sind. Vielleicht kann er so endlich den Schritt machen, um sich seines Badetuchs und *meiner* Badehose zu entledigen?

Mit gespielter Todesverachtung hebe ich das Tablett an, damit es mir von meiner wippenden Latte beim Gehen nicht aus den Händen geschlagen werden kann und drehe mich um. Simon starrt, jetzt dunkelrot geworden, mit einer Mimik, die sich nicht entscheiden kann, schockiert oder hocherfreut zu sein. Er schnaubt dabei so laut, dass ich es selbst aus der Distanz hören kann. Als ich ihn passiere, strafe ich diesen falschen Cousin mit vernichtenden Blicken. Endlich funkeln seine Augen voller Hoffnung, Erleichterung und Jubel.

Oben platziert sich Simon auf einer der Strandliegen direkt am Pool. Ich reiche ihm, noch immer den ausgetricksten Cousin spielend, eine der beiden Tassen Kaffee, stelle das Tablett auf den Boden und hechte mit Kopfsprung in den Pool. Als ich nach einer Länge wieder aus dem Wasser steige, lege ich mich nass neben ihn auf den warmen Boden.

„Du badest ja wirklich nackt! Wie fühlt sich das an?“

„Das kannst du nur selbst erleben“, setze ich mich auf und schiele ihm unter sein Badetuch, bis er nervös die Position wechselt. „Hol mir ein Glas Wasser! Drüben bei den Toiletten gibt es einen Wasserspender und Trinkbecher.“

„So?“, zeige ich demonstrativ auf das Ding, das zwischen meinen Schenkeln hochsteht.

„Ein echter Nudist schämt sich doch nicht wegen seiner Erektion. Du bist ein junger und gesunder Mann.“ Mir ist bewusst, dass sich Simon damit selbst Mut einredet. Ich springe wieder ins Wasser und schwimme die Strecke bis zur Garderobe am Stirnende des Pools mit dem Wasserspender. Kaum zwei Becher gefüllt, höre ich Stimmen. Ich spähe durch die Büsche um die Ecke und bemerke zwei Typen in dunkelblauen Anzügen, weißen Hemden und Krawatte die Liegen bei Simon ansteuern. Beide sind barfuß, was zu ihrem Aufzug erotisch wirkt. Da ich in einem von beiden Scott erkenne, muss der andere ein Freund oder Geschäftskollege sein. Um Simon nicht in Verlegenheit zu bringen, bleibe ich wo ich bin. Der Anwalt und der andere Mann richten sich ein und stellen einen Sonnenschirm so, dass die Morgensonne sie nicht blendet.

„Martin!“, höre ich Simon nach mir rufen. „Cousin, bring gleich vier Becher mit Wasser mit, wenn du zurückkommst.“

„Dein Cousin ist hier?“, höre ich Scotts Bekannten fragen.

„Vielleicht braucht er Hilfe? Jeffrey, kannst du mal nach ihm sehen?“, blickt Simon in meine Richtung.

Rasch fülle ich zwei weitere Wasserbecher und versuche sie alle zu halten. So erwischt mich dann dieser Jeffrey.

„Junge, Junge!“, checkt er mich ab, „Clothing optional scheint dich ganz schön zu erregen!“

„Sorry!“, spiele ich glaubhaft den Erwischten. „Ich wusste nicht, dass um diese Zeit hier oben noch andere rumhängen!“

Kaum zurück, zwinkert mir Scott verschwörerisch zu. „Simon, dein Cousin ist genau, wie du ihn beschrieben hast!“

„Bleibt er so stehen?“, wechselt Jeffrey Blicke mit Simon.

„Setz dich doch!“, zeigt Simon auf eine freie Liege und kriegt den Witz nicht mit. „Martin ist Kleidung unangenehm!“

„Du bist Nudist?“, hakt Jeffrey ironisch nach.

„Was hältst du davon?“, nutzt Simon die Situation, seine Bekannten über ihre Meinung dazu auszuhorchen.

„Diesem Flitzer scheint es zu gefallen?“, gafft mir Jeffrey auf die Latte. „Ich bade im Sommer auch gerne nackt. Ich bin dabei nie so hart, noch würde ich mich als Nudisten bezeichnen, doch an Nacktheit kann ich nichts Falsches finden.“

„Jedem das seine!“, winkt Scott ab.

„Scott, wir müssen leider los!“, erhebt sich Jeffrey nach einer erneuten Fleischbeschauung. „Hat mich sehr gefreut, dich kennenzulernen, Martin“, reicht er mir seine Hand zum Abschied. „Bleib so selbstbewusst!“, zwinkert er mir keck zu.

Kaum sind die beiden Anzugstypen weg, wirkt Simon nicht mehr so selbstsicher, wie eben noch.

„Ich bin ein Nudist! Was ist mit dir? Du hast mich hier deinen beiden Freunden zum Fraß vorgeworfen. Du hast ...“

Simons Blicke wandern über meinen Körper. „Ich bin stolz, ein so coolen Cousin meinen Freund zu nennen."

„Ja, ja!", winke ich ab.

Simon nippt an seiner Kaffeetasse und stellt sie zurück aufs Tablett. „Sowohl Scott wie auch Jeffrey fanden nichts Verwerfliches an Nacktheit und deiner ..."

„Latte!", fokussiere ich Simons Badetuch.

Versteinert vor Schreck und hart vor Erregung, rührt sich Simon nicht von der Stelle. Wild huschen seine Blicke über meinen Körper, seinen eigenen, den Swimmingpool und die Liegestühle, bis sie auf seinen Füßen zur Ruhe kommen.

„Schwimmen wir ein paar Längen?" Simon schüttelt ruckartig seinen Kopf und ich hebe das Tablett mit den beiden Kaffeetassen auf. „Es ist dein Coming-out. Mach was du willst!" Als er zu zittern beginnt, erlöse ich ihn. „Ich gehe jetzt in deiner Suite duschen. Du kannst mich begleiten oder hier oben bleiben. Deine Entscheidung!"

Simon bleibt alleine zurück.

Sonntag: 27. April

Heute habe ich frei und lümmle nackt in meinem neuen Bett unter dem Dachfenster. Simon schläft noch. Die Morgensonne scheint mir auf den Leib und ich notiere mir all die verrückten Erlebnisse mit Simon in mein geheimes Tagebuch. Gestern, nach der Episode auf der Dachterrasse, traf ich ihn nicht mehr. Als er um elf Uhr noch immer nicht aufgestanden ist, sehe ich unten nach. Die Suite ist leer. Ich klopfe bei ihm an die Schlafzimmertür und trete, als niemand antwortet, ein. Simons Bett ist leer. In der Küche brühe ich mir einen Kaffee und entdecke einen Zettel am Kühlschrank, in dem er mir mitteilt, dass er einen wichtigen Kunsthändler in Barcelona treffen müsse und weitere zwei Wochen diverse Städte in Spanien bereisen werde. Seine Suite könne ich nach freiem Gutdünken weiter benutzen. Gezeichnet hat er die Nachricht mit *Dein „Cousin" und guter Freund, Simon.*

„FEIGLING!", schreie ich den Kühlschrank an, zerknülle den Zettel und rufe Eldon an, er solle den Zimmerservice zum Putzen raufschicken und die Suite bis auf weiteres verschließen. Gerade glaubte ich, einen guten Freund gefunden zu haben, dann ist er auch schon wieder weg.

Eldon betritt keine drei Minuten später die Suite und schmachtet mich mit diesem Blick an.

„Noch nie einen Nackten mit Latte gesehen?", schnauze ich ihn an, steige die Treppe in mein Mansardenschlafzimmer hoch, um dort meinen Kram einzupacken.

Eldon räumt unten meine Kaffeetasse weg und hantiert in der Küche. Weder Aufräumen noch Putzen gehören zu seinem Job, weshalb ich ahne, er lauert mir auf. Nur weil mich Simon enttäuscht und so wütend gemacht hat, bin ich voll auf Konfrontation aus. Statt mir eine Hose anzuziehen, steige ich kampfbereit mit meiner Tasche über der Schulter, so nackt und erregt wie zuvor, die Treppe wieder runter. Ein Wort von Eldon und ich raste aus! Doch Eldon ist verschwunden, zumindest befindet er sich weder im Wohnzimmer noch in der Küche.

Schnaubend, da ich mich jetzt wirklich gerne mit jemandem gestritten hätte, knalle ich die Tasche auf die Couch, um mir im Badezimmer meinen Kulturbeutel zu holen. Simons feige Flucht nehme ich sehr persönlich und starre beleidigt auf den Boden, als ich das Bad betrete.

Das erste, was ich wahrnehme, sind nackte Füße. Ist Simon doch noch hier? Hatte er sich in der Duschkabine versteckt, als ich vorhin nachgesehen hatte? Die Nägel dieser Füße sind wohl kurz geschnitten, aber nicht professionell pedikürt. Erstaunt hebe ich meinen Blick und bemerke leicht behaarte Schienbeine, nackte Oberschenkel und einen Penis, der ebenfalls nicht zu Simon gehört; dieser ist dünner und bis auf ein kurzgeschorenes Rechteck, identisch mit meinem, vollkommen enthaart. Kaum rastet mein Blick darauf ein, wächst das Ding immer schneller zur vollen Größe.

„Eldon?", gaffe ich dem Concierge abwechselnd in seine Augen und auf seinen Penis. Er trägt nur noch seine Uniformjacke. Ich muss zu früh reingekommen sein, bevor er sich vollkommen entkleiden konnte. Sein Kopf ist röter, als jemals zuvor, doch er steht mutig seinen Mann, was meinen Zorn verrauchen lässt. Wenigstens einer, der zu sich und seinen Neigungen steht! Als ich nach seinem Penis lange, realisiere ich, dass ich das jetzt gerne mit Simon machen würde.

Eldon stöhnt augenblicklich laut auf und spritzt mir seinen Saft in hohem Bogen über meinen Bauch und meine Brust, dass ich darüber einfach loslache. Eldon wirft sich mir um den Hals und grabscht gierig nach meiner Erektion. Sein Griff ist ungelenkig, hart und schmerzt. „Ich liebe dich!", haucht er mir ins Ohr. „Bux, ich liebe dich, seit ich das Saftboy-Bild zum ersten Mal gesehen habe!“

Augenblicklich kriecht mein Ärger wieder in mir hoch und bevor ich ihn auf Eldon entladen kann, wie er zuvor seine Lust über mich, schnappe ich mir eines der Badetücher, meinen Kulturbeutel und hetze aus dem Badezimmer.

„Bis nachher bei der Arbeit!“, ruft er mir zärtlich und überglücklich nach.

Der dumme Junge liebt mich. Ich will ihn deswegen nicht verletzen! Mit meiner gepackten Sporttasche in der Hand und dem Frottee um meine Hüfte geschlungen, eile ich über die Nottreppe die vielen Stufen in den siebten Stock runter. Sex mit einem Kollegen, der total in mich verknallt ist und mir tagtäglich auf die Pelle rückt, kann es noch schlimmer kommen?

## Mutig voraus oder schamhaft untergehen?

Donnerstag: 1. Mai

Seit Simons plötzlichem Verschwinden und diesem Teenager-Fummeln mit Eldon ist eine Woche vergangen, in der ich mich total auf mein Training konzentriert habe. Eldon schmachtet mich jetzt ganz offen an und seine zufälligen Berührungen bei jeder Gelegenheit werden immer lästiger. Fast täglich schickt er mir Gedichte oder Liebeserklärungen per E-Mail, per Post und jeden Morgen liegt eine rote Rose vor meiner Zimmertür. Wäre Eldon nicht so lieb, hätte ich ihn längst in seine Schranken verwiesen. Die Situation überfordert mich vollkommen und ich weiß nicht, wie ich damit umgehen soll, ohne Eldon ernsthaft zu verletzen. Ich schlage jede Verabredung aus, schreibe ihm nie zurück und bedanke mich nie für seine Blumen – vergeblich! Je weniger ich ihn beachte, desto zärtlicher werden seine Blicke. Nur weil er mir wie ein groteskes Spiegelbild meiner Selbst erscheint, halte ich mich mit bissigen Bemerkungen zurück. Leider verhalte ich mich Seth gegenüber nicht anders – na ja, ich schreibe keine Gedichte und statt Rosen verschenke ich Trophäen!

Das einzig wirklich Positive ist, ich bin tatsächlich ein noch überzeugterer Nudist geworden und schwimme jetzt jeden Morgen nackt einen Kilometer im Pool. Simons Hemmungen zeigten mir einmal mehr, dass ich nie mehr dahin zurück will. In meinem Zimmer bin ich ausnahmslos nackt. So auch jetzt, als das interne Telefon klingelt. Es ist Wilton, der mich bittet, ins Büro runterzukommen und das, obwohl ich heute erst zur Spätschicht an der Rezeption mit Eldon eingeteilt bin.

Wie immer in meiner Freizeit trage ich im Hotel nur ne Shorts, irgendein T-Shirt oder ein offenes Hemd – wie jetzt – und ein paar meiner Flip-Flops, da ich mich nicht barfuß bewegen darf. Mein Boss lässt mich gewähren, solange ich es außerhalb meiner Arbeitsschichten tue. Als erstes fällt mir das Fehlen eines Fotos im Sitzungszimmer auf. „Was ist denn mit *Saftboy* passiert?"

„Ein neues Bild wird seinen Platz einnehmen! Bux, heute sind endlich die Poster, die Flyer und die Broschüren zum ersten, offiziellen *Nu-*

*dist Day* eingetroffen." Wilton hatte mich nie auch nur einen der Entwürfe vorab sehen lassen. „Bist du bereit?", damit weist er auf eine Staffelei auf der ein gerahmtes Plakat unter einem weißen Tuch verhüllt steht. Bevor ich nicken kann, rutscht das Tuch. Wer mich da auf dem Plakat, relaxed auf einem Klappstuhl sitzend, feist grinsend anstarrt, bin unverkennbar ich – und das splitternackt mit deutlich erkennbarer Erektion. Mir klappt einfach die Kinnlade runter.

In klarleserlichen Lettern steht: *LONDON's Gay Community presents: the first official NUDIST DAY. Meet this year's horny Nudist ...* Im Hintergrund ist der Big Ben abgebildet und im Lauftext stehen Zeit und Orte, an denen man diesen geilen Typen am Nudistentag überall antreffen kann. Die Liste ist ziemlich lang. Bis auf das Wort *horny*, das rot aus dem Plakat hervorsticht, bleibt die Schrift unschuldig weiß.

„Es wurde heute früh in alle Gay-Clubs, -Pubs, -Kinos, -Discos und -Shops der Stadt ausgeliefert. Morgen geht die Post an die Gay-Lokale in ganz England raus. Jonny und Mikey sind gerade damit beschäftigt, das Plakat in der Hotel Lounge, der Bar und den Personalräumen aufzuhängen. Eine Woche vor dem Event wird es auch die Lifte, Korridore und die Lobby zieren; die Homepage soll ebenso die Tage aufgeschaltet werden."

„Aha!", ist alles was mir darauf einfällt. Dieses Plakat outet mich nicht nur als Nudisten, sondern als *geilen, schwulen* Nudisten! Bis zum offiziellen Nudistentag sind es noch sieben Wochen, sieben Wochen in denen sich jeder Gay der Stadt ein deutliches Bild von mir machen kann – und natürlich die Heteros auch!

„Gefällt's dir?", stellt sich Wilton neben das Poster. Zum ersten Mal seit dem Country Club Besuch, funkeln seine Augen wieder. Seine Blicke huschen über meine nackte Brust, die vom weit geöffneten Hemd kaum verdeckt wird. Zum ersten Mal seit einem Monat erkenne ich in meinem Boss wieder den Typen, der mich am liebsten hier und jetzt vernaschen würde. Ich habe diese Blicke tatsächlich vermisst!

„Es ist keines der Fotos, die du mir gezeigt hast. Dieses hier ist echt galaktisch."

„Wir haben viele Varianten ausprobiert und entschieden uns schließlich für diese. Es zeigt offensichtlich wie geil du bist und dennoch bleibt das Meiste verdeckt."

„Verdeckt?", zeige ich auf mindestens einen Drittel meines harten, sichtbaren Penis', der durch die relaxte Haltung auf meinem Schenkel liegt und der Länge nach am unteren Bildrand geschnitten ist. „Alter“, rufe ich aus, „jeder wird künftig augenblicklich auf meinen Hosenstall starren, sobald er mich als den *geilen Nudist* entlarvt, für den ich hinhalten muss. Dieses Plakat erweckt Erwartungen!“

Wilton setzt sich auf einen der Sessel und sinniert schweigend eine Weile über meine Worte. „Bux, erträgst du es?“

Damals, als das Bild entstanden ist, überrollte mich einfach alles. Ein Ereignis hetzte das nächste. Ich kam nie wirklich zur Ruhe, um innezuhalten und zu überlegen, ob ich das alles überhaupt will. Ertrage ich die Wahrheit? Ich bin Nudist! Aber bin ich auch ein *geiler* Nudist? „Ein Nudist fühlt sich nackt am wohlsten“, rede ich vor mich hin. „Es ist für ihn ganz natürlich, sich nackt zu bewegen. Ist da *Geilheit* nicht ein Widerspruch?“

„Warum sollte ein Nudist keinen Spaß haben? Dieser *geile* Nudist“, zeigt Wilton aufs Zentrum des Plakats, „ist jung! Er ist voller Leben! Er sprüht vor Lebenslust. Dieser Nudist“, tippt er eine andere Stelle an, „ist hart! Und er schämt sich nicht dafür. Schau dir sein Gesicht an“, wiederholt er die Geste beim Gesicht auf dem Plakat. „Diese Augen stellen sich der Welt. Warum sollte ein junger, gutaussehender, schwuler Nudist ein Schlappschanz sein?“

„Dieser Typ, von dem du redest, sitzt jetzt lebendig vor dir! Ich bin kein Schlappschwanz!“, muss ich noch anhängen. „Du hast mir Tür und Tor für mein Coming-out als Nudist ermöglicht. Dafür habe ich dich gehasst. Trotzdem, ich bin geworden, was du in mir erkannt hast. Aber!“, füge ich trotzig an, „ich bin nur ganz privat nackt.“ Simon ist getürmt, füge ich in Gedanken an, als ich ihn zum Coming-out ermutigte!

„Willst du das ändern?“, will Wilton wissen.

Ich nicke und wir hecken was aus.

Immer mehr Stimmen erkenne ich aus der Menge. Ich stehe mit meinem Rücken zur Belegschaft und über mir ist das weiße Tuch ausgebreitet, das vorhin das Plakat verhüllte. Da ich schräg hinter der Staffelei stehe und mich nicht bewege, hat mich noch niemand wahrgenommen, denn oft stehen hier Pappfiguren oder andere Werbeträger rum, denn der *Nudist Day* ist nicht der erste und auch nicht der einzige Event, der in diesem Hotel beworben wird.

„Jonny“, höre ich Eldon, der vor dem Plakat stehen muss. „Bux‘ Teil ist schon der totale Hingucker. Als *Saftboy* hatte Seth mit seiner Hand fast alles verdeckt und Bux trug dieses dunkelblaue Teil. Doch so ganz nackt, Mann-o-Mann, was für ein geiler Mann! Diesen Haarschnitt hat er sich mit meinem Rasierer selbst gemacht!"

„Wo ist Bux eigentlich?", setzt jetzt Cecil, unser Security Mann aus der Lobby, ins Gespräch ein.

„Leute, echt! Bux kommt heute bestimmt nicht zur Sitzung. Wäre ich er, ich würde mich auch verstecken", antwortet Jonny und klingt ziemlich schadenfroh. „Wer will schon live dabei sein, wenn die eigene Latte offiziell entweiht wird?"

„Hi Seth", begrüßt Phil den Mann, der indirekt für alles verantwortlich ist. „Was hältst du von unserem Haus-Exhibitionisten?"

„Ganz schön mutig von unserem Praktikanten!", höre ich Anerkennung in Seths Stimme.

Ich muss mich gerade voll konzentrieren, um ja keine verratenden Bewegungen zu machen. Seths Worte schüren neue Hoffnungen in mir. Zudem wird es unter dem Laken langsam unangenehm stickig und heiß. Mein spontaner Einfall, statt dem Plakat, das Original von Wilton enthüllen zu lassen, entpuppt sich als weniger gute Idee. Was, wenn die ganze Hotel Crew mich auslacht? Das Ganze ist schon ne echt peinliche Nummer! Aber ein sich langsam davonschleichendes Gespenst, so muss ich doch unter diesem Bettlacken jetzt aussehen, wäre auch nicht der Brüller.

„Du hattest dieses harte Fleisch schon in der Hand", vernehme ich abermals Jonnys Stimme. „Ist Bux wirklich so ..."

„Bux ist zum heißesten Fang der Saison geworden!"

Augenblicklich schlägt mein Herz schneller.

„Seth, du schnappst ihn dir nochmals?", will Jonny sofort vom schottischen Koch wissen.

„Dieser Typ", muss Seth aufs Plakat zeigen – ich kann es leider nicht sehen, „ist der schärfste Hengst im Stall. Hängt das Plakat erst in der Szene, will ihn jeder!"

„Ich würde ihn auch sofort nehmen", kichert Eldon.

Immer neue Stimmen tauchen auf, scherzen, reißen Witze, bewundern oder kommentieren mit vulgären Begriffen das Plakat und was es darstellt. Nicht einer schenkt dem Gespenst hinter der Staffelei Beachtung.

„Männer, fangen wir an!", schlägt Wilson mit einem Stock auf den

Rahmen des Plakates. „Ich habe euch heute alle versammelt, um euch über die neue Kampagne zu informieren. Unser Hotel ist einer der Hauptsponsoren des diesjährigen, ersten, offiziellen *Nudist Day*, weshalb die Gay-Version des Plakats hier aufgehängt wird."

Ich höre Applaus und ein paar Zwischenrufe, wie: „BUX! BUX! BUX!" und anderes, das ich galant ausblende. Ich habe nicht nur Fans.

„Ich will, dass sich jeder mit der Kampagne vertraut macht! Speziell du", Wilton muss nach jemandem in der Menge Ausschau halten. „Eldon, das Plakat wird Hotelgäste neugierig machen. Du wirst dich intensiver mit Bux' neuem Erscheinungsbild auseinander setzen müssen, als wir anderen. Aber ich will euch nicht mit Details langweilen, das Wichtigste steht im Flyer und im Memo, das ihr alle in euren Postfächern vorfinden werdet. Zum nächsten Programmpunkt! Ich habe euch eine Enthüllung zu machen."

„Ist Bux geflüchtet?", rät Jonny.

„Bux hat gekündigt?", erschrickt Eldon. „Warum? NEIN!"

„Nichts dergleichen!", winkt Wilton ab.

Ich höre, wie die Staffelei zur Seite geschoben wird, um das Gespenst dahinter zu präsentieren. „Darf ich euch allen einen Mann vorstellen, auf den ich sehr stolz bin!"

„BUX?", keucht Eldon, dem wohl gerade eingefallen ist, was er vorhin alles ausgeplaudert hatte.

„Ein Mann, den ihr alle kennt; ein Mann und einen wirklich *geilen* Nudisten! Martin Holmström, den ihr alle besser als B U X kennt!"

„Oder Saftboy!", ruft Jonny dazwischen.

Damit zieht mir Wilton das Tuch vom Kopf und lässt es zu Boden sinken. Ich stehe mit dem Rücken zu meinem Publikum. Meine Nervosität lässt mich frösteln. Jetzt ist es zu spät! Jetzt gibt es kein Zurück mehr! Bereits gaffen mir alle auf meinen nackten Arsch.

„Das geile Miststück ist ja splitternackt!", höre ich abermals Jonnys Stimme, die etwas quietscht – das tut sie immer, wenn der Kindskopf entweder nervös oder erregt ist.

Frech drehe ich nur meinen Kopf und meinen Oberkörper dem Publikum zu. Mit meiner linken Hand verdecke ich mir meinen Penis und mit der rechten ziehe ich mir keck die dunkle Sonnenbrille, die ich als einziges trage, über meine Nase runter, um all die Männer und Jungs zu fokussieren. Da stehen sie, all die Kollegen, mit denen ich seit zwei

Monaten Tag-ein-und-Tag-aus zu tun habe.

Neuer Applaus und noch mehr Zwischenrufe:

„Horny!“

„Geil!“

„Was für ein Arsch!“

„Kindskopf!“

„Flitzer!“

„Angeber!“

„Zeig uns endlich deinen Schwanz, Buxy!“

Seth steht ganz vorne und gafft mich fasziniert an. Dann huscht ein Lächeln über seine Lippen und er zieht seine linke Augenbraue hoch: „Kein schlechter Auftritt, Kleiner!“, flüstert er mir zu. „Alle Achtung!“ Weil seine Blicke mich wie eine weitere Trophäe abchecken, die er sich erobern will, spüre ich ein Kribbeln, das mir gerade sehr ungelegen kommt. Vorhin unter dem Stoff war ich nur damit beschäftigt, mich nicht zu bewegen und die sich aufbauende Hitze auszuhalten. Jetzt ist es anders. Ich kann die Gesichter meiner Kollegen sehen und was ihre Augen abchecken. Einige machen daraus auch kein Geheimnis, sondern untermalen es mit Zwinkern und eindeutigen Körperbewegungen. Am schlimmsten sind Seths Blicke. Er labt sich an meinem Anblick – oder an meiner Errötung.

„Ich bin Nudist!“, klinge ich ziemlich heißer, als ich das ausspreche, was jeder auf dem Plakat eh ablesen kann. So habe ich es mir vorhin nicht vorgestellt, als ich Wilton den Vorschlag meiner Enthüllung unterbreitet hatte. In meiner naiven Vorstellung glaubte ich – was eigentlich? Plötzlich fällt es mir schwer zu denken. Was wollte ich sagen? Warum mache ich das jetzt? Warum, bei allen bekannten und unbekannten Göttern, stehe ich splitternackt im Sitzungszimmer und führe meinen Arsch meinen Kollegen vor?

Als mich Eldon fixiert und noch mehr als ich glüht, komme ich mir extrem pubertär vor. Jonny macht mit seiner Hand grabschende Bewegungen und viele der anderen Kollegen lachen darüber. Tue ich nicht bald etwas, wird die Erheiterung sich in ein Auslachen verändern. Zeige ich jetzt Schwäche, werden die das künftig ausnutzen, die in mir eh immer nur Chefs-Betthäschen sahen. Keck ziehe ich meine linke Augenbraue über der heruntergezogenen Brille hoch und grinse, nicht minder frech als auf dem Plakat, in die Menge.

„Gefällt euch mein Arsch?“, frage ich und fokussiere dabei die drei Typen, die mich nie leiden konnten.

Dann fasst Seth einfach nach meinen Backen und verkündet: „Leute, hart wie Marmor!“

Augenblicklich passiert es wirklich. Das wollte ich nicht! Dennoch, wenn ich mich jetzt nicht endlich umdrehe, verliere ich jede Glaubwürdigkeit. „Nicht nur mein Arsch!“, würge ich heraus und verschlucke mich dabei, was mir echt peinlich ist. Doch als ich mich mutig umdrehe, mir dabei meine beiden Hände in die Hüften stemme, um zu präsentieren, was jetzt jeder ganz offen anstarrt, kehrt etwas Stärke in mich zurück. Diese Schwelle habe ich überschritten, ob sie in den Himmel oder die Hölle führen wird, muss sich erst noch zeigen.

War ich bisher für einige bloß eine abgenutzte Wichsvorlage, ein ausländischer Praktikant oder Chefs Lustknabe, kann ich jetzt in den Gesichtern der bestimmt fünfzig versammelten Köche, Kellner, der Crew vom Zimmerservice, meinen Kollegen der Rezeption und all den anderen erkennen, dass sich jeder von ihnen ein neues Bild von mir macht oder wie sich all ihre Vorurteile verhärten.

„Verdammt noch mal!“, klopft sich Jonny auf seine Schenkel und kichert wie ein Mädchen. „Buxy ist Exhibitionist!“

Eldon kullern fast seine Augen aus dem Kopf und Mikey, der Bartender, schüttelt lächelnd seinen Kopf.

Seth tut, was alle erwarten, er packt zu. „Ich hatte dieses Teil ja schon mal in Händen, wie ihr alle wisst. Jungs, das Teil ist noch härter als letztes Jahr im Hyde Park und es pocht, als ob es gleich wieder saften wollte!“

Alle lachen.

Ich gaffe dem Mann meiner Träume in die Augen. Sein fester Griff lässt mich vergessen, wo ich mich gerade befinde. Vergangenheit und Gegenwart überlappen sich. Ich stehe abermals im Hyde Park und gleichzeitig vor versammelter Hotelbelegschaft. Wird es Seth wieder tun?

Er hat anderes im Sinn. Seth beugt sich vor und küsst den neuen Star des Augenblicks. „Echt Leute, dieser Typ hat stahlharte Eier!“ Damit tritt er einen Schritt zurück, klatscht und überlässt mich dem Applaus, neuen vulgären Bemerkungen und lüsternen Blicken.

Da ich weder eine Rede vorbereitet habe noch abermals zum *Saftboy* werden will, hebe ich meine Arme über meinen Kopf, drehe mich um die eigene Achse und verkünde ein letztes Mal: „Ich bin Bux! Ich bin ein geiler Nudist! Leute, ich zeige euch meine Latte, aber abspritzen werde ich heute nicht!“ Damit spaziere ich mitten durch meine Kollegen aus der weit entfernten Verbindungstür ins nächste Büro. Dort schnappe ich mir meine Hose, streif sie mir über und nehme den ersten Lift der hält aus der Gefahrenzone heraus.

Im Lift wundert sich ein Ehepaar über meinen Aufzug, doch als sie sehen, dass ich bei SPA drücke, vermuten sie in mir einen Hotelgast, der sein Fitness Outfit schon in seinem Zimmer angezogen hat und ignorieren mich, wie man das in Liften für gewöhnlich versucht. Zum Glück hängt im Lift noch kein Poster von mir!

Kaum schließt sich im siebten Stock hinter mir die Zimmertür, raufe ich mir meine Haare und gaffe mein Spiegelbild an, dessen Kopf kaum röter werden könnte: „Ich hab’s getan! Ich hab’s voll getan! Ich hab nen Mega-Knall! Ich bin total übergeschnappt! Ich hab’s wirklich gemacht! Shit, ich hab’s getan! Ich bin verrückt! Liefert mich in eine Klapse ein!“

Nach einer Viertelstunde klopft es und ich ziehe mir meine Hose aus, bevor ich öffne. Ich habe mich als Exhibitionisten geoutet, was kann jetzt noch passieren?

„Kann ich reinkommen?“, lacht Wilton, als er mich erblickt. „Das war ein gelungener Auftritt vorhin. Junge, Junge, du hast wirklich Eier aus Stahl!“

„Ich hab’s voll getan!“, wiederhole ich wie ein Depp zum bestimmt hundertsten Mal. „Ich hab’s tatsächlich getan!“

Abermals klopft es und ich öffne, wie schon zuvor, nackt.

Es ist Seth. „Geiler Auftritt!“, dann hebt er seinen rechten Daumen, grinst, als er bemerkt, wie rasch er mich abermals in Erregung versetzen kann und verschwindet kopfschüttelnd. „Echt, Bux, das hätte ich dir nicht zugetraut!“ Er wendet sich wieder ab und verschwindet im Zimmer G den Flur runter.

„Ich kann dich nicht nackt auf den Gängen rumlaufen lassen und auch nicht wieder im Sitzungszimmer oder einem der Büros“, klopft mir Wilton auf die Schultern. „Bux, falls du deinen Nudismus etwas öffentlicher ausleben willst, kann ich dir diesen Club empfehlen. Ich bin dort ebenfalls Mitglied. Ich lege dir die Karte auf dein Bett. Es ist besser, du nimmst dir heute frei. Genieße deinen freien Tag, nur vielleicht besser nicht hier im Hotel. Die Boys flippen deinetwegen gerade mächtig aus!“

Ich schleiche mich kurz nach sechs Uhr abends zum Hinterausgang aus dem Hotel. Jetzt, da bereits schon an vielen Orten mein Bild hängt, erkennen mich einige der Gäste, weshalb ich wieder die dunkle Sonnenbrille und über einem Tank Top ein Kapuzenshirt trage. So vermummt gelingt meine Flucht, ohne dass mich jemand sieht – außer auf den Überwachungskameras, doch die sprechen mich ja auch nicht an.

Wiltons Karte habe ich mir eingesteckt, wenn mir *London Jacks* auch nichts sagt. Darunter steht nur noch: *meet other like-minded naked men,* die Adresse, sowie die Öffnungszeiten und *Türöffnung zwischen sieben bis acht, danach geschlossene Gesellschaft.* Der Club hat nur einmal wöchentlich geöffnet – heute! Die Adresse ist irgendwo in SOHO, also nicht allzu weit vom Hotel entfernt. Da es für die Jahreszeit viel zu warm ist, entscheide ich mich, zu Fuß zu gehen.

Zweimal begegnet mir eines der Plakate: einmal an einer Litfaßsäule, an der nur alternative Programme und Veranstaltungen – meist aus der Gay Community – beworben werden; und das zweite Mal im Schaufenster eines Fahrradgeschäftes, neben der Ankündigung für den *World Naked Bike Ride*, dem ursprünglichen Hauptevent am gleichen Tag und dem offiziellen Plakat für jedermann, das eine nackte Frau und einen nackten Mann Hand-in-Hand auf Londons Straßen zeigt.

Die Adresse der *London Jacks* ist nicht ganz so einfach zu finden, denn der Eingang zur Hausnummer mit einem ergänzenden *B*, befindet sich hinter einem Theater, das für extravagante und experimentelle Performances bekannt ist. Das Theater besuchte ich sogar schon einmal mit Pimlico. Innen ist es echt groß und wirkt wie aus den Zwanzigerjahren des letzten Jahrhunderts. Es wurde kürzlich vollkommen renoviert, doch den Plüschcharme hat es beibehalten. Es verfügt noch immer über einen Balkon und sogar Logen rechts und links der Bühne.

Endlich erblicke ich ein rotaufgemaltes B an einer Backsteinwand. Darüber steht *London Jacks – former Student's Wanker Club*. Augenblicklich ist mir alles klar: es handelt sich um einen Wichs-Club, der von Studenten ins Leben gerufen wurde. Dass mir Wilton nie im Voraus verraten kann, worauf ich mich einlasse? Ist ein Wichs-Club etwas für mich?

„Stummelschwanz!“, höre ich eine Stimme nach mir rufen. „Offensichtlich hast du dich von jedem Jurymitglied ficken lassen, sonst hätten sie dich niemals mir vorgezogen!“ Ich muss mich nicht umdrehen, um den Vollidioten zu erkennen: Es ist Powell, der dünne Riese mit dem Spatzenhirn.

„Willst du dich jetzt hier auch noch einschleimen?“, umrundet er mich. Wie schon bei unserer ersten Begegnung trägt er wieder eine schwarze Lederhose, Springerstiefel und Handschuhe mit abgetrennten Fingerkuppen – nur diesmal nicht aus Leder, sondern aus Netzstoff, genau das Material, aus dem Netzstrümpfe für Nutten hergestellt werden. Oben trägt er nur ne silberne Krawatte und eine offene Miniweste mit Pelzbesatz. Diese Mischung aus Macho und Hure passt zu diesem platinblondgefärbten Schwachmaten. Dummerweise wirkt dies Kombination an ihm sogar echt geil.

„Hi! Was geht ab?“, halte ich meine Vibes flach.

„Kurzspritzer, du magst dem Geschmack von Softies und Weicheiern entsprechen, doch der Champion am Nudistentag werde ich sein!“

„Nominiert?“, frage ich einsilbig.

„Logo!“ Powell schiebt sich die Fingerkuppe seines rechten, behandschuhten Zeigefingers in den Mund, um danach damit langsam über seine Brustwarzen zu fahren, tiefer zu seinem Bauchnabel, um danach seine ganze Hand vorne in seine tiefsitzende Lederhose zu schieben. Dazu vollführt er vulgäre Zuckungen. „Ich bin heiß! Ich bin geil!“, stöhnt er. Der Vollidiot glaubt wirklich an seine Worte. Minderwertigkeitskomplexe hat dieser Riese echt keine.

„Bist du ein Jacks?“, hoffe, dass man das so sagen kann.

„Jo, ich bin ein Wichser! Yeah, ich bin ein Ficker! Ich bin dein schlimmster Albtraum. Ich bin dein Untergang! Yeah, Yeah, ich bin ein Wichser!“, stellte er sich extrem breitbeinig vor mich hin und rappt. Gleichzeitig reibt er sich mit seiner rechten Hand seine raschwachsende Erektion durch seine Lederhose hindurch und mit seiner linken klatscht er sich mehrfach knallend auf seinen Arsch. Abermals reicht ihm das noch nicht aus. Er rammt sein Becken mehrfach und immer schneller in einen imaginären Arsch, wobei er laut stöhnt. „Macht dich das an, kleine Schwuchtel?“ Dabei gafft er mir auf meine Hose, in der sich leider tatsächlich ne Beule formte.

„Stehst wohl auf mich? Auf dein Milchgesicht wichsen heute Nacht bestimmt schon die Schulkids. Mich beten die echten Kerle am Nudistentag an! Willst du mich lutschen? Yeah! Schluck mein Sperma! Stummelschwanz, erstick daran!"

Um von ihm abzulenken, drücke ich die Klingel und beinahe gleichzeitig ertönt der Summton, der die Tür öffnet.

Powell schupst mich zur Seite und stapft mit diesem hüpfenden Gang voraus und die lange Treppe hoch, die gleich nach der Tür anfängt. Um nicht seinen Arsch direkt vor mir zu haben, lasse ich ihm zehn Stufen Vortritt, bis ich folge. Oben gibt es eine weitere Tür, deren obere Hälfte sich innwendig als Schalter runterklappen lässt.

Dahinter steht ein Mann um die fünfzig. „Powell, ohne dich ist die Gruppe nicht komplett!", begrüßt ihn der Typ.

Da ich inzwischen ebenfalls oben angekommen bin, kann ich erkennen, dass der Mann wahrscheinlich nackt ist, auch wenn ich nur seinen Oberkörper sehen kann. Ich versuche in den Raum dahinter zu spähen, doch kann nur einen schmalen Flur erkennen. Alles ist schwarz gestrichen und die Wände sind mit unzähligen Ankündigungen tapeziert. Das *horny Nudist Plakaten* hängt auch schon. Im Raum riecht es muffig, leicht nach Sperma und chlorhaltigen Putzmitteln.

„Dein Freund?", zeigt der Ältere auf mich.

„Dieser Bettwichser? Mann, sieh mich an!", streicht sich Powell mit seinen behandschuhten Hände über seine nackte Brust und verrenkt dabei seinen Oberkörper wie ein Balletttänzer. „Glaubst du, ich lasse dieses Arschgesicht das hier anfassen?" Dabei schält er seine Erektion aus der Lederhose.

„Sorry!", entschuldigt sich der Mann, der offensichtlich von Powells Art gleichzeitig fasziniert und eingeschüchtert ist. Vielleicht will er ihm auch nur an die Wäsche? „Name und einen Ausweis!", fordert der ältere Mann mich danach auf.

„Bux", verkünde ich und schiebe meinen Ausweis rüber.

„Martin Holmström! Ok, kannst rein, du bist volljährig."

„Bux!", korrigiere ich den Mann, der meinen richtigen Namen auf einer Liste notieren will.

„Also Bux! Ich kriege zehn Pfund Mitgliedschaftsbeitrag."

Als ich ihm das Geld zuschiebe, scannt er rasch meinen Ausweis und händigt ihn mir wieder aus. „Junge, jetzt hast du ein Jahr Zugang zu allen

Treffen. Ich drucke dir gleich deinen Mitgliederausweis aus. Hier noch unterschreiben", schiebt er mir die Liste zu, damit ich hinter meinem Namen signiere. „Willkommen bei den London Jacks! Hier die Clubregeln. Lies sie durch, notiere deinen Namen darauf – den richtigen und den, mit dem du hier gerufen werden willst – und unterschreibe unten, bevor du nachher in den Kreis kommst." Damit klappt der Mann den oberen Teil der Tür wieder hoch, die gerade noch als sein Tisch diente, betätigt einen Riegel und öffnet uns, damit wir eintreten können.

Powell drängt sich wieder vor und verschwindet in einem angrenzenden Raum, wo er lauthals sein Erscheinen den dort Versammelten ankündigt. Ich höre gar nicht hin, es ist immer die gleiche, großmäulige Masche.

„Bux", hält mich der Mann zurück – der Mann ist wirklich nackt und nicht sehr attraktiv – „warst du schon mal in einem Wichs-Club?"

„Das ist meine Premiere!"

„Dann viel Spaß! Wir haben nicht viele Regeln, doch die wenigen musst du erst akzeptieren. Wir garantieren hier eine sichere und likeminded Community."

„Ich lese mir den Zettel sofort durch!" *Einen Wichs-Club zu besuchen kann dein erster Schritt in eine vielleicht neue Erfahrung der Sexualität darstellen. Hier treffen sich schwule, bi-sexuelle und hetero Männer, Verheiratet, Väter oder Singels jeden Alters und jeder Rasse, um zusammen eine gute Zeit unter Gleichgesinnten zu verbringen. Es ist ein vollkommen Safer Sex Event.* Mit diesem Teil stimme ich voll überein. *Jeder Teilnehmer muss vollkommen nackt sein – einzige Ausnahme bildet das freiwillige Tragen von Schuhwerk. Jeder masturbiert sich selbst, einen Partner oder in kleinen Gruppen zusammen. Alle befinden sich im gleichen Raum. Die Lichter bleiben während der ganzen Veranstaltung angeschaltet. Konversation und Lachen sind so willkommen wie Schweigen oder Stöhnen.*

„Falls du Fragen hast, keine Scheu!"

„Nö, ist eigentlich alles selbstredend!" *Politische, religiöse oder Diskussionen, die andere ausgrenzen oder diskriminieren, sollen auf jeden Fall vermieden werden. Es geht ums nackte Zusammensein und um die Freude mit anderen Männern eine erotische Gemeinsamkeit aufzubauen. Keine Lippen unterhalb des Bauchnabels! Andere sexuelle Handlungen als Wichsen werden nicht toleriert. Jede Form von Aufnahmegeräte, also jede Art von Mobile Phones, iPods, iPhones, Kameras oder anderen, ähnlichen Geräten sind verboten und müssen in den Schränken der Garderobe zurückgelassen werden. Ein Zuwiderhandeln dieser Regeln führt zum sofortigen Ausschluss aus dem Club.*

„Coole Regeln!" Der Mann reicht mir einen Kugelschreiber und ich notiere meinen Namen und signiere. „Wie weiter?"

„Wir verfügen über zwei Garderoben, eine links und eine rechts den Flur runter. Den großen Raum erreichst du über den Schlauch ganz hinten. Er führt über ein paar Treppen ins Theater rüber und dort auf die Hinterbühne."

„Wir wichsen im Theater auf der Bühne?"

„Ja, hinter dem Vorhang!"

Zum Glück ist Powell schon weg, als ich die Garderobe aufsuche, entscheide mich dann aber doch für die gegenüberliegende, um mich auszuziehen. Meine Flip-Flops behalte ich an, da ich den Weg noch nicht kenne und mich nicht verletzen will. Während ich die Regeln las und während meines Ausziehens trafen bestimmt schon zehn weitere Männer ein, die aber alle die andere Garderobe benutzen, in der schon Powell verschwunden war. Zufall?

Nackt suche ich den Übergang ins Vorderhaus mit dem Theater und bin erstaunt über die Größe der Hinterbühne. Einige Spots beleuchten die schwarzgestrichenen Wände und die Requisiten, die überall herumstehen. Das Zentrum machen bestimmt dreißig Sessel, einige Klappstühle und zwei Sofas aus. Einige davon bilden einen großen Kreis, andere stehen in der zweiten Reihe oder formen kleinere Grüppchen, nochmals zehn Stühle bilden eine Reihe an der einen Seitenwand entlang.

Powell steht in seinen Springerstiefeln und seinen Handschuhen im Zentrum und quatscht mit vier Studenten, die ihn alle offensichtlich bewundern. Dieser Idiot hat schon ein echt langes Ding, das kann ich nicht leugnen.

„Bux?", fühle ich eine Hand auf meiner Schulter.

„Mikey? Ich wusste nicht, dass du ein Wichser bist?", begrüße ich ihn mit Handschlag, als ich mich umdrehe und in ihm den Bar Tender unseres Hotels erkenne.

„Bis heute Morgen war mir deine Geheimidentität als geiler Nudist auch verborgen", lacht er. „Dein erster Besuch hier?"

„Wilton gab mir die Karte erst nach meinem Auftritt."

„Ja, unser Boss kommt so oft er kann zu den Treffen."

„Ihr wichst zusammen?“, wundere ich mich einmal mehr über die Offenheit, die Wilton mit der Hotelbelegschaft pflegt.

„Nie zusammen. Doch klar! Wir haben uns hier kennengelernt und er hat mir den Job im Hotel angeboten.“

Erstmals sehe ich Mikey nackt. Damals im Fitnessraum zog er seinen Trainingsanzug nicht aus. Seine Haut ist sehr hell, wie die vieler Nordländer. Er ist Irländer, was seine dunkelroten Haare, seine Sommersprossen, wie seine grüngrauen Augen eh vermuten lassen. Dazu noch sein wirklich auffallend irischer Dialekt. Er ist einiges kleiner als ich – ein echter irischer Kobold, mit behaarten Beinen und Brust. Sein Knüppel passt zu ihm: kurz, dafür viel dicker als meiner. Leider gehört er zu der Sorte, die noch nie etwas von Rasierern gehört haben. Seit ich untenrum rasiert bin, will ich es nicht mehr anders.

„Willst du ihn mal anfassen?“, fragt mich Mikey ganz locker, als er meinen Blicken folgt.

So direkt dazu aufgefordert, muss ich wohl. „Mann, das Teil fühlt sich total anders als meiner an! Bist du hier immer so wollig?“, zupfe ich in seinem extremen Busch.

Er nickt, „wie ein Hochlandschaf!“ Etwas zu neugierig prüft er mein kurzgestutztes Rechteck. „Mann, das fühlt sich echt kinky an!“ Dann packt er ungeniert zu und schiebt mir mehrmals meine Vorhaut vor und zurück. Wir kichern dabei beide wie Zehnjährige. Wie rasch man sich doch verbrüdern kann?

Immer mehr Typen tauchen auf, darunter viele Studenten, aber auch einige ältere. Bald sind wir ein echt gemischter Haufen aller Hautfarben, Größen und Rassen. Powell ist nach wie vor ne Attraktion und hat kaum Konkurrenz – zumindest was Länge betrifft. Der Teenager ist sich dieser Tatsache voll bewusst, weshalb er immer wieder breitbeinig seine Runden dreht. Was für ein Angeber!

„Leute!“, winkt nach etwa einer halben Stunde gegenseitigem Beschnuppern und Small Talk ein Typ mit langen, blonden Haaren alle ins Zentrum. „Wir beginnen in zehn Minuten. Vor dem Vorhang stehen Mineralwasserfalschen zur Erfrischung bereit. Noch was!“, hält er beide Hände in die Luft. „Wir haben heute prominenten Besuch!“

Powell grunzt so laut, dass alle es hören können. Offensichtlich ahnt er was kommt.

„Vielleicht habt ihr das Plakat für den diesjährig, erstmals offiziellen,

Nudistentag schon gesehen. Das Model ist heute hier! Bux?"

Als ich mich von Mikey's Hand löse, um mir den Weg durch die inzwischen bestimmt fünfzig Wankers zu bahnen, knallt mir Powell seinen spitzen Ellbogen kurz, aber sehr brutal in die Seite, dass ich erschreckt einen Schmerzschrei ausstoße und mir danach die Seite reibe. „Verdammter Vollidiot!", schnauze ich ihn an.

„Bux!", fasst der Langhaarige nach meiner rechten, um sie in die Luft zu strecken, kaum stehe ich vor ihm. „Jetzt, als neues Mitglied in unserem Club, wäre es doch nur logisch, wenn du bei der Performance, die wir am Nudistentag hier im Theater aufführen wollen, mitmachen würdest."

„Der?", schnauzt Powell. „Wenn dieser Flachwichser mitmacht, dann steige ich sofort aus!"

Einige *Ahs* und *Ohs* erklingen, doch das war's schon. Niemand stellt sich auf Powells Seite oder unterstützt seinen Antrag, mich gleich wieder rauszuwerfen, bevor ich überhaupt kapiert habe, um was es bei der Performance überhaupt geht.

„Ich bin draußen!", stolziert der eitle Pfau davon, ganz zum Leitwesen einiger Wichser, die hofften, ihn in Aktion zu erleben.

„Bleib doch! Bitte, Powell!", versucht ein älterer Fan den eingeschnappten Teenager zur Umkehr zu bewegen.

„Dieses Bubi ist ja nicht mal Engländer! Wusstet ihr das?", zeigt er mit seinem Netzhandschuh auf mich.

„Ich lebe und arbeite seit zwei Monaten in London und ich bleibe noch bis Ende August hier", verteidige ich mich.

Der Langhaarige flüstert mir zu, dass ich mich nicht rechtfertigen müsse. Powell habe oft solche Anfälle, die sich aber meist schon nach Minuten wieder legen. Powell würde sich die Gelegenheit, hier als ein erotischer Halbgott verehrt zu werden, niemals nehmen lassen.

„Powell, geh nicht!", bittet einer, der das kurze Flüstern belauscht hatte. „Du bist doch unser Priapos. Mann, wir brauchen dich! Bux mag den Nudist Day mit seinem Gesicht vertreten, doch du bist unser Schwanz!"

Würde das jemand zu mir sagen, würde ich es als Beleidigung auffassen, nicht so Powell. Der Gockel stellt sich auf einen der Sessel im Zentrum und streichelt seine Brust, dann seinen Bauch und beginnt mit der Eröffnung des heutigen Abends. Abermals erstaunen mich sein Charisma und seine Unverfrorenheit. Er ist ein Vollidiot, doch er ist ein geiler Vollidiot! Im Nu bildet sich eine Gruppe ziemlich hart gewordener Männer, und Powell zieht seine Show ab.

„Der macht das fast jedes Mal!", nickt Mikey in Powells Richtung. Der Bar Tender hat sich wieder dicht neben mich gestellt und langt wieder zu. „Immer sucht er sich ein Opfer, um den Macho raushängen zu lassen. Meist endet es in einem Wanker Duell."

„Echt jetzt?"

Mikey zuckt mit seinen Schultern und schneidet eine Grimasse. „Hier gibt es oft was zu lachen. Darf ich weiter machen?", blickt er nach unten.

„Ich will mich etwas umsehen! Das ist mein erstes Mal überhaupt in einem solchen Club!", verdrücke ich mich.

## Sex ist niemals die Lösung

Samstag: 10. Mai

Nackt, wie inzwischen immer, setze ich mich am Morgen nach der Dusche an meinen Schreibtisch in meinem Zimmer, um die Details des Traums, an die ich mich noch erinnern kann, in mein geheimes Tagebuch zu notieren.

Ich träumte von Seth. Viel ist im Traum nicht passiert. Wie immer sind wir in meiner Fantasie ein Liebespaar, diesmal an einem Strand im Süden der USA Ich war noch nie im echten Leben in Kalifornien, doch genauso stelle ich mir die Strände von Los Angeles vor:

Es roch *nach Salz, Smog und sehr fein nach Eukalyptus und Pinien. Ich badete im Pazifik, während am Strand eine ältere Frau, mit langen, grauen Haaren, die sie zu einem einzelnen Zopf geflochten über ihrer rechten Schulter trug, auf den nackten Seth einredete. Die ältere Frau trug einen grauen Pulli zu einem grauen, knöchellangen Rock. Sie nannte meinen Traummann immer Sebastian und einmal brüderliche Schwester, was für mich keinen Sinn ergab. Seth ist keine Schwester und würde sich niemals so bezeichnen lassen. Seth nannte die Frau Klio. Als ich ebenfalls splitternackt aus dem Ozean kam, legte ich mich neben Seth in den Sand und die Frau nannte mich Wiedergeborener.*

An mehr kann ich mich leider nicht mehr erinnern, nur dass es vollkommen normal war, dass Seth und ich uns beide nackt bewegten. Klio erkannte ich als eine Freundin aus Malibu, die Seth und mich in unserer gemeinsamen Wohnung in Venice Beach besucht hatte, bevor wir zusammen an den Strand zogen. Das war im Traum die Realität. Ich notiere es mir einfach, obwohl ich keine Ahnung habe, woher ich das weiß.

Da mir der Name *Klio* plötzlich bekannt vorkommt, blättere ich durch mein geheimes Tagebuch und werde fündig. Klio war damals eine der neun Frauen im Reisebüro, bevor mich Seth mit dem Bus zur Prüfung an den Strand brachte. Kaum alles nochmals überfolgen, surfe ich durchs Internet um mir Bilder von *Venice Beach* und dem Strand dort anzusehen. Einmal mehr staune ich, dass ich exakt von einem Ort geträumt habe, den es wirklich gibt; selbst die Häuserfront, die ich vom Ozean aus im Hintergrund wahrnahm, sieht identisch aus. Ich drucke mir eines der Bilder aus und klebe es in mein geheimes Tagebuch. Werde ich wirklich einmal mit meinem Traummann in Los Angeles leben?

Seit meinem Outing als Nudist vor zehn Tagen, werde ich im Hotel-Team ganz anders akzeptiert. War ich vorher als *Saftboy* ihre heimliche Wichsvorlage, suchen jetzt einige das Gespräch mit mir. Ob ich schon immer Nudist gewesen sei? Ob ich mich nicht schämen würde, wenn andere mich nackt sehen? Ob mein Schwanz immer hart sei, wenn ich nackt wäre? Wie man Nudist wird? Und hundert ähnlich blöder Fragen.

Eldon errötet seit unserem Fummeln noch viel mehr, wenn er mich sieht, und Jonny langt sich immer in den Schritt, kaum treffen wir uns irgendwo im Hotel. Der kindische Liftboy nervt. An den Anblick des Plakates habe ich mich gewöhnt, nur nicht an die tuschelnden Touristen oder die Gays, wenn sie mich als den Nackten auf dem Plakat identifiziert haben. Bin ich in der Stadt unterwegs, werde ich oft gebeten, mich neben das Plakat zu stellen, um damit fotografiert zu werden. Ziemlich oft mit irgendwelchen Teeny Girls im Arm, mit Chinesen – das sind die aufdringlichsten! – oder mit alten Spannern. Für einige Teenies bin ich eine Art Idol geworden.

Mikey ist doch noch ein Kumpel von mir geworden. Seit wir uns bei den *London Jacks* getroffen haben, warte ich fast jeden Abend mit dem Essen auf ihn. Meist erzählt er dann, was sich in der Nacht zuvor in seiner Bar abspielte, welche Prominenten sich volllaufen ließen oder wer mit wem die Bar verlassen hat. Zugegeben interessiert mich das nicht die Bohne, doch Mikeys Gesellschaft ist immer kurzweilig. „Übermorgen ist Probe. Bux, machst du wirklich mit bei unserer Performance?"

Das habe ich total vergessen. „Um was geht's denn dabei?"

„Um Toleranz und die Freiheit, das zu tun, was man möchte. Einige *London Jacks* sind echt gute Sänger, Tänzer oder Burlesque Künstler."

„Ich kann weder tanzen noch singen!"

„Darum geht es bei der Performance ja auch nicht. Fahren wir zusammen hin?", schiebt sich Mikey das letzte Stück Curry Chicken in den Mund und steht auf, um seine Bar für den kommenden Abend vorzubereiten.

„Darf ich?", nimmt Wilton den Platz des Bartenders ein. „Das Vorprogramm für den *Nudist Day* steht nun."

„Vorprogramm? Betrifft das auch mich?", frage ich neugierig. Natürlich habe ich mir den Flyer, das Memo und den Text auf dem Plakat bestimmt schon Hundert Mal durchgelesen. Neben der Teilnahme am *World Nudist Bike Ride* gehören an diesem Tag diverse Besuche in Gay-Clubs, -Kinos, -Pubs, in den Geschäften einiger Hauptsponsoren, sich auf öffentlichen Plätzen und in der Underground zeigen, wie auch einer Benefiz Gala mit allem drum-und-dran zum Pflichtprogramm der nominierten Nudisten – wozu ich ernannt wurde. Von einem Vorprogramm ist nirgends etwas erwähnt.

„Inzwischen haben wir schon zehn Bewerber nominiert, was einige Sponsoren auf die Idee brachte, den einen oder anderen schon vor dem offiziellen Nudist Day als Botschafter einzuladen. Du, als das Gesicht der Kampagne, bist sehr gefragt."

„Botschafter?", rümpfe ich meine Nase.

„Heute Abend habe ich unsere Hotelbar für ein Sponsorentreffen reserviert. Hat dir Mikey vorhin nichts davon erzählt?"

„Er hatte es nur ziemlich eilig." Da ich heute Abend zur Spätschicht im Büro eingeteilt bin, ahne ich, dass ich meine Stunden nicht oben, sondern unten in der Bar verbringen werde. Einmal mehr komme ich mir wie eine Schachfigur vor, die mein Chef nach Belieben über sein Brett schiebt. Ob ich einer seiner Bauern oder sein König bin, habe ich noch nicht rausgefunden. Heute zumindest muss ich als Pferd in die Bresche springen. „Was wird von mir erwartet?"

„Ich habe fünf Nominierte eingeladen. Drei von ihnen haben nicht nur was in der Hose, sondern auch im Kopf."

„Zu welchen gehöre ich?" Wilton antwortet mir nicht, was mich schnauben lässt. „Sind Essex und Pimlico dabei?"

„Beide haben kurzfristig abgesagt, weil Essex einen Job an der Kunsthochschule wahrnehmen muss und Pimlico ihn begleiten wird."

„Kenn ich die fünf anderen?" Da sich Wilton ausschweigt, rate ich: „Powell?"

„Ich will die Sponsoren animieren, mehr Geld für unsere Projekte springen zu lassen. Powell hat durchaus seine Talente, doch Feingefühl gehört definitiv nicht dazu. Sei um neun vor der Bar, warte aber draußen, bis ich dich holen lasse. Ah noch was, heute Abend kein Büro!"

Wilton sagte nichts darüber, wie ich erscheinen soll, aber muss er das wirklich? Oben in meinem Zimmer dusche ich mich und rasiere die Stellen um mein Rechteck sauber. Seit ich so viel nackt bin, achte ich sehr viel mehr auf Ästhetik: meine Finger- und Zehennägel schneide oder feile ich mir wöchentlich und es vergeht kein Tag, an dem ich nicht hier oder dort ein paar Härchen zupfe oder wegrasiere. Ebenso intensivierte ich mein Training und bin mit dem Resultat schon ganz zufrieden. Ich style mir meine hellblonden Haare mit Gel zu einer frechen Frisur und werde langsam immer zappeliger. Mein Erscheinungsbild überprüfte ich schon zum hundertsten Mal im Spiegel.

Weil ich weiß, wie erotisch Seth aussieht, wenn er vom Training ölig ist, kopiere ich diesen Effekt, indem ich mich mit wenig Zitrusöl überall einreibe. Ich will nicht wie Speck glänzen, doch meine neuen Muskeln kommen damit entschieden besser zur Geltung. Leider ist das in zehn Minuten erledigt und mir bleibt noch immer weit über eine Stunde Wartezeit.

Essex und Pimlico kann ich nicht anrufen, da beide an der Kunstschule Model stehen, Mikey muss seine Bar einrichten und Seth weicht mir noch immer aus. Kurzerhand schlüpfe ich in eine Jeans und ein T-Shirt und fahre in die Lobby runter. Barfuß lümmle ich in einem der bequemen Sessel und spähe auf den Eingang. Eldon versprach mir ein Zeichen zu geben, sollte sich einer bei ihm als geladener Nudist anmelden. Ich muss nicht lange warten, da kratzt sich Eldon ziemlich auffällig am Kopf – unser verabredetes Zeichen.

Bei Eldon an der Rezeption steht ein Typ mit lockigen Haaren. Er dürfte so Mitte oder auch schon Ende Zwanzig sein. Er sieht ziemlich durchschnittlich aus ohne irgendwelche besonderen Merkmale, bis auf sein pink Tank Top auf dem *Animator Gay Ressort Gran Canaria* steht.

„Hi, was geht ab?“, begrüße ich ihn.

„Ey, du bist doch der schwedisch aussehende Typ vom Plakat“, mustert er mich sofort von meinen hellblonden Haaren bis zu meinen Zehen. „Baylis“, hebt er seine rechte Hand für High Five. „Wann bist du dran?“

„Neun! Ich bin nur zur Hälfte Schwede“, füge ich noch an.

„Halb neun! Ich bin auch zu früh. Kann ich mich irgendwo *umziehen*?“, betont er das letzte Wort mit verdrehten Augen.

Eldon zuckt mit seinen Schultern, doch nicht ohne mich anzuschmachten. Jonny beobachtet uns von den Liften aus und vollführt einmal mehr seine vulgären eindeutigen Handbewegungen in meine Richtung.

„Eldon, Baylis ist bei mir im Zimmer, falls ihn jemand sucht! Außer du willst dich hier auf den Toiletten *umziehen*?"

„Ich komme gerne mit hoch." Kaum im Lift, fragt er mich: „Haben sie dich beim Casting nominiert, haben sie dich übers Internet dazu aufgerufen oder hast du dich offiziell beworben?" Bevor ich antworten kann, erzählt Baylis schon von sich: „Ich bewarb mich übers Internet und schickte eine Fotoserie von mir mit. Offensichtlich gab die den Ausschlag für meine Nomination. Willst du sehen?" Bevor ich antworten kann, zeigt er mir bereits das erste Bild auf seinem iPod. Es zeigt Baylis seitlich auf einem Strandstuhl mit leicht angezogenen Beinen liegend mit dem Schatten eines Palmwedels auf seinem nackten Lieb. Die Finger seiner rechten Hand spielten mit seinem Rektum. Sein Gesichtsausdruck mit geschlossenen Augen verrät, wic sehr er seine Masturbation genießt. Als der Lift im siebten Stock ankommt, bin ich noch nicht über das erste Bild hinaus. Obwohl Hardcore, ist es extrem gut fotografiert.

„Cooles Bild! Wo ist das aufgenommen?"

„Auf Gran Canaria in Playa del Ingels. Bis vor zwei Monaten arbeitete ich dort. Ein Gast fotografiere mich am Tag nach meiner neuen Show am Swimming Pool."

Ich öffne die Tür in mein Zimmer und ziehe mich schon rein gewohnheitsmäßig sofort aus. „In diesem Gay Ressort?", zeige ich auf sein pinkfarbenes Oberteil. „Was war das für ne Show?"

Baylis folgt meinem Beispiel, nimmt Anlauf und hechtet auf mein Bett, um dort dieselbe Pose wie auf dem Foto einzunehmen. „Softporno! Zu Beginn sang ich zweimal die Woche abends im Ressort. Das war ganz ok, doch viele der Gays wollten lieber ins *Jumbo Center*, ein großer Gay Komplex mit Bars, Discos und Clubs im Herzen von Playa del Ingles, als mich singen zu hören. Oft blieb nur eine Handvoll Gäste für die Show im Ressort zurück. Ich musste mir etwas einfallen lassen, denn mein Chef dachte darüber nach, meinen Vertrag vorzeitig zu kündigen; mir gefiel es aber auf Gran Canaria."

„Was hast du gemacht?"

„Damals war ich nur am Gay Beach nackt, trotzdem trat ich fürs nächste Konzert im Ressort splitternackt auf."

„Ein strippender Sänger?"

„Nein, ich war von Anfang an nackt. Wie auch immer, das sprach sich rasch herum. Für die nächste Vorstellung drei Tage später besuchten viele Gays das Ressort mit einer Tageskarte. Mein geldgieriger Chef änderte meinen Vertrag und ich wurde zum nackten Ressort-Animator."

„Das ist ja cool! Ein Exhibitionist bei der Arbeit", fällt mir dazu spontan ein. Ob sich damit Geld verdienen lässt?

„Meine Fan-Gemeinde wuchs. Auch wenn du auf Gran Canaria überall Nackte antriffst, war ein Nackter bei der täglichen Arbeit oder ein nackter Sänger auf der Bühne dennoch ein Blickfang. In den Weihnachtsferien waren wir täglich restlos überbucht, doch die Touristen reisten wieder ab. Im Januar und Februar leben vorwiegend Rentner auf den Kanaren. In der dritten Januarwoche schrumpfte die Anzahl der täglichen Ressort-Besucher wieder, denn auch ein nackter Animator wird irgendwann zur Gewohnheit für Dauergäste."

Ich hocke mich im Schneidersitz neben Baylis aufs Bett und lausche seiner Erfahrung. *Nackte bei der Arbeit*, der Gedanke fesselt mich. „Wie hast du bis März durchgehalten?"

„Da hört mir einer ja echt zu!" Baylis lehnt sich mit seinem Rücken an die Zimmerwand. „Es dreht sich alles um die Kunst zu Reizen! Bux, du hast einen schönen Schwanz", hebt er sein Kinn. „Meiner ist nicht so der Hit, auch steht er mir kaum länger als fünf Minuten am Stück. Mit Latte singen kam für mich also nicht in Frage. Ich hätte mir auch singend einen runtergeholt, doch das funktioniert bei mir nicht."

„Mit der Kunst des Reizens meinst du Sex?"

„Nennen wir es sexuelle Reize", lacht Baylis. „Wir hatten kaum noch Gäste in unseren Bungalows und die Tagesgäste blieben aus, dazu kam noch der Regen. Auf der Insel regnete es so gut wie nie – außer Anfang des Jahres. Im leeren Ressort legte ich mich unter das Vordach bei der Rezeption auf einen Liegestuhl und lauschte dem Regen und einer CD von Julio Iglesias. Ich hatte ohne Gäste nichts zu tun und mein Chef war einkaufen. Gelangweilt und von der spanischen Schnulze angetan, begann ich mich mit Kokosnussöl einzureiben."

*Ein arbeitender Nudist muss reizen, um aufregend zu bleiben! Er muss sich immer wieder neu erfinden!* Ich notiere mir meine Gedanken in mein geheimes Tagebuch, das in Griffweite neben meinem Bett liegt.

„Schreibst du dir meine Geschichte auf", schielt Baylis neugierig über meine Schulter.

„Nur Gedanken", klappe ich das Buch zu. „Erzähl weiter!"

„Lied um Lied ließ ich mich einlullen. Längst hatte ich meine Augen geschlossen und aus dem Einölen wurde Masturbieren, bis ich begann, es mir mit meinen Fingern zu besorgen."

„Darauf fährst du voll ab?"

„Total!", zwinkert mir Baylis zu. „Irgendwann öffnete ich meine Augen, weil vier Stammgäste an der Bar mich beobachteten, wie auch mein zurückgekehrter Chef von der Rezeption aus. Erst wollte ich abbrechen, doch als nackter Animator konnte ich es mir leisten, zu provozieren."

„Mutig!", lobe ich den Mitte Zwanzigjährigen.

„Mein Chef reagierte mit keinem Wort darauf, doch als ich am nächsten Abend die Bühne des Ressorts betrat, um zu singen, standen da nicht nur mein Mikrofon und mein üblicher Barhocker, sondern auch eine Pritsche, die mit einem Spot extra beleuchtet wurde. Auffallend waren die vollen Zuschauerränge. Gays tratschen gerne und alte Gays, die nichts anderes zu tun haben, als Gran Canarias Sonne zu genießen, haben extrem viel Zeit dazu. Nackt wie immer, sang ich meine ersten drei Lieder. Der Applaus blieb mäßig. Als mein Chef immer eindeutiger auf die Pritsche zeigte, legte ich mich für den vierten Song darauf. Augenblicklich fühlte ich die Erwartung meines Publikums. Sie wollten keinen nackten Sänger, sie wollten einen masturbierenden Performer! Der Rest ist Geschichte."

„Warum hast du gekündigt? Verloren die Gäste den Geschmack an Softporno?"

„Sex beschleunigt alles. Sex ist niemals die Lösung. Je weiter ich ging, desto rascher wurde ich die Schlampe vom Ressort genannt – obwohl ich mich niemals prostituierte. Sperma hat in einer Show einfach nichts verloren. Ich ging zu weit. In einer Show darfst du niemals zu weit gehen. Reize dein Publikum bis zum Zerreißen, doch löse NIEMALS die Spannung!"

Baylis wiederholt den letzten Satz, bis ich ihn wortwörtlich in mein geheimes Tagebuch notiert habe. „Was planst du?", nickt er auf meine vollgeschriebene Seite.

„Keine Ahnung! Du sprichst aus persönlicher Erfahrung und hast deine Lehre daraus gezogen. Ich nehme mir das zu Herzen." Ich tippe auf meine Armbanduhr. „Baylis, in zehn Minuten musst du unten sein. Willst du vorher duschen?"

Da er das gerade Zuhause gemacht habe, wäscht er sich nur die

Hände und das Gesicht, richtet seine wilden Haare etwas mit Wasser, packt seine Sachen in den Rucksack und bittet mich, ihn nach unten zu begleiten. Da er nicht dran denkt, sich dazu ein Badetuch umzubinden, nehme ich das als Ausrede, es selbst auch nicht zu tun. *Nudist-at-Work* formt sich ein neuer Begriff in meinem Kopf. Zusammen benutzen wir den Personallift, der uns ohne Stopp direkt ins Untergeschoss zur Bar bringt.

Jonny steht in Uniform vor einer Kordel, die ein paar Meter vom Eingang in die Bar hinein den Zutritt für Unbefugte verwehrt. Wie immer vollzieht er vulgäre Handbewegungen, kaum dass er mich sieht.

„Nervt er dich?“, flüstert mir Baylis zu, bis ich nur ne Grimasse schneide. „Solche Typen hatte ich im Ressort oft, da hilft nur Angriff!“ Baylis steuert Jonny direkt an, packt mit beiden Händen nach seinem Gesicht und drückt dem verdutzten Teenager einen leidenschaftlichen Kuss auf den Mund. „Kleiner, ich habe jetzt einen Auftritt. Fick mich nach der Vorstellung!“

Jonnys Augenbrauen schnellen nach oben und schockiert – oder geil – errötet er bis zu den Haarwurzeln.

„Bux, wir sehen uns später drinnen!“, hebt Baylis seine rechte Hand für High Five und stolziert zum Eingang der Bar, dreht sich dort nochmals um und schickt Jonny eine Kusshand zu: „Nicht vergessen! Direkt nach der Show!“

Kaum ist die Ressort-Schlampe in der Bar verschwunden, boxt mich Jonny in die Seite. „Meint er das ernst?“

„Sicher! Jonny, er steht auf junge Araber um die Zwanzig. Du bist voll sein Typ“, provoziere ich den Pagen weiter.

„Kennst du ihn?“

„Sein Name ist Baylis. Er schwärmte schon in meinem Zimmer von dir. Er sah dich vorhin beim Lift. Deine eindeutige Handbewegung verstand er als persönliche Einladung!“, lüge ich und genieße Jonnys Unsicherheit.

„Das war doch nur Spaß!“, verteidigt sich der Kindskopf.

„Jonny, du darfst ihn nicht enttäuschen! Er will dich! Er will dich unbedingt!“ Um Jonny noch röter werden zu lassen, vollführe ich selbst seine Handbewegung. „Das will er von dir!“

Die nächsten zehn Minuten bombardiert mich der Page mit immer neuen Fragen zu seinem vermeintlichen Verehrer, bis mir unbehaglich wird. Zum Glück treffen zwei Gäste ein.

Jonny sucht nach den Namen auf seiner Gästeliste: „Albany und Bayham? Ihr seid Nudisten?“, mustert er die Angezogenen.

Albany ist ein unrasierter Londoner mit Sträflingsfrisur und kleinen Brillanten in seinen Ohrläppchen; Bayham ein bulliger Inder mit Goatee und viel zu viel Goldschmuck.

„Wir strippen!“

Verwundert über die Aussage, runzle ich meine Stirn.

„Du offensichtlich nicht!“, reicht mir Sträflingsfrisur seine Hand zur Begrüßung: „Albany! Ja, Bayham und ich sorgen heute Abend etwas für Stimmung.“

„Quatschen kannst du später! Wir sind gleich dran!“, zieht der Inder seinen Kumpel zur Bar.

„Was ist mit dem Rest?“, checke ich Jonnys Liste.

„Zwei fehlen noch!“, verdeckt er sofort mit seiner behandschuhten Hand die Liste, als ob sie ein Staatsgeheimnis sei.

„Baylis, Albany, Bayham und ich. Fehlen noch zwei. Einer muss schon drinnen sein. Jetzt sag schon, sonst ziehe ich nachher mit den Nominierten los und du kannst Baylis vergessen.“

Offensichtlich glaubt Jonny wirklich, dass Baylis auf ihn steht, darum flüstert er mir zu: „Ein Japaner namens Hiroto ist schon seit acht drinnen.“

Ungeduldig warte ich auf Einlass. Kurz vor neun Uhr öffnet sich der Personallift und Seth tritt heraus. Augenblicklich spielt nichts mehr eine Rolle außer dem Auftritt meines Traummannes. Der Schotte trägt ein sehr kurzes Röckchen, das kaum die Hälfte seiner Oberschenkel bedeckt und hinten so hochgezogen ist, dass darunter seine Backen halb sichtbar bleiben; eigentlich ist es nur ein geriffelter Fetzen Stoff mit Schottenmuster, der mit einer großen Sicherheitsnadel links über seiner Hüfte verschlossen ist; dazu passend trägt er ein Käppi im gleichen Muster. Sein restlicher Körper glänzt eingeölt.

Fast gleichzeitig winkt uns Wilton in die Bar. „Damit sind alle sechs nominierten Nudisten anwesend!“, stellt Wilton erst Seth vor. Der Schotte löst einfach die Sicherheitsnadel und das läppische Röckchen fällt unspektakulär zu Boden. Wie immer ist Seth blitzblank rasiert. Meine Vorstellung bedarf nicht vieler Worte, da ich inzwischen genauso wie auf dem Plakat aussehe.

Hiroto, Albany und Bayham stehen nackt an der Bar und unterhalten sich mit einer Clique älterer Männer, die alle wie Politiker oder Bänker aussehen. Baylis liegt auf einer Couch im Separee und zieht seine Masturbations-Show ab.

Erstmals verwickelt mich Seth in immer neue Gespräche. Entweder langweilt ihn der Small Talk mit den Angezogenen oder er baggert mich wirklich an? Während Wilton einen neuen Flyer verteilt, triftet Baylis in einen sexuellen Rausch.

„Kennst du den Performer?“, verfolgt Seth die Darbietung.

Ich berichte, was ich vorhin im Zimmer erfahren habe.

„Der Typ ist echt gut. Schau dir mal seine Zuschauer an“, macht mich Seth auf die Männer, die, wenn sie auch so tun, als ob sie Wiltons Flyer studieren würden, doch nur der Live-Show folgen. „Ich will sein Geheimnis erfahren.“

Etwas verwirrt wegen Seths Interesse, beobachte ich selbst den masturbierenden und entrückt wirkenden Mann. Er fummelt und streichelt nicht spontan, sondern mit Konzept. Alleine an der Intension erahne ich, dass er ein Finale vorgaukelt. Mir kommt eine fiese Idee: „Seth, falls mich Wilton sucht, ich übernehme für fünf Minuten Jonnys Posten vor der Tür.“

Jonny kann es kaum glauben, dass Baylis ihn kurz reinbittet und ich Jonnys Stellung vor der Bar kurzfristig übernehmen soll. Erst als ich ihm zuflüstere, dass Baylis ihm *unbedingt* etwas zeigen will, saust der Teenager davon. Als Jonny nach exakt fünf Minuten zurückkommt, glüht sein Gesicht feuerrot. Schweigend stellt er sich neben mich und gibt mir mit einer kaum sichtbaren Handbewegung zu verstehen, dass er jetzt wieder auf seinem Posten sei und ich zu den Gästen zurückkehren könne. So habe ich den kindischen Jonny noch nie erlebt.

Wilton hält in der Bar noch eine Rede und wir stehen einfach dumm daneben, sozusagen als schwanzwedelnde Statisten. Mikey hat keine Zeit zu quatschen. Er muss immer neue Drinks mixen und Champagner ausschenken. Dankbar, als Wilton uns nach drei Stunden endlich entlässt, streichle ich Baylis über seinen Oberkörper. Erst da stoppt er in seinem Tun. Verklärt dreinblickend verneigt er sich vor seinem Publikum, verschwindet kurz ins Badezimmer und sucht danach Jonny auf.

Nur von wenigen Sponsoren verabschiede ich mich persönlich. Da ich weder strippte noch mich sonst irgendwie lächerlich machte, sprach ich doch mit einigen etwas ausführlicher. Draußen vor der Bar kann ich gerade noch beobachten, wie unser Jonny Baylis heimlich eine Magnetkarte in die Hand drückt und ihm etwas zuflüstert. Der folgende Kuss verrät, dass es zwischen den beiden wirklich gefunkt haben muss.

Als ich Jonny passiere, hebe ich meinen rechten Daumen und der Teenager errötet augenblicklich. Rache kann so schön sein, weshalb ich noch einen draufsetze. Genussvoll stöhnend vollziehe ich eindeutige Bewegungen mit meinen Hüften und ahme seine vulgären Handbewegungen wieder nach. Seth bemerkt mich, stellt sich vor mich, streckt mir seinen Hintern hin und seufzt theatralisch. „Ja, Jonny, besorg's mir! Fick mich! Fick mich, mein junger Hengst!"

„Haut ab, ihr Idioten!", läuft Jonny noch röter an.

Seth fasst nach meiner Hand und zieht mich mit sich in den Personallift am Ende des Flurs. Offensichtlich will er keinem weiteren Sponsor die Hand schütteln oder sich weiter ausfragen lassen. Erst als sich der Lift hinter uns schließt, lässt er mich los. „Es gibt Nudisten und es gibt Nudisten!", grinst er.

Leider erreicht der Lift viel zu schnell den siebten Stock.

„Bux, du und ich haben mehr gemeinsam als Jonny und Baylis!" Damit lässt mich der Mann meiner Träume einfach stehen und sucht alleine sein Zimmer G auf.

Da sich Eldon in einer Nische versteckt, um mich abzupassen, flüchte ich in mein Zimmer und verrammle hinter mir die Tür. Das nächtliche Training fällt heute aus!

## Die Aufgaben eines Botschafters

Sonntag: 11. Mai

„Das war gestern Abend sehr aufschlussreich", begrüßt mich Wilton am nächsten Morgen im Büro.

„Allerdings!" Ich bin mir sicher, wir meinen damit vollkommen verschiedene Dinge. In einer dunkelblauen Anzugshose, weißem Hemd und einer hellblauen Krawatte, setze ich mich an meinen Schreibtisch und streife mir die Flip-Flops von den Füßen. Wilton lässt mir diese Freiheit – zumal im Büro.

„Albany und Bayham sind gute Stripper und Baylis entpuppte sich als genau der, den ich anhand seiner Bewerbungsbilder erwartet hatte. Alle drei sorgten für eine gelöste Stimmung. Schwule Geschäftsleute erwarten von schwulen Nudisten, dass sie schamlos Grenzen überschreiten; die Schecks sprachen da sehr deutlich."

„Waren diese drei Botschafter für die Kampagne?"

„Unbedingt! Bux, wie stehst du zu alten Kulturen?" Wilton kommt ohne Vorwarnungen zum Thema.

„Ich liebe die Götter und die Geschichten über das antike Griechenland. Was planst Du?" Ich bin mir sicher, Wilton hat mich längst zu etwas verpflichtet. Als er mich ohne zu antworten nur ansieht, lehne ich mich zurück, lege meine nackten Füße aufs Pult und halte seinem Blick stand.

Nichts passiert. Nach zehn Minuten stummen Kräftemessen, verlässt Wilton das Büro. Kopfschüttelnd fahre ich meinen Computer für die Tagesarbeit hoch und checke als erstes meine E-Mails: eine von Wilton ist als dringend markiert. Wie immer fehlen sämtliche Floskeln oder eine Anrede, er kommt gleich zur Sache: *Ekstase oder Traum?*

*Die Antike spricht das erste Dionysos, das zweite Apollon zu. Beide Götter stehen für unterschiedliche Wege mit seinem eigenen Innersten Kontakt aufzunehmen. Beiden Gottheiten wurden unterschiedliche Mysterien Schulen geweiht; beide Gottheiten stehen für Initiationen.*

*Dionysos, als ein Wiedergeborener, kennt die Pfade zwischen den Dimensionen. Leben-Tod-Leben wurde von seinen Anhängern – den Mäna-*

*den – als orgiastische Feste gefeiert. Im Exzess und Rausch einer oft maßlos gesteigerten Lust am Lebendigsein verdrängten sie den Tod mit seinen Schrecken. Berauscht überschritten die Mänaden die Schwelle in die jenseitigen Welten. Viele verwechselten ihre Erfahrungen mit dem Einzug ins Elysium. Ihre Erfahrungen waren ohne Substanz und oft am nächsten Morgen verblasst; die Suche begann von neuem. In ihrer Verirrung und Sucht nach zügelloser Leidenschaft, die sie als ihre Brücke in andere Welten ansahen, frönten sie der Zügellosigkeit. Im Delirium fremdartiger Hochgefühle taumelten sie kopfüber in die Abhängigkeit von Drogen. Damals wie heute folgen noch immer Zehntausende diesem Pfad.*

*So wurde Dionysos missverstanden. Aus der Erkenntnis über Leben und Tod, des Erwachens des wahren Wesens ins ewige Leben, wurde eine Verblendung und Verdrängung. Nur wenige erfreuen sich wahrhaftig am Lebendigsein. Nur wenige öffnen ihre geistigen Flügel, um das Mysterium des Lebens zu realisieren. Die meisten erhaschten nur einen flüchtigen Blick hinter die Kulisse der Lebensbühne. Statt zu leben und das Leben auszuschöpfen, tun sie nur als ob. Doch die Erfüllung in der Emotion und das Ertrinken in immer neuen Gefühlen ist schlussendlich nur eine Illusion. Das wahre Mysterium des Dionysos erkennen nur ganz wenige.*

*Apollon steht andererseits als die disziplinierte, kulturelle Kraft, die mit einem wachen Geist fokussiert und zielstrebig das höchste Ziel niemals aus den Augen lässt. Wie einer seiner Pfeile, folgt Apollon dem unsichtbaren Pfad durch die Dimensionen. Apollons Kraft als epischer Mythos mit seiner Verklärung öffnete die Imagination und die Kreativität, um über die musischen Höhen hinaus ins wahre Herz aller Dinge vorzudringen. Ob mit der Traumschau, der Stählung von Körper und Geist oder dem Studium des eigenen Lebens und der eigenen Träume, Apollon weist den Weg aus der Blindheit ins Licht, aus der Stummheit in den Tonstrom. Sein Weg streift ebenfalls alles Sterbliche ab, um geläutert die unsichtbaren Pfade zu beschreiten.*

*Doch auch Apollons Pfade sind voller Fallen und Tücke: Gesetze, Rituale und Dogmen, wie die Verblendung der Schönheit am Leib und der Seele, treiben ihre Stacheln ins Herzen derer, denen es an Unterscheidungsvermögen mangelte. Der Wahn nach ewiger Jungend verblendet die Massen; heute durch Pharmazeutika, Operationen und die Selbsttäuschung; Karikaturen ihres wahren Selbst wandeln zu Zehntausenden über die Erde.*

*Dienten Gesetze und Prinzipien einmal dazu, Geist und Seele zu reinigen, gleichen viele seit Jahrhunderten nur noch totem Dogma, das längst jeder Vernunft und Ethik beraubt ist. Immer neue Fratzen der Gier, der Angst und der Unsicherheit manifestieren Abhängigkeit und Starrheit, statt Apollons Befreiung.*

*Martin Holmström, sowohl die Kräfte von Apollon, wie auch die von Dionysos stehen Dir zur Verfügung. Beide bergen Mysterien, dir dein Herz zu erschließen, wie auch beide zur Verblendung und zum Aberglauben verleiten.*

*Wähle deinen Weg! Entscheide dich!*

Bestimmt schon fünf oder sechs Mal habe ich die Zeilen gelesen, kann mir aber keinen Reim darauf machen. Sicher ist nur: Wilton muss meine früherer Internetbekanntschaft Dionysos sein. Jetzt habe ich endlich den Beweis dafür.

Was plant mein Boss mit dem Text? Ich drucke mir die Zeilen aus, um sie in mein geheimes Tagebuch einzukleben.

Ich muss wählen! Zwischen Ekstase und Traum?

Ein anderes, wichtiges E-Mail ist von Dr. Lisson, einem der Sponsoren, mit dem ich mich gestern unterhalten hatte. Er lädt mich als Botschafter der Nudistenkampagne um vier Uhr ins British Museum ein. Weil ich nicht abermals vor vollendete Tatsachen gestellt werden will, recherchiere ich im Veranstaltungskalender des Museums über die heutigen Referate oder Führungen, kann aber nichts Verdächtiges entdecken.

Ich lasse sofort alles liegen und lasse mir von Eldon einen Stadtplan mit der kürzesten Route zum British Museum ausdrucken. Weil es auch heute heiß ist, tausche ich nur meine lange Anzughose in eine dunkelblaue Shorts, setze mir eine Sonnenbrille auf und spaziere in meinen Flip-Flops, mit Hemd und Krawatte, zum Treffen mit Dr. Lisson.

Kalter Schauer, heftiges Herzklopfen und eine Sehnsucht überkommt mich, als ich zur Mittagszeit von der *Great Russel Street* auf die antike Fassade des *British Museum* blicke. Andächtig bewege ich mich über den riesigen Platz zwischen den beiden rechts und links vorgelagerten Gebäuden vorbei zum Haupteingang. Gewaltige, doppelte Säulenreihen umgeben mich von drei Seiten. Längst habe ich die vielen Besucher ausgeblendet und wandle durch die Zeit zurück ins alte Griechenland. Wie ein Pilger ziehe ich mir die Flip-Flops aus, um barfuß den Tempel zu betreten. Niemand hält mich auf, doch das liegt daran, dass ich kein Ticket brauche, denn in London sind die Museen gratis. Drinnen gelange ich über eine Vorhalle in den Innenhof, der von einer Stahl-Glas-Konstruktion überdacht ist.

Mich zieht es in die Ägyptische Sammlung mit ihren Kolossalstatuen. Leider stolpere ich damit auch in eine Zeitfalle. Bevor ich auch nur einen Bruchteil davon gesehen habe, drängt mich die Zeit, mich an einen Museumsangestellten zu wenden, um Doktor Lisson mein Eintreffen mitteilen zu lassen. Als kurz darauf ein Kahlköpfiger mit Goatee und einer Hornbrille im dunklen Anzug auftaucht, erkenne ich ihn wieder. Dr. Lisson dürfte Sechzig sein, aber seine konservative Garderobe könnte ihn auch älter machen, als er tatsächlich ist.

„Bux“, schüttelt er mir begeistert meine Hand, „ich hoffte, du nimmst meine Einladung an. Wilton schlug dich schon vor Tagen vor. Nach dem gestrigen Abend hätte ich ohnehin dich erwählt. Du strahlst diese antike Zeitlosigkeit aus.“

*Antike Zeitlosigkeit?*

„Hast du dir die Skulpturen und Reliefs der griechischen Antike schon angesehen?“ Als ich meine beiden Schultern hebe und etwas zu begeistert zum ägyptischen Trakt schiele, lacht Dr. Lisson. „Vielen geht es nicht anders. Der Kopf *Amenhotep III*, der sitzende *Chephren,* die Büsten von *Ramses II* oder *Echnaton* schlagen viele in ihren Bann. Das Museum schließt um halb sechs. Ich kann dir die nächsten neunzig Minuten entweder eine private Führung durch die Antike Griechenlands anbieten oder wir machen das später zusammen mit dem Fotografen und ich erkläre dir dafür jetzt in meinem Büro alle Einzelheiten des Ablaufs?“

„Erst die Einzelheiten“, versuche ich nicht zu überrascht zu klingen. Dr. Lisson geht durch diverse Gänge voraus und verschwindet irgendwann in einer dieser Türen, die ein normaler Museumsbesucher übersieht. Über Treppen gelangen wir in ein oberes Stockwerk und in einen Flur mit verschlossenen Büros, bis wir Dr. Lissons Refugium erreichen. Sein Raum ist hell mit großem Dachfenster. Auf Pulten häufen sich Fotografien.

„Welche davon sprechen dich am meisten an?“, bietet er mir einen seiner Bürostühle an, damit ich es mir bequem machen kann. „Wilton hat dich bestimmt schon über alles informiert, darum komme ich gleich zur Sache. Ich denke, mehr als zehn sind nicht nötig, um das Konzept anschaulich zu vermitteln. Was denkst du, Bux?"

„Zehn klingt vernünftig", spiele ich den Aufgeklärten.

Dr. Lisson stellt sich hinter mich und langt zielsicher nach drei Aufnahmen mit Skulpturen: ein Diskuswerfer, Dionysos und irgendeinem Jüngling, der seine rechte Hand in die Luft streckt. „Was hältst du von denen? Diese unbedingt!", zeigt er auf den Diskuswerfer. „Beobachte den Verlauf seiner Muskeln, seine Haltung, seine Fußstellung!" Er tippt auf den abgewinkelten linken Fuß auf dem Foto. Natürlich habe ich früher schon Abbildungen dieser berühmten Skulptur gesehen, aber noch nie war jemand so begeistert von den abgeknickten Zehen, der Stellung der linken Hand, der Drehung des Brustkorbes, der Blickrichtung oder dem Gesichtsausdruck der Statue, wie jetzt Dr. Lisson. Immer neue Aufnahmen aus den verschiedensten Perspektiven aufgenommen, hält er mir unter die Nase. „Die Körperspannung und der Schwung sollten möglichst lebendig rüberkommen. Kriegst du das hin?"

Rasch registriere ich mit meinen Blicken die übrigen Motive auf den Fotos; ihre einzige Gemeinsamkeit – außer, dass es sich bei allen um männliche, griechische Götter, Helden oder Olympia Sieger handelt – ist ihre Nacktheit.

Mein Schweigen deutet er falsch: „Ich kann erhöhen!"

„Klingt gut!", tue ich so, als ob ich damit einverstanden sei. „Was passiert mit den Aufnahmen von mir?"

„Rund um den *Nudist Day* bieten wir Sonderführungen an. Abbildungen des lebenden Models werden in denselben Größen wie die Skulpturen, daneben gestellt. Auch in der Antike stand für jede Statue ein lebender Jüngling oder ein Mann Modell. Wir wollen den Alltag jener Zeit zum Leben erwecken! Was bewegte die Modelle und was die Künstler in der Antike? Wie lebten sie, wie arbeiteten sie, und so weiter."

„Lebendig werdende Statuen?"

Dr. Lisson gafft mich plötzlich seltsam entrückt an, dann steht er einfach auf und verlässt mit seinem Mobile Phone, in das er hastig eine Nummer tippt, sein Büro. Als er nach fünf Minuten zurückkommt, klopft er mir auf die Schultern. „Genau das machen wir!"

„Eine Live Performance?" Im Moment, als ich es ausspreche, verrät mir das Glitzern in Dr. Lissons Augen, dass er von etwas vollkommen anderem geredet hat. Leider blitzen seine Augen abermals.

„Nicht am *Nudist Day*, da hast du zu viele andere Termine wahrzunehmen. Doch vielleicht in Verbindung zu einem Vortrag oder einer Sonderführung?“ Dr. Lisson denkt laut, doch leider schnappt er sich einen Block und notiert sich seine Ideen. „Nur eine einzelne Szene, damit es nicht nach Fleischbeschau aussieht?“ Dr. Lisson nimmt mich nicht mehr wahr. Mein Verschwinden würde er bestimmt erst wieder bemerken, wenn das Fotografenteam an die Tür klopft. Schmunzelnd beobachte ich ihn von der Seite. War ich unbeabsichtigt seine Muse, die mit Worten Küsse der Inspiration weitergab? Erging es mir gestern ebenso, als mich Baylis mit seinen Bilder und Ideen zum Konzept *Nudist at Work* inspirierte?

Eh gerade ziemlich überflüssig geworden, zupfte ich mir ein paar der interessantesten Skulpturen raus: Dionysos, Apollon, Hermes, der Diskuswerfer, ein Dreizack schleudernder Poseidon und noch ein paar Fotos der Olympischen Sieger, sowie Figuren aus dem Pantheon Fries. Als Dr. Lisson nach einer Viertelstunde von seiner Inspirationsreise in die Gegenwart zurückkehrt, übe ich gerade die Haltung und den Gesichtsausdruck der Dionysos Skulptur.

„Fantastisch!“, klatscht er in seine Hände. „Sehen wir uns die Originale an!“ Abermals führt er mich durch das Labyrinth aus versteckten Gängen zurück in die Ausstellungshallen.

Natürlich treten wir genau beim Diskuswerfer aus einer unsichtbaren Tür in der Wand. Jetzt bei der Originalstatue erfasse ich Körperhaltungen und Gesichtsausdruck intuitiv. Bei meinen Verrenkungen, als ich die Haltung und Bewegungsabläufe der Skulptur danebenstehend kopiere, gaffen mich Museumsbesucher neugierig an. Bis auf die Tatsache, dass ich mich seltsam benehme und barfuß bin, unterscheide ich mich sonst nicht von ihnen, weshalb sie mich bald wieder ignorieren. Immer weniger Menschen ziehen andächtig durch die Hallen.

„In zehn Minuten schließen auch der Innenhof und die Eingangshalle. Das Fotografenteam erwartet mich an der Pforte. Bux, willst du mich begleiten?"

„Ich übe hier weiter die Posen des Dionysos' und Apollons."

„Das Museum ist jetzt offiziell geschlossen, fühle dich frei!"

Ein paar Minuten später, bringen mich die sich nähernden Stimmen nicht aus der Fassung. Längst habe ich mich ausgezogen, um ein besseres Gefühl für den Raum und meine Aufgabe zu bekommen. Ohne viele Worte hält mir der Fotograf einen Belichtungsmesser vor die Brust, schüttelt seinen Kopf und sieht sich um. Vor einer weißen Wand wiederholt er seine Messungen und die Beleuchter verlegen nach einem Nicken von ihm sofort Kabel, richten Scheinwerfer aus und lenken Licht mit runden, silbernen Reflektoren auf mich.

Die ersten Probeaufnahmen entstehen, während denen der Maskenbildner mir Flüssigpuder auf den Rücken sprayt. Da ich bei seinen Berührungen nicht zusammenzuckte, wandern seine Hände sofort zielsicherer über meine Schulterblätter und den Rücken bis zu meinem Po. Als er dort zögert, beuge ich mich breitbeinig vornüber und er fährt mit der Prozedur fort. Ein junger Beleuchter bietet seine Hilfe an, was meine Haut umso schneller optisch bald nahtlos in kühlen Marmor verwandelt.

„Es muss gleichmäßig aufgetragen werden", instruiert der Maskenbildner und korrigiert immer wieder Stellen. „Du sollst wie Marmor aussehen, nicht so hart werden", grinst mich der Maskenbildner an, als er bei einer weiteren Stelle zögert.

„Der legt sich nach einer Reibung von selbst", motiviere ich meine beiden Einreiber. Zum Schluss widmet sich der Visagist meinem Gesicht, schminkt mir meine Augen und Lippen mit einem blassen Oker und staubt zum Schluss nochmals meinen ganzen Körper mit mehligem Zeugs ein. Meine Haare besprüht er mit weißem Lack und formt mir Strähnchen. Als ich mein neues Erscheinungsbild nach einer Stunde in herbeigerolltem Standspiegel betrachte, wirke ich wie tot. Bleibe ich bewegungslos, sehe ich den Statuen erschreckend ähnlich. „Sollte ich nicht ein menschliches Modell imitieren?"

„Später!", winkt der Fotograf ab. „Erst manifestieren wir Dr. Lissons neueste Idee. Nutzen wir das verbleibende Tageslicht", zeigt er auf das Glasdach über uns. „Bux, nimm jetzt die gleiche Position wie der Diskuswerfer ein." Dazu reicht mir Dr. Lisson ein Plastikduplikat des Diskus. Es dauert, bis alle mit meiner Körperhaltung zufrieden sind. Danach soll ich möglichst langsam den ganzen Bewegungsablaufes eines Diskuswerfers nachahmen. Da ich im Sportunterricht diese Disziplin üben musste, fällt es mir leicht, mich daran zu erinnern. Immer wieder muss ich in die Ausgangslage zurück, um mich auf meinen Zehenspitzen um die eigene Achse zu drehen und so tun, als ob ich den Diskus wirklich werfen wollte. Nach jeder Einstellung werde ich nachgepudert. Wer selbst schon Model für Profifotografen war, weiß wie anstrengend solche Sessions sind. Meine Erektion ist längst verschwunden, denn ich sehe nicht nur wie toter Stein aus, ich fühle mich auch so.

Nach einer Unendlichkeit wechseln wir die Räume, damit ich dort zum Apollon werde. Mit einer Lyra in der rechten Hand und einem eingepuderten Mantel locker über die Schulter geworfen, blicke ich zielsicher auf den unsichtbaren Pfad durch die Dimensionen. Um die Illusion einer echten Statue nicht zu zerstören, tue ich es mit geschlossenen Augen, was es mir erleichtert, diesen Pfad mit meinem inneren Auge zu sehen.

„Erwache!", instruiert mich der Fotograf.

Das ist das verabredete Zauberwort, auf der echten Lyra einen Akkord zu schlagen; noch einen und noch einen bis ein Klang die Halle füllt, der mich alles andere vergessen lässt. Mit geschlossenen Augen kann ich die Schwingungen sehen, die sich wie Wellen von mir durch den Raum und weit darüber hinaus bewegen. Geistig surfe ich auf diesem entstandenen Klang-Ozean, wie ein Wellenreiter in der Brandung. Eine Lichtgestalt, so hell wie die Sonne selbst, erwartet mich am Rand der Welt und zeigt mit ihrer Strahlenhand in eine andere Realität.

„Du stehst am Scheideweg deines Lebens", spricht das Licht. „Martin Holmström, du musst wählen. Du kannst meinem Weg folgen und dich für Apollons Gaben und seinen Segen qualifizieren, doch du kannst auch Dionysos' Weg als den deinen akzeptieren. Mein Halbbruder wird dich in Dimensionen führen, die schrecklich, wunderbar und angsteinflößend sein werden. Du würdest auch in seinem Mysterium weit über alles hinausgehen, was du kennst und woran du glaubst. Oder!", sieht mich dieses hellleuchtende Gesicht ohne erkennbaren Züge direkt an, „du kannst auf der Schwelle verharren, dich abwenden und in dein altes Leben zurückkehren."

„Was erwartet mich, erwähle ich deinen Weg?", frage ich in Gedanken die Lichtgestalt, die der erwachte Apollon sein muss, der sich mir durch die Skulptur im Museum offenbart hat.

„Ich bin das Licht der Welt. Als ein Sonnengott stehe ich für Erleuchtung und das Feuer, das alles verbrennt, was nicht rein ist. Als der Gott der Heilkunst vermag ich jedes Herz zu entflammen, damit sein Licht die Dunkelheit aus all deinen Körpern, deinen Gedanken und Erinnerungen vertreibt. Mein Weg ist der Pfad zur Selbsterkenntnis. Mensch, erkenne dich selbst! So stand und so steht es über den Tempeln, die mir geweiht sind. Die Suche nach deinem wahren Wesen und die Realisation davon, führen dich in die Abgründe deiner Seele. Du musst symbolisch den Drachen Python besiegen, wie ich einst. Nur, indem du das Monster in dir besiegst, erlangst du spirituelle Freiheit. Was du in London bisher erlebt hast, ist nur die äußerste Oberfläche, von dem was möglich ist. Hemmungen, Prüderie, Engstirnigkeit oder Scham haben wenig mit den Hüllen zu tun, die du noch nicht einmal als das erkannt hast, was sie sind."

Leider holen mich neue Instruktionen des Fotografen in die Realität zurück. Die Lichtgestalt verschwindet, die Lichtfluten ebben ab und diese himmlischen Töne verblassen, da ich sie mit meinen physischen Ohren nicht mehr hören kann.

„Bist du bereit für Dionysos?", fragt mich der Fotograf. Als ich nicke, reicht er mir einen weiß bemalten Reif, den ich mir wie eine Krone aufsetze, damit der Maskenbildner daran weiß eingesprühte Traubendolden und Efeublätter befestigen kann.

Die Dionysos Statue steht im gleiche Raum wie die des Apollons, warum kaum Zeit mit der Installation der Scheinwerfer benötigt wird. Der Maskenbildner drapiert einen Mantel so über meinen Schultern, dass er nur die linke bedeckt und sich über meinen Rücken nach vorne schwingt. Hinten öffnet sich der Stoff und bedeckt so auch meine Beine, doch ich muss den Saum des Mantels mit der linken Hand vorne so tief halten, dass weder meine Brust noch mein Penis verdeckt werden. Zum Schluss bekomme ich eine weitere, extrem üppige Traubendolde in meine linke Hand gedrückt. Da ich später von den Trauben essen soll, sind sie nicht besprüht, sondern saftig dunkelrot.

Das neue Shooting kann beginnen.

*Nur wenige erfreuen sich wahrhaftig am Lebendigsein. Nur wenige öffnen ihre geistigen Flügel um das Mysterium des Lebens zu realisieren.* Immer wieder geistert dieser Ausschnitt aus Wiltons E-Mail durch meine Gedanken. Nehme ich wahrhaftig am Lebendigsein teil? Öffne ich meine geistigen Flügel? Apollons Weg ist der ins Licht, hindurch durch all meine Schwächen hin zu meinem wahren, reinen Selbst. Doch Apollons Weg ist ein vergeistigter. Auch wenn der Gott Apollon für die Jugend, den Sport und die Schulen und Akademien steht, was mich alles anspricht, so ahne ich, dass etwas anderes auf mich wartet.

Als der Fotograf mich als bewegungslose Statue eine gute halbe Stunde aus jeder erdenklichen Position heraus fotografiert hat, erteilt er die Instruktion, auf die ich sehnsüchtig warte: „Erwache!"

Diesmal soll ich mir dazu als Dionysos einzelne Trauben von der Dolde in meiner linken Hand zupfen und sie mir in den Mund schieben. Wie saftig diese Trauben sind? Ich wiederhole den gleichen Bewegungsablauf unzählige Male. Da spüre ich es plötzlich. Etwas Schlafendes erwacht, etwas tief in mir Verborgenes reckt sich. Ich straffe meine Schultern und lasse den Mantel rücklings auf den Boden gleiten. Natürlich habe ich keine Flügel und natürlich kann ich sie nicht entfalten, doch genauso fühlt es sich an. Aus meiner anfänglich sinnlichen Haltung wechsle ich zu einer aufrecht starken.

„Bist du bereit, das Leben voll und ganz zu umarmen?", fragt mich eine schlanke, hochgewachsene Gestalt mit einem Weintraubenkranz auf dem Haupt und blumengeschmücktem Leib. Es ist Dionysos. Anders als in meinen Träumen ist er weder dick, noch bärtig, noch entlarvt ihn seine Nase als Säufer. Auch sieht er Wilton kein bisschen ähnlich. Dieser Dionysos scheint zeitlos und das Urbild seiner göttlichen Erscheinung zu sein.

„Wer bist du?“, frage ich überflüssig.

„Das, was du in mir erkennen kannst. Ich habe während den Zeitaltern unterschiedlichste Verkörperungen angenommen: ich war dick und dünn, groß und klein; ich war Asiate, Inder, Grieche, Amerikanischer Ureinwohner und ja, ich war Jude, Engländer, Franzose, Russe und hundert andere. Doch ich, als der ewige Dionysos, bin frei von Hüllen und Masken. Selbst was du jetzt sehen kannst, ist nur eine Projektion deines eigenen Bewusstseins, wie du auch schon zuvor Apollons Seele begegnet bist. Bevor du dich nicht über Zeit und Raum hinweg in die Welten des Seins bewegen kannst, wirst du immer mit Projektionen, Hüllen und Masken zu tun haben. Nur ein Gott vermag einen Gott in seiner wahren Gestalt zu erblicken. Vielleicht vermagst du das in der Zukunft, doch jetzt hat deine Reise ins wahre Sein eben erst begonnen.“

„Warum ich?“, sehe ich diesem vergöttlichten Abbild eines so missverstandenen Gottes in die Augen.

„Du hast dich Leben um Leben darauf vorbereitet. Natürlich erinnerst du dich nur in vagen Visionen daran.“

„Was ist mit Wilton?“, platze ich fast vor Neugier.

„Er ist die Personifikation des Dionysos der Gegenwart. Du könntest ihn einst ablösen.“

„Und falls ich das gar nicht will?“, nuschle ich.

„In dir erwacht dein wahres Potential. Du entdeckst gerade deine Lust und ebenso die Lebensfreude; beides ist nur ein Abklatsch dessen, was sie verhüllen.“

„Noch mehr Masken und Roben?“, klage ich.

„Ich bin das Leben, das sich immer wieder aufs Neue ausdrückt. Alles, was aus dem Sein in den Schein der Schöpfung tritt, tritt aus mir heraus. Ich bin der Anfang und ich bin das Ende. Ich bin der Wandel. Ich bin die Geburt, das Wachstum, die Reife und der Tod. Meine Masken sind der Kreislauf des Lebens und meine Roben die Millionen und aber Millionen von Erscheinungsformen; alle werden sie erfunden oder geboren; alle werden sie vergessen oder sterben; alle kehren sie über die Schwelle vom Schein zurück ins Sein. Als mein Schüler wirst du die Illusionen erkennen. Du wirst hinter allen und allem das pure Leben entdecken lernen. Das ist die Freude, das ist die Ekstase, die viele suchen und kaum einer je findet. Mein Weg ist ein dorniger und einsamer, denn mit jeder Illusion, mit jeder Maske und mit jeder Robe, die fortgerissen wird, wirst du mehr und mehr entdecken, wie die Menschheit am Schein hängt, statt das Wirklich zu suchen. Deshalb liebe das Leben, umarme es – doch sei dir immer bewusst, das wahre Leben trägt keine Masken."

Als ich ferne Trommeln, Flötentöne und das Summen tausender Bienen höre, reiße ich meine Arme in die Luft, um mich Dionysos' Weisheit hinzugeben. Dabei zerquetsche ich die Traubendolde in meiner Hand, dann die auf dem Kranz, dass roter Saft mir übers Haar und mein Gesicht tropft. Mit meiner Zunge lecke ich mir das Blut der Früchte von meinen Lippen, werfe meinen Kopf in den Nacken und stoße einen Schrei aus.

Als ich meine Augen nach diesem Augenblick tiefster Verzückung wieder öffne, gaffen mich alle mit offenen Mündern an. Traubensaft sickert über meinen Körper und wäscht mir in kleinen Rinnsalen den Tod vom Leib. Die roten Bächlein sehen aus wie Risse, die den harten Marmor zerreißen. Als ich an mir runtersehe, bin ich hart erregt und muss gerade einen heftigen Orgasmus erlebt haben, denn nicht alle Flecken auf dem Boden sind Traubensaft oder aufgelöste weiße Farbe.

„Kann ich mich irgendwo abduschen?", durchbreche ich das betroffene Schweigen aus Schock, Belustigung oder Fassungslosigkeit. Dr. Lisson führt mich wortlos über das Labyrinth zu einem versteckten Badezimmer.

Als unter der Dusche die weiße Farbe in Sturzbächen von mir gewaschen wird, fühle ich mich befreit und wie neu geboren. Ich habe meine Wahl getroffen: ich entschied mich für den Pfad des Dionysos'.

Die restliche Fotosession, jetzt als menschliches Model, ist nicht minder anstrengend. Immer mal wieder blicke ich nach oben, doch die Sonne ist längst untergegangen und einzelne Sterne blitzen hoch über mir am Nachthimmel.

Kurz vor elf Uhr bricht der Fotograf zum Glück ab. Ich bin extrem müde geworden und kann kaum noch Spannung und Ausdruck halten. Kaum ist das offizielle Shooting beendet, entspanne ich mich, umarme ein paar der Statuen und setzte mich einer sogar auf den Schoß. Erst jetzt fällt die Ernsthaftigkeit, die seit meinem Erwachen als Dionysos-Statue alle befallen hat, wieder ab. Das neue Lachen über meine Albernheiten ist die letzte Befreiung aus dem toten Muster der Vergangenheit, einer weiteren Maske der Ernsthaftigkeit.

## Das Schicksal will mich tot sehen

Fix und fertig besteige ich ein Taxi vor dem British Museum und schleiche mich ins Hotel und in mein Zimmer. Keiner spricht mich an.

Noch immer habe ich das Gefühl, Puder an verstecken Stellen zu entdecken, weshalb ich mich nochmals lange heiß abdusche. Schläfrig kuschle ich mich ins Bett und drifte sofort in einen seltsamen Traum:

„Dein Schicksal erfüllt sich!“, flüstert eine tief und unheimlich klingende Stimme nahe bei meinem Ohr.

Ich liege in einem düsteren, übelriechenden Hinterhof am Boden und kann mich nicht bewegen.

„Aus deinem Lächeln entstehen Götter“, fährt eine zweite Frau fort.

„Deinen Tränen speisen die Ozeane“, murmelt eine dritte. Wahrscheinlich kniet sie neben meinem toten Leib.

„Dein Fleisch wird zur Frucht der Welt. Schwestern, lasst uns kosten“, klingt die erste vergnügt und hungrig.

Mir ist schon viel Seltsames passiert. Mein Opa erzählte mir seit ich ein Kleinkind war, Geschichten über die alten Götter der Griechen. Ob mich gerade drei Göttinnen besuchen? Ein Mensch würde anders zu einem Sterbenden sprechen.

„Deine Knochen werden zur Wirbelsäule der Erde, junger Zagreus. Wehre dich nicht! Erfülle dein Schicksal!“

Eigentlich müsste ich in Panik ausbrechen oder flüchten. Doch das erste scheint mir unnötig und das zweite ist mir unmöglich. Langsam kann ich mich erinnern, was passierte: Ich wurde niedergeschlagen. Ich bin bewusstlos. Wie unsinnig sich dieses Wort *bewusstlos* gerade in meinen Gedanken anhört? Mein Gehirn hat ausgesetzt, aber bin ich deswegen bewusstlos? Nein, denn ich kriege alles mit, was um mich herum passiert; ich kann es nur niemandem zeigen oder mitteilen.

Ich höre *Bare-Baldo's* dominante Stimme in der Nähe über sein Mobil Phone mit der Polizei reden. Gleichzeitig ruft Mikey die Ambulanz. *Precious-Prem* diskutiert viel zu schrill und aufgelöst mit *Demons-Child* und anderen aus dem Club, in dem ich gerade noch probte. Jeder von ihnen trägt rasch angezogene Unterhosen, Bademäntel oder einfach

Handtücher umgewickelt. Ob einer dieser Figuren die drei Frauen sehen oder hören kann, die mich mit ihren Prophezeiungen in Panik versetzen?

„Aus deinem Blut erhebt sich ein neues Geschlecht“, spricht wieder die erste.

Ich versuche, der Stimmen Gestalten zu sehen, doch was ich erblicke, sind nur drei schwarz verhüllte Frauen, eine jede mit vermummtem Gesicht. Die drei sind definitiv keine Menschen, wenn sie auch in menschlicher Gestalt erscheinen.

„Lass los!“, ermutigt mich die Frau mit der tiefen Stimme.

„Wer wiedergeboren werden will, muss erst sterben!“

„Sterbe ich gerade?“, frage ich dumm. „Bin ich tot?“ Da ich meine Lippen nicht bewegen kann, muss ich es denken, doch die Frauen scheinen mich zu hören und auch zu verstehen.

„Zagreus muss sterben!“, nickt die jüngst Aussehende.

„Wer ist Zagreus? Mein Name ist nicht Zagreus, ich bin Martin Holmström, doch alle nennen mich Bux!“

Statt ihre Verwechslung zu akzeptieren und Reißaus zu nehmen, beugen sich die drei Frauen über meinen Leib, um mir in die Augen zu sehen. Ich ahne, wer die drei sein könnten. Opa sprach in seinen Geschichten oft von den Schicksalsgöttinnen. Aber diese *Moiren*, wie sie genannt werden, nehmen nur selten Gestalt an, um die Wege eines Sterblichen zu kreuzen.

„Bereust du deine Entscheidung?“

„Welche Entscheidung?“, frage ich des Schicksals erste Manifestation.

„Die Trauben statt dem Lorbeer gewählt zu haben“, antwortet mir *Klotho*, die Weberin des Schicksals.

„Ekstase statt Ordnung!“, fährt die zweite der unheimlichen Frauen fort. Ich kann von ihr nur ihre dichte, rote Lockenpracht sehen und in einer ihrer Hände Würfel und Knochen. Dies muss *Lachesis*, die Hüterin des Karma, die Zuteilerin von Zufällen und Schicksalsschlägen, sein.

„Dein neuer Weg führt dich in eine esoterische, fundamental ernste Dimension, die nur deine andere Seite auszubalancieren fähig ist.“ Die dritte muss *Atropos* sein, die Vollstreckerin des Schicksals, die unbarmherzige Schnitterin des Lebensfadens.

Ich suche nach einer Schere, einer Sichel oder einem Messer, doch Atropos’ Hände sind leer. „Ich verstehe nicht“, gebe ich zu. „Seid ihr nicht gekommen, mein Leben zu beenden?“

„Bux“, kniet jetzt Mikey neben mir und hält meine Hand. Ich fühle die Wärme. Mikey ist ein Mensch. Mikey ist echt. „Bux, stirb nicht! Der Krankenwagen ist unterwegs. Bitte, halte durch!“ Mikey weint. „Ich habe Seth informiert. Dein Lover wird bald hier sein. HALTE DURCH! GIB NICHT AUF!“

„In deinem Wesen ähnelst du Hades“, spricht abermals Klotho mit der tiefen Stimme. „Du könntest wie Osiris, ein Auferstandener von den Toten, ein Wächter der Mysterien, ein Wissender über die Wiedergeburt werden. Du könntest Herr zweier Welten sein. Akzeptiere dein Schicksal, Sterblicher!“

„STIRB ODER STEHE AUF!“, befiehlt mir jetzt die jüngst aussehende der drei Moiren. Doch Lachesis’ Erscheinungsbild ist so ungewiss, wie alles, was das Schicksal zu bieten hat.

Greife ich nach meinem Schicksal, versteckt es sich; lehne ich es ab, verfolgt es mich; kämpfe ich dagegen an, geißelt es mich. „Bin ich nicht längst tot?“, frage ich. Da ich noch immer am Boden liege und mich nicht bewegen kann, ahne ich, dass ich entweder meinen Leib schon aufgegeben oder mich noch nicht von meinem gerade abgelegten Leben gelöst habe.

Je länger ich des Schicksals Manifestationen ansehe, desto klarer erscheinen sie mir: Klotho ist hochgewachsen und schlank. Statt einem Gesicht trägt sie eine Ledermaske mit menschlichen Zügen. Die zweite Moira spielt jetzt mit Fingerknochen, die sie als lange Kette um ihren Hals trägt. Auch ihr Gesicht wird von einer Maske verdeckt und extrem gelocktes Haar wuchert aus ihrem Kopf, wie die Krone einer alten Eiche, die sich im Sturm bewegt.

Dann rückt die dritte Moira näher. Ihr Gesicht ist nur mit einem schwarzen Schleider bedeckt. Sie wirkt uralt und jung zugleich. „Junge, umarme den Tod!“, flüstert sie mir zu.

„Überschreite die Schwelle!“ Lachesis‘ Feuerhaar glüht jetzt wie die letzte Hoffnung oder wie Fangarme, die mich binden oder in mein Schicksal zerren wollen.

„Dein altes Selbst hat seine Aufgabe erfüllt!“, kichert das Ledergesicht und breitet einen frischgewebten Teppich über meinem Leichnam aus.

„Bist du bereit?“, fragt mich Atropos und hält plötzlich einen rostigen Dolch in ihrer rechten Hand. Wahrscheinlich habe ich genickt, denn

Atropos' Dolch verschwindet und stattdessen erscheint eine brennende Kerze in ihren Händen. Mit einem kräftigen Atemstoß bläst sie sie aus.

Ist so sterben? Es stimmt tatsächlich: im Moment des Todes, diesem Augenblick des Erlöschens des Lebensfunken, beleuchtet sein Licht ein letztes Mal die Geschehnisse des verblassenden Lebens. Wie bunte Steinchen durcheinander geworfen, formen Eindrücke und Erlebnisse kaleidoskopisch immer neue Bilder und projizieren sie an den Rand des Bewusstseins. Es funkelt. Es blitzt. Es schmerzt. Eindrücke und Erinnerungen wirbeln wie tanzende Kobolde durch meinen Geist, einem Reigen des Wahnsinns ähnlich. Die Chronologie meines Lebens ist aufgehoben. Was ich jetzt sehe, sind die hellsten Momente meines vergangenen Lebens; Funken neuer Hoffnung, Felsen in der Brandung der stetigen Veränderung.

Die Hände der Moiren greifen in mein Schicksals ein. Sie tun ihr Werk. Die Schicksalsgöttinnen lüften den Vorhang des Vergessens, damit auch Szenen die Bühne dieses Rückblicks betreten können, denen ich, als ich noch lebte, keine oder kaum Beachtung geschenkt hatte. Vieles was jetzt vor meinem geistigen Bildschirm aufblitzt, will ich nicht sehen. Ich hoffte, es für immer vergessen zu haben. Im letzten Licht meines Lebens öffnen sich die hässlichsten Austern, um ihre Perlen zu offenbaren. Es sind Hunderte. Bevor ich staunend danach greifen kann, schnappt sie sich Atropos. Sie durchbohrt jede einzelne und Klotho fädelt die Perlen zu einer Kette, während Lachesis auf die Reihenfolge achtet. Bisher unzusammenhängende Sequenzen meines Lebens erzählen mir jetzt Geschichten, wie ich sie so noch nicht erkannt habe. Im Unsinn erkenne ich Sinn; Unnötiges wird Wertvoll und Banales funkelt als neue Erkenntnis.

„Bist du bereit?“, flüstert die tiefe Stimme Klothos.

Als ich nicke, packen mich ihre Hände und ich schreie panisch auf.

Schweißgebadet liege ich in London in meinem Bett. Immer und immer wieder fasse ich mir an den Kopf, doch da ist kein Blut, keine Wunde oder ähnliches. Ich zünde alle Lichter im Zimmer an, um diesen Albtraum in den dunklen Schatten, aus dem er gekrochen ist, zurückzustoßen. Nur langsam beruhigt sich mein Herzschlag und mein Atem wird gleichmäßiger.

Das Hotel interne Telefon klingelt.

Als ich meine Armbanduhr checke, ist es schon drei in der Früh.

Wer ruft mich jetzt noch an? Da ich eh wach und dankbar für jede Ablenkung bin, hebe ich ab.

„Bux, ist alles in Ordnung?", erkundigt sich Wilton. „Ich kam gerade heim und wollte in meine Räume, als ich aus deinem Zimmer Schreie hörte."

„Nur ein Albtraum! Mir geht es gut!"

„Kannst du dich an Details erinnern?", fragt Wilton und als ich bestätige, fordert er mich auf, augenblicklich das noch so kleinste Detail darüber aufzuschreiben.

Was ich sofort tue. Bis auf dieses kaleidoskopische Schauspiel ganz am Ende des Albtraums, kann ich mich sogar noch an die Dialoge, die Panik in Mikeys Stimme und die anderen Namen von Personen erinnern, die ich nicht kenne: *Demons-Child, Bare-Baldos, Precious-Prems.*

Montag: 12. Mai

Wilton ist den ganzen Tag abwesend, weshalb ich die Zeit nutze, liegengebliebene Post zu beantworten, Bestellungen zu tätigen und endlich die überfälligen Rechnungen zu buchen. Die Zeit vergeht im Fluge und mein Albtraum ist so gut wie vergessen. Ich träumte früher sehr oft von mythologischen Gestalten, eigentlich dürfte mich eine Begegnung mit dem personifizierten Schicksal nicht so stressen. Irgendwann werde ich in meinem geheimen Tagebuch den Albtraum nachlesen und darüber lachen. Ich bin froh, dass ich die Disziplin aufbrachte, alles zu notieren, denn bereits jetzt weiß ich so gut wie keine Details mehr. Nur die ulkigen Namen, wie: *Demons-Child*, *Bare-Baldo* und *Prescious-Prem*, kann ich nicht vergessen.

Kurz vor sechs Uhr abends ruft mich Mikey aus der Bar an: „Bux, treffen wir uns in der Lobby oder in deinem Zimmer?"

Warum ruft mich Mikey heute an? „Alter, was geht ab?"

„London Jacks! Heute ist *Wanking-Monday*! Danach Probe für die Performance am Nudist Day. Wir haben doch vor dem Sponsorentreffen darüber gesprochen; du hast zugesagt!"

Das habe ich total vergessen. „Yep! Ich bin in zehn Minuten in der Lounge."

Später mit Mikey im Hinterhof beim roten B wartet ein schräger Vogel auf uns. Er trägt einen dunkelroten, seidigen Morgenrock und darunter, wohl verdeckt, aber dennoch erkennbar, ein Korsett. Die Drag Queen ist extrem geschminkt; eigentlich besteht ihr Gesicht nur aus riesigen Augen mit falschen Wimpern und Glimmer und diesem gewaltigen Mund, dessen Lippen mit allerlei Rottönen abartig riesig wirken.

„Hi, *Precious-Prem*!", reicht Mikey der Tunte seine Hand zum Gruß.

Augenblicklich fühle ich mich unwohl. Rasch checke ich den Hinterhof: dort drüben, nahe den Abfallcontainern und dieser angepissten Wand lag ich im Sterben auf dem Kopfsteinpflaster.

„Bux, darf ich dir einen Freund von mir vorstellen?", zeigt Mikey auf den etwa fünfzigjährigen Travestiekünstler.

„Erfreut, Schätzchen", erklingt seine Bass-Stimme und sein gewaltiges Maul spitzt die Lippen zum Kuss. „Dein Bild hängt in meinem Schlafzimmer", gafft er mir vorne auf meine knielangen Shorts mit den aufgenähten Taschen.

Ich nicke zum Gruß.

„Precious-Prem ist der Besitzer des Theaters und in London ein berühmter Burlesque Künstler."

„Nicht doch", winkt der ab. Dann fokussieren mich diese Augen und die Tunte lächelt viel zu begeistert. „Bux, du schließt dich unserer Truppe an?"

Da mir nie jemand etwas verrät, zucke ich nur mit meinen Achseln. „Mit Kostümen habe ich nicht gerechnet", mustere ich die schrille Person.

„Schätzchen, du gefällst mir!", zwinkert mir Precious-Prem keck zu, was mit diesen falschen Wimpern und all der Schminke zum Fürchten aussieht. „Die *London Jacks* benutzen heute den Proberaum im Keller, damit wir die Bühne und das Theater zur Probe frei haben. *Demons-Child* will mit uns allen die geänderte Choreografie durchgehen", die Drag Queen schnaubt: „Jungs, das kann dauern!"

Noch einer der Namen aus meinen Albtraum! Ich sollte rechts umkehren und schleunigst von hier verschwinden, um nie wieder einen Fuß in diesen Hinterhof zu setzen. Ich will weder zusammen geschlagen, noch sterbend vom Schicksal gefressen werden! Mutig frage ich: „Wird *Bare-Baldo* heute auch dabei sein?"

„Wer?", sieht mich Precious-Prem verwundert an, vielleicht auch wütend oder amüsiert, das ist bei all der Farbe und den Pailletten rund um die Augen schwer zu sagen, zudem schneidet das Wesen unentwegt Grimassen.

„Bare-Baldo tritt nicht mit auf?", dopple ich nach.

„Ich habe noch nie von einem Bare-Baldo gehört, mein hübscher Spatz!", pikst mich der schräge Vogel mit seinen falschen Fingernägeln in die Brust. „Ist er ein Freund von dir? *Bare* klingt interessant", leckt sich das Paradiesmonster seine Lippen. „*Bare* mag ich die Jungs am liebsten. Bist du vielleicht selbst dieser nackte Baldo?", umgarnt mich das Wesen.

Da Bare-Baldo bei meinem Albtraum dabei war und alle ihn kannten, atme ich auf. Zumindest heute Abend dürfte ich hier sicher sein –

falls ich überhaupt von meiner Zukunft geträumt habe? Um von meinem Unwohlsein abzulenken, provoziere ich: „Wichsen kann ich immer und überall, doch in einer Performance mitmachen nicht!"

„Kannst du das?", stemmt sich die Drag Queen ihre Hände in die Hüften und mimt die Pose einer Diva, wobei sich ihr seidiger Fummel vorne öffnet und ich einen Blick auf Korsett und Strapse darunter werfen kann – alles in Schwarz mit glitzernden Perlen bestickt. „Huch!", schließt das Wesen theatralisch seinen Fummel, bevor noch das Höschen sichtbar wird.

„Ich kann aber weder singen noch besonders gut tanzen", werfe ich ein.

Die folgende Grimasse lässt mich laut auflachen. Dieser Precious-Prem ist unglaublich komisch. „Einen guten Wichser können wir immer brauchen!", hakt er sich bei mir unter und stolziert mit seinen Pumps über das Kopfsteinpflaster zum Vordereingang ins Theater. „Schätzchen", sieht er sich nach Mikey um, „kannst du hier die Stellung halten und alle darüber informieren, heute nicht die Hinterbühne fürs Treffen zu benutzen, sondern den Proberaum im Keller? Ich", tippt sich Precious-Prem danach auf seine Brust und zwinkert mir zu, „hätte ja rein gar nichts gegen fünfzig Wichser im Publikum, aber unser lieber Demons-Child tut immer *so professionell*!"

Schallend lachend lasse ich mich von diesem Wesen ins Theater führen. Damals, als ich mit Pimlico zu einer Vorstellung hergekommen bin, war alles ausgeleuchtet, jetzt spendet nur eine einzelne Laterne etwas Licht im Eingangsbereich und flimmernde Lauflichter am Boden führen uns einen Gang entlang zu einem von zwei Eingängen in den Zuschauerraum hinein. Die Vorführräume eines jeden Cinemaxx sind wahrscheinlich größer als dieses Theater, doch mit dem Balkon und den Logen ist das hier einiges spezieller. Der feuerrote Bühnenvorhang scheint im Scheinwerferlicht zu brennen.

„John, bist du hier?", ruft Precious-Prem durchs leere Theater in Richtung Bühne. „Ich habe dir Bux gebracht."

„Hier her!", erscheint eine hochgestreckte Hand.

„Na, geh schon!", schupst mich Precious-Prem wie ein scheues Kind den Gang zur vordersten Reihe runter. „Der Regisseur will dich kennenlernen."

„Demons-Child!", stellt sich mir John mit seinem Künstlernamen vor. Er trägt nur eine löchrige Jeans. Seine langen Haare, wie sein unrasiertes Gesicht passen zum Hippie. Seine Tattoos auf dem nackten Oberkörper, durchstochene Brustwarzen mit Ringen daran, ein Bauchnabel Piercing, Ohrringe und eine Glitzerkette auf seiner behaarten Brust, runden das Bild ab. Wenigstens riecht Demons-Child nicht wie sein Künstlername, sondern angenehm nach Sandelholz.

„Willst du etwas trinken?" Da ich nicke, schlurft er barfuß zum Aufgang der Bühne, holt sich aus einem Eiskübel zwei Flaschen Bier und winkt mir mit einer davon zu.

„Lieber Ginger Ale oder ne Coke!"

„Bist du krank?" Als ich nicht antworte, gibt er mir mit einem Wink zu verstehen, ich solle zu ihm kommen. Auf der Bühne im Scheinwerferlicht kann ich seine Augen sehen, die vom Drogenkonsum oder unzähligen Feiernächten stark gezeichnet sind. Er ist dünn, ohne sichtbare Muskeln. Sein Alter kann ich nicht abschätzen; er könnte Anfang dreißig, aber so verlebt wie er aussieht, auch durchaus fünfzig oder älter sein.

„Hast du Bühnenerfahrung?", fragt er mich und reicht mir ein Mineralwasser, das einzig nicht-alkoholische Getränk in seiner mit Eiswürfeln gefüllten Plastikwanne.

„Ich bin das Gesicht des diesjährigen *Nudist Days*. Letzte Woche bei den *London Jacks* schlug mir ein Typ mit langen, blonden Haaren vor, ich solle ..."

„*Bare-Baldo*?"

„Seinen Namen kenne ich nicht, doch er scheint bei den Wichsern was zu sagen zu haben."

„Ja, ja, das ist Bare-Baldo! So nennt er sich neuerdings, wenn er als Burlesque Künstler auftritt. Er solle eigentlich schon lange hier sein."

„Precious-Prem kennt keinen Bare-Baldo."

„Unmöglich!", schüttelt der Regisseur seinen Kopf. „Warte, doch! Bare-Baldo nannte sich bei der letzten Performance noch *Wanking-Angel*, doch so ein Name verpflichtete, meinte er, weshalb er ihn änderte."

Alle drei aus meinen Albtraum werden heute hier im Theater sein. Wo ist der Ausgang? Ich muss hier raus!

„Bare-Baldo!", brüllt Demons-Child, als ein blonder Typ in braunem Anzug im Zuschauerraum auftaucht. „Hast du das neue Drehbuch dabei?"

„Logo!", schwenkt der Blonde mit drei Seiten. Leider folgen ihm an die zwanzig Männer jeden Alters im Schlepptau, sowie auch Mikey und die Drag Queen.

„Bux!", eilt Wanking-Angel alias Bare-Baldo auf mich zu, um mich stürmisch zu umarmen, als ob wir die besten Freunde wären. „Du machst mit? Cool!" Dann brüllt auch er jemanden an, der offensichtlich nicht mit ihm aus dem Foyer reingekommen ist. „Öffne den Vorhang!" Kurz darauf setzt laute Musik ein und der Vorhang schiebt sich theatralisch auf.

„Verdammt noch mal, stell den Lärm ab!", brüllt jetzt Demons-Child. Er fasst sich an den Kopf, als ob er unter einem grässlichen Kater leiden würde. „Den zur Hinterbühne auch!" Abermals setzt die Musik ein und einmal mehr flucht der verkaterte Regisseur.

Wie letzte Woche stehen alle möglichen Sitzmöglichkeiten auf der Hinterbühne. Demons-Child winkt alle zu sich, um im Kreis die Änderungen des Drehbuches zu besprechen.

Aus dem Schatten tritt Powell, natürlich bis auf seine Springerstiefel und schwarze Lederhandschuhe splitternackt. Da seine Erektion abermals kaum härter werden kann, bin ich überzeugt, er ist ein Viagra-Junkie. Einige der Jungs begrüßen den Angeber, in dem sie ihm anderes als seine Hand schütteln. Powell ist hier wirklich der Schwanz der Gruppe!

„Stummelschwanz!", spricht er mich an, als er mich unter den anderen entdeckt. „Hast du es noch immer nicht kapier? Verpiss dich!" Dazu vollführt er vulgäre Bewegungen.

Precious-Prem ist angetan vom Vollidioten, öffnet seinen Bademantel und lässt ihn spektakulär sinken: Korsett, Strapse, Netzstrümpfe, Pumps, doch kein Höschen. Die Drag Queen legt ihren rechten Arm um Powells Hüften und zieht ihn zu einer Couch, um sich mit ihm darauf zu setzen und dabei die Schenkel des platinblondgefärbten Riesen zu streicheln. Powell sieht mich dabei triumphierend an, als ob ich neidisch werden müsste.

„Schätzchen", winkt mir die exhibitionistische Tunte zu, „setz dich! Powell und du seid doch unsere beiden Stars!"

Der blonde Riese spuckt vor sich auf den Boden.

„Kollegen!", breitet Bare-Baldo seine Arme aus. Augenblicklich kehrt Ruhe ein und alle sehen ihn gebannt an. Letzte Woche beobachtete ich dieses Phänomen schon einmal. Der so unscheinbar, konservativ wirkende Mann verfügt über eine angeborene Dominanz, die er wie einen

Schalter umkippen kann. „Besprechen wir das Stück und verteilen die Hauptrollen. Powell", zeigt er auf das Bürschchen, das sich von Precious-Prem die Eier kraulen lässt. „Du oder Bux übernehmt die Rolle des Moderators."

„Meine Rolle trete ich doch nicht an diesen ausländischen Versager ab!", springt Powell auf die Couch hoch, wo er breitbeinig stehen bleibt und mit seinem Ding auf mich zielt, als ob er mich damit abschießen könnte. „Dieses Teil hier", präsentiert er seine Waffe, „wollen die Zuschauer anbeten! Ich bin der Schwanz der Performance! Verstanden? Wer will schon das Stummelschwänzchen dieses Weicheies sehen?"

„Bux?", sieht Bare-Baldo zu mir hinüber, als ob er von mir eine ähnlich peinliche Show erwarten würde.

„Ich bin draußen!"

„Warte!", ruft Mikey. „Lass dich von dem nicht unterkriegen!", zeigt er heimlich auf Powell, der sich als Star von diesen Verrückten verehren lässt.

„Leute!", richte ich wieder mein Wort an die Gruppe, „ihr habt's gehört! Zudem bin ich weder ein Stripper, noch ein Burlesque Künstler, noch ein Moderator. Ich bin einfach ein Nudist. Das Rampenlicht ist nicht mein Ding!"

„Verzieh dich, Schlappschwanz!", triumphiert Powell auf der Couch. „Keiner braucht dich!"

„Bux", legt Bare-Baldo seinen rechten Arm um meine Schulter. „Im Stück geht es um Toleranz und die Freiheit, sich nackt auszudrücken. Willst du nicht bis nach der Besprechung bleiben? Ich bin sicher, wir finden eine passende Rolle für dich!"

Mein Albtraum ist mir Warnung genug, darum schüttle ich meinen Kopf. „Sorry!" Damit verlasse ich die Bühne und steige die Stufen in die Zuschauerränge bis zum Durchgang zurück ins Foyer hoch. Leider ist der Ausgang aus dem Theater verschlossen, warum ich wieder zurück muss. Als ich nach einem Abstecher auf der Toilette zurück in den Vorführraum des Theaters komme, sind alle, bis auf die Drag Queen, deren Outfit ihr Markenzeichen ausmacht, genau wie die Springerstiefel und die Handschuhe bei Powell, nackt und Bare-Baldo und Demons-Child verteilen einzelne Textseiten.

„Du hast dich umentschieden", strahlen Mikey's Augen. „Setz dich neben mich, die Performance ist spitze!"

„Vorne ist verschlossen!“, zeige ich zum Foyer hoch. „Ich verschwinde durchs Clublokal.“

„Die *London Jacks* sind unten im Proberaum. Das Clublokal ist bestimmt auch versperrt“, flüstert mir Mikey zu.

„Noch viel Spaß!“, klopfe ich ihm auf die Schulter und verziehe mich in den Keller zu den Wichsern.

Powells Blicke folgen mir.

Vor der Treppe in den Keller, werde ich brutal von hinten geschubst und verliere die Balance. Powell schreit mich an: „Verdammte Schwuchtel!“ Stolpernd kann ich mich an einer Requisite festhalten, bevor ich die Treppe runterstürze. Mit erhobenen Fäusten wirble ich herum, da brüllt der Vollidiot: „Verpiss dich, Arschloch!“

„Wenn du mir noch einmal zu nahe kommst“, drohe ich ihm, in dem ich wie ein Profiboxer vor ihm tripple und meine Fäuste zur Deckung vor mein Gesicht halte, „zertrümmere ich dir erst dein Kindernäschen und schlage dir danach deine Fresse grün und blau! Hast du mich verstanden, Denkzwerg?“

Purer Hass flammt in den Äuglein von Babyface, doch er tritt einen Schritt von mir zurück, doch nur, um sich zu bücken. Er fasst oben in seinen rechten Springerstiefel, um etwas zu zücken. Da ich an ein Messer denke, lasse ich meine Faust vorschnellen und treffe mit voller Wucht sein rechtes Auge. Aufheulend lässt Powell sein Mobile Phone fallen. Er weint, kramt sich sein Telefon und verzieht sich, eine Nummer eintippend.

Nur langsam beruhige ich mich etwas. Lange stehe ich an eine unbeleuchtete Wand gelehnt und atme tief ein und aus. Das verpasste Veilchen wird diesem Vollidioten vielleicht ne Warnung sein? Erst nach bestimmt zehn Minuten, betrete ich den Proberaum im Keller, wo alle voll in Aktion sind. Als einzig Angezogener passe ich auch nicht mehr in diese Gruppe. Irgendwie ist mir heute die Lust auf alles vergangen, weshalb ich dem hässlichen Typen, der mir letzte Woche meinen Clubausweis ausstellte, auf seine behaarten Schultern klopfe, um ihn zu bitten, mich oben rauszulassen.

Wenig begeistert löst er sich von drei Partnern, um mit mir erst zur Garderobe zu gehen, den Schlüssel zu holen und mich danach durch den Clubeingang rauszulassen. „Bux, du kommst aber wieder?“, sieht er mich enttäuscht an.

„Logo, ich komme beim nächsten Mal!“, verspreche ich. Als sich die schwarzbemalte Tür hinter mir schließt und der Schlüssel gedreht wird, atme ich erleichtert auf. Nach den vielen Stufen unten durch die Haustür im Freien, inhaliere ich die frische Luft der eingebrochenen Nacht und fühle mich befreit.

„Pickelgesicht!“, durchbricht eine hasserfüllte Stimme den Frieden. Als ich mich umdrehe, steht da nicht Powell, sondern ein echter Punker mit einem Schlagstock in der Hand.

„Perverses Milchgesicht!“, beschimpft mich ein zweiter Typ, nicht minder gefährlich aussehend.

Der Weg aus dem Hinterhof ist versperrt. Ich habe zwei Möglichkeiten: Entweder so rasch ich kann versuchen zu flüchten oder zu hoffen, die Haustür hinter mir ist noch offen.

Ein Klicken! Das Schnappschloss rastet ein – zu spät!

Ich muss mich dem Hass stellen. Meine Muskeln sind durch das tägliche Training echt hart geworden. Mein Zorn auf Powell, zusammen mit meiner Angst und der bösen Vorahnung, schütten mächtig Adrenalin in mein Blut. Zwei gegen einen. Es besteht eine geringe Chance. Ich entscheide mich für den Kampf. Die einzige Rückendeckung bietet mir der Abfallcontainer in der Nähe. Erst als ich mich davor in Position bringe, bemerke ich meinen Fehler: exakt an dieser Stelle lag im Traum mein sterbenden Körper im Schmutz.

Laufe ich los und ramme den ersten, gelingt es mir vielleicht den zweiten Punker im Dauerlauf abzuschütteln? Doch statt zwei Idioten, stehen jetzt plötzlich drei vor mir. Einer hatte sich in einer Nische versteckt. Unentwegt beschimpfen sie mich mit allem, was mir sonst Powell an den Kopf wirft. Ob er vorhin seine Gang zur Verstärkung hergerufen hat? Der erste Punker, der mich erreicht, hat das gleiche platinblondgefärbte Haar wie Powell, was meinen Verdacht erhärtet. Er schwingt seinen Schlagstock und versperrt mir den Fluchtweg.

Punker zwei und Punker drei tragen Springerstiefel und Handschuhe. Ihre Gesichter kann ich nicht sehen, da es dafür zu dunkel geworden ist. Nummer Zwei schwingt eine kurze Eisenkette in den Händen und Nummer Drei schlägt die rechte Faust in seine linke, offene Hand.

Flucht! Mit drei nehme ich es niemals gleichzeitig auf! Mit voller Gewalt und all meinem Hass schubse ich den Kerl mit der Kette zur Seite, sodass er stolpernd stürzt und flucht. Leider erwischt mich der Schläger und donnert mir seine Faust in den Magen, dass ich mit Tränen in den Augen vornüber zusammensacke. Sofort kickt er mit seinen Springerstiefeln auf mich ein.

Ich versuche mich aufzurappeln, da trifft mich der Schlagstock im Nacken und ich taumle vor Schmerz benommen wieder zu Boden. Ist das mein Ende? Sterbe ich heute in diesem verpissten Hinterhof? Warum? Danach kann ich mich nur noch an die Eisenkette auf meinem Rücken erinnern und an die Stimme einer Frau, die schreiend auf mich zueilt.

Ein weiterer, brutaler Faustschlag in mein Gesicht und Blut spritzt aus meinem Mund, als ich zur Frau aufsehe, die sich vor mich und die drei

Punker stellt. Erst vermute ich eine Drag Queen in ihr, denn um ihren Hals trägt sie einen Federkragen, zu einem kurzen, schwarzen Kleidchen, hochhakigen Pumps und bestimmt hundert verschiedene Perlenketten um ihren Hals und beide Handgelenke. Sie faucht die drei Schläger an, bis die rückwärts vor ihr davon stolpern und flüchten.

Ich habe nicht mal mehr die Kraft, mich bei ihr zu bedanken. Mein Kopf schmerzt wie verrückt. Trotzdem versuche ich mich aufzurichten. Vergeblich. Ich ringe nach Atem und versuche wach zu bleiben. Alles verschwimmt. Ist die Schwarzgekleidete eine der drei Moiren, die gekommen ist, um mich zu holen? Bin ich bereits tot?

Es donnert.

Der Boden wankt und ich schwanke auf meinen Knien und verliere mein Gleichgewicht, um wieder umzukippen. Blitze zucken aus der klaren Nacht und schlagen um mich herum ein – vielleicht explodierte auch nur mein Gehirn? Schmerzen, wie ich sie noch nie gefühlt habe, rauben mir Verstand und beschatten selbst die immer heftiger einschlagenden Blitze.

Die Frau kniet sich neben mich, dass ihre langen Perlenschnüre auf dem Boden schleifen und haucht mir einen Kuss auf die Stirn. „Ich war mir so sicher bei dir! Ich hoffte so sehr, du könntest es sein. Du hast dich anders entschieden. Mein Musenkuss soll mein Abschiedsgeschenk an dich sein!" Noch während sie mit mir spricht, verändert sie sich. Ihre dunkle Bekleidung wird bunt und ihre Perlenketten wirken wie aufgefädelte Sterne, die funkelnd ihren Leib zieren. Ob ich mir das alles nur einbilde oder ob tatsächlich eine echte Muse mir zur Hilfe eilte, kann ich nicht mehr sagen. Mein Denken setzt einfach aus. Die Muse löst sich in einen grellen Blitz auf und verschwindet. Ein schwarzes Leichentuch löscht das letzte Licht.

„Zagreus ist tot!", verkündete Klotho mit ihrer tiefen Stimme.

„Bringen wir seine Gebeine auf Apollons Insel!", haucht mir Lachesis mit dem feuerroten Haar einen Kuss auf meine Stirn.

Als ich aufsehe, blendet mich das helle Antlitz meines Freundes und Mentors. „Martin Holmström", spricht mich Dionysos an, „fürchte dich nicht! Du musst sterben, um wiedergeboren zu werden."

Es ist die Dionysos-Erscheinung, die mir schon im British Museum begegnet ist. Für einen kurzen Moment wandelt sich die Erscheinung und ein dicker, kleiner Mann mit Vollbart und einer Säufernase grinst mich schief an, doch nur, um sich danach in das flimmernde Abbild von Wilton zu verwandeln.

Als ich Bare-Baldo, Precious-Prem und Demons-Child mit vielen anderen aus dem Club, nur hastig in Unterhosen geschlüpft oder mit einem Badetuch um die Hüfen gewickelt, zu mir eilen sehe, ahne ich, dass ich gleich sterben werde.

„Junge, du stirbst!“, kniet sich Atropos neben mich. „Dennoch kannst du noch wählen“, zeigt sie auf eine zweite Lichtgestalt, die ich bereits als Apollon erkannt habe.

„Warum? Warum ich? Warum jetzt?“

„Junge, du kennst die Antwort“, wechselt abermals Dionysos‘ Erscheinungsbild und der dicke Bärtige aus meinen Party-Träumen steht wieder neben mir.

„Was?“, rufe ich in Gedanken. „Was ist meine Bestimmung? Hab ich im Museum nicht längst gewählt?“

„Auch diese Antwort kennst du“, steht plötzlich wieder Wilton dort, wo gerade noch der Bärtige stand.

„Ich wähle das Leben! Ich wähle das Lebendigsein. Ich wähle die Lebensfreude“, zeige ich auf die wechselnde Erscheinung von Dionysos. Dann blicke ich zärtlich zu Apollon. Er wird ein Freund von mir bleiben, doch mein Weg ist ein anderer als seiner, das wird mir jetzt vollkommen bewusst.

Apollons Lichtwesen nickt kaum merklich.

„Ich will leben!“, rufe ich in Gedanken zu den versammelten Göttern. „Ich erfülle meine Bestimmung!“, gelobe ich.

„So soll es sein! Nun sterbe!“, verkündet Dionysos und sieht Wilton nur noch entfernt ähnlich, wenn es auch Wilton ist, der seinen Mund bewegt und zu mir spricht. „Bux, du wirst wiedergeboren werden; ob nochmals in diesem Körper oder in einem neuen, werden die Moiren entscheiden“, lächelt mich Dionysos beinahe glücklich über meine Entscheidung an.

„Heile mich!“, sehe ich zu Apollon auf, der mir jetzt nur noch als blendend weißes Licht erscheint. „Ich bin nicht so abgeklärt wie du. Ich muss den Dingen auf den Grund gehen. Ich muss das Lebendigsein ausschöpfen, um seine Göttlichkeit darin zu entdecken. Doch ich verspreche, dir bei der Ausbildung eines würdigeren Nachfolgers als mich, zu helfen.“

„So sei es?“, fasst Klotho nach meiner Hand.
Atropos durchtrennt meinen Lebensfaden.
Ich sterbe.

## Zwischenstopp im Nirgendwo

Mittwoch: 14. Mai

„Bux! Martin!“, ruft eine Stimme. Seit Tagen bin ich auf Apollons Insel zur Genesung. Meist sitze ich am Meer, um in die Ferne zu blicken. Die Ruhe tut gut und ich komme wieder zu Kräften. „Martin Holmström, lass mich nicht alleine!“, dringt abermals diese Stimme zu mir durch. Sie klingt verzweifelt. Oft glaube ich, eine Hand in meiner zu fühlen. Ohne diesen Anker, wäre ich längst zu neuen Horizonten aufgebrochen und hätte mein abgelegtes Leben ganz hinter mir gelassen.

Dionysos besucht mich regelmäßig auf Apollons Insel, um mich zu belehren, zu provozieren und zum Handeln anzuspornen: „Junge, betrete, maskenlos und befreit von allen Hüllen, das Unbekannte; schöpfe aus dem Vollen; nutze was du hast und was du bist. Junge, jetzt musst du das Gelernte umsetzen!“

„Ich bin gestorben“, gebe ich zu bedenken. „Ich habe meinen Körper hinter mir gelassen. Habe ich damit nicht auch die letzte Maske fallen lassen?“

„Läutere dein Herz. Lass deine unerfüllten Wünsche los. Lichte den Anker und verlasse den Hafen deiner bisherigen Vorstellungen. Junge, vergiss niemals: du bist der Kapitän. Du bestimmst, wohin auf dem kosmischen Ozean du reisen möchtest. Der Tod ist nur einer von vielen Häfen, aber nicht das Ziel oder das Ende. Jetzt setze die Segel und erforsche das Unbekannte, das auf dich wartet! Umarme das Leben!“

„Ist es dazu nicht längst zu spät. Bin ich denn nicht tot?“

Dionysos setzt sich neben mich auf einen der Felsen und spielt mit angespülten Muscheln. Fortwährend wechselt sein Erscheinungsbild. Ist er gerade noch klein, dick und bärtig, erhasche ich dennoch kurz Wiltons Gesicht und seine hochgewachsene Figur in einem Anzug. Als mir Dionysos einmal mit meinem eigenen Gesicht entgegenblickt, zucke ich zusammen.

„Du musst zu dem werden, was tief in dir steckt“, sagt mir dann ausgerechnet mein eigenes Abbild.

„Ich lote weiterhin neugierig und abenteuerlustig neue Tiefen aus!“

Ich bohre mit meinen Zehen im Sand, um mir nicht selbst als Dionysos-Erscheinung ins Antlitz sehen zu müssen.

„Handle! Sprenge deine eigenen Grenzen!", spricht wieder der bärtige Internetfreund zu mir.

„Ich bin tot!", wiederhole ich. Ich bereite mich auf Apollons Insel für die Weiterreise zu den Elysischen Feldern vor. „Gibt es in diesem Reich zwischen Himmel und Hölle, zwischen Leben und Tod überhaupt noch Grenzen für mich?"

„Solange du nicht begreifst, dass dir nichts zustoßen kann, dass dich niemand ausnutzen, dass dir niemand schaden kann, solange du es nicht selbst zulässt, hast du das Mysterium des Dionysos nicht erfasst", wiederholt mein Internet-Dionysos die Worte, die er mir in meinem Fortsetzungstraum schon sagte.

„Ich wurde im Hinterhof eines Theaters ermordet!", werfe ich ein. „Waren diese Punker im Einklang mit meinem Bewusstseinszustand?" Kritisch ziehe ich meine Stirn in Falten.

„Du hast dich von Powell provozieren lassen. Damit hast du dich für den Ärger geöffnet, der dich auf seine Ebene heruntergezogen hat."

„Ich bin selber schuld, dass mich Punker brutal zusammen geschlagen haben?"

„Vergebe dir! Lass los! Geh weiter!", boxt mir jetzt wieder Wilton in die Seite und trägt einen Efeukranz auf dem Haupt.

„Und was ist mit den Idioten? Ich muss mich rächen!"

„Vergiss sie! Jedes Mal, wenn du wieder an sie denkst, ärgerst du dich aufs Neue und machst dich abermals empfänglich für das Übel. Jeder Gedanke und jedes Gefühl an die Punker und was sie dir antaten, manifestiert abermals all den Schmerz und den Hass aufs Neue. Deine eigenen Gedanken und deine eigenen Gefühle fesseln dich an dieses Rad, auf das es sich immer weiter dreht und stetig wiederholt, was du so sehr hasst."

„Das ist jetzt nicht dein Ernst?", bezweifle ich jedes Wort.

„Bux, mit jeder Einweihung öffnet sich eine neue Tür", geht Dionysos nicht weiter darauf ein. Abermals verwandelt sich Wilton in den Dicken meiner Party-Träume. „Doch durch diese Tür hindurchschreiten, um die neue Welt zu entdecken, das mein Junge, das musst du selber tun. Das war vor ein paar Monaten so, ist heute so und wird auch noch in tausend Jahren seine Gültigkeit haben", fährt mein Freund und Mentor fort.

Mir ist egal, ob ich aus meiner Vergangenheit Worte fische oder ob mir mein Internetfreund in dieser Zwischenwelt die Lektionen wiederholt. Ich lausche und versuche zu lernen.

„Viele verharren ein Leben lang vor der offenen Tür und blicken sehnsüchtig auf die Möglichkeiten, die ihnen zu Füßen liegen. Gehörst du zu denen, die nur träumen, aber niemals erwachen, um zu leben? Du, nur du alleine, kannst den Schritt über die Schwelle tun. Ich habe dir die Tür gezeigt und ich habe sie für dich geöffnet. Du bist hindurchgeschritten, jetzt erfahre die neue Welt und nehme sie in Besitz."

Da des Dicken Blicke sich einmal mehr an meiner Nacktheit laben, grinse ich. Es ist mir egal. Ich bin ein Nudist. Da mir Apollon keine Kleidung anbot, als er mich auf seine Insel mitnahm, akzeptierte auch er meine Entscheidung. Nacktheit ist mir inzwischen so vertraut, dass ich nicht mehr darüber nachdenke. Zudem bin ich tot. Warum sollte ein Toter Kleidung tragen?

Irgendwie schmeicheln des Dicken Blicke meinem Ego und das selbst jetzt noch. So angestarrt zu werden, entfacht eine Hitze in mir, die ich echt vermisst habe. Doch nicht nur diese sinnliche Lust fehlt mir, sondern auch meine Freunde. Keiner von ihnen besucht mich auf Apollons Insel, keiner ist fähig, den Schleier zwischen den Welten zu lüften, um mich hier zu treffen; einzig diese wechselnde Erscheinungsform des Dionysos', Apollon und eine Muse Namens Thalia. Tot zu sein, kümmert mich täglich weniger. Es ist nur der Abschied von meinen Freunden, der mir sehr zu schaffen macht.

Freitag: 16. Mai

„Du musst ihn küssen", dringt eine bekannte Stimme über den Ozean auf meine Insel durch.

Was macht Essex auf Apollons Insel? Mein Herz schlägt schneller und ich sehe mich nach dem schönen Essex um.

„Jetzt mach schon!", ermutigt abermals eine weitere, bekannte Stimme. „Wenn einer zu ihm durchdringen kann, dann du! Sei nicht so scheu!"

Pimlico ist auch hier? Träumen sich meine beiden Freude zu mir in die Zwischenwelt? Haben sie endlich einen Weg gefunden, mit mir Kontakt aufzunehmen? Wie habe ich die beiden vermisst! Ob Pimlico auch träumend jedem seinen Arsch zeigt? Ich klettere über Felsen und eile dem Strand entlang, immer den Stimmen meiner Freunde entgegen.

„Los, jetzt stell dich nicht so an! Du liebst ihn doch?"

Überreden Essex und Pimlico tatsächlich Seth, mich zu küssen? Mein Traummann ist auch hier? Der Gedanke an Seth wirkt wie ein Strudel, der mich packt. Seth! Ich versuche mich an seine moosgrünen Augen und die Lichtreflektionen darin zu erinnern; an seine Schakal-Figur und seinen vollkommen haarlosen Leib. Immer schneller laufe ich durch den Sand bis ich schwebe, dann fliege. Plötzlich flimmert Apollons Insel und taucht tief in den Nebel meiner Sehnsüchte ein, bis sie vollkommen darin verschwindet. Jetzt fühle ich eine weiche Matratze unter meinem Rücken und ein Leinentuch auf meinem Leib. Gleich küsst mich Seth. Jetzt bloß die Augen nicht öffnen!

Zwei Hände fassen nach meinen. Ich muss Essex nicht ansehen, seine Ruhe, sein Selbstbewusstsein und seine pure Sexualität, wie auch Pimlicos quirliges Wesen erkenne ich sofort.

„Was muss noch geschehen, damit du endlich eine klare Entscheidung triffst?", provoziert Pimlico weiter Seth.

Als endlich ungeschickt linkische Lippen die meinen berühren, öffne ich augenblicklich meine Augen. Doch statt ins Antlitz meiner großen Liebe zu blicken, gaffen mich die erschreckten Augen von Eldon an. Sein Kopf glüht sofort in glühender Lust und tiefster Scham.

„Was geht denn hier ab?", sehe ich von einem meiner Freunde zum anderen.

„Mann, endlich!" Jetzt küsst mich Essex und sein Kuss schmeckt nach Vanille, Orangenblüten und Jasmin. Bevor ich ihm meinen Mund öffnen kann, zieht ihn Pimlico von mir fort.

„Halt! Halt! Nicht so stürmisch, Freundchen!"

„Bux, du warst ziemlich weggetreten!" Essex lacht.

„Wo bin ich?"

„Wo? Wo schon! Im Hotel! Wilton ließ dich nach einer gründlichen Untersuchung und einer Nacht zur Überwachung im Krankenhaus ins Hotel bringen. Ein Pfleger schaut regelmäßig nach dir. Du bist die letzten Tage immer nur kurz erwacht, um dich vom Pfleger füttern zu lassen und die Toilette aufzusuchen. Danach bist du aber immer sofort wieder für Stunden wegzutreten", klärt mich Pimlico auf.

„Bux, dein Pfleger heißt übrigens nicht Apollon", kichert Essex.

„Zugegeben mit seinen blonden Haaren und in seiner weißen Uniform, sieht er ganz schön göttlich aus, doch bitte!“, langt Essex wieder nach meiner Hand, um sie zärtlich zu drücken. „Wenn einer dein Apollon ist, dann doch wohl eher ich!“

„Wo ist Seth?“, frage ich scheu und wechsle Blicke mit Eldon, der sich wegen seinem Kuss schämt oder sich ärgert, weil ich ihn von mir gestoßen habe.

„Seth nahm die letzten Tage frei, um ständig an deiner Seite zu bleiben“, erklärt Eldon und der eifersüchtige Unterton ist nicht zu überhören. „Er wachte über dich, als ob du sein wärst!“

„Unser Rotschopf hegt Gefühle für dich. Er schlief auf diesem Klappbett“, zeigt Pimlico ins Zimmer, doch ich kann das Klappbett in meiner liegenden Position nicht sehen. „Seth ist jetzt im Restaurant beim Essen, wird aber bald zurück sein. Hätte er geahnt, dass du ausgerechnet jetzt erwachst, hätte er bestimmt gerne gefastet.“

„Das hat Seth gemacht?“, schüttle ich ungläubig meinen Kopf, unterlasse es aber, weil es schmerzt. „Was ist passiert?“

„Alter“, boxt mir Pimlico in die Seite. „Sieben Punker vermöbelten dich im Hinterhof eines Theaters. Wäre Thalia nicht zufälligerweise vorbei gekommen, um Seth bei den *London Jacks* abzuholen, du wärst jetzt vielleicht tot!“

„Sieben?“

„Yep!“, nickt Essex.

„Thalia?“, wiederhole ich den Namen.

„Sie ist eine Freundin von Seth. Wenn du mich fragst, stimmt mit der etwas nicht“, verzieht Pimlico sein Gesicht.

„Sie hat mir das Leben gerettet!“, verteidige ich Thalia, als ob sie meine engste Freundin und nicht eine absolut Fremde wäre.

„Ja, es war Thalias plötzliches Eingreifen plus ein Wunder“, streichelt Essex meine Hand. „Bux, du warst tot! Du warst echt für ein paar Minuten tot! Das stellten die Ärzte fest, mussten aber ihre Diagnose revidieren, als du wieder zum Leben erwacht bist. Du lebst doch noch?“, zwackt mich Essex grob in den Oberarm, dass ich aufheule.

„Au! Ja, ich lebe noch!“ Als ich das Laken zurückschlage, wundere ich mich nur kurz, dass ich nackt bin. Doch wie mein nackter Leib aussieht, ist schockierend: meine rechte Seite ist geschwollen und dunkelblaue und rote Flecken, teilweise so groß wie Stiefelspitzen, verunstalten mich.

„Tut's weh?", sorgt sich Eldon, hat aber nur Augen für meinen Penis, was die wachsende Beule in seiner Hose verrät.

„Was denkst du denn?", fahre ich sanft mit der Hand über einen der Flecken und zucke zusammen. „Verheilt das wieder?"

„Frag deinen Krankenpfleger!", zwinkert mir Essex zu.

So wie ich jetzt aussehe, kann ich den *Nudist Day* vergessen. Als ich mich im Bett aufsetzen will, überflutet mich ein Schmerz, der jeden Muskelkater in den Schatten stellt. „Ich kann mich kaum bewegen!", klage ich. Zum ersten Mal sehe ich das zweite Bett in meinem Zimmer. „Seth wachte wirklich an meiner Seite?" Mir wird schwindelig. Ein Glas Wasser und die Tatsache, dass Seth mir so nahe ist, helfen.

„Eldon, es stört mich nicht, wenn du mich ansiehst!", beruhige ich den verstört-verliebten Concierge, der jetzt abgedreht von mir beim Fenster steht. „Benimm dich doch wie ein normaler Freund. Schau mich direkt an, nicht heimlich! Berühre mich, wenn du willst, aber höre auf zu grabschen oder so zu tun, als ob es zufällig passieren würde. Steh doch einfach dazu, dass du in mich verliebt bist, dann werden wir vielleicht wirklich richtige Freunde. Jetzt setz dich!" Als er sich endlich ganz vorne an der Bettkante niederlässt, drücke ich ihm einen Kuss auf die Wange und versuche dabei nicht zu schreien, weil die rasche Bewegung neue Schmerzen durch meinen Körper jagt. „Übrigens danke! Eldon, dein Kuss hat mich zurückgeholt!"

Leider glüht Eldons Kopf gleich noch viel schlimmer und seine Hand packt meine rechte, um sie gierig zu streicheln.

Seit ich endgültig von Apollons Insel zurück bin – falls ich je wirklich dort gewesen bin? – sind zwei Stunden vergangen. Die Aussicht Seth in meinem Zimmer zu haben, stärkt mich so sehr, dass ich mir von meinen Freunden ins Bad helfen lasse, wo ein Plastikstuhl steht, auf den ich mich setze, um darauf sitzend eine ausgiebige Dusche zu nehmen. Essex und Pimlico seifen mich sehr sanft ein und Eldon organisiert mir unterdessen in der Küche zwei Portionen Essen – etwas widerwillig, da er mich lieber eingeseift hätte!

Als ich mich erfrischt und sauber fühle, kuschle ich mich in einen flauschigen Hotelbademantel und humple an meinen Küchentisch. Essex und Pimlico müssen weg und überlassen mich Eldons Obhut, wie allerlei Köstlichkeiten auf zwei Essenstabletts, über die ich mich hungrig hermache.

„Bin ich wirklich dein Freund?“, rückt Eldon näher.

„JA!“, rutscht mir etwas zu laut und etwas zu ärgerlich raus, da der Concierge mir abermals auf die Pelle rückt.

„Seth schlich sich hier einfach ein und belagerte dich, während du ihm hilflos ausgeliefert warst“, träufelt Eldon mir Gift in meine Vorfreude, Seth bald zu sehen. „Er nahm dich vollkommen in Besitz. Wenn du mich fragst ...“

Es klopf an meiner Zimmertür und ich gebe Eldon mit einem schmerzhaften Kopfnicken zu verstehe, er solle öffnen.

Der weißgekleidete, blonde Mann lacht nur, als er sich zu mir an den Küchentisch setzt, um mir zuzusehen, wie ich alles wegputze. „Dich muss ich ja nicht erst bitten, dich frei zu machen“, zeigt er auf meinen Aufzug. Mein Bademantel hat sich vorne geöffnet und ich hatte es nicht einmal bemerkt.

„Ich übe für den großen Tag“, zeige ich auf das *Nudist-Day-Poster* über meinem Bett und zucke vor Schmerz zusammen, weil ich mich zu rasch bewegt habe.

„Das wird schon wieder!“, tröstet mich der Krankenpfleger.

Selbst nach dem halben Hähnchen mit Pommes und dem Gulasch mit Nudeln und Gemüse bin ich noch immer am Verhungern, was ich auch lautstark äußere und auf eine dritte Portion hoffe, doch Eldon bewegt sich nicht. Er hat seinen Stuhl so nahe an meinen geschoben, dass sein Bein meines der ganzen Länge nach berührt.

„Bux, setz dich aufs Bett, damit ich mir deine Verletzungen ansehen und sie behandeln kann. Dein Körper ist robust und wird rasch heilen. Dein Appetit ist ein erster Beweis dafür, dass deine Lebensgeister zurückgekehrt sind. In drei Wochen wirst du wie neu aussehen?"

„Und mich auch so fühlen?", bezweifle ich. Ich schaffe die paar Schritte zurück zum Bett nur, weil Eldon mich stützt.

„Du hast dich fünf Tage lang kaum bewegt", beobachtet der Krankenpfleger mein Humpeln. „Das wird wieder."

„Logo!" Plötzlich erwacht ein Kämpfer in mir, der aber sogleich seine erste Pause einlegt, als ich mich nackt vor den Spiegel stelle. „In drei Wochen ist das alles verheilt?" Die sichtbaren Wirkungen der Schläge mit der Eisenkette, dem Schlagstock und der Tritte in meine Brust sehen verheerend aus.

„Du hattest Glück, dass dein Gesicht verschont blieb."

„Jemand schlug mir meine Nase blutig!", widerspreche ich, doch als ich es in der Reflektion checke, ist davon nichts zu sehen. „Wie lange halten sich diese Flecken?", zeige ich auf diverse Körperstellen.

Eldon stellt sich viel zu dicht neben mich und schmachtet mich an, dass ich mir wie sein Dessert vorkomme.

„Junger Mann, dies ist eine Untersuchung. Warte bitte draußen!", schickt der Pfleger Eldon fort, wofür ich ihm mit einem heimlichen Zwinkern danke. Erst als sich die Tür hinter Eldon schließt, fährt er fort: „Erst sind sie rot, danach werden sie dunkelblau, was bei dir gerade die Phase ist. Nach weiteren Tagen verfärben sich die Flecken grün und nach etwa zwei weiteren Tagen werden sie braun und schließlich gelb, bevor die dann wieder ganz verschwinden."

„Dann könnten sie bis zum *Nudist Day* wirklich fort sein?"

„Nur wenn du dich schonst, dich dreimal täglich mit dieser Salbe", zeigt mir der Krankenpfleger eine extrem große Tube, „sehr sanft einreiben lässt und weiterem Ärger ausweichst."

„Was ist mit Kraft-Training?"

„Ist das dein Ernst?"

„Aber sicher! Ich will in Topform sein, wenn ich mich einen ganzen Tag lang splitternackt von allen angaffen und fotografieren lasse. Der

Trainingsraum befindet sich hier auf diesem Stockwerk, soweit schaffe ich es, wenn ich auf die Zähne beiße."

„In deinem Zustand solltest du vorsichtig sein, aber ich bin kein Fachmann. Ich könnte dir einen Freund von mir empfehlen, der ein Fitnessstudio die Straße runter betreibt und zudem ausgebildeter Physiotherapeut ist. Er kann dich beraten."

„Cool, kann ich ihn sofort anrufen?"

Der Krankenpfleger lacht kopfschüttelnd. Erst misst er meinen Blutdruck, untersucht danach jede einzelne meiner Prellungen und befragt mich nach allen möglichen Dingen, die er auf einer Liste abhakt. „Wären nur mehr Patienten so unkompliziert wie du", meinte er, als ich mich nackt auf dem Bett auf den Rücken drehe, damit er mich mit der Salbe einreiben kann. Bei einigen Stellen unterdrücke ich Schmerzschreie, doch die Salbe kühlt, was sich danach echt gut anfühlt. Ob ich schon immer mit Nacktheit so locker umgegangen wäre, befragt er mich, um die physische Nähe und meine Ungezwungenheit anzuspielen. Ich erzähle ihm die Geschichte eines verklemmten Jungen, der sich nur langsam aus seinem Kokon falscher Scham und gesellschaftlicher Vorurteile schälte und noch immer dabei sei.

Als ich mich einiges später, sehr vorsichtig auf meinen Bauch umdrehe, damit er meinen Rücken ebenso behandeln kann, höre ich Seths Stimme: „Bux! Endlich bist du zurück!"

„Werden Sie den jungen Mann weiterhin im Auge behalten?", sieht der Krankenpfleger zu Seth auf.

Als ich heftig nicke, setzt sich Seth neben den Pfleger aufs Bett und nimmt ihm die riesige Tube schmerzlindernder Salbe aus der Hand. „Wenn Sie mir zeigen wie?" Seth zwinkert mir zur Begrüßung zu und all meine Schmerzen sind augenblicklich vergessen. Sein Blick spricht von Erleichterung, Lust und Zärtlichkeit.

„Auf keinen Fall mit Druck!", instruiert der Krankenpfleger seine Ablösung. „Tun Sie es so, als ob Sie den jungen Mann streicheln würden; sanft und wirklich nur auftragend. Nicht einmassieren!"

Seth drückt von der kalten, nach Kräutern und Erde riechenden Salbe auf meine Hüften und meinen Rücken. Als seine Finger mich erstmals berühren, schaudert mir wohlig.

„Vorsichtig!", instruiert der Krankenpfleger. „Nur verteilen und danach einziehen lassen."

„Wie oft?“, fragt Seth.

„Dreimal täglich oder bei Schmerzen auch öfters. Die Salbe hat keine Nebenwirkungen!“

Während ich kaum noch zuhören kann, da sich Seths Hände auf meinem Rücken und meinen Hüften einfach nur wie das Paradies auf Erden anfühlen, höre ich kaum noch zu, was der Krankenpfleger an weiteren Ratschlägen parat hat. Nur die Telefonnummer des Therapeuten kralle ich mir sofort. Danach gebe ich mich ganz Seths Händen hin und labe mich an den harten Nebenwirkungen; vergebe sogar den Vollidioten, denn ohne ihre Schläge, wäre Seth jetzt nicht an meiner Seite.

Seth bleibt auf meinem Bett sitzen, auch als der Pfleger längst gegangen ist. Noch immer kreisen seine Finger sehr, sehr sanft über meinen Körper. Als ich mich unter Schmerzen wieder auf den Rücken drehe, um Seth besser und direkt in die Augen sehen zu können, weint er stumm vor sich hin.

„Alter!“, kicke ich ihn mit meinem rechten Fuß an. „Was ist los? Brennt das Zeug in deinen Augen oder sind das die nicht vorhandenen Nebenwirkungen der Salbe?“

Der schöne Rotschopf wendet sich ab, nickt und verschwindet ins Badezimmer, um sich sein Gesicht mit kaltem Wasser zu waschen. Als er zurückkommt, wirkt er ernst: „Bux, du hättest sterben können!“

„Bin ich aber nicht! Deine Freundin trat dazwischen, bevor es wirklich übel werden konnte.“

„Die Ärzte erklärten dich nach deiner Einlieferung im Hospital für tot.“ Plötzlich legt Seth seinen Kopf auf meine Brust, dass ich vor Schmerz am liebsten aufgeschrien hätte, gleichzeitig aber nichts lieber erdulde. Er muss mein Zusammenzucken bemerkt haben, denn er setzt sich augenblicklich wieder auf, stützt sich mit beiden Händen rechts und links von meinem Brustkasten auf der Matratze ab und blickt mir direkt in die Augen. Langsam nähert sich sein Gesicht meinem.

Stumm öffne ich meinen Mund zum Kuss. Sofort entflammt mein Körper von einer Leidenschaft, dass ich bald nur noch Sternchen sehe, weil Seth sich auf mich legt.

„Sorry!“, rückt er von mir ab, als er meine Schmerzen wahrnimmt. Sanft fasst er nach meiner rechten Hand. „Bux“, unterdrückt Seth neues Weinen, „ich liebe dich!“

Noch am gleichen Abend packt Seth all mein Zeug flüchtig in meine Koffer oder häuft es einfach auf einem der Hotelrollwagen auf, um damit mein Zimmer zu verlassen. Ich humple ihm mit meinen Sachen nach. Er bringt alles ins Zimmer D, eine riesige Suite mit einem Schlaf-, einem eigenen Wohnzimmer und einer offenen Küche, die direkt neben Wiltons eigenen Räumlichkeiten liegt. Die Suite ist locker dreimal so groß wie mein altes Zimmer und das Bett so breit, dass ich mich genauso leicht quer reinlegen könnte.

Während Seth all meine Sachen im neuen Wandschrank des Schlafzimmers versorgt, beobachte ich ihn aus einem bequemen Sessel beim Fenster. Er sagt kein Wort, faltet einfach ein T-Shirt nach dem anderen, hängt meine Hosen an Bügel, wie auch meine Hemden, Krawatten, zwei Jacken und meine Hotel-Uniform. Als er damit fertig ist, verschwindet er.

Warum ich diese Suite bekommen habe, entzieht sich meiner Kenntnis, bis Seth nach zwanzig Minuten abermals mit einem vollbeladenen Rollwagen zurückkommt. Nichts von all dem Zeug darauf gehört mir, dennoch räumt er es genauso sorgfältig und gewissenhaft, wie zuvor meines, in den Wandschrank ein. Als er danach für Nachschub wieder die Suite verlässt, schleppe ich mich zum Schrank, um meine neue Garderobe zu inspizieren. Neben Rollkragenpullis hängen an zwei Bügeln schwarze Kochuniformen. Ich taumle, denn die Überraschung haut mich einfach um. Seth zieht bei mir ein?

Nackt lege ich mich auf dem riesigen Bett auf meinen Bauch, um Seths Rückkehr zu erwarten. „Was wird das?", tue ich so, als ob ich es noch nicht kapiert hätte. „Alter, ich trage keine Rollkragenpullis!"

„Ich hoffe, du trägst in unserer ersten, gemeinsamen Wohnung niemals mehr als jetzt!", kniet sich Seth neben mich aufs Bett und küsst meinen Hintern. „Wilton braucht die beiden Einzelzimmer! Oder bevorzugst du es weiterhin alleine zu wohnen? Ich kann sofort alles wieder zurückbringen oder mit Eldon zusammenziehen."

„Komm her!", strecke ich meine rechte Hand nach ihm aus. „Unter einer Bedingung!"

Seth schluckt. „Ich höre?"

„Ich will deinen richtigen Namen wissen!"

„Kennst du den nicht längst?" Als ich meinen Kopf schüttle, flüstert er ihn mir ins Ohr: „Sebastian Montgomery. Weil ich nie wollte, dass mich die Leute Sepp, Basti oder Monty nennen, kürzte ich Sebastian selbst zu Seth ab, weil ich damit …“

Ich ziehe ihn zu mir, um sein Geplapper mit meinen Küssen zu beenden. Für ein erstes, richtiges Liebesspiel ist mein Körper noch viel zu geschunden. Ich kann mich kaum bewegen, ohne mich überall abzustützen oder mich sehr seltsam zu bewegen, weshalb er mich einfach verwöhnt – immer und immer wieder!

„Bin ich deine Trophäe“, himmle ich Sebastian Montgomery verliebt an.

„Ich hoffe, du wirst mein Partner!“, bettet Seth meinen Kopf auf seinen Schoss, um mein Gesicht zu streicheln. „Deine Trophäe halte ich in Ehren!“, grinst er feist. „Bux, du hast alle Aufnahmeprüfungen bestanden!“

„Na, danke auch!“, knurre ich ihn an.

„So habe ich das nicht gemeint. Es ist nur, Thalia und Dionysos haben mich …“

„Haben dich gezwungen?“

„Ich liebe dich! Bux, niemand kann jemand anderen dazu zwingen“, fährt er mit seinem rechten Zeigefinger über meine Lippen. „Du hast die Schwelle des Todes überschritten und bist wiedergeboren worden. Du hast dich für das Leben hier mit mir entschieden. Das war während der ersten und der zweiten Nacht nach deinem Anschlag noch ungewiss. Im Krankenhaus in der Intensivstation, wie auch in deinem Zimmer, habe ich unentwegt deinen Namen geflüstert. Ich wusste, du kannst mich hören. Ich hoffte, du fühlst, wie sehr ich dich brauche. Als du dann zum ersten Mal traumwandlerisch aufgewacht bist, um dich füttern und waschen zu lassen, war nur dein Körper hier. Du weiltest sehr weit weg. Hast du mich denn nicht gehört?“

Nickend sehe ich zu ihm auf. „Ich war auf Apollons Insel!“

„Thalia hat es mir erzählt. Ihr habt euch dort getroffen?“

Verwundert setze ich mich auf. „Warte mal! Wie war das eben? Das war keine Fantasie?“

„Du bist zurück und wir sind zusammen. Das ist alles, was im Moment zählt!“, beugt sich Seth über mich, um mich abermals zu küssen und zu streicheln.

Haben wir irgendwie die Körper oder die Rollen vertauscht? Wo ist der Macho, der mir stetig aus dem Weg ging? Wo ist der Typ, der mich nur anfasste, wenn ihn andere dabei beobachtet haben und in seiner Eroberungsrolle bestätigten? Wer schmust hier wie ein verliebter Teenager? Nicht dass es mir nicht gefallen würde, doch etwas hat sich seit dem Anschlag gravierend verändert – und das bin nicht nur ich. Träume ich noch immer oder ist so das Leben nach dem Tod? Bin ich im Himmel oder in einem altgriechischen Paradies?

## Coach

Samstag: 17. Mai

Kurz vor acht Uhr meldet sich an der Rezeption mein Physiotherapeut. Seth hat für seine Frühschicht unsere Suite schon verlassen, warum ich Eldon bitte, ihn zu begleiten. Als es fünf Minuten später an der Suite anklopft, stehe ich bereits an der Tür.

Jonny verkneift sich bei meinem Aufzug vulgäre Zeichensprache, seit er sich mit Baylis trifft, ist er reifer geworden. „Bux, ich bringe dir den Trainer vom Fitnesscenter die Straße runter!", stellt er mir einen Bodybuilder mit abstehenden Ohren und einem breit grinsenden Mund vor. Der Typ mit den sehr kurzen Haaren hat Muskeln wie Herkules. Augenblicklich ist er mir vertraut, als ob ich ihn kennen würde.

„Bist du nicht dieser Horny-Typ vom Nudistenplakat?"

„Yep!", bestätige ich ihm, als er mit seinen Blicken meinen nackten Körper abcheckt. „Jonny, ab hier übernehme ich." Ich schnappe mir den magnetischen Generalschlüssel und ziehe hinter mir die Zimmertür ins Schloss. „So früh morgens ist für Hotelgäste das SPA noch geschlossen", rechtfertige ich meinen Nudismus. „Wir sind unter uns!" Die paar Schritte aus dem Wohnbereich bis zum Eingang ins SPA versuche ich nicht zu humpeln. Vor der Milchglastür riecht es lecker nach Eukalyptus und dem üblich chlorhaltigen Putzmittel. „Meinen Pimmel kennt inzwischen eh jeder vom Plakat."

„Mir gefällt deine Einstellung", hält mir der Muskelmann die Milchglastür auf. „Ich habe nichts gegen Kerle, die zeigen, was sie haben. Ich selbst trainiere nie nackt, doch ich betreue die Clubsauna in meinem Fitnesscenter. Wann ist das passiert?", zeigt er auf meine dunkelblauen Flecken.

„Vor einer Woche. Außer Prellungen und diesen Blutergüssen ist mir nichts weiter passiert. Ich kann mich fast normal bewegen", lüge ich. „Bis zum Nudistentag will ich fit sein! Kriegst du das hin?"

„Wir werden sehen", betritt der Fachmann das SPA, um sofort die Fitnessgeräte zu checken. „Horny-Boy, du hast Glück, das nichts gebrochen oder innere Organe verletzt wurden. Du hast gute Schultern", fasst er danach und bittet mich, einige seiner Bewegung zu kopieren, wozu er sich sein viel zu enges T-Shirt auszieht und seine gewaltigen Muskeln spielen lässt. Wenn auch ungelenkig und unter Schmerzen, schaffe ich dennoch jeden seiner Bewegungsabläufe zu kopieren. Der Physiotherapeut berührt mich dabei überall, fasst mit seinen Pranken nach meinem Gesäß, meinen Waden und Schenkeln, dann fährt er sehr viel vorsichtiger meine Bauchmuskeln und meinen Rücken ab. „Horny-Boy, du hast einen fantastischen Köper, der sich mit dem richtigen Training in eine erstklassige Form bringen lässt. Ich sage das vielen, wenn es auch bei den wenigsten zutrifft. Deine Proportionen sind nahezu ideal. Hast du schon über *echtes* Bodybuilding nachgedacht?"

Ich nicke, wenn die Initialzündung auch erst durch den Anblick dieses Muskelmanns passierte. Solche Schultern, Oberarme, wie auch den ganzen Rest, den er zur Show trägt, will ich unbedingt auch haben.

„Setz dich auf dieses Gerät und drücke die Gewichte mit deinen Füßen hoch. Horny-Boy, Spannung halten!", berührt er meine Waden und Schenkel, als ich die erste Übung ausführe. „Ich vermute, du kennst die gängigen Übungen an den Geräten?" Als ich nicke, fährt er fort: „Bauch und Rücken belasten wir wegen deinen Verletzungen die ersten Tage nicht, danach im Schongang. Bleiben wir bei Arm- und Schulterübungen und sehen uns deine Beine genauer an." Als ich dafür auf dem nächsten Gerät mit den Oberschenkeln Gewichte seitlich wegdrücken muss, setzt sich mein Trainer einfach dazwischen auf den Boden und fährt meine diversen Muskeln von den Oberschenkeln bis zu meinen Füßen ab. Als mich das erregt, schaut er nicht weg.

„Horny-Boy, bist du immer so leicht erregbar?" Da ich schief grinse, packt er zu. „Ich sorge dafür, dass dein ganzer Körper bald so hart sein wird wie der da! Passiert dir das oft?"

„Bei solchen Griffen?", lache ich verlegen. „Na ja, eigentlich immer, wenn ich nicht alleine nackt bin", erröte ich leicht, als er weder wegsieht, noch mich loslässt.

„Ich hoffe, du bist stolz auf den da?"

„Jetzt gerade schon!", schlucke ich leer.

„Horny-Boy, an deiner Haltung, wenn du dieses Prachtstück ausfährst, müssen wir auch noch arbeiten." Dann lässt er ihn wieder los, um bei weiteren Geräten meine Armmuskulatur unter Anspannung zu befühlen. „Morgens ist hier für Gäste geschlossen?", erkundigt er sich.

„Ja, bis zehn Uhr."

„Was ist mit dem Personal?"

„Morgens lauert mir manchmal Eldon auf, um mich in den Duschen versteckt, heimlich zu beobachten. Sonst niemand!"

Der Bodybuilder checkt die Duschen und zieht sich dort seine Trainingshose aus. Darunter trägt er nur eine rote Jock Straps, deren Bund mit einer Verschnürung so locker gebunden ist, dass ich einen tätowierten Delfin an der Stelle entdecke, an der andere Schamhaare zur Schau tragen und einen Marienkäfer auf einer seiner Arschbacken. Von diesem Typen, von *Coach*, träumte ich. Coach war einer der Gäste meiner Traum-Geburtstagsparty. Coach war derjenige, der mir mit einem Filzschreiber einen Maikäfer auf meinen Hintern zeichnete, bevor er von Seth abgelöst wurde. Jetzt, da ich Coach lebendig vor mir habe, erwachen all meine Erinnerung an ihn: im Traum war er auch mein Trainer und dazu noch ein guter Freund.

„Achte auf meine Haltung und meine Muskeln", holt mich Coach in die Realität zurück. „Horny-Boy, beobachte meine Muskeln und Sehnen in der Bewegung. Fasse sie an, während ich dir ein paar neue Übungen zeige, die du trotz deiner Verletzungen problemlos ausführen kannst."

Als ich zögere, verzieht er seinen breiten Mund zu einem Lächeln. „Horny-Boy, ich bin Bodybuilder! Ich bin weder scheu noch zerbrechlich. Du kannst richtig zupacken, damit du eine Idee kriegst, was du aus deinem eigenen Körper machen kannst. Fühle meine Muskeln und ihre Stärke. Wenn du es spüren kannst, wird es deinem Körper leichter fallen, das Bild in sich selbst zu verwirklichen."

„Bitte nenne mich Bux oder von mir aus auch Martin! Ich bin gerade ziemlich horny, dennoch ..."

„Kein Problem! Bleib so horny wie jetzt! Martin, nutze deine Geilheit fürs Training, dann fällt es dir leichter durchzuhalten." Bei weiteren Demonstrationen an den Maschinen für die Beinmuskulatur löst sich beim Dreißigjährigen die Verschnürung seiner Jock Straps, dass seine eigene Erektion kaum noch verdeckt wird. Als ich galant wegsehe, lacht Coach. „Martin, auch ich werde oft hart! Ich bin ein Horny-Guy! Wenn ich auch nicht schwul bin, so sehe ich mir trotzdem gerne gute Körper von Männern an. Zudem reizt es mich, wenn mir andere beim Training zusehen!" Coach fährt mit seinen Demonstrationen fort und weist dabei immer wieder auf seine eigene Körperhaltung und Atmung. Seine Erektion gehört dabei einfach dazu.

Meine Schmerzen ignorierend, trainiere ich so hart wie er.

„Martin, dich würde ich gerne professionell trainieren und einen Ernährungsplan für dich zusammenstellen. Ich lasse dir einen Prospekt mit den Preisen hier, falls du das möchtest." Weil ich sofort begeistert nicke, fährt er fort: „Vorerst würde ich täglich früh morgens für zwei Stunden hierher kommen, doch danach bei mir im Studio ein paar Blocks die Straße runter dein Training vervollständigen. Was denkst du?"

„Falls ich es mir leisten kann?"

„Vergessen wir das Prospekt! Martin, ich verlange fünfhundert Pfund für das erste halbe Jahr: das beinhaltet während einem Monat täglich zwei Stunden Privattraining, Ernährungsplan und regelmäßige Überprüfungen deiner Körperhaltung und deiner Bewegungsabläufe. Danach zweimal wöchentlich eine private Doppelstunde." Coach erhebt sich, zieht sich die Jock Straps aus und spaziert zu den Duschen. Sein enthaarter Körper mit diesen dicken Muskeln, zieht mich total an; nicht weil ich auf Couch stehe, sondern weil ich selbst so aussehen möchte. Ob in mir tatsächlich die Anlagen für einen solchen Muskelaufbau schlummern? Die fünfhundert Pfund als Plakatmodel habe ich noch nicht ausgegeben, zudem dürfte ich eine Gage für die Fotosession im British Museum kriegen, weshalb ich Coach mit Handschlag seinen Vorschlag quittiere.

Er zieht mich einfach zu sich in die Duschkabine und verteilt mir Seife über die Schulter, um mir danach den Rücken zu waschen. Das alles passiert so selbstverständlich und natürlich, dass ich ihn einfach machen lasse, mich irgendwann ihm zudrehe, damit er mich auch vorne einseifen kann, was er genauso schamlos tut. Er spielt mit meinem Penis, betont, wie schön sich seine Härte in seiner Hand anfühlt; und das war's.

## Ausgefallene Trainingsmethoden

Mittwoch: 28. Mai

Die letzten zehn Tage folgten einem Muster: Morgens Intensivtraining mit Coach im Hotel, danach Frühstück, ein Spaziergang, eingeschränkte Büroarbeit am Nachmittag und die Abende verbrachte ich ausschließlich mit Seth.

Seit Seth mit mir die Suite und das Bett teilt, hat sich vieles verändert: Wilton flirtet nicht mehr mit mir und Eldons Stalking reduzierte sich. Wurde ich früher von der Hotelbelegschaft heimlich *Saftboy* genannt, rufen mich heute einige ganz offen: *Horny, Nudist* oder *Flitzer aus dem siebten Stock.* Der Sex mit Seth bleibt im Moment bei Streicheln und Küssen, denn mein Körper schmerzt noch viel mehr, als direkt nach dem Überfall, jedoch hauptsächlich wegen Muskelkater.

Die Resultate von Coachs Training sind bereits sichtbar geworden und der gefühlte Unterschied ist gewaltig. Meine Muskeln werden, bis auf die Problemzonen wegen des Anschlags, überall härter, auch solche, von denen ich nicht mal ahnte, dass ich sie habe.

Coach ist nicht nur ein Supertrainer, sondern auch ein Superfreund geworden. Einige Übungen meines Trainings dienen als Physiotherapie, doch die meisten, um meinen Körper zu formen. Coach fordert nichts von mir, was ich ihm nicht gerne gebe. Seine physische Kraft, wenn er mich von hinten unter der Dusche umfängt oder während des Trainings die Fortschritte meines Muskelaufbaus abtastet, gehören genauso zum Training, wie meine neue Ernährung. Coachs Brührungen sind immer direkt und ehrlich. Da gibt es keine verdeckten Hintergedanken oder verklemmte Anspielungen; wenn er Lust hat, meine Latte anzufassen, dann tut er es einfach, genauso direkt, wie er meinen Bizeps oder meine Waden berührt, wenn ich neue Übungen ausprobiere. Da er weder mein Arzt, noch ich sein Patient bin, entwickelt sich eine unkomplizierte, körperliche Freundschaft zwischen uns. Längst ahne ich, dass seine Körperlichkeit mir helfen soll, mein Unfalltrauma aufzulösen. Mit Coach fühle ich mich sicher, was alleine auf der Straße bei meinen Spaziergängen überhaupt nicht so ist. Ich bleibe immer im Sichtradius des Hotels, denn ich zuckte jedes Mal zusammen, wenn sich mir jemand ungesehen nähert oder mich zufälligerweise berührt.

Vom ersten Trainingstag an, korrigierte Coach immer meine Haltung; nicht nur wenn ich an Geräten sitze und schwitzend Gewichte stemme, sondern auch, wenn ich ganz normal stehe, gehe oder sitze. Immer wieder idealisiert er meine Bewegungsabläufe und lässt mich ganz Banales oft zehn und mehrmals hintereinander wiederholen. So übe ich gehen, mich aufsetzen, hinsetzen oder einfach entspanntes Liegen. Meist führen mich seine Hände dabei, eine auf meinem Bauch und die andere auf meinen Schultern. Immer trägt Coach nur eine Jock Straps – er hat hunderte davon in allen Farben und Schnitten – und ist selten weniger erregt als ich. Ich gestatte es ihm sogar, mich *Horny-Boy* zu nennen, wenn wir unter uns sind.

Eldon erschien zweimal während meines Trainings im SPA und tat so, als ob auch er Gewichte stemmen würde. Coach bemerkte seine hypnotischen Blicke auf meinem Körper und berührte mich bei weiteren Bewegungsabläufen so intim, dass Eldon vor Scham flüchtete. Der Concierge tut mir leid. Er ist ein lieber Kerl, wenn nur seine besitzergreifende Natur nicht wäre.

Freitag: 30. Mai

Seth bemerkt, wie rasch ich mich erhole, auch wenn ich noch immer grüne und gelbe Flecken auf dem Leib habe oder gelegentlich bei Berührungen zusammenzucke. Täglich behandelt mein Lover vier bis fünf Mal meine Prellungen mit der Salbe, wobei seine Küsse wahrscheinlich mehr helfen. Ich war in meinem ganzen Leben noch nie so glücklich, wie mit Seth in meinem Bett und Coach als meinem persönlichen Trainer. Wegen meiner Verletzungen delegiert Wilton noch immer meine Termine rund ums Vorprogramm zum Nudist Day an andere *Botschafter*. Inzwischen arbeite ich wieder Vollzeit. Bis auf die Spaziergänge um den Block, bin ich nicht wieder in der Stadt gewesen. Mein Humpeln, meine Flecken und die Schmerzen dienen mir als Schild und als Schutz, mich wieder dem Leben zu stellen. Mir ist bewusst, sollte ich meine Ängste nicht loswerden, der Nudist Day für mich ausfallen muss.

Coach besteht darauf, mich direkt nach dem Training auf meinen Spaziergang zu begleiten. Er plaudert belanglos, doch ich ahne, dass er mich sehr genau beobachtet, wenn er auch kein einziges Mal weder meinen Gang noch meine Haltung korrigiert. Als zwei Typen, einer mit platinblondgefärbten Haaren, auf uns zukommen, verlangsame ich meine Schritte und schiebe mich hinter den Muskelmann. Mir ist gar nicht bewusst, was ich tue, bis Coach, als die beiden uns längst passiert haben, eine Sitzbank ansteuert.

„Martin, warum hast du mir nichts gesagt. Dieses Trauma müssen wir in den Griff kriegen!“

„Von was sprichst du?“, spiele ich den Unwissenden.

Er legt mir kumpelhaft seinen Arm um die Schultern und überquert die nächste Straße. Die hohen Bäume vom kleinen Park auf der anderen Seite versperren die Sicht aufs Hotel. Sofort wird mir sehr unbehaglich. Als ich mich immer wieder nach dem Hotel umsehe, verlangsamt Coach seinen Gang, doch ein Entkommen aus seinem starken Arm ist unmöglich. „Horny-Boy, ich zeige dir mein Fitnessstudio“, tut er so, als ob er meine Angst nicht spüren würde und beginnt von den Geräten dort, der Sauna und der kürzlich erfolgten Erweiterung der Garderoben zu plaudern.

Nach zwei weiteren Kreuzungen betreten wir sein Studio. Im Glasgebäude fühle ich mich etwas wohler, wenn mich die Leute an den Geräten auch verunsichern. „Coach, ich habe kein Trainingszeug dabei!“

„Das brauchst du nicht!“ Er führt mich zur langen Bar, hinter der eine junge Frau Fruchtsäfte mixt und uns beiden einen Shake aus roter Beete, Karotten, Ingwer und grünen Äpfeln reicht. Weil das Zeig so lecker schmeckt, bekomme ich noch ein zweites Glas. „Ich bin gleich zurück!“, lässt mich Coach alleine.

Als ich eine Weile mit der Frau plaudere, fällt mir auf, dass ich das schon lange nicht mehr getan habe. Im Hotel arbeiten keine Frauen und mit den Gästen bleibe ich auf Distanz. Die Frau fragt mich über alles Mögliche aus: woher ich Coach kenne, ob ich tatsächlich der Typ auf dem Plakat sei; und ob ich eine Freundin hätte. Da sie dieses Thema wirklich zu interessieren scheint, obwohl das Plakat von der Gay Community gesponsert wird und mich das doch als schwulen Mann outen müsste, lüge ich und behaupte, im Moment Single zu sein. Nach dem dritten Glas Power-Saft baggert sie mich direkt an.

Endlich taucht Coach wieder auf und lädt mich in die Sauna ein.

Weil sich darin auch Frauen befinden, binde ich mir ein Badetuch um die Hüften und lege es nie ab. Coach verliert kein Wort darüber, sondern plaudert mit allen in der Sauna übers ungewöhnliche Vorsommerwetter und ähnlich Unverbindliches. Ich sitze ganz hinten an der Wand, damit mich niemand aus Versehen von hinten berühren kann. Nach dem zweiten Schwitzdurchgang mit den folgenden Kaltbädern und den Ruhepausen bringt mich Coach zurück ins Hotel. Vor dem Eingang legt er mir seine beiden Hände auf die Schultern und fokussiert mich: „Martin, ich hole dich heute Abend um sieben Uhr hier ab!" Erstaunt frage ich ihn, was er plane. „Ich möchte deine Haltung in einem anderen Umfeld beobachten. Erwarte mich pünktlich mit Turnschuhen in der Lobby!"

Heute, zweieinhalb Wochen nach dem Überfall, schmerzen meine Prellungen nicht mehr so stark und die Blutergüsse sind nur noch in der Rippengegend und über meinem Gesäß, wo mich die Eisenkette getroffen hatte, zu sehen.

Breits um halb sieben Uhr lungere ich in der Lounge herum. Ich werde immer kribbeliger. Ich quatsche mit Eldon, weil ich den verliebten Trottel, trotz allem, ganz gerne mag. Da Seth heute Abend eh eine Extraschicht schiebt, kommt mir der Ausflug mit Coach ganz gelegen.

Coach holt mich pünktlich ab. Als er meine Turnschuhe gecheckt hat, fährt er in seinem Cabriolet Richtung Süden zum Piccadilly Circus los. „Martin, zieh dein Hemd aus!"

Einen Moment zögere ich, denn im offenen Wagen würde ich mit nacktem Oberkörper auffallen. Ich tue es trotzdem. Neben Coach in seinem Wagen fühle ich mich sicher.

„Horny-Boy, was trägst du unter deiner Shorts?"

„Nichts! Warum fragst du?"

„Zieh deine Hose aus!"

Sein Vorschlag erstaunt mich. Ich sitze immerhin auf dem Beifahrersitz seines sehr einsichtigen Wagens und das mitten in Londons Stadtverkehr. „Coach, ist das dein Ernst?"

Mein Trainer beobachtet mich aus den Augenwinkeln. „In etwas mehr als zwei Wochen ist der Nudist Day. Martin, du bist in deinem jetzigen Zustand nicht fähig, daran teilzunehmen. Du zuckst jedes Mal zusammen, wenn jemand auf dich zukommt; du schleichst an den Wänden entlang, damit dich niemand zufällig von hinten berühren kann und du scheust dich selbst in einer Sauna, dein Badetuch abzulegen.“ Da ich nur meine Augen verdrehe, legt er seine linke Hand auf meinen Oberschenkel. „Horny-Boy, du schöpfst Kraft aus deinem Nacktsein, das habe ich längst bemerkt. Zieh dich aus!“

Weil ich ihm inzwischen voll und ganz vertraue, knöpfe ich mir die Shorts auf und ziehe sie mir dann runter, um hinauszusteigen und sie bei meinen Füßen liegen zu lassen. Verklemmt lege ich mir meine Hände auf meine Blöße, als wir beim ersten Rotlicht Fußgänger passieren lassen müssen. Ich fühle mich ausgestellt und beobachtet.

„Martin, relax!“, instruiert mich mein Trainer.

Erst als sich der Wagen wieder in Bewegung setzt, lege ich einen Arm aufs offene Fensterbrett und ziehe mir mit der anderen meine Sonnenbrille an, um cool vor mich her zu starren. Coach kurvt immer wieder über den Piccadilly Circus, wo wir unzählige Male bei Ampeln oder Zebrastreifen stoppen müssen. Viel zu oft zucke ich zusammen, wenn sich Leute von hinten dem wartenden Wagen nähern oder mich neugierig mustern.

„Horny-Boy“, ermutigt mich Coach, „sei stolz, ein Mann zu sein. Sei stolz, ein Mensch zu sein. Sei stolz, ein unsterbliches Wesen in einem sterblichen Körper zu sein.“

Manchmal schöpfe ich aus meiner Nacktheit tatsächlich Kraft, doch viel öfter geißelt sie mich. Coach schweigt und dreht Runde um Runde, um mich vorzuführen. Erst nach einer Stunde und hundert roter Ampeln später, verlässt er die Gegend von Piccadilly Circus.

Auf dem Parkplatz eines Night Clubs parkt er. Ich darf mich wieder anziehen. „Martin, bist du bereit, dich unter Menschen zu begeben?“

Am liebsten würde ich meinen Kopf schütteln. Die Fahrt hat mir gezeigt, wie unsicher ich in Wahrheit noch bin. Im Hotel und mit meinen Kumpels denke ich übers Nacktsein nicht mehr nach. Bei den *London Jacks*, bei den *Fetish Voyeurs* im Country Club oder auch bei den beiden Fotosessions, war ich immer in einer klaren Rolle: ich war Model und ich war immer nur unter Männern. Am Nudist Day wäre das anders.

Wir betreten den Night Club. Es ist erst neun Uhr und eigentlich noch viel zu früh fürs Tanzen, dennoch tummeln sich an der Bar und der Tanzfläche bestimmt an die fünfzig Leute beiderlei Geschlechts. Auch wenn ich versuche, ruhig zu bleiben, fühle ich aufkommende Panik. Coach sucht uns eine freie Sitznische nahe der Tanzfläche und bestellt zwei Fruchtsäfte.

„Martin, kannst du tanzen?"

„Das übliche Club-Hopsen kriege ich hin."

„Dann mal los!", zieht mich Coach zur Tanzfläche.

Erst tanze ich mit meinem Rücken zu einer Wand und halte genügend Abstand zu allen anderen. Nach dem zweiten Song zieht mich Coach sanft aus meiner Nische. Noch ist kein Gedränge und ich kann jedem Körperkontakt ausweichen. Erst nach weiteren drei Songs entspanne ich mich und blicke mich nicht mehr ständig wie ein erschrecktes Reh um. Jedes Mal, wenn Coach spürt, dass mich jemand verunsichert, tanzte er so, dass er mich mit seinem Körper abschirmt. Langsam werde ich lockerer, bis ich nach über einer Stunde echten Spaß am Tanzen entwickle. Gegen die leichten Schmerzen in meinen Rippen vollführe ich Moves aus der Physiotherapie. Kaum habe ich das Gefühl, wieder sichtbar zu werden, erkennen mich die ersten Jungs und Mädels, um mir keck zuzuwinken oder zu kichern.

Mit dem Wechsel des Musikstils verdrücke ich mich zurück auf unseren Platz und bin bald von Autorgrammjägern umzingelt. Coach deckt meinen Rücken, was keine neuen Panikattacken aufkommen lässt. Leider ist an Tanzen jetzt nicht mehr zu denken, da mich alle im Night Club anstarren, mit ihren Fingern auf mich zeigen oder mich provozierend ignorieren. „Ich fühle mich unwohl!", gestehe ich Coach.

„Jetzt stell dir vor, du müsstest heute schon nackt sein."

„Lieber nicht!", winke ich ab und sehe mich um. Mindestens zwanzig Augenpaare folgen jeder meiner Bewegungen.

„Martin, verstehst du, was ich meine?"

Da ich nicke, verlassen wir ein paar Minuten später das Lokal, doch nur, um ein paar Blocks weiter einen Club namens *Eruption* zu besuchen. Die neue Atmosphäre kommt mir sofort bekannt vor: es ist ein Gay Club, nur für Männer. Im Erdgeschoss gibt es die Garderobe mit der Kasse, Billardtische und eine Bar; im Keller eine Tanzfläche, zwei weitere Bars und einen verwinkelten Cruising Bereich mit flimmernden Monitoren. Hier im Halbdunkel fühle ich mich wieder unsicher und schleiche an den Wänden entlang, wobei ich darauf achte, dass Coachs Körper mich gegen andere schützt. Diese Dunkelheit erinnert mich an den Hinterhof und die Silhouetten der Gäste an die Punker. Alles im *Eruption* ist schwarz gestrichen, Wände, Böden, Decken, wie auch alle festinstallierten Möbel;

nur Teile der Bar und die Barhocker sind aus Chromstahl. Das Licht, bis auf die Bars, über den Billardtischen und den Blinklichtern der Tanzfläche, ist gedämpft. An den Bars sitzen einzelne Typen. Viele Männer stehen einfach an eine Wand gelehnt und gaffen auf die Monitore mit den Pornos oder trinken im Stehen ihr Bier. Es riecht nach Alkohol, Eau de Toilette und Männern.

„Ziemlich langweilig hier“, stelle ich fest. „Bist du oft hier?“ Ich weiß, dass Coach schon Sex mit Männern hatte, wenn er auch generell auf Frauen steht.

„Ab und an, wenn ich Lust auf Gay Pornos habe! Die zeigen hier nur die Neuesten, zudem lassen mich die Typen in Ruhe.“

Ich checke die Lage und erkenne keinerlei Interaktionen, nicht einmal an der Bar. Jeder bleibt für sich oder bei seiner Begleitung. „Warum sind wir hier?“

„Um zu üben!“, boxt mir Coach in die Seite.

Gleich wird er mich alleine hier rumspazieren lassen. Bin ich dazu bereit? Es gibt keinen realen Grund, mich hier zu fürchten. Keiner der Männer wird mich verprügeln.

„Komm mit!“ Coach führt mich zum Eingangsbereich und klingelt bei der Garderobe, bis ein Student auftaucht. „Mein Kumpel will seine Klamotten ablegen. Geht das in Ordnung?“

„Denke schon?“, zuckt der Student mit seinen Schultern.

„Na los!“, fordert mich Coach auf. „Hüllenlos begegnet uns das Leben; hüllenlos stellen wir uns seinen Wundern!“

Das sind Wiltons Worte. Bestimmt kennen sich die beiden und tauschen sich über meine Rekonvaleszenz aus. In zwei Wochen ist der Nudist Day! Seltsam ist es schon, wenn ich hier gleich als Einziger nackt cruise. Trotzdem ziehe ich mich aus, um Hemd und Hose dem Student zur Aufbewahrung zu reichen. Den Jeton für die Garderobe sackt sich Coach ein.

„Horny-Boy, wir treffen uns später bei der Bar neben der Tanzfläche. Lass dir aber Zeit!“

Nackt erkennt mich der Student sofort und bittet um mein Autogramm auf einem Flyer mit meinem Bild. „Das werde ich einrahmen und beim Eingang aufhängen!“, verkündet er stolz.

„Ich kann auch das große Plakat über dem Billardtisch signieren!“ Diese komische Tat erfüllt mich wirklich mit Stolz, nicht zuletzt, weil mich dieser Student unentwegt angafft. Wir beide sind die einzigen Gäste hier oben, was mich entspannt. Beim Signieren des Plakates stellt er sich dich hinter mich, was sofort Panik aufkommen lässt.

Nichts passiert! Keiner schlägt mich!

Langsam atme ich ein paar Mal tief ein und wieder aus. Ich muss dieses Panikprogramm in meinem Gedächtnis und in meinen Reflexen löschen. Keiner will mich töten! Ich bin sicher! Dies und ähnliches rede ich mir ständig ein und hoffe, es bald wieder zu glauben. Mutig steige ich danach alleine die Treppe in den Keller hinunter, wo augenblicklich die Halbtoten zum Leben erwachen. War jeder der Zombies zuvor für sich und in seiner eigenen kleinen Welt gefangen, erlöst sie meine provozierende Nacktheit aus ihrem Bann. Ich werde angestarrt. Neuformierte Grüppchen tuschelt über mich und ich werde zur Attraktion, zur peinlichen Figur oder zum Lustobjekt.

Keiner will mich töten! Keiner schlägt mich! Ich bin sicher!

Verunsichert schleiche ich durch die schummrigen Gänge, bis meine Verletzungen aufgrund der ungewohnten Moves vorhin im Night Club schmerzen. Ein Sessel in einem der Flure mit den Monitoren bietet sich für eine Rast an. Da der Sessel in einer Ecke steht, kann sich keiner ungesehen anschleichen.

Keiner will mich töten! Keiner schlägt mich! Ich bin sicher!

Der Porno verzichtet auf Dialoge, wie aber auch auf Handlung, Schnitt oder unterschiedliche Kameraeinstellungen. Zum Glück ist der Ton aus. Warum ich davon nicht süchtig werden kann – bis auf Essex' Pornoszene – ist mir nach Minuten klar: Pornos sind ätzend langweilig! Es ist nichts weiter als das Abfilmen der Penetration eines Typen durch einen anderen. Neue Typen schleichen um mich herum, lehnen an den Wänden oder belegen alle Sitzgelegenheiten in Sichtnähe zu mir.

Keiner will mich töten! Keiner schlägt mich! Ich bin sicher!

Gelangweilt vom Streifen flüchte ich, um mir einen anderen Monitor mit einem anderen Film auszusuchen. Doch egal in wie viele der Filme ich kurz reinblicke, es passiert immer das Gleiche auf die gleiche Weise aus denselben, wenigen Perspektiven. Bei zwei geilen Typen, die es draußen in der Sonne treiben, setze ich mich wieder. Augenblicklich füllen sich die Ränge um mich herum mit Schaulustigen.

Keiner will mich töten! Keiner schlägt mich! Ich bin sicher!

Als mich die beiden Protagonisten im Film anmachen und meine

Erektion wächst, rücken die dunkel gekleideten Figuren näher. Beschämt schlage ich meine Beine übereinander.

Keiner will mich töten! Keiner schlägt mich! Ich bin sicher!

„Haltung, Horny-Boy, Haltung!“, flüstert Coach, der sich herangeschlichen hat.

„Echt jetzt?“, nuschle ich.

„Schämst du dich?“

„Sicher nicht“, zische ich ihn leise an.

„Sieht aber so aus“, damit verlässt mich Coach wieder.

Leider wechseln die Pornodarsteller, doch weder Location noch Handlung, was meiner Lust ein jähes Ende setzt. Kaum ziehe ich weiter, folgen mir die stummen Schatten. Jeder sieht weg, wenn ich ihn mit Blicken konfrontiere oder verschwindet kurzfristig in einer der Kabinen. Komischerweise werde ich dadurch zum Jäger und vergesse meine vorherige Unsicherheit. Ich wechsle sogar in einen helleren Raum.

Keiner will mich töten! Keiner schlägt mich! Ich bin sicher!

Hier kann ich die Gesichter der Männer sehen und sie meines. Einige scheinen mich zu erkennen, können mich aber nicht zuordnen; andere fassen sich in den Schritt, als ich sie passiere. Einmal streicht mir eine Hand über meinen Hintern, sodass ich mich mit erhobenen Fäusten dem Kampf stelle. Als der arme Mann sofort flüchtet, kann ich erstmals lächeln.

Keiner will mich töten! Keiner schlägt mich! Ich bin sicher!

Später langt eine andere Hand nach meinem Penis und ich nehme es einfach als ein Kompliment hin.

Keiner will mich töten! Keiner schlägt mich! Ich bin sicher!

Von Coach fehlt jede Spur. Ich vermute ihn an der Bar und sehe dort nach. Zwei ältere Typen sprechen mich an.

„Endlich mal ein Lichtblick hier unten!“, mustert mich der schwarzgekleidete Sechzigjährige.

„Du hast einen schönen Schwanz!“, lobt der zweite, der nur knapp jünger ist und bietet mir einen freien Barhocker an. Auch er ist schwarz gekleidet, als ob das hier Pflicht sei. Da meine Verletzungen langes Stehen noch nicht zulassen, Coach nirgends zu sehen und mir langweilig geworden ist, setze ich mich zu ihnen, doch so, dass ich niemanden im Rücken haben kann.

Keiner will mich töten! Keiner schlägt mich! Ich bin sicher!

„Einmal im Monat ist hier *naked Sunday*. Das ist aber nicht heute!", bemerkt der Ältere, als ob ich blöd sei.

„Ich bin Nudist", gestehe ich.

„Schade, dass es nicht mehr Typen wie dich gibt", steigt er drauf ein. „Glaub mir, mein hübscher Exhibitionist, du veränderst für heute Abend alles hier drin. Soviel Bewegung beobachtet man hier selten!", nickt er auf die bewegten Schatten.

„Ein echt schöner Schwanz", wiederholt der andere.

„Danke!" Ich setze mich etwas breitbeiniger hin.

Keiner will mich töten! Keiner schlägt mich! Ich bin sicher!

„Scheu ist unser Exhibitionist ja nicht!", lobt mich wieder der Ältere. „Taucht hier sonst mal ein Nackter auf, ist er entweder hässlich, uralt oder mit Drogen so vollgedröhnt, dass er gar nicht mitkriegt, was er tut. Du hingegen zeigst Freude an deinem Exhibitionismus."

„Dein Schwanz ist ..."

„Ja, ja, mein Schwanz ist schön, das sagtest du schon!", verdrehe ich meine Augen.

„Spielst du gerne damit?", will der Jüngere wissen.

„Natürlich!"

„Wichs ihn!", steht plötzlich Coach hinter mir und legt mir seine rechte Pranke auf meine Schulter.

„Sicher nicht hier!", verdrehe ich meine Augen.

„Du hast recht!" Coach schnappt sich einen freien Barhocker und stellt ihn auf die leere Tanzfläche. „Wie ist es hier?" Die beiden Typen sehen mich erwartungsvoll an und Coach klopft auf die Polsterung des Barhockers.

Keiner will mich töten! Keiner schlägt mich! Ich bin sicher!

„Vergiss es!", zeige ich Coach den Vogel und erhebe mich. „Männer, danke für die Komplimente. Man sieht sich!"

Oben warte ich vor der Garderobe, doch Coach taucht nicht auf, weshalb ich die Klingel bediene, um den Studenten herbeizurufen. Er reicht mir meine Shorts und mein Hemd auch ohne den Jeton. Angezogen verlasse ich das Lokal. Kaum fällt die Tür hinter mir ins Schloss, öffnet sie Coach wieder und tritt ebenfalls ins Freie.

„Nicht schlecht!", grinst er mich an. „Am Nudist Day kann dir das in jedem Gay-Club passieren. Die Typen werden dich anstarren, Komplimente über deinen Arsch und deinen Schwanz machen und dich zur

Show auffordern."

„Wirklich?"

„Martin, das hier ist deine Szene! Lerne sie kennen und ebenso ihre Regeln. Hast du genug?" Als ich nicke, bringt mich Coach zurück ins Hotel.

Freitag: 30. Mai

Gestern fiel das Training aus, um mich zu schonen. Doch heute holt mich Coach schon um halb acht in meiner Suite ab. Anders als sonst, behält er heute seine Trainingshose und sein knappes T-Shirt während der ganzen Session an. Er nimmt mich richtig hart ran und viele der Übungen muss ich weit häufiger wiederholen als sonst. Meine Muskeln brennen, doch Coach fordert immer mehr von mir. Seine Körperhaltungskontrolle ist richtig nervig. Ständig drückt seine Hand meinen Bauch zurück, richtet meine Hüften neu aus oder korrigiert die Stellung meiner Füße auf dem Boden. Später beim Hanteln stemmen, steht er dicht hinter mir und achtet darauf, dass mein Rücken sich nicht krümmt. Immer wieder zucke ich erschreckt zusammen, wenn er plötzlich ruckartig von hinten nach meinen Schultern oder meinen Hüften greift. Ich bin sicher, er macht es absichtlich.

Keiner will mich töten! Keiner schlägt mich! Ich bin sicher!

„Wo bleibt dein Stolz?" Coach spielt darauf an, dass mich das Training heute noch nicht ein einziges Mal erregte. „Liegt es daran, dass mein Horny-Boy mir heute nicht auf meinen Schwanz starren kann?", fragt er direkt wie immer. Als ich meine Hanteln sinken lasse, um darüber zu reden, stellt er sich sofort wieder dichter an mich ran, um meine Ellbogen zu führen. Als ich seine Erektion durch seine Trainingshose fühle, entspanne ich mich. „Jetzt mit ausgestreckten Armen über dem Kopf. Los hoch mit den Gewichten!"

Widerwillig füge ich mich seinen Anweisungen. Bei meinen kritischen Selbstkontrollen jeden Abend vor dem Spiegel kann ich das Wachstum meiner Muskeln gut ablesen. Coach versteht sein Handwerk, warum ich nie widerspreche, egal, was er von mir verlangt. Seine Hände fahren über meinen Torso und über meine Bauchmuskeln. „Sei stolz!"

Kichernd lasse ich die Hanteln wieder sinken.

„Ich meine es ernst", stellt sich Coach diesmal vor mich. „Horny-

Boy, du bist nicht einfach einer der tausend Nudisten, der in zwei Wochen nackt auf seinem Fahrrad durch Londons Innenstadt fahren wird. Martin, du sollst der Kampagne *geiler Nudist* gerecht werden. Das verspricht das Plakat, der Flyer, die Homepage und die Artikel, die in den Gay-Zeitschriften erschienen sind. Mit dieser Kampagne stellt sich die Organisation gegen die Prüderie, gegen religiöse Fanatiker und das Kleinbürgertum. Deine Erektion gehört zum Kampf um Freiheit und für Toleranz genauso dazu, wie dein Körper und dein Gesicht. Sei stolz drauf! Jetzt!“

Anstatt mich das erregt, muss ich lachen.

„Findest du das komisch? Na gut! Setz dich auf das Gerät fürs Oberschenkeltraining und hol dir einen runter!“ Als ich kritisch meine Augen verdrehe, zieht Coach die Stifte für die Gewichte bereits aus besagtem Gerät, öffnet die Grätsche bis zum Anschlag und bietet mir den Platz an. Mein Zögern führt dazu, dass er mich an der Hand nimmt und zum Gerät führt. „Horny-Boy, bin ich dein persönlicher Trainer?“, fragt er mich und als ich nicke, fährt er fort: „Dann tue, was ich dir sage!“

Mich hat es nie gestört, wenn ich im Training ne Latte hatte, wenn Coach mich überall angefasst oder mir meine Vorhaut im Rhythmus zu ausgefallenen Übungen vor- und zurückschob, um mich zu reizen, weit mehr zu schaffen als die üblichen zehn oder zwölf Wiederholungen. Seine Methoden waren immer exakt auf mich zugeschnitten; zugegeben, sehr ungewöhnlich und sexuell, doch effektiv.

„Stolz!“, wiederholt er. Auf meine Show wartend, setzt er sich vor mich auf den Boden. Coach sah mich schon in viel provozierenden Stellungen. Warum scheue ich mich? Coach fasst nach meinen rechten Fuß, um mir meine Zehen zu massieren und als das noch immer keinen Stolz weckt, auch meine Waden. Sein breiter Mund grinst und er ermutigt mich mit einem Zwinkern, endlich loszulegen. Erst als seine Hand über meinen Oberschenkel bis zu meinen Hoden hochfährt, erwacht die Lust in mir und ich packe zu.

„Lehn dich zurück!“, instruiert er sofort und stellt sich dazu neben mich. Bald liegt seine rechte Hand auf meinem Bauch und die linke schiebt meine eigene Hand tiefer. „Horny-Boy, wenn du alleine wichst, kannst du ihn halten wie du willst, doch wenn dir andere zusehen, solltest du ihn nicht verdecken, sondern präsentieren.“

Ich folge seinen Anweisungen, wie auch sonst im Training.

„Rechte Schulter zurück, dafür direkter Blickkontakt!“ Rasch stellt er sich vor mich, um die neue Position zu überprüfen. „Setz dich aufrechter hin!“ Die leichten Veränderungen steigern tatsächlich meine Lust. „Langsamer! Horny-Boy, achte auf deine Atmung und den Rhythmus deiner Bewegungen!“ Abermals korrigierte er meine Handstellung. „Fürs Finale will ich mehr sehen! Schieb dein Becken vor, winkle deine Knie an und lehne dich zurück.“ Abermals fühle ich seine Hände mein Gesäß vorschieben und meine Beinstellung korrigieren. „Das will ich sehen!“, spielt seine linke Hand mit meinem Anus. Als er sich vor mich hinkniet, fokussiere ich ihn direkt.

„Jetzt spritze!“

Es wird mein bisher heftigster Orgasmus. Als ich danach keuchend grinse, klopft er mir einfach anerkennend auf meine Schultern und schickt mich unter die Dusche. „Das war schon ganz nett. Morgen versuchen wir etwas anderes!“

Als er mich später unter der Dusche wieder einseift, strahle ich ihn an: „Das war unglaublich geil!“

„Uns bleiben noch zwei Wochen. Bis dahin musst du zum geilen Nudisten werden, als den dich alle vermarkten.“

„Du machst aus mir einen Porno Star?“

„Nein! Ich lehre dich, ein stolzer Mann zu sein. Auch der da!“, fasst er danach, „braucht Training, damit er dein Erscheinungsbild so abrundet, wie deine perfekten Arschbacken, dein trainiertes Six Pack oder die Proportion von deinen Waden zu deinen Schenkeln. Wenn du lernst, *ihn* einzusetzen, wird dir das beim Punkten helfen. Was meinst du, warum Bodybuilder nur knappste Tangas bei Wettkämpfen tragen? Sag jetzt nicht, um alle Muskeln besser zu betonen, deswegen bestimmt auch. Vergiss nie, es geht dabei um Stolz!“

Samstag: 31. Mai

Auch heute erwartet mich Coach um halb acht. „Deine Muskeln sollen sich heute ausruhen. Nutzen wir das heutige Training, um an deinen Wichstechniken zu feilen.“

„Muss ich am Nudist Day echt vor Zuschauern wichsen?“

„Wahrscheinlich nicht. Doch was, wenn? Warst du an einem der *World Naked Bike Ride* abends in den Clubs?“

„Letztes Jahr war mein erstes Mal. Ich war nur beim offiziellen Teil dabei!“ dehne ich die Wahrheit.

„Abends in den Pubs ist es am Schlimmsten. Du musst wissen, dass die Engländer dazu neigen, mit etwas Alkohol – viel Alkohol – *sehr* ausgelassen zu werden. Gerät ein Nackter zwischen die Fronten, muss er stolz sein oder er geht unter.“

„Ich trinke nicht!“

„Horny-Boy, alles, was du kennst oder schon einmal gemacht hast, kann dich nicht mehr schockieren. Sei gewappnet, dann hast du Spaß. Spiel damit,“ nickt er auf meine wachsende Erektion. „Der da befriedigt die Gemüter und verschafft dir überall Zutritt. Je selbstbewusster du bist, desto besser.“

„Du sprichst aus Erfahrung?“

Coach grinst extrem breit. „Es war an einem *World Naked Bike Rides* als ich zum ersten Mal Sex mit einem anderen Kerl hatte. Ich trug nur eine Jock Straps, als ich ein Pub aufsuchte. Ein heißer Typ forderte mich auf, auf einem der Tische zu tanzen und zu strippen. Den Rest kannst du dir denken.“

„Coach, das gestern fand ich wirklich aufregend. Soll ich heute wieder ne Show abziehen?“

„Erst die Theorie!“, führt er mich in mein altes Zimmer. „Eldon war so nett, es für unsere Zwecke zur Verfügung zu stellen. Nervt er dich noch?“ Ich schneide eine Grimasse und Coach nickt wissend. „Wie stehst du zu Jonny?“

„Er ist ein Kindskopf, aber nett! Warum fragst du?“

„Ich habe beide um neun Uhr zu einer Show eingeladen.“

„Wie bitte?“, starre ich Coach schockiert an.

„Beide mögen dich und wollen den da in Aktion sehen!“, spielt er mit meiner Erektion. „Verlierst du deine Hemmungen vor zwei Typen, mit denen du tagtäglich zu tun hast, verliert etwas Ungewöhnliches die Gewalt über dich. Ich bin mir ziemlich sicher, dass nicht du einen roten Kopf haben wirst, sondern die beiden. Habe ich recht?“

„Ich soll etwas Peinliches in eine Stärke verwandeln?“

„Aufs Bett mit dir!“

„Wissen Eldon und Jonny was sie erwartet?“

„Um ihnen damit die Überraschung zu rauben? Zeig mal, was du so draufhast.“ Egal, ob ich mich breitbeinig hinknie, mich auf alle viere begebe oder ob ich liege, immer korrigiert Coach meine Haltung und gibt mir Tipps, wie ich entweder reizvoller oder provokativer rüberkommen kann.

„Bux?“, höre ich Seth in der Tür. „Was treibst du hier?“

Total erwischt, bedecke ich mich mit einem Kissen und werde knallrot im Gesicht.

„Komm rein, Seth!“, winkt Coach meinen Freund ins Zimmer. „Martin, warum schämst du dich?“, fragt mich Coach und zieht mir das Kissen fort.

„Tue ich nicht“, lüge ich. „Seth, es ist nicht so, wie es aussieht!“, verteidige ich mich.

„Für mich sieht es so aus, als ob Coach dich zum selbstbewussten, schwulen Mann trainieren würde“, dabei hebt Seth seine rechte Hand und Coach klatscht mit High Five ab. „Bux, hast du echt geglaubt, ich kriege nicht mit, was du und dieser alte Lüstling jeden Morgen treiben?“

„Ihr beide kennt euch?“, sehe ich von einem zum anderen.

„Martin, ich erzählte dir vom Pub. Seth war es, der mich mitten in der Bar flach legte!“ Da Coach einen vielsagenden Blick mit meinem Lover austauscht, knurre ich eifersüchtig. Egal, wem ich hier in London traue, jeder spielt nach seinen eigenen Regeln. Wer wohl der Krankenpfleger war? Seths Trophäenjagd ist legendär.

„Tut's noch weh?“, streichelt Seth mir über meine letzten, kaum noch sichtbaren gelben Flecken über den Hüften, als er sich zu mir aufs Bett hockt. Kopfschüttelnd lege ich mich auf den Bauch und Seth fährt mit seinen Finger die Umrisse eines der Flecken nach. „Der hier sieht aus wie das Blatt eines Rebstocks. Bleib mal liegen!“

Als Seth kurz darauf wieder in meinem alten Zimmer erscheint, hält er einen schwarzen Filzschreiber in seiner Hand. Wortlos bittet er mich, mir das Kopfkissen unter zu schieben, um es mir auf meinem Bauch liegend bequem zu machen. Als die Spitze seines Filzschreibers die Konturen des Blutergusses nachzeichnet, schaudert mir.

„Schmückt seinen Leib mit Blumen! Krönt sein Haupt mit Kränzen! Salbt seine Lust mit Ölen!“, höre ich Wilton Stimme.

Als ich schallend loslache, setzen sich Jonny und Eldon schweigend mit verschlossenen Schachteln ans Kopfende des Bettes. Hatten sie sich die ganze Zeit über im Badezimmer versteckt oder schlichen sie rein, als ich von Seth abgelenkt wurde? Wilton zumal kam aus dem Badezimmer.

Als ich mich in der Hinternhochposition umdrehe, stehen jetzt auch Pimlico und Essex hinter mir. Auch die beiden schweigen, während sich Pimlico sein Lachen verkneifen muss und Essex mir zuzwinkert. Feierlich schreitet Pimlico zur Kommode und holt aus einer Schublade einen Kranz aus Efeublättern, um ihn mir aufs Haupt zu setzen. „Wilton lud uns zu deiner Initiationsfeier ein und Seth bestand darauf bei eurer …"

„Schweig!", unterbricht ihn Seth.

Als ich Essex' warme Hand mir vorgewärmtes Öl auf meinen Po auftragend fühle, grinse ich ahnend. Seth verwandelt unterdessen weitere Blutergüsse in Traubendolden und Ranken.

„Reiß dir die Masken vom Gesicht, zerfetze deine Roben und zerschmettere deine Hemmungen!", verkündet Wilton. „Lass das Alte los und umarme das Neue!"

Essex' Hände wandern tiefer, um meinen Anus zu salben. Entspannt lausche ich dem Wind aus einer Parallelwelt durch hohe Pappeln fegen, rieche den Duft von Kiefern und spüre die erste Wärme eines neuen Morgens. Am Wegrand stehen nackte Jünglinge mit bekränzten Häuptern, genau wie ich selbst geschmückt wurde. Während die Sonne über den Hügel aufsteigt, schließen sie sich der Prozession an, die von Dionysos, der ein Hirschgeweih trägt und von Blumengirlanden reich geschmückt ist, angeführt wird. Wir passieren neun Frauen, die Spalierstehend Narzissen und Mohnblumen vor unsere Füße werfen und dabei in einer vergessenen Sprache von der Läuterung der Seele, der Liebe ohne Bindung und vom Quell des Lichts singen. Eine Frau mit Federkragen und Perlenketten erkenne ich als Thalia, meine Lebensretterin. Eine Brasilianisch aussehende in rotem Kleid und High Heels lächelt mir augenzwinkernd zu und eine uralte Königin erkenne ich als Klio. Kaum zwischen den neun Musen hindurch, schwenken sie nach mir ein, um die Prozession durch einen Eschen- und Pappelhain zu begleiten.

„Mühevoll ist der Weg, der zu den Göttern führt", rezitieren die neun Göttinnen und bewerfen mich jetzt von hinten mit ihren dunkelblauen Narzissen und tiefroten Mohnblüten, während wir auf verwitterten Stufen einen Hügel erklimmen. Ich erkenne auch diesen Pfad wieder. Damals begann seine erste Stufe exakt dort, wo ich aus dem Kuppeltempel am Strand in diese Welt der Götter gestolpert bin.

„Nur, was du in deinem Herzen trägst, wird dich bis zum Ende durchhalten lassen. Trug, Schein und Eitelkeiten werden von dir abfallen müssen, bevor du das Heiligtum betreten kannst. Das Licht der Götter entsetzt die Schwachen und verscheucht die Unwürdigen. Der Ton der

Götter ist die himmlische Musik, schrecklich und schön zugleich; sanft und grausam, lockend, verführend und immer auch prüfend."

Thalia schließt auf und schreitet eine Weile an meiner Seite. Ich glaube, das Seufzen von Nymphen zu hören und einzelne Tropfen in einen Quell stürzen, als sie zu mir spricht: „Hier vergisst jeder seinen Namen, hier fallen alle Masken. Hüllenlos begegnet dir das Wunder des Lebens und hüllenlos musst du ihm begegnen. Bist du bereit, dein altes Selbst loszulassen?", fragt mich die Frau mit den tausend Perlenketten.

„Ich bin schon gestorben", flüstere ich ihr zu. „Auf Apollons Insel hörte ich des Lebens Flüstern und folgte seinem sanften Ruf. Jetzt weiß ich, ich besitze noch immer meinen Körper. Ich bin mehr, als nur der Schatten meiner Erinnerungen. Ich existiere! Ich bin unsterblich!", antworte ich der Muse.

„Bux, bist du bereit für den Segen deines Geliebten?", fragt mich Wilton. Wie schon erlebt, blicke ich in zwei Welten gleichzeitig. Da steht Wilton, der Hotelbesitzer in einem Nadelstreifenanzug neben meinem Bett und ist gleichzeitig Dionysos, der blumengeschmückte, hirschgehörnte Nackte.

„Ich bin bereit!", verkünde ich feierlich.

Thalia schmückt mich mit einem Kranz aus Veilchen und Rosen, während mir die anderen Musen einzeln ihren Kuss der Inspiration auf meine Stirn hauchen.

„Der Musen Küsse vermögen einem Sterblichen die Ahnung zu vermitteln, den Ozean der unbegrenzten Möglichkeiten zu erreichen", sieht mir die uralte Klio ins Gesicht. Ihr langes, graues Haar trägt sie hochgesteckt mit Juwelen geschmückt. „Martin Holmström", spricht sie mich mit meinem vollen Namen an, „dein Weg wird dich über den Atlantik bis an die Küste des Pazifiks führen. Martin Holmström, wir sehen uns wieder in Los Angeles."

„Ist dein Herz rein?", fragt mich Thalia. Auch ihr kurzes, braunes Haar ist mit Juwelen und Perlenfäden geschmückt. Ihr dunkles Kleid wirkt wie die sternenlose Nacht und ihr Federkragen wie tausend Hände, die ihr Haupt tragen.

Vielleicht habe ich genickt, vielleicht auch nur gezwinkert, doch Seths Hand streichelt mir übers Gesicht: „Willst du mich?", haucht er kaum einen Ton erzeugend.

„Ich rufe dich, ewige Gattin in tausenderlei Gestalten! Dich, Wasser des Lebens und Brunnen im Schoss der Erde“, erhebt Klio ihre Stimme. „Ich rufe dich, ewiger Gatte, Feuer des unvergänglich Männlichen! Eile herbei aus dem Äther und manifestiere dich als Berg des Lichts!“

Träumerisch verschwimmen die Welten, mischen sich ihre Klänge, die Farben und Lichter. Zwei Ströme, einer blau, der andere gelb, umgarnen mich leuchtend, aber auch Seth, dessen Lippen erneut flüstern: „Martin Holmström, willst du mich als den deinen?“ Das blaue Licht durchdringt ihn und ich sehe einen reißenden Fluss, tiefe Seen und wogende Meere in seinen Augen. Dann fegt das gelbe Licht durch seine Gestalt und Sonnen erstrahlen, Blitze zucken und Donner grollt über die Ebenen, die Täler und Weiten, die sich vor uns öffnen.

„Akzeptierst du mich als deinen weiblichen und deinen männlichen Gegenpool?“, fragt Seth ein drittes Mal.

„Sebastian Montgomery“, benutze ich seinen richtigen Namen, „ja, ich will!“ Stumm denke ich: *Ich wollte dich schon, bevor ich dich letztes Jahr im Hyde Park gesehen habe!* „Ja, ich will dich, mein wunderschöner Seth!“ und ein drittes Mal: „Ja, sei du mein und ich dein!“

Sofort setzt wieder Wilton ein, als ob wir die Zeremonie tatsächlich geübt hätten: „Der wahrhaftige und reale Dionysos ist sowohl Frau wie Mann; ist sowohl passiv wie aktiv; ist sowohl das Licht des Tages, wie die sonnenlose Nacht mit ihren Sternen.“

„Ich bin bereit, die Natur der Lust, des Leids und der Erkenntnis zu erfahren“, spreche ich und kann mich an die Texte aus meinem Traum erinnern.

Die Musen bleiben zurück, während ich mit *meinem* Seth an der Seite eine Höhle betrete und gleichzeitig seinen Leib neben meinem im Bett meines alten Zimmers fühle.

„So erkennt, dass ihr eins seid; dass ihr ganz seid!“, zelebriert Wilton.

„Wir sind eins!“, drückt Seth meine rechte Hand.

„Ich gebe mich deiner Liebe hin, um des Lebens Geheimnisse zu erfahren. Seth, ich empfange deinen Samen“, drücke ich seine Hand.

Keiner grinst, keiner lacht, aber jeder bezeugt dieses eigenartige Ritual. Bisher musste sich Seth wegen meiner Verletzungen zurückhalten, doch meine Schonfrist ist vorbei. Gleich wird er mich unter Zeugen entjungfern und gleichzeitig ehelichen.

Seth richtet sich auf und zieht meinen Körper näher an die Bettkante, während er gleichzeitig neben mir immer tiefer in die mit Fackeln beleuchtete Höhle schreitet. Tropfsteine ragen aus dem Boden wie mächtige Säulen oder wachsen aus der Decke, wie die Zähne einer Bestie aus Urzeiten. Bis auf Dionysos und drei schwarzverschleierte Frauen folgt uns niemand.

Ich kann Eldon und Jonny sehen, die hypnotisiert ihre Blicke nicht abwenden können; ebenso Klotho, Lachesis und Atropos, die drei Moiren, deren Augen hinter Masken und Schleiern über den Rand von Raum und Zeit blicken, um unser Schicksal neu zu ordnen. Tief im Herz des Berges wartet ein mit Fellen und Veilchen bedeckter Altar. Auch hier wirft das tanzende Licht von Fackeln ein gespenstisches Licht an die Felswände. Es riecht nach Erde, verbranntem Holz und Blüten.

Dionysos stellst sich zwischen meinen Geliebten und mich, fasst nach unseren Händen und verbindet sie vor diesem blühenden Altar: „Vollzieht das Ritual!"

Ich knie mich auf den Altar und lege meinen Kopf in die duftenden Blüten. Als Seth anklopft, stöhne ich vor Lust. Essex hält meine linke Hand und Pimlico meine rechte, während Seth Einlass fordert. Unentwegt höre ich das Platschen einzelner Tropfen. Ein heulender Wind fegt durch das Labyrinth der Höhle. Das Lammfell, auf dem ich knie, ist weich und kitzelt mein Gesicht, während Seth, golden leuchtend, seinen Gatten besteigt.

„Der weibliche Dionysos muss befruchtet werden. Mögen seine Kinder stark und mächtig gedeihen", kommentiert Wilton. Als ich meine Hände ansehe, glühen sie und blaue Flammen reinigen meinen Leib, als ob es die Wellen des Ozeans wären. Ich bin Wasser. Das Licht verändert sich und ich stehe in roten und orangenen Flammen; ich bin Feuer. Danach erblüht mein Leib, zarten Trieben gleich, lindgrün, dann lila und rosa, als Knospen sich zu Blüten öffnen; ich bin Erde. Als der Wind durch die Höhle fegt, werde ich Luft und schließlich Äther.

Seth packt mich an meinen Hüften und stößt immer heftiger und tiefer zu. Als ich Coach an meiner Seite sehe, korrigiere ich automatisch meine Haltung, strecke meinen Hintern willig hoch und genieße den Vollzug unserer Ehe. Maskenlos, hüllenlos und hemmungslos lote ich die Tiefen einer ganz neuen Lust aus. Ich drehe mich auf den Rücken, um unseren Bund fürs Leben mit unserem Sex zu besiegeln.

„Ein Gott wie Dionysos steht über der Dualität, weil sein Wesen sie in allen Schattierungen ausdrückt und verkörpert“, spreche ich in der Höhle und das Echo meiner Worte hallt Tausendfach zurück. „Ich erfahre die Natur der Lust, des Leids und der Erkenntnis. Ich bin eins. Ich bin ganz.“ Diesmal zitiere ich die Worte aus meiner Erinnerung und sehe dabei in die Augen meines Geliebten im Hotelzimmer. „Ich will mich dir hingeben, um des Lebens Geheimnisse zu erfahren. Nur in der Ekstase öffnet sich mir das Mysterium des Dionysos. Ich empfange dich, Sebastian Montgomery. Ich reife an deinem Samen, um ihn umzuwandeln und daraus zu schöpfen.“

Als sich Seth tief zu mir hinunterbeugt, um meine Wort mit seinen Küssen zu besiegeln, werfen Eldon und Jonny tatsächlich weißen Konfetti aus ihren Schachteln über uns aus, was mich augenblicklich so erheitert, dass danach das Echo meines Lachen in der Höhle zurückgeworfen wird.

Als Seth etwas zu triumphal in die Runde blickt, packe ich ihn und werfe ihn rücklings aufs Bett. Meine neue Kraft überrascht ihn, doch er lässt es geschehen. Er beugt sich mir. Jetzt liegt mein Geliebter auf dem Rücken auf dem Lammfell auf diesem Altar unserer Lust, diesem archaischen Himmelsbett unserer Ehe. Seine hellroten Haare mischen sich mit dem dunklen Blau der Veilchen, die ihn kränzen. Ich packe nach seinen Füßen, ziehe meinen Bräutigam näher an mich ran, und drücke seine Beine ausgestreckt an meine Brust, dass seine Füße rechts und links mein Gesicht rahmen. Stürmisch hebe ich sein Becken an und stoße zu. „Du bist mein, wie ich dein war!“

Dionysos setzt mir sein Hirschgeweih auf und der Efeukranz rutscht mir dabei als weitere Girlande um meinen Hals. Die Jünglinge vor der Grotte stimmen einen Chor an, während Sebastian-Seth sich mir vollkommen hingibt.

„Bist du der meine?“, frage ich ihn.

Als er laut keuchend: „JA!“ brüllt, macht mich das so geil, dass ich ihn immer schneller und tiefer als meinen Ehemann akzeptiere und damit den Bund unserer Liebe vor all den Zeugen vollziehe. Erst als ich laut japse und er meinen Samen empfangen hat, spüre ich, wie Vergangenheit und Gegenwart verschmelzen. Die Höhle löst sich auf, versinkt wieder tief im Nebel einer anderen Realität und Wirklichkeit. Wir brauchen sie nicht mehr, wir haben ihre Geheimnisse und ihre Mysterien in uns aufgenommen.

„Ihr beide gehört jetzt zusammen!“, verkündet Wilton. „Um Sein von Schein, um Illusion von Wahrheit zu trennen, blickt der Eingeweihte auf die drei Welten mit den Augen der Seele. Ihr seid nun Eins in Zwei; ihr seid nur Zwei in Einem. Lassen wir das junge Paar alleine!“, führt mein seltsamer Mentor alle anderen aus meinem alten Zimmer.

„Wir gehören zusammen!“, langt Seth nach meinen beiden Händen, um sie in seine zu nehmen. „Wir gehören zusammen!“, demonstriere ich ihm abermals mit ganzer Leidenschaft.

Mittwoch: 11. Juni

Seither sind fast zwei Wochen vergangen und das neue Zusammenleben mit Seth hat sich komplett verändert. Wir lieben uns mehrmals täglich in jeder nur erdenklichen Variante und Stellung; wir kriegen einfach nicht genug voneinander. Mein Glück wäre vollkommen, wäre da nicht das andere ...

## Das war längst überfällig!

Ich bin nicht mehr nur Martin Holmström oder Bux aus Basel, der nach London reiste, um sich seine Masken vom Gesicht zu reißen, seine Roben zu verbrennen und seine Hemmungen auszutreiben; ich bin noch etwas anderes. Was genau, das ahne ich, doch kaum packe ich danach, entflieht es meinem Bewusstsein. Sicher ist nur, mein Schicksal beginnt sich zu erfüllen.

Wilton befragte mich die letzten Tage immer wieder darüber, was genau im British Museum geschehen sei. Immer wieder erzählte ich ihm, dass Dr. Lisson neue Ideen hatte und ich, statt einfach nur ein Model aus der Antike zu mimen, in die Rolle der Statuen schlüpfte, um diese zum Leben zu erwecken. Als mir heute Wilton ein Foto von meiner Metamorphose in Dionysos zeigt, erschrecke ich und kann plötzlich verstehen, warum mich das Fotografenteam danach so seltsam ansah und Wilton mich darüber ausquetscht.

Auf dem Foto leuchtet mein weiß bemalter Körper mit den roten Saftspuren der Trauben darauf – doch das könnten Lichtreflektionen der Spots sein. Wirklich unheimlich sind mein Gesichtsausdruck und meine Augen. Klar erkenne ich meine Züge: es ist meine Nase, es ist mein Mund, aber es sind nicht meine Augen. Egal wie ich das Fotos halte, es mir mit der Luppe ansehe oder weit vor mich halte, diese Augen erschrecken mich. Sie sind hellblau, das ist gleich wie bei meinen, doch ihr Ausdruck hat nichts Jugendliches an sich: es sind die Augen eines uralten Mannes – doch nicht eines körperlich alten Mannes, sondern eines durch Jahrtausende hindurch gereiften und abgeklärten Wesens.

„Was genau hast du in diesem Moment gesehen?", befragt mich Wilton abermals. „Hast du es getan?"

Ertappt schaue ich nicht auf. „Was getan?"

„Ob du es wirklich sein könntest? Doch es ist viel zu früh!"

„Was ist zu früh?", frage ich verwirrt.

Wilton schweigt, wie schon oft in der Vergangenheit.

Donnerstag: 12. Juni

In zwei Tagen ist Samstag und damit der Tag des offiziellen Nudistentags. Seit gestern Nacht hängt mein Plakat auch in der Lobby, in allen Liften, auf den Fluren und in den Gästezimmern. Färbte ich mir letztes Jahr noch meine Haare, trug ich noch eine Skibrille und ein Baseball Cap zur Tarnung meiner Identität, war ich gestern extra beim Frisör, um exakt die gleiche Frisur verpasst zu kriegen wie auf dem Plakatbild. Das Hotel ist ausgebucht und in vielen Zimmern stehen Extrabetten. Gays aus aller Welt sind angereist, weshalb Wilton selbst Extraschichten an der Rezeption schiebt, um seine Stammgäste persönlich zu begrüßen. Leider ist Simon Hancherow seit seiner plötzlichen Flucht nach Spanien noch nicht wieder aufgetaucht. Ich vermisse den verrückten Millionär, der so gerne ein Nudist wäre. Ja, ich vermisse meinen Pseudo-Cousin wirklich!

Den Nachmittag habe ich freigenommen, weil *Curly* aus Basel anreist. Als ich in der Empfangshalle des Flughafens stehe, dreht sich für einen Augenblick die Zeit um hundert Tage zurück. Auch ich landete hier. Ich stehe jetzt sogar am gleichen Fleck wie Pimlico, als er mich damals abholte. Ich blicke an mir runter. Natürlich bin ich nicht nackt, doch bis auf eine Hose aus weißer Rohseide, dazu ein ebensolches Kurzarmhemd, bei dem ich nur die beiden untersten Knöpfe geschlossen habe und ein paar Flip-Flops, trage ich nur noch eine Sonnenbrille.

„BUX!“, grölt Curly und fuchtelt mit seiner linken Hand, während er mit seiner rechten eine gewaltige Tasche auf Rädern hinter sich herschleppt. Der dunkelhaarige Krauskopf ist tief gebräunt, was bei diesem Wetter auch kein Wunder ist. „Alter!“, schlingt er seine Arme um meinen Hals und klopft mir immer wieder auf meine Schultern. „Alter, was geht ab?“

Ich habe ihm nie etwas von meiner Nah-Tod-Erfahrung erzählt, noch von meiner Verwandlung in einen Nudisten. Zum Glück sind wirklich alle Flecken verblasst. Coachs Übungen als Physiotherapeut, wie als Bodybuilder, zeigen wahre Wunder.

„Hast du trainiert?“, grabscht Curly nach meinen Oberarmen. Als ich stolz meine beiden Arme hochhebe um meine Bizeps anzuspannen, wie auch meine Bauchmuskeln, die vom offenen Hemd nicht verdeckt werden, pfeift Curly durch seine Zähne. „Alter! Voll geil!“, langt er nach meinem Sixpack. Wie rasch sich meine Muskeln aufbauten, erstaunte auch Coach, obwohl er es mir prophezeit hatte. Curly gafft mir immer wieder in die Augen, dann auf meine nackte Brust. „Mann, Bux, du hast dich extrem verändert!", boxt er mir in die Seite und stößt abermals einen Pfiff aus. „Alter, bist du überall so hart?"

„Ich habe einen Privattrainer, der mich jeden Tag für zwei Stunden hart rannimmt." Natürlich weiß Curly nichts vom Plakat, das überall in der Stadt bezeugt, wie hart ich wirklich werden kann. Den Spaß sein Gesicht zu sehen, wenn ihm das Plakat erstmals begegnet, wollte ich mir nicht nehmen lassen. Ich lenkte ihn sogar geschickt von der Homepage ab, indem ich ihn mit Infos zum *World Naked Bike Ride* täglich überschwemmte, das ihm die Lust fehlte, weiter darüber zu recherchieren.

„Das ist nicht zu übersehen!", umrundet mich Curly bestimmt schon zum zehnten Mal. Dann zieht er mich dicht zu sich: „Bux, ist dir bewusst, dass deine Hose im Gegenlicht echtkrass durchsichtig ist? Alter, ich kann voll deine Gurke sehen!"

„Echt?", spiele ich den Verklemmten und sehe mich hastig in alle Richtungen um. Leider falle ich damit etwas zu sehr auf und ein junger Passagier mit zwei Koffern steuert mich an.

„Kriege ich ein Autogramm?", streckt er mir die *Tube Map*, den Faltprospekt mit dem Underground Netz darauf, hin.

„Klar!", lange ich nach Plan und Stift und schiele zu Curly, dem einfach der Mund aufklappt. „Was soll ich schreiben?"

„Für Thom vom geilsten Nudisten!" Ich nicke, schreibe die Worte auf und unterzeichne mit Bux.

Als Thom abzieht, schüttelt Curly mehrfach seinen Kopf und stellt sich breitbeinig vor mich: „Alter, was war das denn?"

„Erinnerst du dich an meinen peinlichen Zwischenfall vom Vorjahr im Hyde Park?"

„Als dir dieser heiße Rothaarige einen runterholte?"

„Genau! Einige Fotos davon landeten im Internet."

„Echt?", springt Curly einen Meter von mir weg, um mich nochmals von meinen Zehen bis zu meinen hellblonden Haaren zu mustern. „Deswegen bist du jetzt berühmt?"

„Damit fing alles an."

„Alter, erzähl!", zieht mich Curly verschwörerisch zu sich. „Ich kann mir jederzeit deine Latte im Internet ansehen?"

„Jo! Fahren wir in die Stadt!“ Genau wie im Jahr davor Pimlico, stehe diesmal ich in der kurzen Warteschlange vor dem Billettschalter. Mein bester Freund quetscht sich mit seiner Riesentasche dazu, damit wir quatschen können. Ein flüchtiger Blick nach vorne verrät mir, dass ein Plakat mit meinem Bild für die Nudisten-Kampagne an der Seitenwand des Schalters klebt.

„Lebst du jetzt wirklich mit diesem Seth zusammen?“

„Ja, wir sind so gut wie verheiratet!“

„Aha! Na klar doch! Logisch!“, spöttelt Curly.

„Du schläfst bei uns in der Suite. Eldon, unser Concierge, hat dir eines der Extrabetten reserviert und reingestellt.“

„Oh!“, murmelt Curly.

„Eine einfache Fahrt in die Stadt und eine Wochenkarte für meinen Freund!“, ordere ich, als wir drankommen.

„Du bist es!“, gafft mich die Frau am Schalter an. „HAYLEY!“, brüllt die Fahrkarten-Lady zur nächsten Kabine, „SCHAU MAL, WER BEI MIR SEINE KARTEN KAUFT!“ Nicht nur diese Hayley folgt mit ihren Blicken dem zeigenden Finger, sondern alle im Umkreis.

„Es ist der geile Nudist!“, kreischt ein junges Mädchen und schupst ein paar ältere Leute zur Seite, um mich anzuhimmeln.

Curly fallen fast die Augen aus dem Kopf. „Alter, die Tante nannte dich gerade auch den geilen Nudisten? Diese Internetfotos müssen ja verdammt scharf rüberkommen!“

Ich kann meinem Freund nicht mehr antworten, denn immer mehr der bisher nur rumstehenden Leute am Busbahnhof bilden einen Kreis um mich. Worte wie: *Er ist es tatsächlich! Im Original sieht er noch geiler aus! Ob er seine Hose für Fotos kurz auszieht?* Und ähnliches höre ich – aber auch Curly. Die nächsten Minuten schreibe ich Autogramme und werde fotografiert. Mein bester Freund schüttelt immer wieder seinen Kopf, verdreht seine Augen und schickt mir Blicke zu, die unmissverständlich eine Erklärung für diesen Rummel verlangen.

Dann passiert es! Jemand zeigt aufs Plakat an der Seitenwand des Schalters. „Kannst du dich daneben stellen?“, bittet schon das erste Teenie Girl, fasst nach meiner Hand und zieht mich daneben.

„BUX! WIE UM ALLES IN DER WELT…?“ Den Rest von Curlys Ausbruch verschlucken die Kommentare der Leute, die immer penetranter fordern, ich möge mich endlich ausziehen.

„Hier deine Karten!“, winkt die Fahrkarten-Lady. Curly schnappt sie sich, bezahlt und zieht mich zu den wartenden Bussen. Noch darf niemand einsteigen, was so eine Sicherheitsregel der Engländer ist. Doch als der Uniformierte den Tumult bemerkt, den ich in seiner feinsäuberlichen Warteschlange vor dem Bus auslöse, lässt er Curly und mich vorab in den Bus rein.

„Alter?“, hält mich Curly an meinem Arm zurück, während ich versuche, den hintersten Sitz aufsuche, um mich da zu verstecken. „Bist du das wirklich auf dem Plakat?“ Da ich nur mit meinen Schultern zucke, zieht Curly fester. „Nackt? Du?“

„Ich werbe für den Nudistentag.“

„Mit Latte?“ Curlys Augen können kaum größer werden.

„Jetzt setz dich, bevor die anderen einsteigen. Ich nehme den Fensterplatz und du schottest mich vor den Fans ab?“

„Ähm ...“, stammelt mein Freund. „Was?“

„Ich erzähle dir alles, doch jetzt setz dich hin und verbarrikadiere den Zugang mit deiner Megatasche!“

Bis der Busfahrer seine Türen öffnet, erzähle ich Curly von den schicksalhaften Verkettungen von Zufällen, Manipulationen und meiner Dummheit, die alle zusammen genommen zum Plakat führten. Immer wieder schüttelt mein bester Freund seinen Kopf, klopft sich schockiert oder begeistert auf die Schenkel oder boxt mir anerkennend in die Seite. Er unterbricht mich kein einziges Mal, sondern hängt an meinen Lippen, wie ein Kind an denen von Märchenerzählern.

Als ich ende, blickt er mir auf die Hose. „Alter, dieser durchsichtige Aufzug ist kein Unfall!“

Laut lachend packe ich meinen Freund in Schwitzkasten und zerzause ihm seine eh extrem wilden Locken. „Ich bin wirklich ein *echter* Nudist geworden!“ Während der Busfahrt schreibe ich weitere Autogramme, doch ich werde auch beschimpft und muss mir Predigten über Anstand und Moral von konservativen Muttis und einem Prediger irgendeines christlichen Gottes anhören. Als wir endlich am *Central Station* ankommen, winke ich einem Taxi, um rasch zu verschwinden. Ich will mir gar nicht ausmalen, wie das am Samstag zugehen wird.

Im Hotel winkt mir Eldon von seinem Extratisch zu, um den sieben Cowboys stehen. „Bux, das sind Justin und seine Freunde aus Amerika!“, stellt mir Eldon die sieben Typen in Cowboystiefeln und Cowboyhüten vor. „Sie sind nur wegen deinem Bild auf der Homepage angereist."

„Du bist es höchstpersönlich! Hi, Dude!", schlingt dieser Justin seine Arme um mich, um mich an sich zu drücken. Er reicht mir, trotz Hut, gerade mal bis knapp über die Schultern. „Wir sind alles Nudisten und können es kaum erwarten, am Samstag mit dir loszuziehen." Justin kompensiert seine Körpergröße durch hohe Stiefelabsätze und einen ziemlich hohen, schwarzen Cowboyhut mit rotem Band. Er ist blond, wenn seine Haare, die seitlich und hinten unter dem Hut hervorschauen, auch millimeterkurz rasiert sind. Ich schätze ihn auf Ende zwanzig, was ihn zum jüngsten seiner Cowboys macht.

„Hi!", nicke ich in die Runde und werde sofort reihum von Armen zu Armen weitergereicht, die mich alle drücken, als ob wir die besten Freunde und nicht vollkommen Fremde wären.

„Dude, treffen wir uns in zwei Stunden zum Abendessen?", fleht mich Justin an. „Ich, wir", zeigt der kleine Cowboy auf seine Kumpels, „haben tausend Fragen an dich!"

Ich wechsle Blicke mit Curly, doch der ist von den amerikanischen Rindertreibern fasziniert und nickt. „Ok! See you!"

Im siebten Stock führe ich Curly zur Suite, die ich mit Seth teile, schiebe die Magnetkarte in den Schlitz und trete ein. Ohne darüber nachzudenken, ziehe ich mir mein Hemd aus und schleudere es auf einen Haken neben der Tür. Curly beobachtet mich schweigend, auch als ich mir die Hose aufknöpfe und sie rutschen lasse, um aus ihr hinauszusteigen. Erst als ich das Erstaunen im Gesicht meines ältesten und besten Freundes wahrnehme, wird mir bewusst, was ich gerade getan habe. „Sorry, Seth und ich tragen zuhause niemals Kleidung. Wie schon gesagt, wir sind beide *echte* Nudisten!"

„Voll cool!", gafft mich Curly an. „Mega Haarschnitt!", langt er nach dem Rechteck, um es zu streicheln. Da ich dabei nicht zusammenzucke, boxt mich mein bester Freund abermals. „Alter, du bist voll ein neuer Mensch geworden. Wo ist nur der verkorkste Martin Holmström vom letzten Jahr geblieben?"

„Gestorben!" Irgendwann werde ich Curly erzählen, wie wörtlich ich das meine.

„Wo ist dein Freund?"

„Seth arbeitet in der Küche. Rund um die Essenszeiten ist er immer im Stress. Da unser Hotel total überbucht ist, wird er heute Nacht nicht vor Mitternacht hochkommen. Du kennst ihn übrigens!"

„Ist es doch Pimlico?", zwinkert mir Curly zu. „Der Nudist ist letztes Jahr voll auf dich abgefahren."

„Nein! Pimlico ist ein enger Freund von mir geworden, doch mein Partner ist der Rotschopf vom Hyde Park."

„Echt jetzt? Dieser schamlose Hengst?"

„Du wirst Seth heute Nacht kennenlernen! Willst du duschen?", führe ich Curly durch unsere Suite. Unser zerwühltes Ehebett lässt ihn nur seine Augenbrauen heben und mich sehr schief lächeln. „Aktives Sexleben!"

„Das verrät mir deine Haltung. Mann, echt, ich kann es kaum glauben, dass aus Bugs Bunny ein muskelbepackter Macho wurde, der mich splitternackt durch seine Suite, die er mit seinem Partner teilt, herumführt."

„Bugs Bunny?", lache ich los. „So hast du mich seit dem Sandkasten nicht mehr genannt! Du kannst dein Zeugs in unserem Schrank unterbringen oder im Wohnzimmer auf der Kommode aufschichten; Seth und ich sind da unkompliziert."

„Und ihr bewegt euch wirklich *nur* nackt hier drin?"

„Immer!"

„Wie ist es mit Gästen?"

„Fühl dich wie zuhause! Im Kühlschrank ist etwas zu futtern, sowie alkoholfreie Getränke; ich halte strenge Diät."

„Bux, Bux, Bux", schüttelt Curly immer wieder seinen Kopf. „Dieser neue Bux ist ein Typ, in den ich mich verlieben könnte!"

„Wirst du jetzt doch noch schwul!", provoziere ich ihn.

„Ich konnte es mir immer mit einem Mann vorstellen", zuckt Curly mit seinen Schultern. „Alter, bis jetzt ergab sich nur nie eine Gelegenheit dazu. Ich geh duschen!" Als Curly danach nur noch mit einem weißen Badetuch in seinen Händen aus dem Badezimmer herauskommt und sich damit seine Haare abtrocknet, ahne ich, dass er mir damit das Outfit für die nächste Woche hier im Zimmer präsentiert. „Stört es deinen Freund, wenn ich mich ebenfalls nackt bewege?"

„Seth bestimmt nicht, doch vielleicht mich?" Ich stand schon immer auf Curly! Den süßen Bengel jetzt noch nass von der Dusche vor mir stehend zu haben, erregt mich. Bis auf das Lederband, an dem ein Türkis um seinen Hals hängt, ist Curly splitternackt und überall vollkommen rasiert.

„Alter, wächst dir gerade ne Latte?"

„Sieht so aus!", zucke ich mit meiner Schulter. „Besser du gewöhnst dich daran, ich bin leicht erregbar!"

Curly legt sein Badetuch über eine der Stuhllehnen und kommt auf mich zu. Abermals streichelt er mir mein gestutztes Rechteck und berührt mit seinem Zeigefinger meine Erektion. „Bux, ich will mit dir zusammen wichsen!"

„Cool!" Ich hechte dazu sofort aufs Doppelbett.

Augenblicklich errötet Curly so sehr, dass er mich an Eldon erinnert. Warum scheut er sich jetzt? Es war doch sein Vorschlag. Er sieht mich plötzlich mit ganz anderen Augen an und legt sich neben mich aufs zerwühlte Bett auf seinen Rücken. Als sein Penis immer größer wird, fühle ich, wie sich eine neue Nähe zwischen uns aufbaut; unser Vertrauen potenziert sich. Ich fühle seine sexuelle Energie, seine freundschaftliche Liebe und seine Neugier auf das, was gleich passieren wird.

„Darf ich dir erst zusehen?", frage ich ihn.

„Alter, ich dachte, du bist Nudist. Auch noch Spanner?" Als ich lache, schiebt er sich Seths Kopfkissen in den Rücken. „Bereit, etwas dazuzulernen?" Curly war schon immer ein Exhibitionist. Er will mich verführen, das wird mir sofort klar, als seine Hände über seine Brust fahren und danach seine linke zwischen seinen Schenkeln verschwindet. Baylis hatte sich so befriedigt, doch Curly jetzt so intim zu beobachten, weckt echte Lust in mir. Mit seiner rechten Hand massiert er seinen Penis, beginnt augenblicklich zu glühen, himmelt mich an und spritzt ab.

„Da war einer aber ganz schön not-geil! Deine Show dauerte ja keine Minute!", spiele ich den Enttäuschten, beuge mich über ihn, um ihn auf den Mund zu küssen. Curly öffnen sofort seine Lippen, um meinen Kuss zu erwidern. Ich unterdrücke mein Erstaunen darüber und weiche von ihm ab.

„Alter, das war längst überfällig!" Damit hockt sich mein ältester Freund auf. „Ich sollte nochmals duschen!"

Die Cowboys sind typische Amerikaner. Natürlich verspachteln sie Steaks mit Fritten und natürlich nimmt keiner der sieben seinen Cowboyhut im Restaurant ab. Sie kennen sich von diversen Nudistenveranstaltungen, die es in den USA tatsächlich auch gibt. Vor allem ein Happening, das jährlich in der Wüste Nevadas stattfindet und sich *Burning Man* nennt, erwähnen sie immer wieder. Justin kommt aus Texas, zwei andere Cowboys sind aus San Francisco, einer aus Los Angeles – was besonders meine Neugier weckt! – und die anderen aus den Südstaaten: Florida, Georgia und Louisiana. Der Abend wird immer lustiger und die Cowboys immer gesprächiger.

Meine Verbrüderung mit Curly brachte mir meinen besten Freund noch viel näher. Ich weiß, dass er in Basel zurzeit eine feste Freundin hat, doch sein Kuss im Zimmer war leidenschaftlich. Der freche Fratz wird mir die nächste Woche versüßen, da bin ich mir sicher. Immer wieder zwinkert er mir verschwörerisch zu oder kickt mich unter dem Tisch, wie das sonst nur verliebte Teenager tun. Ich hoffe, Curly macht sich keine Hoffnungen, von mir mehr als nur Sex zu kriegen.

„Seid ihr schwul?“, fragt Curly prompt die Amerikaner. Justin bejaht, wie auch die beiden Cowboys aus San Francisco, doch die anderen vier verneinen. Sie seien Nudisten und glücklich verheiratet; einer sei sogar dreifacher Vater.

Curly brüstet sich: „Ich bin bi! Doch bis auf Sex mit Bux, hatte ich noch keinen anderen Mann!“ Ich schlucke leer. Mein bester Freund hat sich in mich verknallt!

Weder Wilton noch Seth finden Zeit, sich bei uns am Tisch zu zeigen. Da die Cowboys noch in die Clubs von SOHO wollen, schließt sich ihnen Curly an. Ich habe dazu keine Lust, sondern will zum Training in Coachs Fitnesscenter. An der Rezeption programmiere ich Curly eine Magnetkarte für unsere Suite und die Clique angezogener Nudisten zieht los.

Freitag: 13. Juni

Ich erwache durch Seths Stimme – seinen Wecker lernte ich schon seit Tagen zu ignorieren – als er im Wohnzimmer mit Curly plaudert. Da sich die beiden schon selbst bekannt gemacht haben, beeile ich mich nicht. Verschlafen schleppe ich mich erst ins Badezimmer, um mir kaltes Wasser ins Gesicht zu spritzen. Als ich danach ins Wohnzimmer komme, steht Curly nackt am offenen Fenster und Seth brüht frischen Kaffee.

„Alter", begrüßt mich mein bester Freund und dreht sich mir zu, „es wurde gestern spät. Justin, Scott, Bruce und die anderen sind total coole Typen. Justin will sich noch als einer der *horny Nudist* nominieren zu lassen. Weißt du, wie das funktioniert? Ich würde das auch gerne machen."

„Zwei Kandidaten haben ihre Wahl zurückgezogen. Ihr könntet vielleicht tatsächlich Glück haben und noch reingenommen werden. Ich lasse es Wilton wissen. Ich brauche aussagekräftige Fotos von dir. Stell dich vor diese Wand!" Curly reicht mir sein iPhone und nimmt provozierende Posen ein, während ich ein paar Fotos von ihm schieße. Scham kennt dieser Exhibitionist wirklich nicht.

„Kennst du Justins Zimmernummer?", frage ich ihn. Als Curly sie mir nennt, schreibe ich Wilton ne SMS mit drei der heißesten Bilder von Curly. „Justin soll unbedingt Bilder von sich der Bewerbung beilegen!"

„Mann, sag es Seth nicht, doch dein Partner hat mich während dem Fotografieren total scharf gemacht! Treiben wir es mal zu dritt?", fleht mich der bisexuelle Basler an.

Ich schneide ungläubig eine Grimasse.

„Cool! Ich träumte schon immer von einem Dreier. Dass mein erster mit Jungs sein würde, macht es noch aufregender!"

Da wir in Basler Dialekt schwatzen, dürfte Seth nichts davon mitkriegen. „Hast du mit meinem Partner etwa schon darüber gesprochen?" Da taucht Seth mit drei Tassen Kaffee auf. Mit Müh und Not kann ich meine aufflammende Eifersucht unterdrücken, als Seth Curlys Körper wieder lüstern mustert.

„Eifersüchtig?", durchschaut mich Seth sofort. „Bux, wir beide sind verheiratet. Wir gehören zusammen, das wissen wir beide, doch deswegen werde ich nicht monogam! Wir sind Männer; wir sind schwule Männer! Warum sollten wir so tun, als ob wir Frauen wären und Nester bauen, um darin Nachwuchs groß zu ziehen? Bux, ich liebe den Sex viel zu sehr, um ihn aufzugeben. Dein goldäugiger Freund wartet ja nur darauf von uns gefickt zu werden!"

Curly verschluckt sich am Kaffee und sieht schockiert zu mir rüber. Keine Ahnung, was sich Curly unter einem schwulen Dreier vorstellte. Ich kenne Seth inzwischen viel zu gut, um nicht zu ahnen, was er plant. Er stellt sich hinter Curly, legt seine Arme um meinen Freund und dreht ihn mir zu.

„Bux, sieh dir dieses Teil an!", spielt Seth mit Curlys Penis, bis mein bester Freund seine Augen lustvoll verdreht. „Wenn du es nicht tust, dann tue ich es!" Diesmal langt Seth von hinten zwischen Curlys Backen, um ihm seinen Finger reinzuschieben, dass dem armen Jungen abermals fast die Augen aus dem Kopf kullern. „Bereit?", beißt Seth Curly ins linke Ohr, lässt ihn los, schüttet seinen Kaffee in einem Zug hinunter und verschwindet unter die Dusche.

Ich wusste immer, dass Seth sich jeden nimmt, der ihm gefällt, doch ihn live bei seiner Trophäenjagd zu beobachten, ist neu. Falls er immer so direkt vorgeht, haben seine Opfer keine Chance; Curly ist meinem Mann vollkommen erlegen. Verlegen und überrumpelt hockt er sich mit übereinander geschlagenen Beinen auf einen Stuhl und starrt in seinen Kaffee.

„Ist es das, was du willst?", frage ich Curly.

„Ist dein Freund immer so direkt?"

„Seth ist nicht nur mein Freund, er ist mein Lebenspartner", korrigiere ich ihn. „Willst du es denn?"

Curly hebt seinen Kopf, um mir in die Augen zu blicken. Scheu würgt er vor: „Ja!"

„Echt?", wundere ich mich. „Bist du wirklich bisexuell?"

„Bux, fickst du mich?"

„WAS?", rutscht mir raus. Ich fühle, wie diesmal ich erröte, denn die Situation überfordert mich vollkommen.

„Seth muss erst um zehn in der Küche sein", schielt Curly zum Badezimmer. „Wir haben mehr als eine halbe Stunde!"

„Ich habe aber keine Kondome mehr!", lüge ich.

„Ich schon!“ Curly grabscht nach seinem Kulturbeutel und zieht eine Handvoll Gummis heraus. Bevor ich mich irgendwie rausreden kann, kniet er sich vor mich hin, packt eines der Kondome aus und stülpt es mir über. Leider erregt mich der Krauskopf so sehr, dass es ihm leicht fällt. Übermütig legt er sich auf seinem Notbett auf den Rücken und beginnt sich mit Gleitcreme vorzubereiten. „Ich warte!“, lacht er, als ich plötzlich an Flucht denke. „Was glotzt du so erstaunt? Bux, ich bin seit sechzehn keine Jungfrau mehr. Ich habe es mir schon oft mit einem Dildo besorgt. Bux, du bist mein allerbester Freund! Bitte sei mein erster Mann, bitte!“

Sein haarloser Körper erinnert mich an Seth. Dieser Anblick erweckt in mir den Eroberer. Leider gleite ich beim ersten Anlauf wegen all der Creme mühelos ein und Curly seufzt. Hätte mir während der Schulzeit einer erzählt, dass ich mal mit Curly Sex haben würde, hätte ich ihn für verrückt erklärt, galt er doch als der Inbegriff eines Heteros.

„Ihr hättet wenigsten auf mich warten können!“, lacht Seth laut auf, als er uns beide in flagranti erwischt. Er kniet sich aufs Bett, schnappt sich Curlys Erektion, dass mein bester Freund augenblicklich von einem Strudel seiner zügellosen Lust verschluckt wird. Seth küsst mich und wir drei verschmelzen zu einem Wesen in drei Körpern. Es ist aufregend, fremd und dennoch vertraut: einer ist mein bester Freund, der andere mein Lebenspartner. Je länger ich Curly so nahe bin, desto intensiver fühle ich seine Emotionen und glaube, seine Gedanken zu hören, die mir immer neue Bilder seiner Lust und seiner Liebe für mich vermitteln. Als seine Lippen meine berühren, erwidere ich seinen Kuss.

Curly liegt irgendwann sehr befriedigt auf seinem Bett und sieht mich mit verklärten Augen an. „Bux, das war der schönste Sex, den ich jemals erlebt habe! Ist schwuler Sex immer so?“

„Seth weiß, was er tut!“

„Bux, du auch!“, langt Curly nach meiner rechten Hand. „Danke, für ein unvergessliches, erstes Mal mit einem – nein!“, lacht er auf, „mit zwei Männern!“

Seth muss zur Arbeit und ich dusche zusammen mit Curly. Als wir später angezogen ins Restaurant zum Frühstück runterkommen, winken uns Justin und seine Cowboy-Clique zu, doch wir haben beide das Gefühl, diesen Moment in Zweisamkeit verbringen zu wollen.

„Bist du mit Seth glücklich?“, himmelt mich Curly an.

„Seth hat es vorhin im Zimmer ausgesprochen: er und ich sind glücklich verheiratet. Er und ich gehören zusammen, aber wir beide sind keine monogamen Typen. Der Sex mit dir war fantastisch", fasse ich nach Curlys Hand.

„Du bist nicht nur sexuell ein reifer Mann geworden", glitzern Curlys Augen, „du bist auch viel klüger als in Basel."

Da ich nichts darauf antworte, schweigen wir eine Weile.

„Alter, ich bin total in dich verknallt!", gesteht mir Curly. „Schlafe so oft mit mir, wie du willst – mit oder ohne Seth! Lehrt mich alles, was Männer so tun können."

„Bi?", mustere ich den Teenager.

„Heute nicht! Heute bin ich hundert Prozent schwul und ich hoffe, ich bleibe es, solange ich das Zimmer mit euch teile. In Basel ist es dann wieder anders. Aber ich bin jetzt nicht in Basel, sondern in London!"

„Wenn du akzeptierst, dass du niemals die Rolle von Seth in meinem Leben einnehmen wirst, dann können wir so viel Sex haben, wie du willst."

Zurück in der Suite checke ich als erstes meine E-Mails. Wilton bestätigt Curly und Justin als neue Nominierte, fordert aber beide auf, gleich für professionelle Fotos ins Büro zu kommen. Ganz beiläufig erwähnt er, ich solle heute schon auf Textilien im Hotel verzichten, das gelte für alle im Hotel wohnenden Nominierten. Eine zweite Nachricht lädt alle Nominierten um sieben Uhr zur Besprechung des morgigen Tagesablaufs ein. Wilton würde uns dazu um sechs Uhr in der Lobby erwarten.

„Ich darf heute schon durchs ganze Hotel flitzen?", legt mir Curly, der hinter mir stehend stinkfrech meine E-Mails mitgelesen hatte, seine Hände auf meine Schultern.

„Ich muss zum Training und du wirst für die Homepage und die Internet-Wählerschaft fotografiert werden. Ruf Baylis an, er ist der neue Freund unseres Liftboys. Er und bestimmt auch Justin werden es kaum erwarten können, hier im Hotel für Nudistenstimmung zu sorgen!"

„Cool!" Curly wählt erst die Sechshundertzehn und verabredet sich mit dem Cowboy für die Fotos. Danach ruft er Baylis an, um ihn zur Fotosession einzuladen, um dort zu dritt was auszuhecken.

Als der süße Krauskopf das Zimmer verlassen hat, atme ich etwas zu erleichtert auf, ziehe mir eine Turnhose und Turnschuhe an und mache mich auf den Weg zu Coach ins Fitness Studio. Nur weil ich keinem

Nominierten im Hotel begegnen will, flüchte ich über die Feuertreppe.

„Bist du verliebt?“, fragt mich Coach, als er mich in seinem Fitnesscenter empfängt. Kurz bringe ich ihn wegen Curly auf den neuesten Stand. „Du spielst mit dem Feuer! Entweder überlebt das eure Freundschaft, dann werdet ihr bis ans Lebensende verbunden bleiben oder es endet in einer Katastrophe.“

„Katastrophe?“

„Du musst Grenzen setzen! Nimm ihn in euer Bett, habt fantastischen Sex, doch fixiert gleich zu Beginn klare Grenzen!“

„Wie soll das gehen? Seth und ich vernaschten ihn gemeinsam zum Frühstück.“

„Habt ihr euch geküsst?“ Als ich nicke, hebt Coach seine Augenbrauen. „Wie reagierte dein bester Freund darauf?“

„Leidenschaftlich!“

„Der Junge ist wahrscheinlich schon sein ganzes Leben heimlich in dich verliebt.“

„Denkst du?“

„Ein Hetero...“

„Curly ist bi!“, werfe ich ein.

„... lässt sich auf keinen reinen Männerdreier ein.“

„Coach, was ist mit dir?“

„Ich bin tagelang temporär schwul, dann wieder ganz und gar hetero. Bisexuell bin ich nie. Ich würde niemals mit einem Mann und einer Frau gemeinsam ins Bett steigen; entweder will ich Männersex erleben oder ich will den Sex mit einer Frau. Ich wollte niemals einen anderen Mann küssen. Niemals! Horny-Boy, dich mag ich sehr. Ich würde deinen Körper überall küssen, aber niemals deinen Mund.“

„Nicht?“, zwinkere ich Coach zu, dass er mit beiden Händen mein Gesicht packt und mir einen Schmatzer auf die Lippen drückt.

„Zufrieden?“

„Ich weiß, du kannst es besser!“, provoziere ich ihn weiter.

„Mag sein! Curly liebt dich. Sei einfach vorsichtig. Aus Freunden wurden schon aus weit geringeren Gründen als Sex Feinde. Denke immer daran, du als offiziell schwuler Mann wirst immer der Verführer, immer der Böse sein, wenn es hart auf hart kommt. Vollkommen egal, wer wirklich den Anfang machte. Meist sind es die Verklemmten, die Bisexuellen oder die heimlich Schwulen, die sich irgendwann nach dem Sex für ihre Neigungen hassen. Diesen Hass projizieren sie dann auf dich. Die Gesellschaft glaubt immer den Opfern, auch wenn sie in Wahrheit oft die Verführer und die wahren Täter sind."

Das folgende Krafttraining fokussiert heute meine Bauch- und Rückenmuskeln, weil diese Muskelpartien wegen dem Anschlag am längsten geschont werden mussten. Coach fasst mich in seinem Fitnesscenter genauso selbstverständlich überall an, wie ganz privat bei mir im Hotel. Brachte ihn das einmal in Schwierigkeiten? Steht darum das Schild am Empfang: *Kein Training für Minderjährige*?

Kurz vor drei Uhr bin ich zurück im Hotel. Von Curly fehlt jede Spur, dafür liegt Seth im Bett und döst. Ich kuschle mich neben ihn und bedeckte seine Schultern mit Küssen, bis er erwacht.

„Müssen wir schon los?", murmelt Seth verschlafen.

„In drei Stunden! Warum hast du Curly so provoziert?"

„Er wird uns entweder nach Los Angeles folgen oder er wird dich verraten. Bux, er muss sich entscheiden, wie du am Tag, als du ins British Museum aufgebrochen bist."

„Aha! Woher willst du das wissen?"

„Du wurdest von Dionysos als einer seiner Eingeweihten akzeptiert. Ich hingegen von den Musen. Curly könnte einer deiner ersten Mänaden werden." Als ich schallend über den Blödsinn loslache, funkelt mich Seth böse an. „Die Kreativität und die Inspiration sind beides Wege vieler Künstler. Ich werde nur noch kurz als Koch arbeiten, danach mit dir einen vollkommen neuen Weg beschreiten. Wie du über den Rand von Zeit und Raum blicken kannst oder den Schleier zwischen den Realitäten niederreißen kannst, so vermag ich im Spiegel der Erkenntnis Fetzen künftiger Ereignisse zu erhaschen; nenne es Intuition, nenne es Zugriff zur Quelle ursprünglicher Kreativität oder einfach Ahnung."

„Du willst eine Muse werden?", kichere ich wie blöd.

„Genau wie du, wurde ich dazu geboren, die Pfade der Götter zu erforschen. Genau wie du, bemühte ich mich seit vielen Leben darum: mal als Mann, mal als Frau. Die griechische Antike benannte neun weibliche Musen. Ihre Namen blieben bis heute als Inbegriff ihrer spezifischen Fähigkeiten erhalten, doch es gab schon immer auch männliche Musen; vor der Antike und natürlich danach bis in die Gegenwart."

„Muserich“, neckte ich Seth, „kann ich Curly bei seiner Entscheidung helfen?“

„Nein! Sein Herz liegt auf der Waagschale. Das Gewicht einer Feder bestimmt den Unterschied zwischen Freund und Feind; zwischen Himmel und Hölle. Persönliche Liebe ist immer eine Gradwanderung. Curly ist sensibel, sonst wäre das heute Morgen niemals passiert. Das war ein Anfang oder es war das Ende!“

„Musst du alles, sowohl negativ wie positiv auslegen?“, drehe ich mit meinen Fingern aus Seths Haaren Löckchen.

„Die Waagschalen des Herzens!“, streckt Seth seine beiden Arme aus und wägt mit seinen Händen imaginäre Schicksale ab.

„Seth, eigentlich wollte ich mit dir Sex haben, doch das heutige Training bei Coach wie Curlys Gefühlsduselei machen mich schläfrig. Weckst du mich, bevor wir los müssen?“

## Wenn Selbstdisziplin fehl schlägt

Kaum eingeschlafen, finde ich mich abermals zurück auf der überdachten Dachterrasse, wo meine Feier zum reifen, selbstbewussten Mann sich ihrem Höhepunkt nähert. Mein Schlafzimmer im Traum sieht jetzt genauso wie die Mansardenwohnung in Simons Suite in unserem Hotel aus. Wie schon die Male zuvor, ist keine Zeit in meinem Fortsetzungstraum vergangen; in dieser Welt wurde ich eben erst von Seth entjungfert. Beinahe nahtlos fügen sich das Ende des letzten Traumes an den Anfang des neuen an. Nur die Umgebung passt sich meinem neuen Bewusstsein an und verändert sich. Begann alles in Basel, hat sich inzwischen alles nach London verschoben.

„Du bist echt ein Hingucker!“ Erwartete mich Curly im Schlafzimmer. „Seit ich an deinem Sex teilgenommen habe, bist du mein Bruder geworden.“

Mich jetzt noch prüde zu geben, wäre wirklich peinlich. Curly ist mein ältester Freund.

„Bux, servierst du so das Dessert?“, checkt er mich ab.

„Was fällt dir zu Erdbeeren ein?“, frage ich den Krauskopf. Dionysos wollte mir verklickern, dass der Kranich ein Bote der Götter sei und die Erdbeere, die er mir zuwarf, einen tieferen Sinn habe. Während ich auf Curlys Meinung dazu warte, öle ich mich ein. Trug ich zu Beginn meiner Einweihungs-Party noch einen ansehnlichen Busch, ist jetzt alles weg; blitzblank fühlt sich unglaublich erotisch an.

Curly runzelt seine Stirn. „Kraniche, die Erdbeeren austragen? Alter, das ist verrückt!“

„Ja, ja! Aber was bedeutet es?“

„Ok, ok, lass mich nachdenken!“ Doch stattdessen beobachtet er mich lüstern. „Bux, ich habe eine Vision: du, splitternackt mit dieser Mordslatte auf einem Tisch liegend, mit nichts als roten Erdbeeren auf deinem rasierten Luxuskörper! Alter, serviere dich deinen Gästen zum Nachtisch!“, lacht er los.

„Im Ernst?“

„Aber sicher! Hast du rote Farbe?“

„Willst du eine Wand anstreichen?“

„Deine Hoden!"

„Aber sonst hast du sie noch alle?" Als Curly wirklich heftig nickt, gebe ich auf. „Rote Farbe steht im Flur im Schrank." So kommt es, dass mir mein ältester und bester Freund, während ich Trauben wasche, vor mir am Boden kniend meine Hoden rot anmalt und sie zum Trocknen volle fünf Minuten lang anbläst. Als Curly endlich fertig ist, eilt er auf die Dachterrasse, um meinen Partygästen das Dessert anzupreisen.

Ich stelle mich vor den Spiegel. War ich erst nervös, erfüllt mich jetzt dieser provokative Jux mit Stolz. Den durchschnittlichen Normalo, der ich zu Partybeginn war, gibt es nicht mehr. Leider übertreibt Curly und legt fürs Finale die bombastische Filmmusik aus 1492 *Conquest of Paradise* von Vangelis auf. Erschlagen davon schrumpft mein Stolz.

Als ich oben nicht auftauche, kehrt Curly, immer zwei Treppenstufen auf einmal nehmend, in mein Appartement zurück. „Alter, so doch nicht!", gafft er mich schockiert an. „Bux, den da", massiert er den kleinen Feigling, „musst du so stolz präsentieren, wie ein König sein Zepter." Ungeduldig wie er ist, geht ihm das Massieren zu langsam, warum er sich hinkniet und mit seinem Mund Wunder bewirkt. „Na, geht doch!", kneift er mir nur einen Augenblick später in den Po. „Zeige ihnen, wer der geilste Hengst der Hauptstadt ist!"

Zum Glück endet die ehrfürchtige Musik bald nach meinem Auftritt auf der Dachterrasse. In meiner Linken trage ich die Trauben und in meiner Rechten die geschlagene Sahne. Abschlussballkönig checkt mich mit offenem Mund ab und Fokus umschwärmt mich wie eine lästige Fliege. Bald knipst er aus allen Perspektiven Bild um Bild; einmal liegt er sogar unter mir, zwischen meinen Füßen und knipst nach oben. Doch nach Eier-angemalt-bekommen, ist kaum noch etwas schräg. Snob, ein eingebildeter Kerl, der beim letzten Job mein Chef war, kommt als erster auf mich zu.

„Martin, du bist ein verdammt geiles Stück! Beim Job warst du immer scheu und oft unsichtbar. Dass in dir ausgerechnet ein Drache mit dicken, roten Eiern schlummert, konnte ich nicht ahnen!" Snob langt nach einer Traube und tunkt sie tief in die Sahne, um sie sich danach genüsslich in den Mund zu schieben. Plötzlich bin ich umschwärmt. Der Heißhunger meiner Partygäste gilt nicht den Früchten im Korb, dennoch sind diese im Nu vernascht.

Was jetzt? Noch sind nicht alle Wünsche erfüllt! Da ich mir, außer ölig mit roten Hoden das Dessert zu servieren, nichts weiter ausgedacht habe, eile ich, bevor ich langweilig werde, zurück ins Schlafzimmer. Dort verkleide ich mich: in Hose, Hemd, Krawatte und Jackett fühle ich mich nach meinen vorherigen Outfits extrem overdressed. Dennoch, barfuß und im Anzug kehre ich zur Party auf dem Dach zurück, um nach Snob Ausschau zu halten.

„Martin, wir hatten noch keine Gelegenheit zu quatschen", führt mich Snob zur Bar und reicht mir ein Glas Orangensaft und eines mit Schampus. Ich wähle das alkoholfreie Getränk; bei einer Party wie dieser muss ich unbedingt einen klaren Kopf behalten. Während Snob über die Vergangenheit im Betrieb und unsere Zusammenarbeit von damals schwatzt, erspähe ich Abschlussballkönig und Fokus. Beide ducken sich hinter den Buchsbüschen und Topfpalmen beim Pool und warten auf eine Peepshow, denn einen anderen Grund für meine plötzliche Vorliebe für Bekleidungen können sie nicht erkennen.

„Was ist dein geheimster Wunsch?", komme ich auf den Punkt und wechsle das Thema, denn mein alter Job als Kaufmann erscheint mir gerade wie eine abgelegte Haut.

„Martin, ahnst du das nicht?"

„Nein!", lüge ich.

„Wie du weißt, bin ich verheiratet." Snob erwähnte dieses Alibi auch in der Firma ständig, wenn er wieder einmal etwas zu offensichtlich mit mir geflirtet hatte. „Aber ich habe eine voyeuristische Neigung. Martin, du bist zu einem gutaussehenden Mann gereift."

Ich fand mich selbst nie gutaussehend. Trotzdem lassen mich seine Komplimente natürlich nicht kalt, auch wenn es hauptsächlich Schmeicheleien sind. Traue keinem, der dir schmeichelt, denn er will immer etwas von dir!

„Als du vorhin auf der Pritsche von Seth entjungfert wurdest, kapierte es auch der letzte von uns: aus dem hässlichen Entlein mit Pickelgesicht, krummen Rücken und den schlaksigen Bewegungen, ist ein Schwan geworden. Deine schwedischen Züge, deine hellblonden Haare und dein selbstbewusstes Wesen überzeugen. Martin, glaube mir, du bist ein richtiges Super-Model geworden."

„Jetzt ist aber genug!", winke ich ab, kann mich dem Lob aber nicht entziehen. Klar bezweckt Snob etwas damit. Klar manipuliert er mich.

„Aus dir könnte ein Model oder ein Schauspieler werden. Egal, wo du in Zukunft deinen Körper und dein Gesicht zeigen wirst, du wirst die Menschen damit begeistern."

„Ja, ja!", wende ich mich unter Snobs Komplimenten.

„Deine Zukunft liegt nicht in einem Büro, egal ob in der Spedition, bei einer Versicherungsgesellschaft oder sogar im Gastgewerbe. Ich hoffe, das erkennst du, bevor es zu spät ist. Dieses Leben muss sterben, falls es nicht schon längst tot ist." Snob stellt sein Glas auf den Bistrotisch vor unseren Korbsesseln, setzt sich bequemer hin und beobachtet mich.

„Wenn ich nur wüsste, was ich wirklich will?" Ich lege meine Füße auf den Bistrotisch und wackle mit meinen Zehen. Über die Dächer kann ich in der Ferne, ziemlich genau im Osten vom Hoteldach aus, den *Shard* sehen und etwas südlich davon die Tower Bridge, die neben dem Riesen geradezu winzig wirkt. *Shards* enorme Länge und geöffnete Spitze erinnert aus dieser Sicht an einen steifen Pimmel.

„Martin, du kannst begeistern, das hast du heute bewiesen. Du hast ein Talent, andere zu inspirieren. Dir zuzusehen ist eine Freude und pure Lust. Egal, ob du nur eine rote Schleife um deinen Körper drapiert trägst oder sogar nur rote Farbe, du wirkst darin wie ein König oder der vollendete Lustknabe."

„Du siehst mich als Lustobjekt?", kichere ich.

„Mach daraus ein Geschäft!"

„Als Lustobjekt?"

„Dein Auftritt als erotisches Geschenk war purer Burlesque und deine Entjungferung geilster Porno. Du könntest auch Leiter einer Nudistenorganisation werden, denn du verfügst über gute Kommunikations- und Organisationstalente. Martin, werde Model oder Porno Star!"

„Du prophezeist mir eine nackte Zukunft?"

„Zieh dich aus", flüstert mir Snob zu.

„Ich soll strippen?"

„Du kannst dich auch einfach nur ausziehen." Snob schnappt sich ein weiteres Glas Sekt von der Bar neben uns, nippt am Glas und lächelt mir aufmunternd zu. Auch Abschlussballkönig und Fokus warten auf meine Show. Fokus hat längst seine Kamera gezückt und knipst schamlos.

Schulterzuckend lockere ich mir die rote Krawatte. Als das Kribbeln sich wieder meldet, beginne ich vor Aufregung zu zittern. Jeder sah mich vorhin splitternackt das Dessert servieren oder beobachtete noch früher meine Entjungferung durch Seth, dennoch habe ich noch nie zuvor gestrippt. Ungeschickt öffne ich die beiden obersten Knöpfe meines Hemdes. „Ich glaube, ich bin kein guter Stripper!“, sehe ich Snob an.

„Martin, sei einfach du selbst. Weißt du eigentlich, dass ich immer gehofft hatte, dich mal mit heruntergelassener Hose im Büro beim Wichsen zu erwischen?“

Ich kichere. „Hast du mir deswegen immer versichert, dass du auf keinen Fall vor einer halben Stunde zurückkommen würdest, doch dann jedes Mal schon nach fünfzehn Minuten ins Büro geplatzt bist?“

„Damals warst du ein Feigling! Bist du es noch?“, provoziert er mich weiterzumachen. Langsam löse ich Knopf um Knopf meines Hemdes und tue es, den Scheuen spielend.

„Du hast es drauf, mich geil zu machen“, schmunzelt Snob.

Warum er jetzt ausflippt, wenn ich mir nur mein Hemd öffne, da er doch schon viel mehr von mir gesehen hat, erstaunt mich. Ist es der Kitzel der langsamen Enthüllung? Ist dieses Spiel des Zeigens, des Offenbarens und wieder Verbergens das Geheimnis? Ich fühle die wachsende Lust meines ehemaligen Chefs, wie auch die neugierigen Blicke meiner anderen Zuschauer. Ihre Blicke kleben an mir.

Ich schlüpfe in die Rolle des schüchternen Lehrlings, der sich heimlich und unbeobachtet auszieht, aber immer wieder aufschreckt, weil er fürchtet, überrascht zu werden, es dann aber einfach nicht lassen kann.

Dann taucht Skater auf. Er steht beim Wasserspender neben den Garderoben im toten Winkel zu allen anderen und lässt seine eigene Hose auf seine Knöchel runterrutschen. Warum trägt er eine meiner Unterhosen? Grinsend langt er mit seiner rechten Hand hinein und schmachtet mich an, während er zu Wichsen beginnt.

„Macht dich das an?“ Meine Frage gilt Skater, der heftig nickt und sich rücklings an die Wand anlehnt.

Snob antwortet mir: „Du kannst dir nicht vorstellen wie!“

Meine lose Krawatte ziehe ich mir wieder enger um den Hals und streife mir endlich das Hemd ab. Snob soll in mir seinen Azubi erkennen. Dazu mime ich den scheuen Jüngling, stehe auf, sehe mich unsicher nach allen Richtungen um – jeder beobachtet mich inzwischen – und knöpfe mir die Anzugshose auf, um sie fallen zu lassen. Darunter trage ich die gleiche, rote Unterhose aus feinem Netzstoff, wie sich Skater das Zwillingspaar davon geschnappt hat. Kaum sitze ich wieder im Korbstuhl, schiebe ich den Netzstoff seitlich zur Seite und hole meine Erektion raus, um sie heimlich zu streicheln.

„Chef!", jucke ich theatralisch vom Korbstuhl hoch und gaffe Snob an. „Du bist schon zurück! Ich... ich...sorry...aber du...!" Ich hoffe dabei zu erröten, während ich den Lehrling mime, der mit runtergelassener Hose und seinem Ding in der Hand vom Chef erwischt wurde.

Snob lacht schallend auf.

„Martin Holmström erfüllt heute Wünsche!", höre ich Dionysos' Stimme. Der dicke Mann mit dem Vollbart lehnt neben Skater beim Trinkbrunnen und winkt sieben platinblondgefärbte Typen in Springerstiefeln herbei.

Bevor ich aufschreien kann, erwischen mich zwei davon, die wie Zwillinge aussehen plus Long. Die Zwillinge packen mich und zerren mich vom Stuhl hoch, verdrehen mir beide Arme auf den Rücken, während mir Long meine Hände fesselt und ein weiterer Punker mir einen Knebel in den Mund schiebt. So werde ich zu einem eisernen Stuhl geführt, von dem die Polster entfernt wurden.

„Setzen!", befiehlt mir Long mit einem fiesen Grinsen.

Ist das ein erotisches Spiel oder tödlicher Ernst? Fokus flippt aus und knipst in kreativer Ekstase Bild um Bild. Während mir die Zwillinge meine Unterhose zerreißen und mir die Füße an die Stuhlbeine fesseln, verbindet mir Long die Augen.

Die Welt verschwindet. Es wird still.

„Was für ein geiles Partyfinale!", durchbricht nach einer Ewigkeit eine fremde Stimme die Stille.

„Dieser Typ soll Martin Holmström sein?", höre ich einen weiteren Mann fragen. Auch diese Stimme ist mir fremd.

„Jetzt haben wir dich da, wo wir wollen!"

„Martin Holmström ist ein Feigling!"

„Ein Opfer für ein anderes!"

Plötzlich fühle ich überall auf meinem Körper Hände. Einige necken mich, andere streicheln oder provozieren intime Stellen. Jede Hand erweckt neue Ekstasen der Lust. Abermals überschreite ich eine Schwelle und springe in eine fremde und aufregende Welt der Sinne und Gefühle. Ich keuche. Ich stöhne. Immer mehr Hände tauchen auf. Jede fordert, beschenkt und erweckt, bis ich meine Lust über die Dächer von London hinausschreie.

„Es ist vollbracht! Sowohl der weibliche wie der männliche Dionysos wurden erweckt. Dieser junge Mann überschritt die Schwelle. Der alte Martin Holmström ist tot! Seine entfesselte Leidenschaft zerriss den Schleier im Tempel. Der Weg ins Heiligtum ist frei. Sein altes Kinder-Selbst starb, damit der Mann geboren werden konnte. Martin Holmström ist ein Wiedergeborener!" Da proklamiert Dionysos einmal mehr seine Verse. „Dieser Mann könnte eines Tages der Dionysos der Gegenwart werden! Verbrennt er nicht an seiner neu erwachten Lust, sondern vermag sie umzuwandeln, führt sie ihn ins nächste Abenteuer. Verbrennt er daran, stirbt er in der kommenden Nacht!"

Abermals kehrt, bis auf Fokus' Knipsen, Stille ein.

So sitze ich zitternd und in Flammen stehend. Machte mich Dionysos zum Lustobjekt irgendwelcher Fremden, meinen sieben Todfeinden oder doch meiner Partygäste? Irgendwann werde ich befreit, auch von der Augenbinde.

„Offensichtlich hat es dir gefallen", zwinkert mir Seth zu.

„Das war ..." Ich stocke und sehe mich um. All meine Freunde, wie auch jede Menge Fremder stehen im Kreis um mich herum, doch von den sieben, platinblondgefärbten Punkern in Springerstiefeln, Lendenschurz und Handschuhen fehlt jede Spur. Reihum fokussiere ich meine Lustspender. Jeder lächelt, glüht oder zwinkert mir zu. Verstohlen checke ich ihre Hände. Einige davon sind ölig, besonders die von Abschlussballkönig und Snob.

Am anderen Ende des Pools erkenne ich die Zwillinge, sie wirken aggressiv und verärgert. Keiner meiner Gäste beachtet sie, auch nicht die fünf ähnlich aussehenden Typen, die Long zuwinken, damit er sich zu ihnen gesellt, doch er bleibt in meiner Nähe. Nur Seth, ich und ebenso Long sind nackt. Long verdient seinen Spitznamen, denn sein Ding ist länger als alle, die ich bisher gesehen habe. Wäre Long nicht so ein Vollidiot, er würde mir gefallen, wenn er auch etwas zu dürr ist.

„Leute, das war total abgefahren! Ich bin abermals neu geboren worden. Eure Hände waren die Geburtshelfer!"

„Hast du uns gesehen?", gafft mich Skater ertappt an, dann hält er sich seinen Mund zu. Coach verdreht seine Augen und Snob schüttelte etwas genervt seinen Kopf.

„Ab unter die Dusche mit dir!", schickt mich Dionysos in meine Wohnung.

Als ich frisch geduscht wieder in meinem Schlafzimmer stehe, erwartet mich dort Dionysos. „Das Ritual ist vollzogen“, klopft er mir anerkennend auf die Schultern. „Du hast es akzeptiert. Du bist daran gewachsen. Du bist jetzt reif! Der weibliche und der männliche Dionysos haben sich durch dich manifestiert. Alle deine bisher schlummernden, sexuellen Energien wurden erweckt. Jetzt musst du sie umwandeln. Damit beginnen die wahren Prüfungen!“

Ich fühle die Flammen durch meinen Körper schießen, doch auch Wasserfälle und Stürme, daher nicke ich.

„Dionysos steht für den Gott der Masken. Auch Lust und Sex sind Masken, welche deine wahren, göttlichen Energien maskieren. Verlierst du dich in der Lust oder im Sex, brennt dich das eine oder das andere eher früher als später aus.“

„So fühle ich mich gerade!“ Mir ist bewusst, dass ein einziges Wort oder eine Geste ausreichen würde, damit ich sofort wieder wirklich in Flammen stehe würde. Insgeheim hoffe ich, Dionysos werde mich dazu anstacheln.

Er tut genau das Gegenteil. „Junge, du kannst es unbeschadet überleben. Du bist stark. Doch einige deiner Partygäste sind labil. Belasse es dabei!“

„Bei was?“

„Dem Ritual! Alles, was bisher passierte, war Teil deiner ersten Einweihung ins Mysterium des Dionysos‘.“

„Erste Einweihung?“

„Bux, du bist kein Kind mehr, doch du bist auch kein Teenager mehr. Du hast dich vermählt und du hast deine Sexualität in vollem Ausmaße als das akzeptiert, was sie ist: ein Ausdruck der Lust, eine Form der Liebe, ein Ventil um Gleichgewicht zu wahren und eine Kommunikationsform unter Gleichgesinnten. Zieh dich an! Zeige, dass du das Ritual als das akzeptiert hast, was es war. Überschreite jetzt die nächste Schwelle.“

„Ich soll mich anziehen?“, ignoriere ich den Rest. Ich ahne, dass es diesmal nicht zum Zweck eines weiteren Striptease wäre. „Dionysos, du warst es doch immer, der mich bei jedem Anruf aufforderte: Reiße dir die Masken vom Gesicht, zerfetze deine Hüllen und zerschmettere deine Hemmungen!“

„DAS RITUAL IST VORBEI!“, bellt mich Dionysos wütend an.

„Junge, es ist vorbei!“, damit dreht er sich um und lässt mich stehen.

„Warte!“, bitte ich ihn. „Warum ist es vorbei?“

Auf der Schwelle bleibt Dionysos stehen, dreht sich zu mir um und fokussiert meine Augen. „Junge, ich mag dich sehr. Aber alle Wünsche sind erfüllt. Jetzt blicke nach vorne und lasse die Vergangenheit, wo sie hingehört. Jetzt folgt der schwierige Teil: Sei, was der Wind nicht verwehen kann!“

„Aber ...“, widerspreche ich abermals.

„Ich verlasse dich jetzt!“

„Was?“

„Bleib stark! Was kommt, erhebt dich über dich selbst oder es zerschmettert dich. Versagst du, stirbst du diesmal wirklich!“

„Was?“, gaffe ich ihn an. Vollkommen verwirrt schüttle ich meinen Kopf. Endlich habe ich meine exhibitionistische Ader akzeptiert, endlich lasse ich mich auf meine erotischen Fantasien ein und endlich lebe ich sie aus. Das soll jetzt alles vorbei sein? Oben erwarten meine Freunde bestimmt ihr Lustobjekt zurück und keinen angezogenen, abgeklärten Gastgeber. Was erlaubt sich dieser Typ überhaupt, mich rumzukommandieren?

Plötzlich erwacht eine andere Seite in mir: Trotz. Ich verschränke meine Arme vor meiner Brust und stampfe wie ein beleidigtes Kleinkind mehrfach auf den Boden. „Nein!“, fokussiere ich mein Spiegelbild. „Ich bleibe nackt!“ Leider hämmert mir der Zwilling im Spiegel keine Vernunft ein, sondern schaut genauso verbohrt drein wie ich.

Als ich mir nur wieder die rote Krawatte umbinde, die farblich perfekt zu meinen knallrotleuchtenden Eiern passt, fühle ich mich stark.

Kaum oben – natürlich nackt! – suchen die Zwillinge meine Gesellschaft. „Saftboy, ich muss meine Meinung über dich revidieren“, sieht mich der erste an und der zweite meint: „Du bist ganz schon hart im Nehmen!“

„Was habt ihr bisher über mich gedacht?“, frage ich und schaue mir beide an. Sie sehen absolut identisch aus. Ihre Blicke wandern erst zu meinen Brustwarzen, welche die Zwillinge wie ein weiteres Augenpaar lüstern fokussieren, dann tiefer zu meinen roten Hoden, die als reife Früchte zum Pflücken einladen. Noch während der Fleischschau ahne ich, dass ich auf Dionysos hätte hören sollen. Die Magie ist verflogen.

„Bluthoden trägst du zur Schau. Schamlosigkeit hüllt dich ein. Was willst du eigentlich?“, fragt mich einer der Zwillinge.

„Bluthoden, du bist die nuttigste Schwuchtel, der wir je begegnet sind!“, doppelt der andere Zwilling nach. „Das letzte Opfer entkam wegen dir! Du wirst seinen Platz einzunehmen.“

Die fünf, die den Zwillingen ähneln, rücken näher und stellen sich im Kreis um mich herum auf.

„NIEMALS!“, brülle ich und die sieben Gestalten ziehen sich auf die andere Seite des Pools zurück.

Snob gesellt sich wieder zu mir. Ich hätte mich unter einem Vorwand in meine Wohnung zurückziehen sollen, um mich dort anzuziehen, stattdessen erwacht abermals etwas Neues in mir: Eitelkeit.

„Du bist echt die nuttigste Schwuchtel, von der ich träumen kann! Und von dir werde ich noch oft träumen!“, leckt sich Snob seine Lippen.

„Ich fasziniere dich? Willst du mehr?“

„Die Sieben holen sich, was sie begehren“, nickt Snob über den Pool zu den sieben Gestalten. „Ich hoffe, du offerierst es mir ohne Gewalt!“

Long stößt ebenfalls zu uns dazu. Mit seinen platinblondgefärbten Haaren könnte er einer der Sieben sein. „Stummelschwanz, hast du noch immer nicht genug?“, wundert er sich. „Will die Tunte nochmals hart rangenommen werden?“ Long vollzieht vulgäre Gesten.

„Offensichtlich du auch?“, fokussiere ich den Angeber.

„Logo!“, schwingt Long seinen Kolben, wie ein Cowboy seine Peitsche. „Welche Stute will eingeritten werden?“, sieht er sich unter den Sieben um, doch die strecken nur stumm ihre Köpfe zusammen, um zu beraten. Dann hebt einer der Zwillinge seinen Kopf und ruft über den Pool: „Bluthoden, deine Show ist vorbei! Dionysos schützt dich jetzt nicht mehr!“

„Stummelschwanz, ich ficke dich, bis du abkratzt!“, lallt Long, der offensichtlich betrunken ist.

„Ich kann auf mich selbst aufpassen!“, hebe ich meine beiden Fäuste vor mein Gesicht und starre Long und die sieben unheimlichen Gestalten in der Ferne gefährlich an. „Ein Schritt näher und du kannst deine Nase vergessen!“, tripple ich zu Long, der seinen Speer in meine Richtung lenkt.

Trotzig mische ich mich, ganz zum Objekt schlüpfrigster Fantasien geworden, unter die Partygäste. Alles hat sich verändert. Die Feier ist vorbei. Jetzt bin ich nur noch einer unter vielen; einer der durch sein provokatives Erscheinungsbild auffällt.

Abschlussballkönig und Coach übernehmen das Grillen der diversen Fleisch- und Fischsorten. Skater entzündet immer neue Lampions und Duftkerzen überall auf der riesigen Dachterrasse und bald schwimmen auch im Pool Schiffchen mit Kerzen an Bord. Die Nacht ist längst über uns hereingebrochen und Londons Skylight erwacht bunt zum Leben. Je weniger man durch den Rauch vom Grill durch die Verglasung raussehen kann, desto trüber werden auch die Blicke meiner Gäste. Bei einigen ist es der Alkohol, doch bei anderen die gesteigerte Lust, die noch immer ekstatisch über die Dachterrasse flammt. Viele meiner Gäste taumeln und nuckeln an diesen Energieströmen, wie Snob am Alkohol. Meinen ehemaligen Chef sehe ich nur noch mit einem Glas in der Hand, einem Glas, das sich stetig leert und er sofort wieder auffüllt. Innerhalb einer Stunde ist er so betrunken, dass er taumelnd zum hirnlosen Etwas mutiert. Long tuschelt mit den Zwillingen und späht in meine Richtung.

Zum Essen schieben wir all die bequemen Sessel und Korbstühle an die Stirnseite des Swimmingpools zusammen. Seth ist leider wieder angezogen, doch er schmiegt sich an mich. Er scheint der Einzige zu sein, der vollkommen immun gegen meine noch immer zuckenden Energieströmungen ist. Egal wie nahe ich ihm komme, seine Aura zittert nie.

Etwa um elf zieht sich Seth zurück. Er ist vernünftig, was ich von mir leider überhaupt nicht mehr behaupten kann. Kaum ist er fort, fühle ich mich leer und zum ersten Mal wirklich schutzlos. Mein inneres Feuer knistert nur noch und die Blitze um mich herum, sind nichts mehr weiter als Wunderkerzen an einem Weihnachtsbaum. Die Magie ist verflogen!

Als mich Snob lallend bittet, ihm meine Rosette zu zeigen und Long und die Zwillinge vulgäre Tänze vollziehen, verabschieden sich Skater, Fokus, Abschlussballkönig, Curly und Coach. Ich hätte diese Gelegenheit nutzen sollen, um die Party zu beschließen.

Snob ist inzwischen sternhagelvoll. Long, die Zwillinge und die fünf gesichtslosen Begleiter nicht minder. Die Gespräche werden immer stumpfsinniger und beleidigender. Speziell Long und die Zwillinge beschimpfen mich mit allem, was ihnen einfällt. Leider fehlt mir der Mut, energisch durchzugreifen. Noch immer spiele ich den Gastgeber und beuge mich dieser Rolle.

„Los, du geile Sau!“, fordert mich Snob viel zu aggressiv auf: „Martin, beuge dich vornüber, ich will dich jetzt ficken!“

Die Zwillinge feuern Snob an, der in seiner rechten Hand mit einem rosa Dildo wackelt, den ihm Long reichte. Als mich die Zwillinge von hinten brutal schnappen, um mich kopfüber in die Couch zu drücken, ist der Spaß endgültig vorbei. In kriege Panik und beginne mich ernsthaft zu wehren. Die Zwillinge spreizen meine Beine und die fünf Gesichtslosen bringen Seile. Snob versucht mich mit dem Dildo zu pfählen. Ein Gesichtsloser klatscht mir auf den Hintern und grabscht nach meinen Eiern.

Dann passiert etwas.

Plötzlich flammen die Buchstaben von Dionysos' Einladung vor meinen Augen auf: *Erkenne dich selbst, und du wirst die Welt der Götter erkennen. Wie ein Magnet ziehen wir sie an und werden selbst von den Göttern angezogen. Wir lassen den Himmel weinen und die Erde jubeln; und wie kostbare Edelsteine tragen wir in unserem Herzen die Tränen aller Wesen, um sie in Lächeln zu verwandeln. Gott stirbt in uns; in uns steht er wieder auf.*

„Ich sauge deinen Schwanz leer!" Snob grabscht und lallt: „Was für ein Arsch! Was für ein Arsch!"

Die Zwillinge drücken mich brutal nieder, während einer der Gesichtslosen den Dildo gegen einen Schlagstock eingetauscht hat.

*Gott stirbt in uns; in uns steht er wieder auf!* Er steht auf. Ich stehe auf. Woher ich diese Kraft nehme, schreibe ich dem Adrenalin und meinem Bodybuilding zu, denn ich schüttle die Zwillinge wie lästige Kobolde ab, entreiße dem Gesichtslosen den Schlagstock und schlage mit dem Dildo erst Snob, dann Long so hart gegen ihren Kopf, dass beide benommen umkippen. Die Gesichtslosen treten einfach in den Schatten und verschmelzen mit ihm. Snob ist so betrunken, dass er sofort schnarchend auf dem Boden wegtritt. Die Zwillinge gaffen mich mit hassverzehrten Gesichtern an und ergreifen die Flucht. Long liegt nackt auf dem Rücken und sieht wimmernd zu mir hoch. Ich drücke ihm meinen rechten Fuß ins Gesicht, um ihn unten zu halten, während Fremde klatschen, als ob ich abermals nur eine Show abziehen würde.

Long schluchzt.

„Bux! Bux, wach auf!", schüttelt mich Seth an der Schulter. Als ich erschreckt meine Augen öffne, umarmt mich mein Partner. „Ein Albtraum?", fragt er.

„Eine Warnung!", setze ich mich im Bett auf und zittere am ganzen

Körper. „Müssen wir schon los?"

„Wir haben noch ne Stunde Zeit."

„Ich muss den Traum aufschreiben, sonst vergesse ich ihn!" Diszipliniert lange ich nach meinem geheimen Tagebuch und ziehe mich damit in die Küche zurück um zu Schreiben.

*Long* ist Powell und die Zwillinge müssen zu seiner Gang gehören, wie auch die fünf Gesichtslosen. Sie alle sahen sich ähnlich. Warum weinte Powell am Ende? Snob habe ich noch niemals zuvor in meinem Leben gesehen. Mein früherer Chef war meines Wissens niemals in mich verliebt. Wer auch immer dieser Snob ist, ich darf ihm nicht trauen.

Dionysos' Schutz ist erloschen. Das Ritual ist vorbei! Die Zeit der Vorbereitungen endete. Jetzt muss ich all meine Kraft aus mir schöpfen. Solange Seth im Traum an meiner Seite war, konnte mir nichts passieren. Ebenso passten Coach wie auch Skater, den ich als Pimlico kenne, auf mich auf. Da mir Curly meine Hoden rot bemalte, könnte das sowohl Blut bedeuten oder aber auch einfach zügellose Lust symbolisieren. Wer auch immer Abschlussballkönig oder Fokus sein mögen, sollte ich ihnen begegnen, könnte ich beiden vertrauen.

Noch bin ich Gastgeber, noch bin ich das offizielle Gesicht und der Körper für den Nudistentag morgen. Ich darf den Absprung nicht verpassen. Morgen begebe ich mich auf eine Gradwanderung zwischen Spiel und Wahnsinn; Freiheit und Zwang.

Powell und seine Gang sind noch nicht mit mir fertig! Ihre Vergewaltigung könnte genau das bedeuten oder einen weiteren Angriff mit Schlagstöcken oder Messern – falls meine roten Hoden wirklich Blut bedeuten. In all meinen Träumen tauchte etwas Rotes auf: erst die rote Baseball Cap, dann das rote Geschenkband, die Erdbeere, die rote Krawatte, die rote Unterhose und schließlich meine roten Hoden. Wird alles in einem Blutbad enden?

Kurz vor sechs Uhr verlasse ich nackt die Suite. Seth hält mich zurück, schlüpft selbst in seinen kurzen Schottenrock und meint nur, wenig sei im richtigen Moment weit mehr als gar nichts. Auch wenn ich seine Logik nicht kapiere, da wir beide als *Nudisten* nominiert wurden und uns so zeigen sollen, wähle ich trotzdem eine Boxershorts, die mir Seth geschenkt hatte.

In der Lobby bilden zahlreiche Hotelgäste einen Kreis um eine Couch und feuern lautstark zur Show an. Eine Hand winkt Seth und mir aus der Menge zu. Immer wieder erscheint ein dunkler Krauskopf über den Schultern der Schaulustigen. Curly hüpft hoch, quetscht sich frei um mich an der Hand zu packen.

„Bux, hesch di Limo g'seh? Voll krasses Teil!", brüllt er mir in Schweizerdeutsch zu. „Guys, this is so cool!", wechselt er wieder in Englisch, als Seth ihm in den Oberarm boxt.

Als kurz darauf Wilton zusammen mit Coach auftaucht, führt er uns zur Limousine und die Schaulustigen geben einen Blick auf Baylis und Justin frei, die auf der Couch sitzend an sich rumspielen. In der Hotelvorfahrt steht die gleiche Stretchlimo, in der ich schon einmal zum Country Club gebracht wurde, denn ich erkenne den versnobten Chauffeur wieder. Wie schon damals hält er uns die Tür auf und wartet mit einer Miene, wie sie nur echte Butler zustande bringen, bis wir Nudisten, Coach und Wilton eingestiegen sind.

„Fahren wir in den Country Club?", frage ich Wilton und setze mich neben ihn auf den hintersten Sitz.

„Nein!", meint er und verschweigt das Ziel.

Curly flippt total aus und bequatscht mich in Dialekt, bis ihm Seth abermals in den Oberarm boxt, er solle gefälligst eine Sprache sprechen, die alle verstehen.

Die Fahrt dauert fast eine Stunde, doch das nur, weil wir eine Sight Seeing Tour durch Londons Innenstadt bekommen und Wilton immer wieder auf Plätze oder Gebäude verweist, bei denen wir uns morgen zeigen müssten.

Ich kenne mich hier inzwischen wirklich gut aus. „Leute, das ist der

*Trafalgar Square*", zeige ich auf eine Fassade mit Säulen und übernehme selbst die Rolle als Stadtkundiger und beantworte Curlys tausend Fragen. „Hier laufen wichtige Verbindungsstraßen, die von *Westminster* kommende *Whitehall*, von *Buckingham Palace* die Straße *The Mall*, und von *St. James's Palace* die *Pall Mall*, zusammen", labere ich Texte, die ich schon einmal in einem Reiseführer gelesen habe. „Zwei große, identische Brunnen flankieren rechts und links das *Admiral Nelson Denkmal* und im Hintergrund die *National Gallery*."

„Nominierte, von hier nehmt ihr morgen alle die Underground zu euren individuellen Zielen. Die Station *Charing Cross* befindet sich ...", übernimmt Wilton, zeigt in die Richtung, in der sich *Big Ben* befindet und verteilt uns die Routenpläne.

Wir werden morgen immer zu dritt losziehen: ich zusammen mit Seth und Curly. Mein Lover verspricht, sich all die Daten und Zeiten einzuprägen, während sich Curly den Standort mit unseren reservierten Fahrrädern für den *World Naked Bike Ride* merken will, als wir den irgendwann später passieren.

Als der Chauffeur parkt und uns danach die Tür aufhält, schaudert mir. Wir stehen vor dem Eingang zum Theater, in dessen Hinterhof ich beinahe zu Tode kam. Coach stellt sich zu meiner rechten und Seth zu meiner linken, um mich ins Theater zu eskortieren. Erst als ich Seths Hand in meiner fühle, beruhige ich mich und kaschiere mein Zittern als Aufregung.

„Schätzchen!", stöckelt Precious-Prem auf mich zu, kaum im Foyer des Theaters. „Den Göttern sei Dank, dein Luxuskörper hat den Überfall unbeschadet überstanden!" Wie schon bei unserem letzten Treffen, trägt die schräge Drag Queen ein sehr enges Korsett und Strapse zu hohen Pumps – alles in Gold. Neu sind heute gewaltige Flügel aus weißen Federn auf den Rücken gebunden und eine Glitzerkappe in Form eines Vogelkopfes. Das Gesicht dieses Paradiesvogels besteht wieder nur aus riesigen Augen und einem Mund, der ständig Grimassen schneidet. Damit jeder sofort unmissverständlich erkennt, dass es sich beim Burlesque Künstler um einen richtigen Mann handelt, trägt er seinen Penis golden bemalt zur freien Schau. Das Wesen schert sich nicht die Bohne, ob er damit fasziniert oder schockiert. Schrill und laut empfängt Precious-Prem jeden einzelnen von uns Nominierten zur Vorbesprechung des morgigen Tages in seinem Etablissement und führt unter Beifall und Gelächter unseren Einzug in den Zuschauerraum an.

Mindestens zweihundert Gäste sitzen in den Rängen oder schwatzen in kleinen Gruppen in den Gängen stehend. Precious-Prem bahnt uns den Weg zur Bühne. Immer lächelt das Wesen nach links, wackelt mit seinem Goldpenis nach rechts oder schickt Kusshändchen zu Fans und Bekannten. Mir ist noch niemals jemand wie Precious-Prem begegnet, der gleichzeitig weiblich erscheint, doch unübersehbar stolz seinen Mann steht.

Auf der Bühne stehen zwanzig Stühle in einem weiten Halbkreis, das Publikum fokussierend und davor zwei Standmikrofone, direkt am Bühnenrand. Bis auf ein paar indirekte Spots, die den roten Vorhang zwischen Haupt- und Hinterbühne beleuchten, dass es aussieht, als ob er in Flammen stehen würde, bleibt die Bühne im Halbdunkel.

Ich entdeckte Pimlico und Essex, die von Schaulustigen umringt, nahe der Bühne stehen. „Kennst du den noch?", zeige ich auf Pimlico und Curly eilt zu ihm, um ihn stürmisch zu begrüßen. Mein bester Freund glüht förmlich, so spannend und aufregend findet er alles und jeden. Ich bin ganz froh, dass er nicht weiter auf Schweizerdeutsch über Precious-Prems extravagantes Auftreten auf mich einredet.

Auch Justin benimmt sich hier, als ob er sich immer nackt, nur in Cowboystiefeln mit hohen Absätzen und einem seiner extra hohen Cowboyhüte bewegen würde. Selbstsicher stolziert der kleine Texaner vor ein paar Typen hin und her und redet auf Amerikanisch auf sie ein. Nach ein paar Minuten geselle ich mich zu ihm und er packt mich am Bund meiner Boxershorts.

„Dude, das ist Simon!", zeigt er auf den brav wirkenden Kanadier mit Seitenscheitel im dunkelblauen Missionarsanzug. Simon ist braun gebrannt. Unsere Blicke treffen sich.

„Simon lebt in Miami Beach und ist im Kunsthandel tätig. Er kennt Wilton und ..."

„Arsch!", unterbreche ich Justin, dass er mich verletzt ansieht.

„Nicht du!", lege ich dem Cowboy meinen Arm um die Schultern. „Der da!", bohre ich meinen Zeigefinger in Simons Anzug. „Warum bist du einfach abgehauen?"

Anstatt mir zu antworten, umarmt mich Simon und küsst mich sehr europäisch auf beide Wangen. „Ich musste wirklich nach Barcelona!"

„Lügner! Du bist geflüchtet! Feigling!"

Justin sieht uns verwirrt an. „Leute, kennt ihr euch?“

„Das ist mein Cousin!“, nickt Simon und zwinkert mir verschwörerisch zu. „Martin, ähm Bux, ist zudem auch ein sehr guter Freund von mir. Wir begegneten uns zufällig in Wiltons Hotel. Dieser Typ hier!“, fasst Simon nach meinen beiden Händen, „ist einer der wichtigsten Menschen in meinem Leben. Das ist mein Cousin Martin Holmström aus der Schweiz!“

„So, so!“, bleibe ich unbeeindruckt.

Simon beugt sich vor und nuschelt mir ins Ohr: „Martin, ich war in *Sitges* und dort zwei Wochen lang am Nudist Beach. Martin, ich hab's wirklich getan! Ich habe mich tagelang splitternackt am Strand aufgehalten. Danach besuchte ich in der Gegend von Granada eine Nudisten Kolonie.“

„Und in all den Wochen kam es dir nie in den Sinn, mich anzurufen oder eine SMS zu schreiben? Arsch!“

„Sorry!“, lässt Simon seine Augen über meinen Körper wandern. „Du siehst verändert aus! Ich bin früher aus Spanien zurückgekommen, weil ich im Internet über das Plakat zum ersten, schwulen Nudistentag gestolpert bin. Martin, ich buchte den nächsten Flug zurück nach London, um hier bei dir zu sein. Ich traf gestern Morgen ein. Ich habe noch nicht offiziell im Hotel eingecheckt, sondern schlich mich in die Suite, da ich den Zimmerschlüssel noch hatte.“

„Ich habe dich wirklich vermisst!“, lüge ich Simon an. Seit meinem Überfall, meiner Begegnung mit Coach und meiner Vermählung mit Seth dachte ich nur heute Morgen einmal kurz an Simon. Wahrscheinlich spürte ich seine Präsenz im Haus.

„Ich dich auch! Martin, ähm Bux, es verging kein Tag, an dem ich nicht versuchte, deinem mutigen, nackten Beispiel zu folgen. Du bist mein Held! Trainierst du noch intensiver?“, fasst er nach meinen Armmuskeln.

„Ja, ja! Sorry, für meinen Aufzug“, wackle ich mit meinen Hüften. „Ich sollte heute keine Hose tragen.“

„Gestern Nachmittag rief ich in deinem Zimmer an, doch du warst unterwegs“, fährt Simon dabei über mein Sixpack.

„Diese Nummer klingelt ins Leere. Ich bewohne mit meinem Partner eine der Personalsuiten.“

„Partner?“

„Ja! Seth ist auch hier. Er ist der Traummann mit den hellroten Haaren und dem Schottenröckchen." In Simons Augen lese ich, dass er versucht, gute Miene zu machen, doch er wirkt eifersüchtig und traurig. „Alter", stupse ich ihn in die Brust, „*du* bist geflüchtet, nicht ich!"

„Cousin", wechselt Simon in das Rollenspiel, „ich mag dich sehr, sehr gerne. Herzliche Gratulation zur Hochzeit!"

„Danke!", schlinge ich spontan meine Arme um ihn.

„Martin, gestern besuchte ich das British Museum. Die Fotografien von dir als lebendige Statuen sind unglaublich! Das bist du doch?", tritt Simon einen Schritt zurück, um mich kritisch zu mustern. „Henry will mir nach der Sonderausstellung die Fotoserien verkaufen."

„Henry?"

„Dr. Henry Lisson! Er ist ein Bekannter meiner Eltern und einer der Kuratoren des Museums. Eines der Fotos hat er mir gestern bereits verkauft", verrät mir Simon.

„Echt?" Als Simon schweigt, bohre ich weiter: „Welches?"

„Eines, in dem du Dionysos imitierst. Du zerdrückst gerade eine Traubendolde über deinem Kopf und der Saft rinnt dir übers Gesicht und die Schultern. Ein Bild mit tiefer mythologischer Bedeutung."

„Ja, ja! Ist meine mythologische Erektion darauf zu sehen?"

„Nicht auf dem in der Sonderausstellung, doch Henry zeigte mir das unzensierte Bild und ..."

„...du wurdest geil und hast es gekauft!", beende ich den Satz meines Pseudo-Cousins.

„Erwischt!", zwinkert Simon. „Ich möchte die Fotoserien in Miami Beach in einer Kunstgalerie auszustellen."

„Serien?", platze ich fast vor Neugier.

„Es sind etwa sechzig Fotos von dir als Diskuswerfer, Apollon und Dionysos, dazu noch die zensierten Bilder. Henry nennt diese *Das Erwachen des Dionysos*" Simon starrt auf meine Zehen. Entweder ist ihm sein Kauf doch peinlich oder aber die Tatsache, dass ich vergeben bin, nagt an ihm.

„Ich habe keinerlei Mitspracherecht?", spiele ich mich auf.

„Es wäre mir eine Ehre, dich nach Miami Beach zur Vernissage einzuladen – falls Henry die Fotos rausrückt!"

„Das wird er! Ich rede mit ihm", winke ich ab, als ob ich dazu etwas zu sagen hätte. Miami Beach kann ich mir nicht entgehen lassen. „Aber mein Partner kommt auch mit!“

„Freunde!“, begrüßt Wilton die Versammelten und unterbricht mein Gespräch mit Simon. Wilton steht am Bühnenrand und spricht in eines der Standmikrofone. Sofort fluten Spots die Bühne. „Willkommen zum Informationsabend!“

Es kommt Bewegung in die Massen und alle suchen sich einen Sitzplatz. Da sich alle Nackten zu Wilton auf die Bühne begeben, wird das auch mein Ziel. Oben, auf einem der zwanzig Stühle sitzend, bemerke ich, dass jeder Platz belegt ist, auch die auf dem Balkon. Aus den Logen rechts und links über der Bühne richten sich lange Teleobjektive auf uns, wie ebenso aus der vordersten Sitzreihe. Nach dem Löschen der Saallichter fluten neue Spots die Bühne und die Zuschauer verschwinden im Dunkel.

Wilton erklärt den Ablauf des Abends: nach seiner Rede zum ersten offiziellen Nudistentag, wie einer Zusammenfassung des Programms der *horny Nudist-Kampagne*, würde Precious- Prem, als heutiger Gastgeber, uns Nominierten einzeln vorstellen. Wir sollten dann spontan etwas über uns erzählen und warum wir unbedingt der *geilste Nudist des Jahres* werden wollten. An den erstaunten Gesichter meiner nackten Kollegen schließe ich, dass Wilton auch sie ins kalte Wasser wirft, damit es wirklich schön peinlich und spontan wird.

Hinter uns wird eine Leinwand heruntergelassen und das Event Poster wird darauf projiziert, womit Wilton mit seinem Vortrag beginnt. Curly, links neben mir, wird immer nervöser und tuschelt ständig in Dialekt auf mich ein, bis ich ihm so hefig auf seinen Fuß trete, dass er endlich kapiert, still zu sein. Mich interessiert Wiltons Ansprache auch nicht, doch jeder im Publikum fokussiert uns.

Als Wilton mein peinliches Erlebnis vom letzten Jahr im Hyde Park in allen Details erzählt und dazu das *Saftboy-Bild*, das offizielle Poster auf der Leinwand ablöst, würde ich mich am liebsten in ein Mauseloch verkriechen. „Dieses Bild brachte mich im letzten Juni auf die Idee ...“, schafft Wilton den Bogen zurück zur Idee des *horny Nudist*.

Curly ist von *Saftboy* sofort hart begeistert. Es stört ihn nicht, dass dies auch den Zuschauern und den Fotografen nicht entgeht. Als er meinen kritischen Blick auf seine Erektion bemerkt, lacht er verschmitzt. „Alter“, setzt er sich breitbeiniger auf seinen Stuhl, „ich will gewinnen und die zehntausend Pfund einsacken! Du etwa nicht? Spielst du weiter den Prüden", zupft er mir an meiner Seidenunterhose, „ist es mir eine Ehre, dich vom Thron zu stoßen."

„Morgen um zehn Uhr findet vor dem Hotel eine Pressekonferenz statt. Alle Nominierten sind zum Frühstück eingeladen und werden danach für Interviews und Fotos zur Verfügung stehen", beendet Wilton seine Einführung und wechselt zum morgigen Tagesablauf.

Um mir die projizierten Tagesabläufe anzusehen, drehe ich mich um und bemerke erstmals Powell, der ganz außen sitzt. Der Viagra-Schlucker streichelt seinen Oberkörper mit seinen behandschuhten Händen und scharrt mit den Absätzen seiner Springerstiefel auf dem Bühnenboden. Kaum nimmt er mich wahr, verfinstert sich seine Miene und seine Lippen formen die üblichen Beleidigungen. Augenblicklich überfluten mich Schmerz, Wut und Angst. Schatten im Publikum lassen mich unkontrolliert zittern, was zu Schweißausbrüchen führt. Coachs Therapie hat mich noch nicht vom Trauma geheilt!

Seths Hand sucht die meine und drückt sie zärtlich. „Bux, du musst dieser Hydra das Herz herausreißen, nur Köpfe abschlagen nutzt nichts."

„Wie meinst du das?", tuschle ich mit meinem Lover.

„Deine Angst besiegst du nicht, in dem du ihr ausweichst oder sie ignorierst: du musst sie fokussieren und ihr das Herz rausreißen!"

„Ich soll Powell töten?"

„Powell ist nur einer der vielen Köpfe deiner Angst, doch Powell ist nicht das Monster. Ihn zu verletzen, erzeugt nur neue Köpfe!", klärt mich Seth auf. „Die Polizei ist davon überzeugt, dass Powell nichts mit dem Anschlag auf dich zu tun hatte."

„Du weißt, wie ich dazu stehe!", knurre ich. „Die Punks teilten nicht nur Powells Vorliebe für Outfits, sondern auch seine Sprüche."

„Vergiss Powell! Er ist es nicht wert!"

Unser Getuschel stört Wiltons Vortrag und er wirft uns böse Blicke zu, bis wir schweigen. Ich höre nicht mehr zu und grüble vor mich hin, bis Applaus mich in die Gegenwart zurückholt. Wilton verlässt die Bühne, um Precious-Prem das Scheinwerferlicht zu überlassen. Abermals erstaunt mich dieser schrille Burlesque Künstler mit seiner Selbstsicherheit und seiner Freude zur Provokation. Um sein ohnehin verrücktes Outfit zu toppen, trägt er jetzt noch einen blinkenden Cockring. Nach ein paar Witzen – erst über sich selbst und seinen Exhibitionismus – wechselt er zur Vorstellungsrunde:

„Bux habt ihr schon auf dem Plakat und in Action im Hyde Park gesehen", zeigt er theatralisch auf mich und stöckelt in seinen High Heels über die Bühne, „weshalb ich mit den bisher noch unbekannteren Konkurrenten beginnen will!" Woher Precious-Prem die intimen Geheimnisse meiner Freunde und der anderen Nominiert hat, entzieht sich meiner Kenntnis, doch über jeden einzelnen weiß er etwas Peinliches zu erzählen. Als er mit den Namen durch ist, mich nochmals als den Spritzer aus dem Park outet, beginnt die Aufrufung der Kandidaten.

Justin, der amerikanische Cowboy, ist der erste und stapft breitbeinig an den Rand der Bühne, wo er von seiner Jugend auf einer Ranch außerhalb von Texas erzählt und wie er entdeckte, dass er ein Nudist und Exhibitionist sei. Sein Akzent wird immer schlimmer, je mehr er in Fahrt kommt – und Justin kommt in Fahrt! Als er diese Veranstaltung mit einem Softporno vergleicht und betont, wie sehr er sich immer wünschte bei einem solchen einmal selbst mitzuwirken, blicke ich mich unter meinen Kollegen um. Selbst Seths Schottenröckchen ist vorne so erhoben, dass er damit Justins Worte bestätigt, von den schaulustigen Voyeuren im Publikum ganz abgesehen. Mein verrückter, amerikanischer Freund hat es beim Namen genannt: wir alle sind Darsteller eines geschickt getarnten Softpornos.

Insgesamt sind wir achtzehn Nominierte, wovon ich bisher Eaton, einen braunhaarigen Studenten; Norfolk, einen älteren Ledertypen; und Finchley, einen sehr männlich wirkenden, blonden Boxer noch nicht kannte. Zudem noch drei Afrikaner und ein weiterer Inder. Ein Nominierter nach dem anderen stellt sich am Bühnenrand seinen Fans und den Sponsoren, erzählt peinliche Geschichten, bietet eine Show und endet mit Floskeln wie: *Ich werde mein Bestes geben, mich als Nominierter würdig zu erweisen* und ähnlichem Bla-Bla.

Als Seth als vierzehnter Kandidat dran kommt, spielt er gewollt mit seinem Schottenrock, um Spannung zu erzeugen. Immer wieder dreht er sich beim Sprechen so, dass hinten sein tiefsitzendes Röckchen gute Einblicke bietet oder seine Erektion vorne den Stoff oft so anhebt, dass beinahe alles zu sehen ist – aber immer nur beinahe. Mein schöner Freund fasziniert mich, erregt mich und ich entflamme einmal mehr in Liebe und Lust für ihn. Seth ist mein Mann! Darüber vergesse ich meine vorherige Panikattacke und ersetze sie durch Lampenfieber. Erst ganz zum Schluss lässt Seth endlich das Röckchen fallen und präsentiert sich den Fotografen und dem Publikum unter Beifall als echter *horny* Nudist. Erstmals nehme ich dem Schotten ab, dass in ihm eine Muse stecken könnte, denn er war der erste Sprecher, der nicht nur die Lust ansprach, sondern auch die Kreativität der morgigen Veranstaltung. Auch wenn ich wegen der Spots, die auf uns gerichtet sind, so geblendet bin, dass ich nur die Leute in den Logen und den ersten beiden Reihen sehen kann, sind ihre Blicke anders: sie sind inspiriert.

Powell, der als nächstes dran kommt, tut alles, um Seth, der eben wirklich punktete, zu übertreffen. Der Platinblonde geht direkt zum Angriff über. Ich kenne seine Tänze, Verrenkungen und provokativen Handbewegungen bereits aus früheren Begegnungen, doch jetzt übertrifft sich der sonst schon sehr selbstsichere Nudist selbst. Er holt sich während seiner Lobeshymne auf seine Vorzüge einen runter und spritzt ins Publikum mit den Worten: „Leute, wählt mich zum geilsten Nudisten! Ich bin geil! Ich bin allzeit bereit! Ich komme jederzeit wieder!“ Vergleichbare live Shows bekommt man wahrscheinlich nur in Separees von Stripclubs zu sehen und da auch nur, wenn man tüchtig Scheine hinblättert. Schamlos vulgär war Powell dennoch ein wahres Highlight des Abends. Wäre der Vollidiot nicht mein Feind, ich würde ihn ehrlich für seinen Mut bewundern. Ich bin mir sicher, würde heute Abend gewählt werden, Langschwanz hätte die Wahl gewonnen.

Baylis ist Baylis wie er leibt und masturbiert. Er schiebt einfach seinen Stuhl an den Bühnenrand und tut, was er schon beim Sponsorentreffen im Hotel tat. Justin traf den Nagel auf den Kopf: das hier artet in einen live Porno aus.

Wie angekündigt bin ich der letzte Kandidat, der sich selbst promoten muss. Als ich mich an den Bühnenrand stelle, vergesse ich, dass ich als einziger eine Unterhose trage.

Powell kommentiert das sofort mit lautstarken Beleidigungen: „Was für ein Schlappschwanz! Dieses Weichei soll der heißeste Feger von London sein? Stummelschwanz ist ein Weichei und prüder Feigling!“

Jetzt trifft genau das ein, was ich im Traum gesehen hatte: ich muss strippen. Ist wenig im richtigen Moment wirklich mehr, als gar nichts? Seth hat es vorhin bewiesen. Ich hatte während der Vorstellungen meiner Kollegen genügend Zeit, mir eine Rede ohne die üblichen Floskeln auszudenken:

„Reiße dir die Masken vom Gesicht!“, beginne ich mit meiner Kurzansprache. „Zerfetze deine Hüllen!", blicke ich dabei einzelnen im Publikum direkt in ihre Augen, auch wenn ich sie nicht sehen kann. „Zerschmettere deine Hemmungen!", zeige ich mit meinem ausgestreckten Zeigefinger ins grelle Scheinwerferlicht. „Ich bin Bux. Ihr alle kennt mein Gesicht, meinen Körper und den da", zeige ich auf meine Unterhose, in der sich etwas längt aufgestellt hat, „vom Plakat her. Jetzt werde ich ihn zeremoniell enthüllen."

Einige lachen, einige klatschen und Powell beschimpft mich als Schlappschwanz und Angeber.

„Inzwischen bin ich *horny*!", setze ich ins Lachen ein. „Wer macht mich zum echten *Nudisten*?"

Ausgerechnet der Löwenkopf-Typ vom Country Club nähert sich der Bühne. Ich erkenne ihn sofort wieder. Er trägt wieder ein Notizbuch in seiner linken Hand und ist bekleidet wie schon im Club und in meinen Träumen, in einem typischen Abschlussballkönig-Outfit. Sein richtiger Name interessiert mich nicht, er ist mein *Abschlussballkönig*. Er kommt auf die Bühne hoch, doch statt er mir meine Unterhose einfach runterzieht, klappt er nur den Stoff am rechten Oberschenkel hoch, dass meine Erektion rausschnellt. „Ist dieser junge Mann nicht eine Augenweide!" Verstohlen zwinkert er mir zu.

Selbstsicher verschränke ich meine Arme auf dem Rücken und drehe mich um die eigene Achse. Genauso stolz fühlte ich mich auch schon im Country Club. „Leute", rede ich mit meinen Händen auf dem Rücken, „es war mir vorhin ernst: reißt euch die Masken vom Gesicht, zerfetzt eure Hüllen und zerschmettert eure Hemmungen! Wenigstens morgen, am ersten, offiziellen Nudist Day! Jeder von euch", zeige ich durchs Licht auf all die unsichtbaren Gestalten, „kann sich morgen ausziehen. Jeder von euch kann morgen sein eigener nackter Held sein! Ob ich gewinne oder nicht, mitzumachen ist alles!" Wie ich bin, ohne den Stoff wieder an Ort und Stelle hinunterzuziehen, noch mich der Seidenunterhose ganz zu entledigen, setze ich mich zurück auf den Stuhl zwischen Seth und Curly.

Precious-Prem, als Moderator, war von unseren Darstellungen wirklich angetan, was sowieso jeder mitverfolgen konnte, während er einen um den anderen von uns zum Mikrofon aufrief. Zum Abschluss fasst das schrille Wesen in einem spontan komponierten Song die Vorzüge eines jeden Nominierten und welchen Härtegrad wir bei ihm auslösten, zusammen. Ich kann mich vor Lachen kaum aufrecht halten. Precious-Prem ist schlicht und einfach ein schamloses Genie!

Damit endet die Präsentation und der Vorhang zur Hinterbühne wird hochgezogen. Ein Buffet mit Fingerfood lädt die Gäste auf die Bühne ein. Einige der *London Jacks*, wie auch Mikey aus der Hotelbar, reichen in knappsten Minischürzen bekleidet Getränke und Häppchen.

„Verdammter Schlappschwanz!", flüstert mir Powell ins Ohr, als ich beim Buffet anstehe. „Schade, dass dich die Punker nicht erledigt haben! Einem Versager wie dir, trauert keiner nach! Stummelschwanz, kommst du mir noch einmal in die Quere", beugt er sich dichter zu mir, „dann breche ich dir höchstpersönlich deine Rippen mit einem Schlagstock!"

Wie schon damals im Theater, bringt mich dieser Vollidiot augenblicklich wieder so in Rage, dass mein Denken einfach aussetzt, ich mich blitzschnell zu ihm umdrehe, um ihm abermals meine Faust mitten ins Gesicht zu rammen. Leider unterschätze ich meine neue Kraft, die mir mein Bodybuilding einbrachte. Der kindliche Riese schreit auf, Blut spritzt aus seiner Nase und sein linkes Auge sieht sofort ziemlich havariert aus.

Powell taumelt und stürzt benommen zu Boden.

Coach packt mich und zerrt mich von der Hinterbühne auf einen der Flure dahinter, bevor andere Gäste mitkriegen, was ich getan habe. „Wahrscheinlich wirst du dafür disqualifiziert werden", schüttelt Coach seinen Kopf. „Unterschätze niemals deine Kraft!", klopft er mir mit seiner rechten Faust auf meine Stirn, um mir nachträglich Vernunft einzuhämmern.

„Er hat ... ich konnte nicht anders ... dieser Vollidiot!", stammle ich unzusammenhängend.

„Verschwinden wir!" Coach schleppt mich zum Club Lokal der *London Jacks,* durch das wir ungesehen von den Gästen und Sponsoren durch den Hinterhof das Theater verlassen. Augenblicklich überkommt mich Panik. Coach richtet meine Unterhose, zieht mich auf die Straße und winkt ein Taxi herbei. Während der Fahrt zurück ins Hotel, spricht er kein Wort zu mir.

Am Ziel steuert er einen Lift an und drückt die sieben, doch statt in meine Suite bringt er mich in den Fitnessraum. „Martin, warte hier! Ich checke die Lage! Falls jemand reinkommt, versteckst du dich. Hast du mich verstanden?“

„Habe ich Powell krankenhausreif geschlagen?“

„HAST DU SIE NICHT MEHR ALLE!“, schreit mich ausgerechnet Curly an, der nach einer Stunde in den Fitnessraum hineinstürmt. „WAS HAT DIR POWELL GETAN? Der Junge musste sofort in die Notfallstation gebracht werden. Bux, was ist nur los mit dir? Hat sich dein Hirn aufgelöst, als du dir diese Muskeln aufgebaut hast?“

Ich krieche hinter einem der Geräte hervor und starre meinen krausköpfigen Freund kopfschüttelnd an. Curly weiß nichts von meinem Überfall oder davon, dass mich Powells Gang fast zu Tode geprügelt hatte. Für ihn muss ich wie ein jähzorniger Brutalo rüberkommen.

„Scheust du seine Konkurrenz? Bux, der Typ hat es voll drauf! Mann, seine Show war so was von extra-mega-geil!“, schwärmt Curly.

„Er hat mich provoziert“, murmle ich, weil ich nur mit Mühe und Not meinen Ärger schlucken kann.

„Er hat angefangen!“, äfft mich Curly nach. „Alter, wie alt bist du eigentlich? Falls Powell morgen überhaupt am Wettbewerb, auf den er sich – wie du – seit Monaten freut, teilnehmen kann, dann nur mit riesiger, schwarzer Sonnenbrille oder einer Augenklappe. Das Veilchen, das du ihm verpasst hast, dürfte ihn für Wochen zeichnen. Zudem hast du ihm wahrscheinlich seine Nase zertrümmert!“

„Geschieht dem Vollidioten recht!“, hocke ich mich stinksauer auf eines der Geräte.

„Bux, ich erkenne dich nicht wieder!“, schüttelt Curly seinen Kopf, und stapft aus dem Fitnessraum. „Und so was“, dreht er sich ein letztes Mal zu mir um, „dachte ich, wäre mein liebster Freund und neuer Liebhaber! VERGISS ES! Ich wechsle das Zimmer und lasse mich von Wilton zu Powell in die Gruppe versetzen, um ihm morgen meine Unterstützung zu geben! Wir Nudisten sollten EIN Team sein! Wir sollen ZUSAMMENHALTEN! Verdammt noch mal! Echt Mann, du machst alles kaputt!“

„Warte!“, versuche ich meinen wütenden und enttäuschten Freund zurückzurufen, doch Curly ist längst weg.

„Die Sache wird Folgen haben!“, betritt abermals Coach den Fitnessraum. Ich hocke noch immer auf dem Gerät, wo mich Curly hat sitzen lassen und schaue wütend auf. Inzwischen müssen bestimmt schon zwei Stunden vergangen sein.

„Powells Nase ist zum Glück nicht gebrochen und sein Auge wird, außer einem wirklich üblen Bluterguss, keine bleibenden Schäden zurückbehalten. Martin Holmström!“, spricht Coach meinen richtigen Namen langsam aus, etwas, das er nur tut, wenn er seine Geduld mit mir verliert. „Wilton kann dir die morgige Teilnahme nicht verbieten, weil du das Gesicht seiner Kampagne bist, doch egal, wie viele Stimmen du übers Internet Voting bekommen solltest, du wirst keinen der ersten drei Plätze belegen. Gewalt wird nicht geduldet! Die Kampagne steht für Toleranz und Freiheit!“

„Powell drohte mir abermals, mich zu töten – oder töten zu lassen“, murmle ich vor mich hin.

„Damit hättest du zu Wilton oder zu mir kommen müssen, statt wie ein tollwütiger Berserker um sich zu schlagen.“ Als mir Tränen über die Wangen kullern und ich mir meinen Kopf auf meine Knie lege, um hemmungslos zu heulen, setzt sich Coach neben mich. „Martin, Gewalt erzeugt immer Gewalt! Gewalt ist nie eine Lösung! Letztes Mal haben dir Punks abgepasst und hätten dich ermordet, hättest du nicht Hilfe bekommen. Noch einmal wird sich keiner einfach so auf deine Seite stellen. Martin, diese Suppe musst du selbst auslöffeln. Powell hat dich immer gehasst. Wer weiß warum? Doch jetzt hast du in ihm deinen schlimmsten Feind geschaffen. Du hast ihm seinen Tag des Triumphes ruiniert, das wird er dir niemals verzeihen!“

„Schatz!“, stürmt Seth in den Fitnessraum und kniet sich vor mich, um meinen Kopf in seine Arme zu nehmen. „Hat er dir wieder etwas angetan?“ Als ich nicke, strafen Seths Blicke Coach. „Hat Bux nicht schon genug durchgemacht?“

„Nicht Coach!“, verteidige ich meinen Trainer und Freund. „Powell hat mich abermals bedroht!“

„Den meine ich auch!“, streichelt mir Seth über den Kopf. „Curly fuhr mit Hiroto und den beiden Strippern in einem Taxi in die Klinik, in der Powell behandelt wird. Dein bester Freund scheint gerade die Seiten zu wechseln.“

„Curly weiß nichts von dem Anschlag!“

„Du hast es ihm verheimlicht?“, gafft mich Seth ungläubig an. „Er ist doch dein ältester und dein bester Freund. Warum?“ Seth küsst meine

Hände, wischt mir danach meine Tränen von den Augen und befiehlt Coach: „Hol Pimlico und Essex her! Wir beide“, zeigt Seth auf sich und Coach, „müssen sofort in die Klinik zu Curly!“

Als nach einer weiteren Stunde Seth alleine zurückkommt, liege ich zwischen Pimlico und Essex in meinem Bett und habe meinen Kopf auf Essex’ Schoss gelegt, während mir Pimlico die Schultern massiert. Ich fühle mich elend, verlassen und verraten.

„Curly war schon fort“, kommt Seth gleich zur Sache. „Er übernachtet bei Powell zuhause, um seinem neuen, besten Freund beizustehen.“

„Echt?“, sehe ich ungläubig auf.

„Coach spricht mit Wilton. Curly besteht darauf, morgen in Powells Gruppe dabei zu sein, dafür wird der Cowboy zu uns wechseln. Bux, gehe morgen jeder Konfrontation mit Powell oder Curly aus dem Weg! Curlys Gefühle spielen verrückt. Lass ihn einfach in Ruhe!“

Würde ich mich nicht wirklich auf morgen freuen, würde ich alles abblasen und zuhause bleiben.

„Schlaft ihr beide heute Nacht hier?“, setzt sich Seth zu Essex, Pimlico und mir aufs Bett.

„Sex?“, grinst Essex. Da sein Körper augenblicklich auf Seths Angebot reagiert, drehe ich meinen Kopf zur Seite und gaffe an, was immer größer wird. Essex ist wirklich einer der erotischsten Männer, denen ich je begegnet bin.

Wie gerne würde ich mit Essex neue Dinge erkunden, doch ausgerechnet jetzt, erwacht meine Vernunft: „Jungs, wir alle haben morgen einen langen und *harten* Tag vor uns.“

„Essex“, lacht Pimlico auf meinen Kommentar hin, „ein Junge in Bux’ Alter braucht viel Schlaf und wenig Sex! Treiben wir’s in unserem eigenen Zimmer! Seth, kommst du mit?“

Da ich Seth fokussiere, packt er sich Essex’ Erektion und tut so, als ob er wirklich ernsthaft über das Angebot nachdenken müsste. „Sorry, ein anderes Mal!“, küsst er Essex’ bestes Stück.

Alleine im Zimmer zurückgeblieben, legt sich Seth neben mich. „Bux, Powell sieht *echt* schlimm aus!“ Dann hebt er seine rechte Hand, damit ich ihm High Five gebe.

## Der große Tag

Samstag: 14. Juni

Um sechs Uhr klingelt der Wecker.

„Mann, echt, brauchen wir drei Stunden, um vom siebten Stock mit dem Lift in die Lobby zum Frühstück runter zu fahren?“, reibe ich mir gequält den Schlaf aus den Augen.

Seth reißt hellwach die Decke zur Seite und springt wie ein ausgeflipptes Känguru auf dem Bett herum: „Endlich! Bux, endlich ist der große Tag gekommen!“

Ich gaffe ihn gähnend an und weiche seinen Landungen aus. Nie hat er auch nur ein Wort darüber verloren, wie sehr er sich auf heute freut. Nach einem Salto plumpst er neben mich, krabbelt aber weg, bevor ich ihn küssen kann, um durch die Wohnung hopsend ins Badezimmer zu verschwinden, wo er laut *Don't Worry, Be Happy!* singt. Dass er sich doch sorgt, zeigt mir sein Gesichtsausdruck, als ich ihn unter der Dusche von Kopf bis Fuß mit Rasierschaum eingeschmiert bei ulkigen Verrenkungen erwische. Immer wieder bittet er mich, intime Stellen seines Körpers auf übersehene Härchen zu checken, bis er mir die Klinge in die Hand drückt, um letzte Ausbesserungen vorzunehme. Leider lasse ich mich von seinem Perfektionismus anstecken. Obwohl ich seit dem Intensivtraining und meinem Nudismus längst ein körperlicher Ästhet geworden bin und mich immer pflege, ertappe ich mich, wie ich nach über einer Stunde noch immer unter der Dusche Härchen zupfe und meine Nägel feile, was ich beides bereits gestern schon getan hatte.

Um Seth meine Verbundenheit zu zeigen, lasse ich mich von ihm erstmals blitz-blank rasieren. Als wir beide endlich mit den jeweiligen Resultaten des anderen zufrieden sind, stemmen wir im Fitnessraum Gewichte, um unsere Muskeln vor dem großen Auftritt mit der Presse aufzupumpen. Je näher der Termin rückt, desto nervöser werde auch ich. Um heute nicht wegen Muskelkater unschöne Bewegungen zu machen, höre ich weit früher als üblich mit dem Training auf, dusche mich nochmal und lasse mir von Seth meine Haare mit Gel und Haarspray richten, einen Gefallen, den ich ihm gerne erwidere. Oft grinsen wir, als wir uns gegenseitig Strähnen dick mit Schmiere geölt an Ort und Stelle kleben. Am Ende muss es so aussehen, als ob alles vollkommen natürlich wäre, als ob niemals ein Kamm oder diverse Chemikalien bei der Erschaffung unserer frechen Natur-Looks nachgeholfen hätten.

Seth testet diverse Lederarmbänder für seine Handgelenke oder als Halsschmuck, sowie Uhren und Ohrringe. „Vollkommen nackt!", zieht er am Ende alles wieder aus und betrachtet sich neben mir stehend im Spiegel. „Trägst du Schuhe?", fragt er mich, als ich mich nicht zwischen Flip-Flops und Turnschuhen entscheiden kann. Er zerrt mich neben sich vor den Spiegel.

Wir sind beide neunzehnjährige Sportstypen mit einer nahtlosen Bräune und vollkommen enthaarten Körpern. Seiner ist geschmeidig wie ein Schakal, meiner kräftiger wie ein Tiger; seine Haupthaare sind rot, meine hellblond; seine Augen sind moosgrün, meine hellblau. Obwohl ich über einen halben Kopf größer bin, ist Seth trotzdem ein großer Mann. Wie bei unserer ersten Begegnung in meinem ersten Reisebürotraum, zähle ich heute siebzehn Sommersprossen über seiner Nase und Wangen. Stolz blähen wir beide unsere Brust und necken uns.

Wie anders war alles vor einem Jahr: damals stand ich auch vor einem Spiegel, doch ich wagte nicht meine Badehose, noch mein dunkelblaues Tank Top auszuziehen, da half alles Drängen von Curly nichts. Ich hatte mir meine Haare gefärbt und sogar noch eine Skibrille angezogen. Heute erkenne ich mich nur wieder, weil ich diesen neuen Bux Tag-ein-Tag-aus in seiner langsamen Metamorphose beobachten konnte.

Seth streichelt – bestimmt schon zum hundertsten Mal – meine frischrasierte Schamregion. „Bux, das steht dir viel besser als dein bisheriges Rechteck."

Bevor wir unsere Suite kurz vor neun Uhr zum Frühstück verlassen, verzichte ich, genau wie Seth, auf Schuhwerk und selbst auf meine Armbanduhr. Heute will ich ganz und gar Nudist sein – total und vollkommen *ohne alles* der Welt begegnen. Komischerweise erinnere ich mich an eine Aussage, die Dionysos während meiner Trauminitiation machte: *Jede Einweihung verlangt das Loslassen von Altem. Betrete, befreit von allen Hüllen, das Unbekannte. Schöpfe aus dem Vollen. Nutze all deine Möglichkeiten.* Seit damals im Hyde Park arbeitet mein Schicksal auf den heutigen Tag hin. Ich kann es richtig fühlen, dass heute noch etwas geschehen wird, was mein Leben abermals für immer verändern oder beenden wird.

Im Hotelrestaurant setzen wir uns nicht an den ovalen Personaltisch, sondern an einen mitten unter den Gästen, der mit einem Schild *Reserviert für die nominierten Nudisten* gekennzeichnet ist. Pimlico und Essex sind schon beim Frühstück und winken uns total überdreht zu sich.

„Alter", umarmt mich Pimlico und streichelt meine neue Schamlosigkeit, „fühlt sich so sanft wie bei Essex an!" Er krault sich seinen eigenen Pelz, der gestutzt zu seiner übrig leichten Körperbehaarung passt und grinst zufrieden darüber. Um den Hals trägt der Skater sein übliches Lederband mit dem Türkisanhänger, breite Armbänder, seine Uhr und einen identischen Ring, wie Essex heute zum ersten Mal einen anhat.

Essex küsst mich zur Begrüßung auf den Mund und zeigt mir seinen Ring, während er mich auf den Platz neben sich zerrt. Von Curly fehlt jede Spur, weshalb ich mich nach ihm erkundige.

„Dein Freund kommt schon wieder zur Vernunft", schenkt mir Seth Kaffee ein und winkt dabei den schaulustigen Hotelgästen zu, die aber alle auf Abstand bleiben; offensichtlich respektieren sie unseren Freiraum vor dem offiziellen Startschuss. Viele der Gays können es wahrscheinlich selbst kaum erwarten, heute hin und wieder ihre eigenen Hüllen fallen zu lassen. Ich weiß von Phil, dass er das Mittagessen nur mit einer Kellnerschürze bekleidet servieren will und Jonny prahlte, er würde nachmittags den Lift nackt bedienen – wer's glaubt!

Als Justin und Baylis zusammen das Restaurant betreten, explodiert die Stimmung. Justin trägt natürlich Cowboystiefel und den extrahohen, schwarzen Hut mit dem roten Hutband, doch in seiner rechten Hand hält er eine Peitsche, die er unentwegt über den Köpfen der Sitzenden schnalzen lässt. Baylis' Haare sind knallpink gefärbt und mit Haarspray fast senkrecht nach oben frisiert, passend zu seinen extrem hochhackigen, ebenfalls knallpinken Stiefeln, die ihm fast bis zu den Hüften reichen. Die Pinkschlampe und der Zwergencowboy sind voll auf Show aus.

Nach und nach treffen auch Eaton, der braunhaarige Student; Hiroto, der Japaner; Norfolk der ältere Ledertyp, der einen Harnes aus schwarzen Lederbändern trägt; Curzon, ein echt scharfer Typ in Turnschuhen; wie der Stripper Albany; der Inder Bayham und schließlich noch Finchley, der blonde Boxer, ein. Die drei Afrikaner fehlen noch, wie auch Powell und Curly. Hat sich mein bester Freund und einmaliges Betthäschen wirklich mit meinem Feind verbündet?

Um halb zehn Uhr holt uns Wilton, zusammen mit Coach und einer ganzen Truppe Begleiter, im Restaurant ab. Wilton gibt uns nochmals die Regeln durch: „Seid horny, wo es passt! Provoziert nicht auf offener Straße, sondern nur in den Clubs und Gay Lokalen! Der Nudist Day ist ein Experiment, schießt ihr zu weit übers Ziel hinaus, könnte es der erste und letzte sein. Verstanden?" Wir sollen uns gleich in der Lobby in die zuvor bestimmten Dreiergruppen formieren und unsere Begleiter kennenlernen. Wilton reicht jedem von uns ein breites, rotes Lederarmband, auf dem gut leserlich: *I am a horny Nudist* und unsere individuelle Nummer fürs Internet Voting geschrieben steht. „Damit erkennt euch jeder Veranstalter! Es ist auch der Eintritt in jedes Lokal und die VIP-Bereiche!"

„Gleich ist so weit!", zappelt Seth neben mir.

Später in der Lobby spähe ich immer wieder durch die Glasfront nach draußen, wo bestimmt an die dreihundert Journalisten der diversen Gay-Magazine und Zeitungen aus ganz Europa, wie Kameramänner der hiesigen Lokalnachrichten, Schaulustige und Fans auf unser Erscheinen warten; Nackte sind keine dabei.

Meiner Dreiergruppe, die aus Seth, Justin und mir besteht, wird Abschlussballkönig als Reporter zugeteilt – wohl eher als Aufpasser, denn Abschlussballkönig trägt wieder sein dickes Notizbuch bei sich, wie eine Umhängetasche voll mit Flyern, einem Stadtplan und Autogrammkarten mit jeweils einem Ganzkörper Foto von jedem von uns dreien. Abschlussballkönigs Outfit ist das gleiche, welches er schon im Country Club getragen hatte, nur jetzt ohne die Löwenmaske; offensichtlich steht er auf Schwarz und Gold. Er begrüßt uns alle, mich sogar mit einem Kuss. Auch wenn ich ihn nur zweimal zuvor gesehen habe, ist er mir wirklich so vertraut, wie der alte Freund aus meinem Fortsetzungs-Initiationstraum. Ob er wirklich auf italienische und französische Filme steht, bei denen immer irgendwelche Nackten sich unter Angezogenen bewegen müssen? Er käme heute voll auf seine Kosten! „Unser Fotograf wird gleich reinkommen", erklärt uns Abschlussballkönig den Ablauf der nächsten Minuten.

Als ich Abschlussballkönig nach seiner Vorliebe für Nackte in Filmen befrage, bestätigt er mir erstaunt, dass er wirklich ein Fan solcher Filme sei und – genau wie schon im Traum – beginnt, sich dafür mit allerlei mentalen Ausreden zu rechtfertigen. Er sei tatsächlich vierundzwanzig und studiere an der Uni Journalismus, bestätigt er mir auch diese Fragen und wundert sich, woher ich das alles über ihn weiß.

In der Lobby und der Lounge herrscht die bekannte Ruhe vor dem Sturm. Selbst die Hotelgäste, die auf den Sesseln der Lounge sitzen oder in kleinen Grüppchen den Wänden entlang stehend unsere Truppe beobachten, wirken nervös. Jonny, Eldon und Cecil stehen vor dem noch verschlossenen Haupteingang ins Hotel, damit keiner vorzeitig rein oder raus kann.

Zwanzig vor zehn Uhr öffnet sich einer der Lifte. Powell und Curley treten Hand-in-Hand heraus. Beide tragen Partner Look: Springerstiefel, schwarze Lederhandschuhe und verspiegelte Sonnenbrillen. Curly ignoriert mich, obwohl ich ihm zurufe und winke, was mich extrem verletzt. Die Ankömmlinge spielen das frischverliebte Liebespaar, was mir einen weiteren Dolch ins Herz stößt. Offensichtlich hat Powell meinen besten Freund nicht nur zu seinem Look überredet, sondern ihn auch mit Viagra gefüttert.

„Schlappschwanz, was gaffst du so? Wegen dir tragen wir heute diese beknackten Brillen!", beschimpft mich Curly, als er sich mir endlich doch zudreht. „Zudem", präsentiert er mir sein Viagra-Wunder, „heute wird der *geilste*, nicht der *schlaffeste* Nudist gewählt!" Curly lacht höhnisch, hakt sich bei Powell unter und stolziert zu Hiroto, der ihr Dritter im Team sein wird. Als Powell auch dem Japaner eine blaue, diamantförmige Pille reicht und der sie sofort schluckt, bestätigt das all meine Vorurteile und Ahnungen über Viagra-Süchtige.

„Bux, beachte ihn gar nicht! Dein bester Freund ist verwirrt. Ich bin mir sicher, sobald er die Wahrheit erfährt, wird er sich selbst dafür hassen, so hässlich zu dir gewesen zu sein", flüstert mir Seth ins Ohr.

„Ich will nicht, dass Curly sich selbst hasst. Curly war schon immer so: er hilft den Schwachen und verehrt die Starken. In Powell hat er beides in einem gefunden."

„Dir ist schon bewusst, dass du noch ein Schlappschwanz bist?", neckt mich Seth, der selbst nicht mehr zu diesem Club gehört. „Wenigstens für den ersten Auftritt als Nominierter zur Wahl zum geilsten Nudisten des Jahres sollen wir *so hart wie möglich* sein. Meinst du nicht auch?"

Ich bin gerade überhaupt nicht in Stimmung, denn Curlys Verhalten, so nobel es auch erscheint, nervt mich ungemein.

Ein Klicken! Ein Typ Mitte zwanzig rückt mit seiner Kamera immer näher, um mich aus allen Perspektiven zu fotografieren. „So willst du heute als *horny* Nudist auf Londons Straßen, den Gay-Clubs, Pubs und für die Benefiz Gala deinen Mann stehen?", spielt der Knipser auf das Gleiche an, wie Seth zuvor. „Heute demonstrierst du für Toleranz und Freiheit, etwas mehr Provokation ist da angebracht! Willst du ne Viagra?"

Kopfschüttelnd winke ich ab und schiele zu Curly. Als der junge Fotograf sich auf den Boden legt, um mich aus dieser Perspektive zu knipsen, muss ich lachen. Dieser Typ, mit Haaren, die wie das Fell einer Kanalratte aussehen, irgendein Farbton zwischen braun, rot und grau, ist *Fokus* aus meinen Träumen.

„Eine sehr gründliche Rasur", grinst er mich auf dem Boden liegend an und reicht mir seine Hand zum Gruß. Seinen Namen ignoriere ich und nenne ihn fortan nur noch *Fokus*.

Fünf vor zehn Uhr rekle und strecke ich mich. Ich bin nicht mehr scheu noch verklemmt, weshalb ich mir meine Hände auf meine Pobacken stemme, mich breitbeinig in die Lobby stelle und ihn wachsen lasse, was Fokus im Zeitraffer festhält und ständig Sprüche reißt wie: „Springt am Ende ein Schweizerfähnchen aus der Spitze?" oder „Spritzen Schweizer Fondue oder weiße Schokolade, wenn Sie kommen?"

Drei vor zehn Uhr umarmt mich Coach zur Begrüßung, langt nach meinem Stolz und führt mich daran durch die Lobby zu Seth und Justin, die vor anderen Fotografen posierten. „Jungs", winkt Coach die beiden zu sich, „ich begleite euch heute als euer Bodyguard."

Punkt zehn Uhr schlägt Jonny wie toll geworden einen Gong und Cecil öffnet mit Eldon zusammen theatralisch die Eingangstür ins Hotel. Augenblicklich knistert die Luft. Wilton tritt als einziger ins Freie und wird von Rufern und Klatschern erwartet. Auf einem Podest begrüßt er die Presse und Fans und eröffnet damit die Gay-Version des ersten offiziellen Nudistentags. Irgendwo in London wird gleichzeitig ein Politiker ähnliches für alle anderen tun.

„Bux, jetzt gibt es kein Zurück mehr", stupst mich Seth an.

„Ich bin bereit!", fasse ich nach seiner Hand.

Kaum ist Wilton mit der Begrüßung durch, verlangen Zwischenrufer nach nacktem Fleisch. „Erst nur für die akkreditierten Journalisten mit ihren Fotografen!" Dazu gibt Wilton Cecil das Zeichen, nur diese in die Lobby reinzulassen, während er draußen seine Rede von gestern nochmals hält.

Cecil, Eldon und Jonny checken Presseausweise und versuchen das neue Gedränge zu kanalisieren. Vergeblich: meine siebzehn Kollegen und ich werden überrumpelt und sofort mit allerlei dummen Fragen bombardiert, während wir für die Fotografen immer neue Posen und Gruppierungen einnehmen sollen. Als Wiltons Rede draußen endet, ist das unser Zeichen. Cecil und Eldon öffnen uns die Türen.

„Jungs, ihr beide lasst heute eure Hosen fallen!", fokussiere ich Eldon und Jonny, als ich sie nach draußen passiere. Nur Eldon nickt und errötet dabei.

Wir werden mit Rufen und neuem Knipsen begrüßt. Eine rote Kordel trennt Journalisten und Fans von uns, weshalb so etwas wie ein Laufsteg zwischen den Massen hindurch entsteht. Als ich den roten Teppich bemerke, fühle ich mich im Blitzlichtfeuer wirklich für einen Moment wie ein echter Star. Heute arbeite ich als Botschafter für Freiheit und Toleranz.

Hochsommer Wetter, klarer Himmel und lachende Gesichter, was gibt es schöneres als einen außergewöhnlichen Tag zu beginnen. Nach einer halben Stunde winken und blöd grinsend Kapriolen auf dem roten Teppich machend, wird jede Dreiergruppe mit ihren Begleitern von einem der Kleinbusse abgeholt, damit wir uns in Londons Innenstadt zeigen.

Unser Dreierteam fährt erst zum *Trafalgar Square* um von dort via *The Mall* zum *St. James Park* zu gelangen, wo wir kurz vor dem *Buckingham Palace* abgesetzt werden. Zum Glück lässt Justin seine Peitsche im Bus, denn wir drei Nackte erregen auch so – inzwischen ohne Erektionen – genug Aufmerksamkeit. Im Park sind nicht nur Touristen, Familien und Liebespaare unterwegs, sondern auch Schaulustige, die bestimmt nicht wegen der Blumen und dem Wetter hier sind. Jeder in London weiß, welcher Tag heute ist und unsere Fans wissen, wann wir wo anzutreffen sind.

Immer wieder werden wir angesprochen, fotografiert und gebeten mit diesem oder jenem im Arm vor blühenden Büschen und Menschengruppen im Hintergrund zu posieren. Ich hätte mir niemals vorstellen können, einmal splitternackt vor den Gates zum *Buckingham Palace* zu stehen oder mich gar so neben einer der Wachen in roter Uniform und schwarzer Pelzmütze zu stellen, um von den vielen Fans fotografiert zu werden. Ob der Wachposten heimlich zu mir hinüberblickt, entzieht sich meiner Kenntnis, da ich selbst von all der Aufmerksamkeit viel zu abgelenkt bin.

Eine junge Frau legt mir einen Kranz aus geflochtenen Blumen, die sie aus den Beeten des Parks geklaut haben muss, um den Hals und blickt mir seltsam tief in die Augen. Als ich mich bei ihr bedanken will, hat sie sich schon umgedreht und ist in der Menge verschwunden. War das Thalia?

Immer mehr männliche und weibliche Leute sprechen uns an und befragen uns zum Nudistentag. Ich bin heilfroh, keine Viagra geschluckt zu haben, die Missverständnisse, die daraus resultieren könnten, müssen nicht sei. Nicht auszudenken, wenn einzelne eine Erektion mit Verliebtsein oder gar der Lust auf einzelne Passanten verwechseln würden. Heute Abend in der Gay Community ist es mir egal; schwule Männer – die meisten zumindest! – fallen nicht in Ohnmacht oder fantasieren sich romantische Hirngespinste zusammen, nur weil ich körperlich erregt bin. Aus den Kommentaren meiner Fans höre ich genügend Erschreckendes heraus. Einige glauben mich wirklich zu kennen oder gar zu lieben, nur weil mein Bild in ihrem Schlafzimmer hängt oder sie von mir fantasieren. Coach wimmelt diese irregeleiteten Fanatiker zum Glück geschickt ab. Auch wenn mir Nacktheit inzwischen vertraut geworden ist, so ist es mir jetzt vor dem Palast der Königin mit all den heimlichen und nicht so heimlichen Verehrerinnen und Verehrern doch ziemlich mulmig zumute. Jede und jeder starrt auf meinen Penis und meinen Arsch, fotografiert ungeniert oder stellt sich für Selfis neben mich. Weil die Sonne so brennt, schlägt ausgerechnet unser exhibitionistischer Cowboy vor, uns in den Bus zurückzuziehen, um uns mit Sonnenschutz einzuölen, was wir sofort in die Tat umsetzen, denn eine neue Gruppe Studentinnen hat uns bemerkt und ihre Schritte beschleunigt.

„Ich übernehme!“, stellt sich der Amerikaner vor uns, um die Meute abzufangen, während Seth und ich zurück zum Bus flüchten. Es ist ein Mordsspaß und auch Justin genießt die neue Aufmerksamkeit oder wie ich es sehe: dieses Räuber-und-Gendarm-Spiel. Leider schüttelt der Cowboy die Mädels nicht ab, sondern bringt sie alle zum Bus mit. Zum Glück hat Justin, der hellhäutigste von uns dreien, an Sonnenöl gedacht. Während Seth und ich uns im Bus gegenseitig einreiben, bis wir wie Speckschwarten glänzen, tut dies Justin draußen, damit die Frauen ihn dabei filmen können.

Geplant war, dass wir von hier aus die Underground zum nächsten Treffpunkt, dem *Big Ben,* nehmen, doch unser Buschauffeur schlägt bei diesem sonnigen Wetter vor, über den *Birdcage Walk* zur *Westminster Bridge* zu spazieren. Ölig glänzend genieße ich die Sonne. Dass ich nackt bin, habe ich längst vergessen, würden mich die Leute nicht ständig daran erinnern.

Seth bewegt sich so natürlich, als ob er noch niemals zuvor Kleidung getragen hätte und Justin stapft in seinen Cowboystiefeln, als ob er über einen Laufsteg stolzieren würde. Er lacht ständig und erzählt eine Geschichte nach der anderen.

Natürlich werde ich ständig von unzähligen Leuten als der Horny-Boy vom Plakat erkannt und schreibe Autogramme, was meiner Eitelkeit ganz gut tut, doch unseren Zeitplan so arg strapaziert, dass wir das letzte Stück Weg bis zur *Westminster Bridge* im Dauerlauf zurücklegen müssen. Was Curly wohl gerade treibt? Ob die Viagra, die er schluckte, noch Wirkung zeigt? Bei einem Dauerlauf wäre eine Latte ganz nützlich, denn unsere schlackernden Penisse sorgen für allerlei Lacher.

Der Chauffeur unseres Kleinbusses bringt uns von *Big Ben* zum *Trafalgar Square*, wo wir auf andere Dreiergruppen stoßen. Essex, Pimlico und Eaton warten bei einem der beiden Brunnen auf uns, die drei Afrikaner winken vom zweiten Brunnen und irgendwo erkenne ich auch Baylis pinkfarbene Haare und Stiefel, doch der Exhibitionist genießt seine One-Man-Show viel zu sehr, weshalb wir ihm seine Bühne überlassen.

Von Seth weiß ich, dass es in London kein Gesetz gegen öffentliches Nacktsein gibt, doch dennoch wird von den Veranstaltern des *World Naked Bike Ride* gewarnt, es nicht zu bunt zu treiben. Keiner meiner Freunde ist erregt, was mich wirklich beruhigt. Ich glaube, dass dies einfach nicht ins Tagesstadtbild passen würde. Viele Jungs auf dem riesigen Platz sind oben ohne oder tragen auch nur knappe Shorts, nur Unterhosen oder gar nur eine Jock Straps. Für viele beginnt der offizielle Nudist Day erst mit dem Startschuss zum *World Naked Bike Ride*. Wir wenigen Nackten, die entweder am Brunnen sitzen oder wie Baylis eine Show abziehen, sind noch exotische Ausnahmen.

Justin ist viel ruhiger geworden und genießt einfach seine nackte Freiheit am Brunnen sitzend und alles beobachtend. Immer wieder erzählt er uns Geschichten übers oft sehr prüde Amerika mit all seinen religiösen und konservativen Fanatikern. Natürlich werden wir noch immer unzählige Male fotografiert und interviewt, doch der Hype von heute Morgen vor dem Hotel ist verflogen. Hier sind wir einfach nackte Jungs in der Sonne an einem der städtischen Brunnen, die den Nudist Day zelebrieren.

Eine Gruppe Studenten will wissen, von welchem der verschiedenen Startpunkte wir heute Nachmittag zum *World Naked Bike Ride* aufbrechen werden und ob wir von Special Events danach wüssten. Abschlussballkönig versorgt die Jungs mit Flyern und berät sie über die heutigen Hochburgen für Nudisten. Einige der Jungs ziehen daraufhin ihre Unterhosen aus und lassen sich mit uns zusammen knipsen. Je mehr mitmachen, desto cooler finde ich die Idee eines Nudistentages und umso mehr genieße ich meine Rolle als Vorbild und Vorreiter. Unsere Nacktheit wirkt ansteckend. Immer wieder sehe ich Hosen fallen oder BHs in Taschen verschwinden. Manchmal reicht schon einer, der mit gutem – oder auch schlechtem – Beispiel vorangeht und die anderen folgen nach. Alles ist relaxed und einmal mehr bin ich dankbar, keine Viagra geschluckt zu haben.

Je mehr Nackte sich unter die Leute mischen, desto mehr Lachen und Fröhlichkeit höre ich. Mit den Hüllen, fallen bei vielen auch Masken oder neue werden aufgesetzt: aus Scheuen werden Rampensäue oder wahre Performer; aus biederen Hausfrauen werden exotische Tänzerinnen oder Priesterinnen alter Religionen, während wieder andere eher die Kurtisane in sich zum Leben erwecken. Zudem beobachte ich, wie aus angezogenen Kumpels, nackt echte Verbündete werden. Meine Sorge um eine Erektion verschwindet vollkommen, als ich einige davon bei den neuen Nudisten sehe. Keiner der Jungs schert sich darum – im Gegenteil! – sie präsentieren ihre Latten stolz und vergleichen sie mit ihren Kumpels oder zeigen sie ihren Freundinnen. Manche geben damit an, andere sehen darin die Chance, endlich doch bei der einen oder dem anderen zu punkten. Einige demonstrieren halbstark ihre Potenz oder grölen irgendwelche Parolen über Freiheit und Toleranz.

Da wir Offiziellen noch unsere Fahrräder abholen müssen und es schon ein Uhr durch ist, verabschieden wir uns von den neuen Nudisten und steuern die Underground an. Essex, Pimlico und Eaton werden ab *Kings Cross* starten und unser Team im *Regent's Park*, weshalb wir uns trennen und jede Gruppe seine eigene U-Bahn sucht. Unser Bus wird am Startpunkt auf unsere Begleiter warten, um sie dort aufzupicken und zum Ziel am *Hyde Park* bringen.

Justin will seinen Mut weiter austesten und bittet uns auf dem Bahnsteig, dass jeder von uns in einen anderen Wagen einsteigen soll, was wir auch tun. Coach begleitet mich, Abschlussballkönig Justin und Seth nimmt den letzten Wagen mit Fokus.

So bin ich der einzig Nackte unter all den Angezogenen im Undergroundwagen und werde mit ganz neuen Augen wahrgenommen; erst war ich in einer Gruppe unterwegs, was immer auf Spaß, eine Wette, eine Mutprobe oder einfach jugendlichen Übermut schließen ließ; danach auf dem Trafalgar Square schien die Sommerhitze auf uns nieder und das Plätschern der Brunnen verwandelte den Platz in eine Wiese an einem See, wo Nacktheit ganz natürlich ist; doch jetzt in der Underground bin ich der Verrückte oder der Exhibitionist. Niemand spricht mich an, wenn mich auch alle anstarren. Es ist peinlich, unangenehm, aber dennoch prickelnd und vor allem neu.

Da die Kabinen in Londons Underground echt eng sind, entscheide ich mich fürs Stehen bei den Türen, was mich wohl exponierter platziert, doch mir auch mehr Freiraum lässt. Die kurze Strecke fühlt sich wie hundert Stunden in einem Lift an und ich traue mich kaum, laut zu atmen. Trotzdem stehe ich mit dem Rücken zur Tür und fokussiere die Gaffer frontal. Justin kann mich vom Wagen nebenan nicht sehen, doch er wird mich später über meine Erfahrungen ausquetschen.

Als bei der vorletzten Station zwei Studenten einsteigen – wie auch jeder Menge anderer Leute – bleiben die beiden mir gegenüber bei der anderen Tür stehen und checken mich mit ihren Blicken gründlich ab. Keiner von beiden sieht gut aus, noch entspricht einer von beiden meinem Typus. Warum mich ihre direkten Blicke erregen, entzieht sich meinem Bewusstsein, doch mein Penis schwillt immer härter an, was weder den beiden, noch den anderen Passagieren der Underground entgeht.

Viele haben mich längst als den Horny-Boy des Plakates wiedererkannt. Mich dessen zu schämen, wofür ich werbe, ist unpassend. Entschieden drehe ich meinen Rücken zwei Frauen zu und lasse die beiden

Jungs gaffen. Ich bin heute offizieller Nudist und mein Penis, schlaff oder hart, gehört einfach dazu.

„Falls jetzt jemand die Notbremse zieht, hätte ich eine harte Stange, um mich festzuhalten!", scherzt einer der Jungs.

„Happy Nudist Day!", zwinkert mir der jüngere der beiden Studenten zu, als ich über den Witz des anderen lache. Beide rücken näher und befragen mich, ob mir meine Latte denn nicht wahnsinnig peinlich sei.

Ich könnte sie anlügen und so tun, als ob das für mich vollkommen normal sei, doch ich entscheide mich dagegen und flüstere ihnen zu: „Jungs, das ist meine erste Erektion in einer U-Bahn! Ehrlich, es ist mir extrem peinlich, doch es fühlt sich gleichzeitig auch total geil an."

„Boy, you make my day!", stellt sich der Ältere dichter neben mich. „Wachst du oder rasierst du dich? Sieht echt geil aus! Darf ich mal anfassen?" Leider erreichen wir den Zielbahnhof. Ich habe etwas Wichtiges gelernt: bleibe ich mir selbst treu, habe ich Spaß und finde neue Freunde.

An einem Samstagnachmittag sind wirklich viele Leute unterwegs, das wird mir bewusst, als ich auf den Bahnsteig hinaustrete und mich sofort durch die Menge kämpfen muss. Justin hat eine Bank erklettert und winkt mir von dort aus zu und Seth vom hinteren Wagen. Coach sagt kein Wort, sondern folgt mir einfach schweigend dichtauf, um mir den Rücken frei zu halten, sollte einer auf dumme Gedanken kommen.

„Das war ne echt geile Idee", boxe ich Justin in die Seite. „Alleine kann man sich hinter niemandem verstecken." Ich habe soeben eine weitere Schwelle überschritten und reite noch auf dem Adrenalinausstoß meines eigenen Mutes, was immer weiter Blut in meinen Penis pumpt, dass der gar nicht mehr daran denkt, einzuschlafen. Es ist mir egal!

Unser Fahrradstandort befindet sich in einer Seitengasse der Underground Station. Wir sind längst nicht mehr die einzig Nackten. Immer mehr trudeln mit Fahrrädern, auf Rollbrettern oder Inline-Skates am Abfahrtort ein. Anders als im Vorjahr, wo sich jeder erst kurz vor dem Start ausziehen durfte, spazieren in diesem Jahr viele jetzt schon nackt durch die Straßen, spielen Frisbee im Park oder posieren für Erinnerungsfotos. Immer wieder lächeln mir Fremde zu, zwinkern oder haben eine Bemerkung für meine Erektion, die nicht mehr schrumpfen will. Wie schon in der Vergangenheit schöpfe ich daraus Energie. Ich fühle mich stark, ich fühle mich schön und ich fühle mich als ganzer Mann. Für mich ist nichts Sexuelles damit verbunden, sondern drückt einfach meine Lebenslust hart und unbeugsam aus. Keiner nimmt Anstand daran: ich bin, wie ich bin.

Kaum fällt der Startschuss verliere ich Seth und Justin aus den Augen, denn immer neue, nackte Demonstranten schwenken neben mir ein, um mich zu begrüßen oder mich aufzufordern, in ihre persönlichen Schlachtrufe einzustimmen. Auch in diesem Jahr gilt für den *World Naked Bike Ride* – neben der Erweiterung zum Nudistentag – dennoch: jeder so nackt er will!

Auf der fast dreistündigen Fahrt durch Londons Innenstadt werde ich mehr und mehr Bestandteil der Gruppe aus hunderten, wenn nicht tausenden anderer Nudisten, die alle ihre Freiheit zelebrieren oder für dies oder jenes demonstrieren. Wie schon im letzten Jahr faszinieren mich die Bemalten. Einige sehen aus wie Regenbogenunfälle, doch andere sind wahre Body Painting Kunstwerke: verwandelt in Wesen aus anderen Sonnensystemen, in Tiere oder Fabelwesen. Wegen der Hitze tragen viele Sonnenhüte und -brillen doch auch schrille Hüte, Perücken oder seltsame Gebilde auf dem Kopf. Als ich zum *Piccadilly Circus* komme, schaue ich mich nach Pimlico um. Hier, bei einem der Rotlichter, sprach er mich im letzten Jahr zum ersten Mal an und wich danach nicht mehr von meiner Seite. Diesmal stößt Seth wieder zu mir und stellt mir auf die Schnelle seine neuen Nudisten-Kumpels vor, die ich aber bei Grün gleich wieder aus den Augen verliere. Seth ist auf Beutefang und jagt einem hübschen Kerl mit Baseball Cap nach.

„MARTIN! MARTIN!“, schreit jemand hinter mir. Als ich mich umdrehe, versucht Simon durch die Massen zu mir zu gelangen. Simon ist splitternackt und strahlt übers ganze Gesicht.

„Cousin!“, lache ich ihm zu, als er endlich neben mir ankommt, „du hast es tatsächlich geschafft!“

„Ja, ich unterdrücke den Nudisten in mir nicht mehr und den auch nicht“, zeigt er auf seine wachsende Erektion. „Er freut sich auch, dich wieder zu sehen!“, lacht Simon so offen und frisch, dass ich ihn einfach gern haben muss.

„Cousin!“, strecke ich ihm meine rechte Hand zu, „fahren wir später zusammen durchs Ziel!“ Leider wird das Gedränge in Richtung *Hyde Park* bald so dicht, dass wir uns aus den Augen verlieren. Simon winkt mir aus der Ferne zu, doch er ist glücklich. Ich werde ihn wiedersehen, heute Abend, morgen oder in einem Jahr. Es spielt keine Rolle, er ist mein Cousin!

Kurz darauf schwenkt Curzon, der wirklich gutaussehende Student, der einer von uns achtzehn Nominierten ist, neben mir ein. Seine dunklen Haare sind arg zerzaust, denn seine Regenbogenflaggen, die er riesig hinter sich auf dem Fahrrad montiert hat, wehten ihm bei der letzten Ampel, als der Fahrtwind wegblieb und ein Wind von vorne durch die Straße fegte, arg um die Ohren. Curzon fasst nach meiner Schulter und zwinkert mir flirtend zu. Soll sich Seth heute Nacht seine Hörner abstoßen, ich tue es auch, vielleicht mit Curzon. Wir versprechen uns am Ziel zu treffen und verlieren uns wieder in der Masse.

Nach und nach treffen meine Freunde am Ziel beim *Wellington Arch* am *Hyde Park* ein. Anders als im Vorjahr hat es heute keiner eilig, sich wieder anzuziehen und in alle Winde zu zerstreuen. Viele legen sich im Park auf den Rasen oder nehmen die *Piccadilly Road* rüber nach *SOHO*, wo in der Gay Szene viele anknüpfende Veranstaltungen zum Nudistentag geplant sind. *Clothing optional* gilt dort in allen Lokalen.

Mein Zeitplan sieht eine Pause bis um achtzehn Uhr im *Hyde Park* vor, was ich ausnutzen möchte, denn der Sommertag zieht mich noch nicht in die Lokale. Irgendwo am *Serpentin Lake,* vermutlich am *Lido*, sollen Festzelte aufgebaut sein. Ich will mit Seth und Justin dahin, doch von den beiden Aufreißern fehlt jede Spur. Nach Sex ist mir gerade überhaupt nicht zumute, auch wenn mir Curzon wirklich gut gefällt.

Als Seth mit dem Baseball Cap-Typen auftaucht, ahne ich, dass ich ihn die nächste Stunde wohl kaum zum Baden im See überreden kann. „Bux, Constantin und ich …“

„Ja, ja! Treffen wir uns einfach um sechs am Bus!“, schüttle ich meinen Kopf und sehe mich nach Curzon um.

Coach, Abschlussballkönig und Fokus rücken mit einer Kühlbox voller Getränke und Snacks an, über die ich mich gierig hermache. Im Rasen sitzend, sehe ich mich selbst nach Beute um. Je länger die Sonne mir einheizt, desto größere Lust bekomme ich auf Nachtisch.

Justin taucht nur kurz auf, schnappt sich zwei Büchsen Coke und verschwindet mit Baylis, um mit ihm in der Nähe Peitsche knallend für Aufsehen zu sorgen. In seiner Anhängerschaft haben sich längst weitere Typen mit Cowboystiefeln und -hüten eingefunden und es sind nicht nur Scott, Bruce und die anderen seiner Kumpels, die bei uns im Hotel wohnen. Von Pimlico und Essex fehlt jede Spur, wie auch von Curly.

„Willst du ganz alleine hier mit uns rumhängen?“ Fokus fotografiert mich ohne Unterlass im Rasen liegend. Auch Abschlussballkönig und Coach stimmen schweigend zu, ich solle mich doch unter die Tausenden von Nackten mischen.

„Falls ich Curly treffe, rede ich mit ihm“, verspricht mir Coach und schickt mich fort. Hier im Hyde Park bräuchte ich keinen Bodyguard. Da sich Coach auszieht, wird auch der Bodybuilder ein gefundenes Fressen für Fokus' Linsen.

Abgeschoben, spaziere ich durch die immer zahlreicher eintreffenden Nudisten, die ihre Radtour beendet haben. Selbst meine Popularität interessiert niemanden hier. Die Voyeure haben genügend andere Opfer zum Knipsen und die Nackten sind alle viel zu sehr mit sich selbst beschäftigt, um einem Plakat-Heini nachzuhängen. So fühle ich mich, als ich Richtung See barfuß durch den Rasen schlendere und mir die Hitze auf meinen Körper brennt. In der Ferne erkenne ich weiße Zelte, Schwäne auf dem See und unzählige Menschen, angezogene wie nackte auf den Wiesen und dem Weg zum *Lido*. Die Stimmung ist wirklich sehr angenehm und genau die Art Freiheit, wie ich sie selbst zu schätzen lernte. Ob es damals in San Francisco zur Zeit der Hippies und der Blumenkinder auch so zuging? Aus unterschiedlichen Richtungen höre ich Gitarren, doch mindestens doppelt so viele Musikanlagen, mit den Songs der Gegenwart.

„Ganz alleine an einem solchen Tag?“, will eine männliche Stimme von mir wissen. Am raschen Atem, muss mir der Mann nachgelaufen sein. Es ist Curzon.

„Wo ist der Rest deiner Dreiergruppe?“, frage ich.

„Pimlico trifft sich mit seiner Skater-Clique und Essex baggert Murray, unseren Tages-Fotografen, an. Dieser Murray ist ein richtiger Fan von dir!“

„Murray? Ich kenne keinen Murray!“

„Ein dunkelhaariger Typ mit Naturlocken und einem Dreitagebart. Ihr seid euch einmal in einer Limousine begegnet.“

„Klebt er seine Locken etwas zu straff an den Kopf?“

„Ah, du erinnerst dich an ihn?“, lacht Curzon auf.

„Ich kenne nur seinen Namen nicht. Er ist euer Fotograf?“

„Murray behauptet, ein Voyeur zu sein. Doch vorhin lag er splitternackt neben deinem Coach im Rasen, genoss die Blicke der Schaulustigen und wurde von Essex angebaggert.“

„Ja, ja, das ist er, ein Mann voller Widersprüche! Essex baggert ihn an?“

„Na ja, vielleicht auch umgekehrt. Die beiden bieten auf jeden Fall ein interessantes Vorspiel. Bux, wollen wir schwimmen?“, wechselt Curzon das Thema. Bevor ich bejahen kann, läuft er an den See voraus, um mit einem Kopfsprung im Wasser abzutauchen. Ich denke keinen Moment an meine Frisur, sondern folge ihm. Kaum tauche ich ein paar Meter weiter draußen auf, schwimmt der Student auf mich zu, umarmt mich im Wasser und küsst mich auf den Mund. Der See ist hier nicht tief, das Wasser reicht uns nur knapp bis zur Brust. Curzons unmissverständliche Berührungen erregen mich. „Hast du's schon mal im Wasser getrieben?"

„Mit Seth oder Coach unter der Dusche, doch noch nie in einem See in Sichtnähe eines überfüllten Lidos."

„Hemmungen?", umschlingt mich mein Verführer. „Dort drüben!", zeigt Curzon zu einer Bucht etwa hundert Meter weiter, „ist es flach und es gibt kaum Leute."

Kaum? Selbst im Wasser tummeln sich Badende, von den dicht an dicht auf dem Rasen und im Sand Liegenden ganz abgesehen. „Bist du bisexuell?"

„Ich bin verlobt, doch meine Frau weiß, dass ich ab und an was mit Männern habe. Bux, warum fragst du?"

„Kein Sex vor, mit oder für Frauen!"

„Echt? Warum nicht?"

„Du bist ein extrem geiler Typ, doch ich bin hundert Prozent schwul. Die Gegenwart von Frauen beim Sex raubt mir jede Lust. Mich macht das nicht an, sondern bewirkt das genaue Gegenteil."

„Aber dein Steifer macht viele Frauen an. Bux, meine Freundin ist ganz begeistert von ihm und ..."

Augenblicklich vergeht mir absolut jede Lust, was Curzon natürlich auffällt. „Sorry, das ist nicht meine Baustelle!" Ich tauche ab und schwimme die paar Meter zurück ans Ufer, wo ich auf Curzon warte, der erregt aus dem Wasser steigt, um sich machoartig den Frauen am Strand zu präsentieren. „Wir sehen uns später in den Clubs!" Ich schüttle mir das Wasser aus den Haaren und spaziere zurück zu Coach und den anderen.

„Schon zurück?", blickt Coach auf. „Curzon suchte dich. Bist du ihm nicht begegnet?"

Ich fahre mir mit meinen Händen einige Male durch die noch feuchten Haare, um sie aufzustellen und in Form zu bringen und lege mich neben Coach auf sein breites Badetuch auf meinen Bauch. Coachs Hände, die mich sofort mit Sonnenöl einreiben, fühlen sich so gewohnt an, dass ich seine Massage sofort genieße. Wie bei unserem täglichen Training scheut er sich nicht, meine Backen zu kneten und tief zwischen meine Schenkel zu fahren, was Fokus wieder wild knipsen lässt. Plötzlich wird mir bewusst, dass mir hier durchaus auch Frauen aus der Ferne zusehen könnten, doch komischerweise stört es mich mit Coach überhaupt nicht. Mit ihm ist es kein Sex, sondern einfach unglaublich relaxte Erotik.

„Umdrehen!", befiehlt Coach. „Ah!", langt er zu, „das ist mein *horny* Nudist!"

Da mich Abschlussballkönig im Country Club schon in der Rolle als Genießer erlebte, setzt er sich einfach bequemer hin, um Coachs Intimmassage interessiert zu verfolgen.

„Leute, ich will nicht schon wieder im Hyde Park abspritzen!", zwinkere ich Coach, Fokus und Abschlussballkönig zu.

„Heute bist du der Boss! Dann nur etwas spielen."

Ich schließe meine Augen und lasse Coachs Hände mich weiter eincremen; ein Sonnenbrand ist das Letzte, was ich heute will. Fokus' Knipsen und Abschlussballkönigs Kugelschreiber auf seinen Buchseiten, die – keine Ahnung was? – notieren, verschmelzen mit dem Hintergrundlärm aus Lachen, Musik, Hundegebell und unzähligen Stimmen. Die Entspannung tut gut, bevor ich wieder zum gestressten Aushängeschild des Nudistentages in der Gay Szene in SOHO werde muss.

Bluthoden! Ich verdränge das Bild.

Unser erstes Ziel ist ein schwuler Lederclub in SOHO. Seth verschont mich auf der Fahrt im Kleinbus dahin mit Details über den Baseball Cap-Typen, doch ich sehe es meinem Partner an, dass er einen *sehr* schönen Spätnachmittag verbracht hat. Justin glüht und das nicht nur wegen seinem Sonnenbrand. Scott, Bruce und die anderen vier Nudisten-Cowboys dürfen mit uns mitfahren, was es eng, aber kurzweilig werden lässt. Jeder der sieben Amerikaner übertrumpft den anderen mit immer neuen Geschichten, was er heute alles erlebt und beobachtet hat.

Auf der Straße vor dem Lederclub stehen Zelte und Absperrungen, die so platziert sind, dass keiner mitkriegt, was sich innerhalb des Sichtschutzes abspielt. Hinein kommt man nur durch eine Schleuse, die von zwei harten Lederkerlen in ihren Harness oder Leder Chaps bewacht wird. Die Warteschlange ist beträchtlich. Wer hier solange ansteht, will unbedingt rein, soviel steht fest. Auf einem Schild steht: *For men only! All gays, gay friendly or curious guys are welcome.* Wegen dem Andrang belausche ich einen Typen mit zwei Frauen vor mir wartend. Offensichtlich sprechen sie kein Englisch, denn die Frauen werden hier abblitzen. Nach weiteren zehn Minuten, mache ich die drei darauf aufmerksam, da sie Deutsch miteinander sprechen.

„Sorry, mein Täubchen!“, spricht der Kerl, ein echter Nudist, eine der beiden angezogenen Frauen an. „Frauen dürfen hier nicht rein! Lasst uns woanders hingehen!“

„Joseph, schau dich da drinnen doch mal um. Das ist eine reine Männerwelt, das wolltest du doch immer schon mal erkunden. Iris und ich nutzen die Gelegenheit, uns den Club dort drüben anzusehen“, zeigt die eine der Frauen auf einen Lesbenschuppen die Straße runter. Wahrscheinlich verstehen sie auch die Worte *Dikes on Bikes* nicht.

„Echt jetzt?“, zweifelt der vielleicht dreißigjährige Nudist in Wanderschuhen mit einem Rucksack auf den Schultern.

„Joseph, sei doch nicht so voreingenommen! In zwei Stunden drüben in diesem Restaurant!“, zeigt seine Freundin zu einem Lokal, wo sich Nackte um Bistrotische tummeln.

„Täubchen?“, blickt der Typ erstaunt, „was soll ich hier zwei Stunden lang machen?“

„Trink ein Bier oder auch zwei. Du wolltest doch unbedingt einmal einen Tag als Nudist erleben und dich auch nackt in Clubs wagen. Also, Joseph, worauf wartest du noch? Sei doch nicht so spießig! Lass dich drauf ein! Was kann schon passieren? Viel Spaß! Bis später!“ Die beiden angezogenen Frauen spazieren davon und lassen den verwirrten Typen stehen.

Ich schüttle meinen Kopf, blicke aber sofort in eine andere Richtung, als mich der nackte Bayer ansieht. Er wird von den beiden Ledertypen am Eingang in den abgesperrten Sektor hinein kritisch gemustert und gefragt:

„Nur für Männer mit Gay-Neigungen! Du könntest vernascht werden. Willst du das?“ Der arme Typ versteht kein Wort, warum er nur dumm nickt und reingelassen wird. Bestimmt auch, weil er splitternackt ist: Frischfleisch! Justin, seine Cowboys und mich winken die beiden Türsteher einfach durch.

Um eine Bar, die von draußen nicht sichtbar war, verteilen sich Stehtische, an denen sich Anhänger von Londons Leder- und Fetish-Szene drängen. Ganz Nackte sind hier eher selten und wenn doch, tragen sie Halsbänder, Fesseln oder Lederteile, die nichts verbergen. Warum Wilton ausgerechnet unsere Dreiergruppe hierher schickt, verstehe ich nicht, da auch Seth nicht zu dieser Szene gehört – so viel mir bekannt ist, Seth redet nicht oft über seine Eroberungszüge durch die Clubs. Justin und seine sechs Cowboys blühen hier richtig auf und sind im Nu mit dieser Szene verschmolzen. Justin lässt sich sogar einen Harness überziehen, der nur aus diversen Lederbändern besteht, die ihm aber seine Hände auf den Rücken fesseln. So, allem und jedem ausgeliefert, lässt sich der Cowboy von jedem, der will, abchecken. Ich verliere ihn aus den Augen.

„Bux, sehen wir uns den Club von innen an?“ Da ich keine Lust auf einen miefigen Ort habe, verschwindet Seth alleine.

Vor einem Zelt beobachte ich wieder den Bayer in Wanderschuhen, der verwirrt in Zeichensprache dem Typen im Zelt etwas mitzuteilen versucht. „Kann ich helfen?“, frage ich in Englisch den Ledertypen im Zelt.

„Er muss seinen Rucksack abgeben, doch er weigert sich!“

Ich übersetzte für den Bayer und er händigt seinen Rucksack aus. „Ist das dein erster Besuch in einem solchen Club?“

„Ja! Zum ersten Mal!“, nickt er dankbar, mit mir Deutsch reden zu können. „Ich versteh kein Wort Englisch.“

Statt einem Jeton für seine Tasche, schreibt ihm der Ledertyp mit einem Filzschreiber die Zahl sieben auf seine Schulter und klebt ihm ein Abziehbild auf die Brust. Ich kenne diese bunten Bildchen noch aus meiner Kinderzeit. Als ich ihm helfe, das Schutzpapier zu entfernen, zeigt das Bild eine grüne Birne. „Damit wirst du deinen Rucksack zurückkriegen. Viel Spaß!“

Ich bestelle mir an einem der Stehpulte in der Sonne eine Coke und hoffe, der Bayer ist mir nicht gefolgt. Der Kellner, oben-ohne, nur in einer Chaps bekleidet, schreibt mir mit einem Filzschreiber die Zahl zwölf auf meinen rechten Oberarm und klebt mir darunter ein nasses Abziehbild. Verwundert darüber nehme ich es einfach hin. Auf der Brust des Kellners ist sein Name oder sein Wahrzeichen eintätowiert: *Crane*. Ein eiskalter Schauer jagt mir über den Rücken; *Crane* bedeutet ins Deutsch übersetzt Kranich. Ein Kranich überreichte mir eine Erdbeere. Als ich das nasse Schutzpapier meines Abziehbildes löse, leuchtet eine feuerrote Erdbeere auf meinem Arm. „He! Was bedeutet diese Erdbeere?“, will ich von Crane wissen.

„Du bist eines der Früchtchen!“, damit dreht sich der so gut wie nackte Kellner um und lässt mich einfach stehen.

Gefesselt schiebt sich Justin neben mich. Über seiner linken Brustwarze klebt ein Abziehbild und die Nummer auf seinem Oberarm ist die zehn. „Soll ich dir das Papier abziehen?“, zeige ich darauf. „Ohne Papier sieht es so aus“, zeige ich dem Cowboy meine Erdbeere. Er nickt und streckt mir seine Brust zu, damit ich einen Pfirsich freilege. „Bist du auch eines der Früchtchen?“

„Das hoffe ich doch!“, wackelt Justin mit seinem Arsch. „Bux, hast du eine Ahnung, was es bedeutet?“

Ich sehe mich in der Gruppe um. Keiner der Ledertypen in unmittelbarer Nähe wurde nummeriert oder als Früchtchen abgestempelt. Als Crane zurückkommt, frage ich ihn: „Ich bin die Zwölf! Die Zwölf wovon?“

„Der zwölfte im Contest!“, dann klingelt Cranes Mobile Phone und der Typ grabscht es sich aus der Seitentasche seiner Chaps und redet sofort laut drauflos. Immer wieder dreht er sich mir direkt zu, dass ich seinen freiliegenden Penis in den Chaps sehen kann; sein Busch hat noch nie ne Schere gesehen, was man in der Gay Szene des Einundzwanzigsten

Jahrhundert bei Typen unter Dreißig kaum noch sieht.

„Good luck!“, wünscht jeder, der Justins Pfirsich oder meine Erdbeere sieht und verspricht beim Wettbewerb auf uns zu setzen oder uns zu unterstützen.

Seth bleibt verschwunden, dafür taucht Finchely, der blonde Boxer aus unserem Team von Nominierten auf. Mit seiner stark behaarten, kurzgetrimmten Brust- und Körperbehaarung passt er perfekt in diese Szene. Finchely trägt Lederhandschuhe zu Boxerschuhen und einen dicken Cockring und – oh Wunder! – eines dieser Früchtchenbilder: eine Banane auf seiner Latte.

„Du, ein Früchtchen?“, gaffe ich den Boxer ungläubig an.

„Ich bin die Elf. So wie es aussieht, treten wir direkt gegeneinander an. Und nein! Ich bin kein Früchtchen, doch als einer der *nominierten, geilen Nudisten* gehört die Teilnahme zum Pflicht-Programm! Wo ist Seth? Kneift er?“

„Wobei?“, hoffe ich endlich jemanden gefunden zu haben, der mich aufklären kann.

„Dem *Public Wanker Contest*! Wer zuerst spritzt, gewinnt!“

„Wichswettbewerb?“, verdrehe ich meine Augen. Nicht dass es mich schockieren würde, immerhin bin ich ein *London Jacks*, auch wenn ich den Club nur einmal als aktives Mitglied besucht habe. Ich stolpere über das Wort *Public*. „Wo?“

„Auf der kleinen Bühne neben dem Eingang ins Lokal hinein!“, zeigt der Boxer durch die Menge zur Hausfassade. „Die ersten sechs sind schon durch. Wir sind die nächsten. Je nachdem, wie viele heute noch als Früchten gekennzeichnet werden, könnte die Endausscheidung auf sich warten lassen. Ich rechnen nicht vor Mitternacht damit.“

„Kann man etwas gewinnen?“, werde ich neugierig.

„Lebenslange Mitgliedschaft im Club und tausend Pfund.“

„Sieben bis zwölf!“, ertönt eine Lautsprecherstimme. „In fünf Minuten auf der Bühne!“

„Damit sind wir gemeint!“, glüht Justin rot vom Sonnenbrand und vor Begeisterung. „Bux, kannst du mich befreien?“

Vergeblich suche ich nach dem Öffnungsmechanismus von Justins Handschellen. „Sorry, Alter, nicht ohne Schlüssel.“

„Wie soll ich mir mit hinter dem Rücken gefesselten Händen einen runterholen?“, gafft er mich an.

„Nicht mein Problem", ziehe ich eine Grimasse und suche mit Finchley die Bühne neben dem Clubeingang auf.

Acht und Neun sind junge Zwillinge in Jeans, barfuß und obenohne, die entweder Schaulustige sind oder hier ihre verborgenen Neigungen entdecken wollen. Die Nummer Sieben kenne ich ja schon, es ist der verstörte Münchner.

Kaum steige ich selbst die paar Stufen zur Bühne hoch, ruft schon der erste aus dem Publikum: „Das ist der Typ vom Plakat. Geil! Junge, deine Latte will ich in Aktion sehen!"

„Du bist es tatsächlich!", mustert mich Crane, der jetzt Schiedsrichter oder Moderator spielt. „Ich sah vorhin nur dein Armband mit dem Schriftzug: *I am a horny Nudist!* Dann zeige uns, was du so drauf hast!", klopft er mir auf die Schultern und stellt mich neben den Bayer. „Woher kommst du?"

Der Nackte errötet und sieht sich fragend um.

„Woher kommst du", übersetze ich ihm ins Deutsche.

„Deutschland. Ich bin Joseph aus München!", verkündet er in Bayrisch und ich übersetze wieder.

„Stell dich hier rüber", bugsiert Crane den verwirrten Typen auf den Platz mir genau gegenüber.

„Ich bin Bux", stelle ich mich dem Touristen vor.

„Joseph! Ich war noch nie in einem solchen Lokal. Das ist mein erster Nudisten-Tag. Ich bin mit meiner Freundin und ihrer Schwester hier fürs Weekend in London. Als ich all die nackten Radfahrer sah, zog ich mich eben auch aus."

„Hetero?", unterbreche ich den Münchner, da ich die Geschichte schon bei der Schleuse gehört hatte.

„Ja, logo!"

„Aha!", unterdrücke ich ein Grinsen.

Da platziert Crane die blonden Zwillinge neben den Münchner. Sie sehen absolut identisch aus. Justin kriegt den Platz rechts von mir und Finchley den zu meiner linken.

„Finch und Bux", zeigt Crane auf uns beide, „sollen selbst ihren Mann stehen! Doch Leute!", blickt er ins Publikum. „Wir haben heute vier *echte* Früchtchen!"

Justin schwellt sofort seine Brust, die Zwillinge gaffen sich gegenseitig an und der Bayer versteht kein Wort. Immer dichter drängen die

Schaulustigen zur Plattform. Zwei Ledertypen betreten die Bühne und stellen sich hinter die Zwillinge, packen deren Hände und fesseln sie mit Handschellen auf ihre Rücken, was aber beide über sich ergehen lassen, wenn sie auch abermals Blicke unter sich austauschen.

Der Münchner gafft sich hilfesuchend nach mir um, als auch seine Hände mit Handschellen gefesselt werden. Mich beschäftigt anderes, als ein verwirrter Hetero, der sich nackt der Meute zum Fraß vorgeworfen hat. Erst der Kranich, dann die Erdbeere und jetzt noch die Zwillinge, die gefesselt werden. In meinem Traum fesselten die Zwillinge mich, jetzt kommen sie selbst dran.

Als der Ledertyp dem Bayer über dessen Brust fährt, schreit er auf: „Was passiert hier?“ Als ich ihn über Sinn und Zweck dieser Bühne aufgeklärt habe, sieht er sich in alle Richtungen um. Beruhigend flüstere ich ihm zu: „Keine Angst, dir passiert schon nichts! Siehst du diese drei Typen dort“, zeige ich auf Coach, der wieder nackt ist, wie auf Fokus und Abschlussballkönig. „Das sind meine Freunde und überwachen diese Veranstaltung, dass niemand zu Schaden kommt.“ Ich winke Coach zu und er bahnt sich einen Weg zum Bühnenrand, wo er sich breitbeinig in Position bringt. Abschlussballkönig und Fokus sind ihm gefolgt und der letztere fotografiert uns, bis einer der Ledertypen ihn auf ein Schild aufmerksam macht, das jedes Fotografieren oder Filmen strengstens verbietet. Meine Achtung vor dem Club steigt gerade. Die Typen hier sind konsequent: wer hier rein will, muss dazustehen; Voyeure kommen hier nicht durch Bildchen oder andere Secondhand Erfahrungen auf den Genuss!

Kaum sind die Zwillinge und der Bayer gefesselt, holen die Ledertypen sechs Barhocker, die sie jeweils vor uns platzieren und überlassen uns und Crane die Bühne. Der Moderator wendet sich ans Publikum: „Leute!“, hebt er beide Hände in die Luft. „Wer melkt unsere Früchtchen?“

„Was sagt er?“, flüstert der Münchner in Bayrisch.

„Wie hetero bist du?“

„Ich verstehe diese Frage nicht?“, starrt er mich an.

„Du bist dir doch hoffentlich bewusst, dass dies ein schwuler Lederclub ist und du dich, durch dein splitternacktes Erscheinen hier, als Lustobjekt anbietest?“

„Ja! Was? NEIN! Meine Freundin ...“

„Gleich wird dir ein Typ einen runterholen!“, erkläre ich.

„Was?“, gafft mich der Deutsche schockierter an.

„Was ist dabei!“, mache ich ihm Mut. „Genieß es einfach!“

„Echt?“, fragt er verwirrt. „Ich soll es genießen?“

Vier Ledertypen betreten die Bühne. Zwei davon in vollständigem Lederoutfit, zwei ohne Hosen. Der Münchner bekommt einen nackten, wie auch Justin, wahrscheinlich weil sich beide offen als Nudist outen.

„Früchtchen!“, stellt sich der nackte Typ von vielleicht vierzig hinter den Münchner. „Magst du's hart oder soft?“

Hilfesuchend fleht mich das deutsche Früchtchen um Hilfe an. Ich übersetze und er fragt: „Was bedeutet soft oder hart?“

„Vermutlich sanft oder etwas heftiger. Sicher bin ich mir auch nicht, der Jargon der Fetischszene ist mir nicht geläufig.“

„Wenn ich es schon genießen soll, dann hart!“, murmelt der Münchner, worauf sich der Ledertyp ein Kondom überstülpt, was sein Früchtchen aber nicht sehen kann, und bringt sich einen Schritt hinter ihm in Startposition.

Justin beobachtet alles sehr genau und brüllt ins Publikum: „Hart! Extra hart!“

Die Zwillinge wechseln Blicke und verkünden im Duett: „Hetero!“ Als viele im Publikum lachen oder anerkennend nicken, ergänzen die Zwillinge, abermals im Chor: „Soft!“

Ihre helfenden Hände knöpfen den Zwillingen ihre Jeans auf und ziehen sie ihnen bis zu den Knien runter, sie tragen nichts darunter. Bis auf Finchley, der Nudisten-Boxer, wie auch Justin, ist von uns anderen noch keiner in Stimmung.

„Mein Bruder und ich sind heterosexuell!“, erklärt einer der Zwillinge, kaum dass der Ledertyp hinter ihm, nach seinem Penis langt, um ihn *sanft* zu wecken.

„Früchtchen, das wissen wir schon!“, lacht einer aus dem Publikum. „Hast du's nie mit deinem Bruder getrieben?“

Der Ledertyp nuschelt dem Zwilling daraufhin etwas ins Ohr, bis der scheu nickt und damit zu irgendetwas zustimmt.

„Spinnst du?“ Höre ich seinen Zwillingsbruder laut auf ihn einreden. „Der wird dich ...“

„Relax!“, zischt Zwilling Eins zurück. „Es war deine Idee, hierher zu kommen. Jetzt nimm es wie ein Mann!“

„Bereit?“, sieht Crane von mir zu Fichley und danach zu den Ledertypen hinter Justin und den angeblichen Heteros.

Coach zwinkert mir aus dem Publikum zu. Er hatte mich vor solchen Situationen nicht nur gewarnt, sondern mich auch darauf vorbereitet. Genauso wie ich die Bewegungsabläufe gewisser Übungen zum Kraftaufbau automatisch beherrsche, so auch das, was jetzt folgt. Ich korrigiere meine Körperhaltung und lange zu, während ich das männliche Publikum abchecke.

Justin muss nicht erst stimulieren werden, warum der Ledertyp sein Früchtchen mit einem Gleitmittel einschmiert, wie das auch der Ledertyp hinter dem Münchner macht. Der Münchner zittert, wird aber sofort geil. „Bux, werde ich jetzt massiert?", fragt er. „Das kann ich wirklich voll genießen! Ich liebe Massagen!"

Ich lache laut auf und nicke: „Genieße es tief und hart!"

Als die Zwillinge einfach nicht in Stimmung kommen, flüstern beide Ledertypen ihren Früchtchen etwas ins Ohr und zeigen auf den Münchner und Justin. „Nur mit dem Finger!", gibt dann Zwilling Eins sein Einverständnis und kommt fast augenblicklich in Stimmung, kaum verschwindet die linke Hand seines Ledertypen zwischen seinen Backen. „Jeff", flüstert er zu seinem Zwillingsbruder, „das fühlt sich wirklich echt geil an!"

„Ok! Hart!", verspricht sich Zwilling Zwei und kapiert erst, was er sich wünschte, als der Penis seines Typen sich in ihn versenkt. Die Reaktion darauf spricht Bände. Ich hörte schon, dass eine Stimulation der Prostata durch Penetration beim Mann einen heftigen Orgasmus auslösen kann und das selbst ohne, dass der Penis überhaupt berührt wird. Entweder sind diese Ledertypen wirklich sehr gut, die Jungs doch keine hundertprozentigen Heteros oder diese Theorie stimmt. Justin lehnt sich breitbeinig über den Barhocker, während der Münchner auf Zehenspitzen balanciert, sie rücklings an den Ledertypen schmiegt. Er sieht ziemlich gepfählt aus. Gegen so viel befreite Lust, habe ich keine Chance, diesen Wettbewerb zu gewinnen.

„Auf die Plätze, fertig LOS!", brüllt Crane.

Dass Justin ein geiles Stück ist, hat er schon bewiesen, doch dieser nackte Münchner stöhnt jetzt so laut und hemmungslos, dass ich wegsehen muss, um nicht zu kichern. Auch Zwilling Zwei findet mit jeder Penetration mehr Gefallen an der Sache, was sein Bruder erst verwirrt, doch schließlich dazu bewegt, auszurufen: „Ich will es auch!"

Der Bayrische Nudist ist so bei der Sache, dass ich denke, seine Freundin wird es bald bereuen, ihn hierher geschickt zu haben; und die Zwillinge? Ob sie künftig Zuhause gegenseitig üben werden? Finchley steht, das Publikum fokussierend, am Bühnenrand, doch mit den geilen Jungfrauen kann er nicht mithalten. Erst der Münchner, dann die Zwillinge – fast synchron – bezeugen, wie sehr sie diesen Contest genießen. Finchley gibt nicht auf und überholt knapp Justin.

Dass ich selbst dabei kneife, bemerkt keiner, da der Münchner brüllt: „Nochmal! Nochmal!“ Was jeder auch ohne Übersetzung versteht und wahre Lachsalven unter dem Publikum auslöst. „Das war mein geilster Sex! Nochmal!“ Ich übersetze für den Ledertypen ins Englische und lenke damit vollkommen von der Tatsache ab, dass ich als einziger die Bedingungen des Contests nicht erfüllt habe.

Coach winkt mich von der Bühne, während der Münchner für Runde Zwei das Zentrum für sich beansprucht. Crane löste ihm dazu seine Handfesseln und ein anderer Ledertyp trägt einen Bock auf die Bühne, damit sich Joseph darüber beugen kann, während er unter Anfeuerungen seine eigene Einweihung in eine neue Welt abermals durchlebt.

„Was war das?“, boxt mir Coach in die Seite. „Warum hast du nicht mitgemacht?“

„Außer dir ist es niemandem aufgefallen“, lasse ich meine Blicke in die Runde schweifen. Jeder im Publikum hat nur noch Augen für die harte Show auf der Bühne. „Verschwinden wir von hier!“, schlage ich vor. „Ich habe genug gesehen!“

Abschlussballkönig sucht im Lokal nach Seth, der auch für die Vorstellung nicht wieder raus kam und Fokus will sich noch die zweite Runde des Münchners bis zum Schluss ansehen, warum ich mich mit Coach alleine zurückziehe.

„So wie diesem Früchtchen in Wanderschuhen, erging es mir auch einmal“, lächelt Coach. „Es war nicht ganz so öffentlich, doch nicht minder eine Offenbarung. Hast du seinen Gesichtsausdruck gesehen?“

„Er hat mir verraten, dass ihn seine Freundin regelrecht gezwungen hat, sich diesen Club näher anzusehen, um Erfahrungen zu sammeln. Meinst du, sie ahnte etwas?“

„Tun sie das nicht immer?“, zwinkert mir Coach zu.

Kaum aus dem Club erkenne ich in der Ferne sieben Gestalten, alle mit schwarzen Lendenschürzen, Handschuhen und Springerstiefeln; ihre platinblondgefärbten Haare reflektieren das Sonnenlicht, als ob sie Silberhelme tragen würden. Sie beobachten mich. Als ich Coach sofort darüber informiere und in ihre Richtung zeige, sind sie bereits in der Menge untergetaucht.

„Jungs, es wird noch eine Weile hell bleiben. Wollt ihr jetzt schon im Restaurant einen Aperitif einnehmen oder euch nochmals unter die Nudisten mischen?", checkt Abschlussballkönig unseren Zeitplan.

„Justin sollte nicht nochmals in die Sonne. Können wir ihm nicht aus einer Apotheke eine Salbe besorgen und ihn pflegen?", schlage ich vor. „Sein Sonnenbrand sieht schlimm aus!"

„Kein Problem!", winkt der Cowboy ab. „Ich habe mich vor dem Besuch im Lederclub schon mit so Zeugs eingerieben und werde es nach einer Dusche gleich nochmals machen."

„Dusche?", sieht sich Abschlussballkönig um. „Ich fürchte, du musst mit einem der öffentlichen Brunnen vorlieb nehmen."

„Bist du immer so geil drauf?", frage ich Justin im Bus.

„Bux, der Typ war total genial", flammen des Cowboys Augen auf. „Ich wurde ja schon oft in Clubs gefickt, doch noch nie auf einer Bühne mit so vielen Zuschauern!", gesteht mir der Amerikaner. Natürlich folgen sofort detaillierte Episoden. Nach der dritten Story ist es eigentlich immer das Gleiche: Justin zieht sich irgendwann in einem Club aus, wackelt mit seinem Hintern und kriegt, was er will. Bevor er mit seiner vierten Story beginnt, erreichen wir die Themse.

Es ist halb acht Uhr und noch immer heiß, warum ich mir für die kommende Nacht keine Gedanken mache, nackt bleiben zu müssen. Unser Chauffeur fährt der Themse entlang bis zum *Somerset House* vor dem auf einem riesigen Platz, unzählige Wasserfontänen aus dem Boden schießen. An die hundert Leute vergnügen sich dort, wovon einige nackt sind und viele kaum mehr als eine Badehose tragen. Seth sorgt sich etwas wegen seiner Frisur, bis ich ihm einen Kick verpasse und ihn eingebildete Tucke nenne, was hilft. Er ist dann der erste, der sich unter eine der Düsen stellt. Auch an diesem öffentlichen Stadtbrunnen herrscht pure Ferienstimmung und niemand stört sich an den Nackten – oder an den Angezogenen. Einmal mehr verliebe ich mich einfach in London und seine tolerante Bevölkerung.

Zum Trocknen laufen wir bis zur Themse, um uns dort auf die heißen Steine der Uferpromenade zu legen. Unsere *I am a horny Nudist*

Armbänder überleben auch dieses Bad unbeschadet. Die Erdbeere auf meinem rechten Oberarm ist nur leicht verblasst, doch immer noch klar als solche erkennbar, nur die Zahl zwölf ist so gut wie weggewaschen.

„Bereit fürs Abendessen?", checkt Abschlussballkönig unseren Zeitplan. „Uns bleibt bis dahin noch knapp ne Stunde. Abends wird das Programm straffer und wir müssen bis um drei Uhr morgens halbstündlich andere Örtlichkeiten aufsuchen."

„Wo essen wir? Im Hotel?"

„Nein, einer der Sponsoren hat euch in sein Restaurant eingeladen. Wollt ihr mit der Underground hinfahren?"

„Logo!", ist es abermals Justin, der ganz zappelig zustimmt.

Wie schon am Nachmittag, verteilen wir uns in der gleichen Konstellation auf drei unterschiedliche Wagons, und wie schon am Nachmittag, bin ich abermals der einzig Nackte in einer ziemlich vollen Underground von *Temple* nach *Embankment*, wo ich bis zum *Oxford Circus* umsteigen muss. Das Gedränge in der *Embankment* Underground Station ist so gewaltig, dass ich Seth und Justin mit ihren Begleitern aus den Augen verliere. Coach folgt mir dicht auf und wacht über mich, wie eine Mutter über ihr Küken.

Noch immer sind viele, vor allem Studenten und jüngere Leute, nur in Badehosen, Unterwäsche oder oben-ohne unterwegs. Auch wenn viele ihre Ärsche oder Brüste zeigen, ganz nackt ist trotzdem ein anderes Statement. Die vielen Blicke, die mir überall hin folgen, wie auch die Erwartungen, die mir aus tausend Augen entgegenblicken, nehme ich inzwischen einfach hin. Erst als ein wirklich süßer Kerl in meinem Alter sich für die drei Stationen in der Underground sehr dicht neben mich stellt, passiert es wieder. Um diese Tageszeit und das außerhalb von Parks oder der Szene falle ich als Nackter wieder auf. All die Halbnackten von der Station sitzen entweder in anderen Wagons oder sie haben sich inzwischen etwas mehr angezogen. Einige Fahrgäste tun so, als ob sie mich und meine wachsende Erektion ignorieren würden, andere starren darauf und einer kniet sich einfach vor mich hin, um mit seinem iPhone alles zu filmen, was ich wirklich unverschämt finde.

Um den Film nicht aus dem Zusammenhang zu reißen, spreche ich laut: „Das kann an einem offiziellen Nudistentag schon mal passieren!" Zudem halte ich dem Filmer mein Armband mit dem Schriftzug hin.

Um nicht abermals eine peinliche Stimmung aufkommen zu lassen, halte ich mich mit beiden Armen an der Stange über meinen Kopf fest und beuge mich in dieser exponierten Haltung zum süßen Typen, um ihn laut zu fragen: „Hast du dich heute schon ausgezogen?" Der Student windet sich verlegen. Als er mir nicht antwortet, sage ich etwas lauter, damit es jeder in der verstummten Underground hören kann: „Mann, heute ist der erste offizielle Nudistentag. Es gibt kaum etwas ähnlich befreiendes, wie sich mal einen ganzen Tag lang splitternackt durch die Großstadt zu bewegen. Ja, es kann peinlich werden", zeige ich auf meine Erektion, „doch ich bin neunzehn, da steht er ziemlich oft!"

Als hinter mir ein älterer Mann lacht, fühle ich, wie die Stimmung sich lockert. „Wäre ich noch in deinem Alter und hätte ich noch deine Standfestigkeit, mein Junge", sagt der alte Mann, „dann würde ich einen solchen Tag ebenso in vollen Zügen genießen, wie du jetzt!"

Ich drehe mich ihm zu, noch immer mit meinen Armen über meinem Kopf an der Stange festhaltend.

„Es tut wirklich gut, wieder einmal live einen gesunden, jungen Mann mit harter Erektion zu sehen. In meinem Alter muss ich dafür auf Filme zurückgreifen. Ihr jungen Leute solltet einfach cool sein!", zwinkert er dem süßen Typen zu. Leider denkt der nicht daran zu strippen.

„Danke!", lächle ich dem Mann, der bestimmt schon siebzig sein muss, zu.

„Junger Mann", fragt mich eine Mutter mit einem Säugling im Arm, „schämen Sie sich überhaupt nicht?"

„Warum sollte ich?", versuche ich so cool zu bleiben, wie der alte Mann mich sieht.

„Sie stehen keine zwei Meter vor mir und scheinen gerade aus einem Pornofilm entstiegen zu sein. Der junge Mann vorhin filmte ihre wachsende Erregung, was wir alle ebenso live bezeugten mussten."

„Das Filmchen hat er, während die Dame spricht, bestimmt schon bei YouTube online gestellt", grinst ein Schüler ein paar Sitze weiter.

„Junger Mann, macht es Ihnen nichts aus, wenn jeder Ihr Ding anstarrt?" Ihr Entsetzen ist echt.

Als Coach sich im Sitz aufsetzt, unser Zeichen, bei der nächsten Station *Charing Cross* lieber umzusteigen, frage ich den alten Mann: „Wie sehen Sie das?"

„Ich bin achtundsiebzig", dreht er sich der Mutter mit dem Säugling zu. „Als ich selbst im Alter dieses strammen, jungen Mannes war, erholte sich Europa gerade vom zweiten Weltkrieg. Wir hörten von den Schrecken des Holocausts und versuchten uns von der Wirtschaftskrise zu erholen. Damals war alles einiges grauer als heute. Etwas mehr Erotik im täglichen Leben hätte vieles erträglicher gemacht. Wenn ich diesen jungen Mann ansehe – und ich genieße es sehr, ihn jetzt so stramm stehend anzusehen – dann fühle ich mich wieder jung. Ich erinnere mich, wie ich selbst in seinem Alter ausgesehen habe. Und ja, ich bewundere seinen Mut, sich allen hier in dieser Underground so zu zeigen! Junge!", blickt er zu mir hoch. „Danke!"

Schon während der alte Mann sprach, begann überall Gemurmel; kaum jemand nuschelt jetzt nicht mit seinem Nachbarn oder seiner Nachbarin.

„Geiler Schwanz!", ruft ein Typ um die fünfzig aus einem Sitz einiges von mir entfernt. „Was ist ein offizieller Nudistentag, ohne zeigefreudige Nudisten? Ich bin zu feige dazu, doch ich befürworte solche Kampagnen! In der Underground Station vorhin sah ich viele nackte Ärsche und Brüste und es hat mir gefallen. Wir haben doch wirklich alle genug von Prüderie! Selbst Prince Harry zeigte schon sein Ding!"

Coach zwinkert mir zu, ein weiteres Zeichen, dass wir noch eine weitere Station im Zug bleiben können. „Charing Cross", kündigt eine elektronische Stimme die nächste Station an.

„Junge, ich muss hier leider raus! Danke, dass du so mutig bist! Ja, der Typ vorhin hatte recht: geiler Schwanz!"

„Danke!", sehe ich dem coolen, alten Mann nach.

Die Frau mit dem Säugling steigt zum Glück ebenfalls aus, doch die Plätze füllen sich sofort mit neuen Schaulustigen. Weil mich die Worte des Alten wirklich stolz machten, gab es für meinen Körper keinen Grund, diesen Stolz nicht weiterhin mit Blut vollzupumpen.

„Trittst du heute Abend irgendwo auf?", fragen mich zwei Typen um die fünfzig, die gerade eingestiegen sind und mich sehr interessiert mustern.

„An diversen Orten, hauptsächlich in SOHO. Ich bin einer von achtzehn nominierten Nudisten, die sich zur Wahl zum geilsten Nudisten stellen, was vielleicht meinen Aufzug erklärt, wenn auch nicht rechtfertigt", klinge ich wie ein Politiker.

„Du bist doch der Typ vom Plakat?", fragt sein Begleiter.

„Ja, das bin ich!"

„Ich habe noch nie einen Typen gesehen, der mit Latte in der Underground einen Vortrag hält. Die meisten Kerle mit einer Latte haben nur Sex im Kopf. Woran denkst du gerade?“, fragt wieder der konservativ aussehende Herr von vorhin.

Da alle zuhören, fällt mir nur der Wahlspruch von Dionysos ein: „Leute“, sehe ich mich um, „reißt euch die Masken vom Gesicht, zerfetzt eure Hüllen und zerschmettert eure Hemmungen! Im Leben geht es um das Lebendigsein, die Lebensfreude und darum, das Beste aus jeder sich bietenden Gelegenheit zu machen. Das tue ich gerade und genieße es in vollen Zügen. Wie sehr, verrät meine Latte!“

„Ein nackter Philosoph mit Erektion! Vor zweieinhalbtausend Jahren hätte Sokrates seine wahre Freude an dir gehabt!“, lacht ein Anzugstyp, der so aussieht, als ob er schon Jahrzehnte an der Uni unterrichten würde. „Du könntest meinen Studenten noch so einiges beibringen!“

„Ich habe ne Latte!“, stelle ich nur fest, was eh jeder sehen kann. „Na und? Ich bin sicher, einige der männlichen Fahrgäste leiden gerade unter dem gleichen Problem!“ Als ich meine Blicke schweifen lassen, erröten zwei Typen, drei nicken und einige tun so, als ob sie mich weder sehen noch hören könnten.

Als ein Student aufsteht, sich die Hose aufknöpft und seinen Knüppel rausholt, lacht der Professor. „Junge, du bist überzeugend. Hättest du Lust, einen Gastvortrag zu halten?“

Weil ich kein Schwätzer sein will, kämpfe ich mich durchs Abteil bis zum Platz des Professors. Dabei berühre ich unfreiwillig einige der Fahrgäste mit meiner Erektion oder streife damit Hände und den nackten Schenkel eines massigen Typen in Shorts, der mir einfach nicht mehr Platz machen kann. Vor dem Professor halte ich mich wieder legere mit meinen beiden Armen über meinen Kopf an der Stange fest und lasse ihn mich mustern. „War das ernst gemeint?“, frage ich ihn direkt.

„Ich unterrichte an der Uni und halte gelegentlich Vorträge. Wie wäre es um zehn Uhr heute Abend?“

„Heute?“

„Heute ist ein historischer Tag. Heute ist der erste offizielle Nudistentag in London. Wenn das nicht genau der richtige Tag für ein Vortrag eines echten Nudisten ist, wann dann?“

„Cool!“

„Bux, wir müssen bei der nächsten Station raus!“, informiert mich Coach.

„Kein Stress!“, sieht der Professor zu mir auf. „Ich steige ebenfalls hier aus.“

„Wo soll ich diesen Vortrag halten?“

„Im British Museum, anlässlich einer Sonderführung halte ich einen Vortrag passend zum Thema.“ Als ich schallend loslache, schüttelt der Professor kurz seinen Kopf. „Habe ich etwas Lustiges gesagt?“

„Nein! Doch Dr. Lisson wollte mich für diese Führung auch schon buchen.“

„Wenn das kein Zufall ist?“, steht der Professor auf und da der Zug plötzlich etwas zu heftig abbremst, packt er nach der erstbesten Stange. „Ups!“, grinst er. „Das war keine Absicht! Dennoch danke für den Halt!“ Draußen auf dem Bahnsteig reicht er mir seine Visitenkarte wie eine Eintrittskarte zum Vortrag über Nudismus in der Antike, der in der Bibliothek des *British Museums* um zehn beginnt. „Es wäre mir eine große Ehre, wenn du ein paar Worte sagen könntest – oder einfach nur so!“, zeigt er auf mich, „erscheinen könntest.“

„Falls es mein ziemlich gestresster Terminplan für heute Abend zulässt, zeige ich mich kurz. Versprochen!“

„Bist du stolz?“, fragt mich Coach, als der Professor abgezogen ist. Als ich nicke und an mir heruntersehe, boxt mir Coach in die Seite. „Dann lass uns Seth und Justin suchen und endlich was essen gehen!“

„Perverser Stricher!“, beschimpft mich ein zugeknöpfter Typ im Anzug. „Leute wie dich, sollte man einsperren und den Schlüssel wegwerfen. Billig! Du bist nur billig und vulgär!“

„Wegen Leuten wie dir“, hackt eine bösblickende, alte Schachtel nach, „geht unsere Gesellschaft vor die Hund!“

„Schwule, Perverse und Mörderpack!“, rottet sich ein dritter dazu und ein vierter bellt bereits aus der Ferne ähnliche Beleidigungen.

Coach fasst nach meiner Hand und zieht mich zum Ausgang. Justin und Seth mit ihren Begleitern ergriffen schon vorher die Flucht.

Das Restaurant entpuppt sich als ein edler Schuppen. Unser sechsköpfiges Trüppchen aus drei Nudisten und drei Begleitern kriegt einen ziemlich exponierten Tisch im Zentrum des Lokals. Unser Chauffeur bleibt draußen, da er zur Busfirma und nicht zu unserer Truppe gehört. Wir bekommen ein exzellentes, viergängiges Menu serviert und müssen dafür nur für Fotos mit dem Chef und der Crew im Lokal posieren. Nach all den Köstlichkeiten fühle ich mich gerade überhaupt nicht in der Lage, irgendwo eine Show abzuziehen. Als wir kurz nach neun Uhr das Lokal verlassen, setzt eben erst die Dämmerung ein; Sonnenuntergang wird kurz vor halb zehn Uhr sein, weshalb ich auf einen Spaziergang bestehe, um die kitschige Romantik zu genießen.

Abschlussballkönig checkt seine Uhr, dann seinen Zeitplan und nickt. „In einer Viertelstunde schaffen wir es zu Fuß bis zur ersten Destination des Abends.“ Längst hat unser Organisator einen zusätzlichen Besuch von mir im British Museum eingeplant. „Bux, der Chauffeur bringt dich, Coach und den Fotografen gleich nach dem Auftritt im Pub mit dem Bus ins Museum. Ich rechne damit, dass ihr um elf Uhr zum Termin im Kino wieder zu uns stoßen werdet.“ Abschlussballkönig drückt Coach eine Kopie der Kinoadresse in die Hand und schreitet zügig durch die Straßen von SOHO zum besagten Pub voraus.

„Bux, ich bin gerade so was von scharf nach dir!“, gesteht mir Seth und hakt sich bei mir unter.

Justin benutzt Abschlussballkönigs Mobile Phone, um seine amerikanischen Cowboy-Nudisten über unsere nächsten Ziele zu unterrichten.

„Seth, kannst du mich im British Museum nicht abholen, dann fahren wir beide alleine mit der Underground zurück?“, hebe ich verschwörerisch meine Augenbraue. „Ich bin auch scharf auf dich!“, nuschle ich ihm ins Ohr.

„Geht das, Abschlussballkönig?“, fragt Seth und benutzt meinen Kosenamen für ihn, dass der Angesprochene mich sofort kritisch mustert.

„Der übernächste Treffpunkt ist ein Sexkino, das zurzeit einen Streifen von Essex zeigt. Essex‘ Team wird ebenfalls dort sein, warum dein Fehlen bei der Rede nicht weiter auffallen sollte. Doch ihr müsst um elf unbedingt im Kino sein, damit wir von dort aus wieder als vollständiges Team weiter können."

„Cool!", küsse ich Abschlussballkönig. „Danke!"

Das gesagte Pub ist bis zum Zerbersten überfüllt, die Luft stickig und die Gäste bereits ziemlich angetrunken. Als wir Nackten zu dritt ins Pub eintreten, checke ich sofort die Lage. Wir sind die einzigen Nackten, was sich aber bald ändern wird. Habe ich es in einer vollen U-Bahn geschafft, dass einer seinen harten Pimmel zeigte, dann doch wohl hier unter diesen Angetrunkenen. Mir bleibt noch eine halbe Stunde, dann muss ich ins British Museum aufbrechen, weshalb ich nicht lange dumm rumstehe und Zeit verplempere, sondern mich gleich zur Theke vordränge. Nur langsam werden wir von den Gästen wahrgenommen, die uns grölend begrüßen oder uns mit ihren Guinness zuprosten.

Seth besorgt sich einen Barhocker und ich klettere darüber auf den Tresen hoch, wo ich mich barfuß zwischen die Biergläser, Schalen mit Erdnüssen und Getränkepfützen stelle. „Leute", hebe ich meine Arme über den Kopf. „Reißt euch die Masken vom Gesicht, zerfetzt eure Hüllen und zerschmettert eure Hemmungen!" Dabei kreise ich mit meinen Hüften und fühle, wie mich die glasigen Blicke der Pub Besucher angaffen.

Als der Bartender einen fetzigen Song einspielt, beginne ich dazu auf der Bar zu tanzen. Justin ist mir längst hoch gefolgt und singt – wirklich erstaunlich gut – mit. Als dann Seth ebenfalls seine Hüften schwingt, explodiert die Stimmung. Mehr und mehr der Besucher dieses Gay Pubs ziehen sich ihre T-Shirts aus, um sie über ihren Köpfen wie Flaggen zum nächsten Song zu schwingen. Als ich den ersten ganz Nackten erblicke und in einer Ecke einen zweiten beobachte, wie er sich hastig seine Hose auszieht, ist unsere Mission so gut wie erfüllt. Bald grölen viele zum übernächsten Song und auf den Bänken der Wand entlang tanzen drei weitere Nackte. Seth stellt sich auf der Bar dicht hinter mich, um mich überall zu streicheln, dass ich so erregt werde, dass ich es kaum noch zurückhalten kann.

„Ich muss los!", drehe ich mich Seth zu und küsse ihn leidenschaftlich auf den Mund, was Applaus auslöst. Noch ein paar Sekunden länger und ich hätte mich vom erotischen Go-Go-Boy zum Pornostar transformiert.

Kaum bin ich von der Bar runter, stimmt der Schotte in den nächsten Song ein und die Engländer stimmen alle mit ein. Fokus schießt noch ein paar letzte Fotos vom singenden Seth und dem grölenden Publikum, ums sich danach mit Coach und mir zusammen aus dem Hinterausgang hinauszuschleichen, wo unser Bus bereits auf uns wartet.

Im Museum teilen wir uns auf: Coach und Fokus suchen die Eingänge zum Auditorium und ich den Hintereingang.

„Bux", begrüßt mich ausgerechnet Simon im Warteraum. Leider trägt er jetzt wieder einen seiner dunkelblauen Missionarsanzüge zu einem weißen Hemd. „Du wirst heute Abend hier sprechen?"

„Wenn ich nur wüsste über was?", schüttle ich dem Kanadier die Hand, die er einfach nicht mehr loslassen will. „Cousin, warum bist du nicht nackt in SOHO unterwegs? Dort ist echt was los!"

„Ich werde ebenfalls kurz hier sprechen. Das Referat des Professors folgt gleich nach der Einleitung durch Dr. Henry Lisson. Am Ende werde ich auch noch ein paar Worte sagen. Bux, ich freue mich so, dich wiederzusehen! Geht's dir gut? Wie ist es, sich so splitternackt überall zu bewegen?"

„Warst du nur nackt auf dem Fahrrad?" Als Simon nickt, schüttle ich meinen Kopf. „Mann, echt jetzt! Das ist die Chance! Versuche es doch selbst! Du kannst deinen Vortrag ja ebenfalls nackt halten. Heute ist der erste offizielle Nudistentag, wann, wenn nicht heute, ist ein echter Nudist der Star?"

„Ja, ja!", winkt Simon lachend ab. „Das mit den Fotos geht übrigens klar. Ich habe sie heute alle erstanden und plane für Mitte September eine Ausstellung im *Bass Museum of Art* in Miami Beach. Falls du willst, kannst du gleich anschließend an dein Praktikum bei Wilton für zwei oder drei Wochen bei mir in Florida Ferien machen."

„Abgefahren! Echt?"

„So war es doch besprochen?", wundert sich Simon über mein Erstaunen.

„Es ist nur", ich schüttle noch immer ungläubig meinen Kopf, „du überwältigst mich gerade mit dem Angebot!"

„Dann sagst du zu?"

„Logo!"

„Du und dein Freund könnt bei mir wohnen. Meine Eltern kauften sich einen der Strandwohn-Towers in Miami Beach und ich bewohne dort den siebenundzwanzigsten Stock." Das alles hört sich einfach wie ein

Märchen an, warum ich noch immer ständig ungläubig mit meinem Kopf schüttle. „Martin, ich meine es wirklich ernst!“, betont Simon und wirkt etwas beleidigt, da ich an seinen Worten zu zweifeln scheine.

„Mister Martin Holmström?“, streckt Dr. Lisson seinen Kopf ins Wartezimmer neben der Bibliothek, in der die Vorlesung über Nudismus in der Antike stattfindet. Offensichtlich ist seine Ansprache durch und der Professor schon am Reden.

„Hier!“, rufe ich Dr. Lisson zu. „Jetzt bin ich doch noch hier! Wer hätte das gedacht?“

„Das Schicksal hat es eingefädelt. Der Professor hat mir von eurer Begegnung vorhin in der Underground erzählt“, damit reicht Dr. Lisson mir seine Hand zum Gruß und öffnet die Tür hinter sich um einen Spalt, damit ich ins Publikum spähen kann.

„Wie viele sind das?“, gaffe ich schockiert.

„Viel mehr als erwartet: knapp vierhundert!“

Plötzlich kriege ich wirklich weiche Knie. Ob ich Dr. Lisson eingestehen soll, dass ich rein gar nichts vorbereitet habe? Wann auch?

„Martin, Sie sind gleich dran!“

„Was muss ich tun?“, flitzen meine Augen hin und her.

„Der Professor wird dich wahrscheinlich interviewen? Ich weiß es auch nicht. Dein Besuch ist eine Überraschung. Sei einfach du selbst, dann kann nichts schiefgehen! Ah, das Zeichen für deinen Auftritt!“, damit öffnet Dr. Lisson die Tür hinaus in den Vortragssaal der Bibliothek und gibt mir mit einem Wink seiner rechten Hand zu verstehen, ich solle meinem Publikum entgegentreten.

Was habe ich mir in der Underground nur dabei gedacht, hier mitzumachen? Abermals gibt es kein Zurück mehr. Entschlossen dem Monster mit vierhundert Köpfen zu begegnen, schlucke ich leer, straffe meinen Rücken und überschreite die Schwelle in die Arena hinaus.

„Meine Damen und Herren, heißen Sie alle einen echten Nudisten in unserer Mitte willkommen!“, zeigt der Professor auf mich. „Mister Martin Holmström aus der Schweiz!“

„Leute!“, winke ich ins Publikum, „jeder nennt mich Bux! Ich bin das heutige Nummerngirl oder der Pin-up, der außer sich selbst nichts weiter mitbringt!“ Mit den Lachern, die ich dafür ernte, ist das Eis gebrochen und ich atme erleichtert auf.

Der Professor kommt auf mich zu und erzählt, neben mir stehend, wie wir uns vor ein paar Stunden in der Underground kennengelernt haben. Wortwörtlich wiederholt er, was ich und der alte Mann gesprochen haben. Einige grinsen, andere machen sich Notizen und wieder andere laben sich an meiner Nacktheit. Menschen sind überall gleich, egal ob gebildet oder nicht: taucht ein Nackter auf, erhitzen sich die Gemüter und die erotischen Fantasien schlagen Purzelbäume. Moralisten scheinen bei diesem Vortrag keine dabei zu sein, denn niemand brüllt dazwischen oder beschimpft mich als Perversen.

„Mein junger Freund lebt unter einem Leitspruch", übergibt mir der Professor sein Mikrofon.

„Ein Leitspruch?", frage ich absichtlich etwas dumm. Bis auf den Satz, den ich heute schon einige Male wiederholte, fällt mir auf die Schnelle nichts Besseres ein: „Es ist ein Spruch, den mir ein Freund im Traum einhämmerte. Ehrlich Leute, es war wirklich in einem Traum", bestätige ich, als einige lachen. „Reiße dir die Masken vom Gesicht, zerfetze deine Hüllen und zerschmettere deine Hemmungen!"

„Was Bux uns damit sagen will, ist ..."

„Ist genau das, was ich sagte", schneide ich dem Professor das Wort ab. „Wir alle tragen Masken. Wir tragen eine Maske, wenn wir mit Freunden zusammen sind, eine andere Maske im Büro oder bei der Arbeit, eine wieder andere Maske, wenn wir mit dem Partner oder der Partnerin zusammen sind. Wir alle tragen eine Sex-Maske, eine Ärger-Maske, eine Frust-Maske, eine Lust-Maske und tausend andere. Wir tragen selbst eine Maske, wenn wir ganz alleine und privat unser eigenes Spiegelbild betrachten. Das gleiche gilt für unsere Hüllen. Ich stehe heute splitternackt vor euch", drehe ich mich langsam um die eigene Achse.

„Leute, echt, ich trage nicht einmal Schuhwerk", strecke ich meinen linken Fuß in die Luft und wackle mit meinen schmutzigen Zehen. „Heute Morgen habe ich mich sogar meiner Schamhaare vollkommen entledigt", streichle ich die Stelle. „Ja, ich bin schamlos! Doch bin ich deshalb hemmungslos?"

Als ich darauf hin lange schweige und einfach ins Publikum blicke, kann ich förmlich den Gedankenstrom der vielen Zuhörer hören. Es ist ein leises Rauschen mit unendlich vielen Schattierungen. Ich schließe meine Augen und lausche genauer hin. Als ich mit meinem Körper sanfte Bewegungen mache, als ob ich zu einer unhörbaren Musik tanzen würde, verändern sich die Töne. Ich höre, wie der Professor schon Luft schnappt, um mir die Show zu stehlen, darum öffne ich wieder meine Augen.

„Auch mein Körper ist eine Hülle“, spreche ich sehr leise. „Im Moment ist diese Hülle jung und die eines gesunden Mannes in seinen besten Jahren. Doch diese Hülle verändert sich, wie auch die Masken, die ich abwechselnd trage. Heute fühle ich mich in meinem Körper so wohl, dass es mir nichts ausmacht, diese Hülle unbedeckt zu zeigen. Ich“, sehe ich abermals einzelnen im Publikum in die Augen, „ich selbst bin nicht diese Hülle, doch ich bewohne sie. Ich hauche ihr mit jedem Atemzug Leben ein. Mit jedem Atemzug verändere ich sie, unterwerfe sie dem langsamen Zerfall, den wir Reifen und Altern nennen. Reife ich dabei auch? Ich hoffe es! Altere ich dabei auch? Ich hoffe es nicht! Wenn ihr mich anseht, dann erkennt ihr in mir einen Mann! Für alle die es noch nicht bemerkt haben“, streichle ich meine Hoden und meinen Penis, „ich habe die sichtbaren männlichen Merkmale. Ich habe Hoden und ich habe einen Penis. Macht mich das zum Manne? Sicher! Doch machen Hoden und eine Penis den ganzen Mann aus? Sicher nicht! Muss ich mich wegen meinen Hoden und meinem Penis schämen? Ich hoffe nicht!“

Abermals lachen einige, doch die meisten gaffen mich wie einen Clown oder ein seltenes Tier an.

„Muss ich mich hemmen, wenn er steif werden sollte, wie es mir heute in der Öffentlichkeit schon mehrmals passiert ist? Ja! Doch da ich mehr als nur eine Hülle oder meine diversen Masken bin, erkenne ich auch meinen steifen Penis als eine Hülle an. Jetzt, schlaff, ist er die Maske, die mich zum Nudisten macht, da ich mich euch allen splitternackt stelle. Wird er hart, wechsle ich die Maske. Einige würden mich dann als einen Exhibitionisten bezeichnen, einen Pornodarsteller oder einfach als einen potenten jungen Flitzer. All dies sind weitere Masken, die ich mir anziehen, darin herumtanzen und sie ihre Wirkung entfalten lassen könnte.“

Ich löse das Mikrofon aus der Halterung und verlasse damit die provisorische Bühne, um die erste Reihe der Zuhörer ab zu spazieren. „Hier sitzen einige Typen, die mich echt scharf machen könnten, würde ich es zulassen. Damit sind wir bei der Maske Lust. Sie ist eine Geschmacksache. Jeder von uns reagiert auf andere Lustrezeptoren, woraus Vorlieben und Abneigungen entstehen, woraus Moral, Ethik, Hass und Trennung entstehen. Doch Lust kann Einen und Verbindungen schaffen; ob nur für Minuten oder fürs Leben hängt vom Gewicht ab, dem wir der Lust-

Maske einräumen. Du“, zeige ich auf einen blonden, unrasierten Typen mit einer Strickmütze aufgesetzt, „du könntest verantwortlich sein, dass ich gleich die Maske wechseln werde.“

„Ich?“, grinst er mich frech an.

„Ja! Deine Blicke, deine Lust und dein Grinsen!“

„Du bist ein echt geiler Typ!“, lehnt sich der Typ in seinem Stuhl zurück und mustert mich ungeniert.

„Gefalle ich dir?“, stelle ich mich direkt vor ihn und drehe mich langsam um die eigene Achse. „Was an mir gefällt dir?“

„Dein haarloser Körper. Du hast einen langen Penis mit Vorhaut. Ich selbst bin beschnitten, doch ich sehe mir gerne eine schöne Vorhaut an.“

„Würdest du sie mir gerne zurückziehen, um dir meinen Penis unverhüllt anzusehen?“, frage ich ganz direkt. Da der Typ unsicher zu seinem Nachbarn schielt und am liebsten unsichtbar werden würde, tue ich es selbst und lasse ihn sehen: „So?“

Der Strickmützen-Typ windet sich und nickt.

Da übernimmt sein Kumpel: „Du hast einen guttrainierten Körper.“

Während der Strickmützen-Typ mich daraufhin wieder viel direkter mustert, fordere ich ihn auf: „Steh auf!“ Als er es tut, ziehe ich ihn von seinem Platz auf die Bühne hoch. „Fasse mich an!“

Unsicher blickt er sich um, doch sein Kumpel fordert ihn mit einem schadenfrohen Grinsen und einem eindeutigen Kopfnicken auf, meinen Worten Taten folgen zu lassen.

„Ich bin der Nackte!“, fokussiere ich ihn. „Warum hemmst du dich, deiner Lust zu gefallen? Leute, ihr seht: Reiß dir die Masken vom Gesicht, zerfetze deine Hüllen und zerschmettere deine Hemmungen ist nicht so einfach, wie es sich anhört.“ Als Strickmützen-Typ weiterhin zögert, frage ich ihn nochmals: „Willst du mich anfassen? Oder stehen dir deine Hemmungen im Weg?“

„Ich würde deine Muskeln und deinen Penis gerne anfassen, aber ...“

„Würde, eventuell oder vielleicht sind auch Masken, die wir alle sehr oft tragen. Eine Würde-Maske hindert uns, das zu tun, was wir wollen. Eine Würde-Maske lässt uns glauben, wir befolgen das, was richtig und als schicklich angesehen wird. Ich bin nicht schicklich! Leute, ich stehe splitternackt vor euch.“

Scheu, immer wieder unsicher ins Publikum um Unterstützung flehend, fasst Strickmützen-Typ nach meinem Bizeps und ich spanne meine Muskeln an.

„Jetzt habe ich euch allen die Maske der Neugier aufgesetzt. Wer von euch, ehrlich!“, lasse ich meine Blicke in die Runde schweifen, „will meinen Steifen nicht sehen?“ Da sich keiner bewegt, grinse ich. „Entweder tragt ihr gerade ein sehr enges Gewand aus Angst, warum sich keiner rührt oder in euch allen ist der Voyeur erwacht. Fühlt ihr seine Maske? Fühlt ihr seine Glut, die schamlos eure Augen auf meinen Penis heftet?“

„Echt, Mann, du hast es so gewollt!“, stellt sich Strickmützen-Typ neben mich und lässt seine Hände über meinen Torso gleiten. Sie zittern leicht.

„Ich fühle deine Wärme und deine Neugier, meinen Körper zu erforschen, ihn zu necken, bis er vor Lust glüht.“

Augenblicklich stoppt Strickmützen-Typ und errötet.

„Habe ich deine Gedanken ausgesprochen oder deine Gefühle entlarvt?“, frage ich ihn. „Auch unsere Gefühle und unsere Gedanken sind nur weitere Hüllen, die unser wahres Wesen nicht nur bedecken, sondern sich so verselbständigen können, dass unser wahres Wesen sich darunter nie wirklich ausdrücken kann. Ein weiser Mann sagte einmal: Sei, was der Wind nicht verwehen kann!“

Als sich Strickmützen-Typ hastig zurück auf seinen Platz setzt, lache ich: „Und ich hoffte, du wärst es, der meine Lust vollkommen erweckt! Darf ich dich ansehen?“, frage ich ihn und stelle mich abermals vor ihn.

„Ja!“, antwortet er mir und läuft tiefrot an, bis sein Kumpel ihn mehrfach in die Seite boxt.

„Darf ich mich an dir aufgeilen?“

Er schluckt, nickt dann aber doch. „Aber ich ziehe mich nicht aus!“, verkündet er und versucht, witzig zu sein.

Ich nehme das Mikrofon in meine linke und beginne mir mit der rechten Hand über meinen Torso zu fahren. „So hast du mich vorhin berührt“, kommentiere ich. „Ich erinnere mich an deine Hand: ihre Wärme, ihre Kraft und ihr Zittern.“ Als einige lachen, fahre ich fort: „Dies hätte ich mir von dir erwünscht“, lasse ich meine Hand langsam über meinen Bauch fahren, spiele mit meinem Bauchnabel und berühre dann meine rasierte Schamregion. „Hier hätte ich deine Hand gerne gehabt“, lasse ich meine Finger noch tiefer wandern und fühle, wie meine Lust erwacht, als ich mir meinen Penis streichle.

Das Publikum gafft mich erst neugierig, dann schockiert, interessiert und gleichzeitig sehr verwirrt an.

„Leute, ich wechsle nur die Maske!", streife ich mir langsam meine Vorhaut zurück, dann wieder vor. „Ihr alle könnt diese neue Maske sehen, wie sie sich um mich herum manifestiert. Es ist nicht nur mein anschwellender Penis. Schaut besser hin!" Langsam wird meine Erektion steinhart.

„Leute", blicke ich mich wieder im Publikum um, „könnt ihr meine Lust fühlen, diese Hülle sehen oder wahrnehmen? Meine Latte ist ein sichtbarer Hinweis, dass ich die Maske gewechselt habe. Ich hatte in der Underground, als mich der Professor ansprach, auch eine Erektion. Dennoch war ich da nicht erregt. Jetzt schon! Reiß dir die Masken vom Gesicht, zerfetze deine Hüllen und zerschmettere deine Hemmungen!", wiederhole ich meinen Slogan und stoppe, meinen Penis zu streicheln. „Ich hoffe, meine kleine Vorführung in die Welt eines Nudisten, der nicht seine Kleidung, sondern seine Masken an- und ausgezogen hat, hat euch gefallen. Vielen Dank!" Damit verneige ich mich und gebe dem verdatterten Professor das Mikrofon zurück.

Der gafft mich mit offenem Mund an. „Das war ..." Ich fühle seine Lust heiß in ihm brennen. Ich bin mir sicher, er ist glücklich verheiratet, doch seine Lust lodert trotzdem lichterloh. „Unglaublich!", beendet er endlich seinen Satz. Als er mit seiner ausgestreckten Hand auf mich zeigt, ist das die Erlösung:

Applaus!

Mir ist bewusst, die Leute befreien sich durchs Geräusch des Klatschens von der Maske, die ich ihnen aufgesetzt habe.

Standing Ovation!

Sie müssen sich bewegen, sie müssen die Magie durch einen Standortwechsel durchbrechen. Sie müssen stehen, um nicht weiter in ihrer eigenen Lust sitzen zu bleiben.

Als der Sound langsam verklingt, verneige ich mich abermals und verlasse schweigend den Hörsaal.

Neuer Applaus!

„Martin, ähm Bux, du hast alle hypnotisiert!", boxt mir Simon in die Seite. „Ich war so geil, hättest du noch etwas weiter gemacht, ich hätte mir hier hinten die Hose ausgezogen, um mir einen runter zu holen." Simons Offenheit überrascht mich, schmeichelt mir und ich fühle, wie ich diesen

Typen in mein Herz schließe. Nicht wegen seiner Geilheit auf mich, sondern wegen den Gefühlen, die darunter liegen: wahre und tiefe Zuneigung, Freundschaft, Vertrauen und Respekt. Und ja, auch ehrliche und direkte Lust.

„Simon, ich hätte auf der Bühne fast abgespritzt", gestehe ich ihm schmunzelnd. „Doch ein Freund schärfte mir einmal ein, niemals bis zum Schluss zu gehen. Die Leute werden mich und meine Botschaft nicht mehr vergessen. Hätte ich abgespritzt, hätte sie das erlöst. Jetzt bleibe ich in ihrer Erinnerung als der Nudist, der sich Maske um Maske, Hülle um Hülle entledigte oder wieder aufsetzte."

Simon nimmt mich einfach in seine Arme und hält mich fest. „Du trägst eine Bürde. Nur wenige werden das verstehen. Falls ich kann, helfe ich dir, dein Schicksal zu erfüllen."

Ich habe keine Ahnung, was ich Simon damit sagen will, doch ich küsse ihn dafür auf den Mund. „Cousin, sehen wir uns später in SOHO?"

„Heute Abend in einem Club, morgen im Hotel und noch an vielen weiteren Tagen. Vergiss nicht! Bux, du hast zugesagt, mich in Miami Beach zu besuchen!"

Als ich das British Museum verlasse, sitzt Seth gleich beim Haupteingang auf der Treppe an eine der Säulen gelehnt und blickt über den Platz. Um Coach und Fokus sorge ich mich nicht, es war ausgemacht, dass die beiden den Bus zurücknehmen, damit wir uns später alle wieder im Sex-Kino treffen.

„Schon fertig?", wundert sich Seth.

„Ich habe gesagt, was ich sagen musste. Lass uns abhauen!"

Am *Russell Square* besteigen wir für vier Stationen die Underground. Seth und ich suchen uns einen Wagon, der nicht so voll ist und setzen uns ganz hinten in die Ecke. Um diese Zeit sind zwei nackte Teenager ein Blickfang und Reizstoff für allerlei Sprüche. Zum Glück steigt schon an der nächsten Station eine Gruppe männlicher Studenten in bunter Unterwäsche und flippigen T-Shirts ein und begrüßt uns mit: „Happy Nudist Day!" Offensichtlich sind sie schwul, denn ich belausche zwei, wie sie von einem Ort in SOHO sprechen, den kein Hetero je freiwillig besuchen würde.

„Guys, fahrt ihr auch zum *Oxford Circus*?", stellt sich einer in einem hellgrünen Tanga neben uns. Das Teil ist eigentlich viel zu knapp und vermag kaum alles zu verbergen, was ich richtig heiß finde. Seine Kumpels, die meisten ebenso zeigefreudig oder auf Provokation aus, wie der im hellgrünen Tanga, stellen sich im Ende des Wagons um uns herum auf und versperren mir die Sicht auf die übrigen Fahrtgäste, doch so schirmen sie uns auch gleichzeitig vor den Schaulustigen und den Betrunkenen ab. Es tut wirklich gut, nackte Ärsche, Beulen und Rundungen anzuschauen. Der hellgrüne Tanga stellt sich so, dass sein Arsch unter dem viel zu kurzen Tank-Top voll zur Geltung kommt, weshalb ich den vielleicht Endzwanzigjährigen etwas lüstern mustere, was zu einem harten Resultat führt. Einer seiner Kumpels trägt eine dieser neumodischen Badehosen, die nur aus einem Band um einen Schenkel bestehen, die Kronjuwelen so wegpacken, doch alles andere unbedeckt lassen. Augenblicklich bin ich so geil, dass es schmerzt. Krieg ich nicht bald eine Erlösung, besorge ich es mir selbst.

„Ihr beide gehört zu den *horny Nudists*!", spricht mich einer in einer rosa Boxershorts zum kanariengelben Leibchen an, der ziemlich tuntig an der Haltestange rumturnt.

„Ist das nicht unübersehbar?“, setze ich mich noch breitbeiniger hin und hoffe, dass Seth endlich zupackt, um mir Erleichterung zu verschaffen. Der Arsch im hellgrünen Tanga ragt riesig vor meinem Gesicht auf, doch weder Seth noch der Stangentänzer oder der Tanga-Typ bemerken, wie geladen ich bin. Endlich drängt sich ein Chinese am rosa Boxershorts-Tänzer vorbei und lehnt sich an die andere Stange, die schon der hellgrüne Tanga benützt. Der Chinese ist, bis auf einen schwarzen Slip, der seine Erektion hart darunter abzeichnet, so gut wie nackt.

„Hast du's schon mal in einer Underground gemacht?“, will er keck wissen und streichelt sich über seinen Bauch.

Ich setze mich provozierender hin und hoffe, Seth versteht endlich den Wink, doch er streichelt nur meinen Oberschenkel, bis meine Erektion zuckt und noch mehr schmerzt.

„Ginger-Boy, ist der Schwede dein Freund?“, nickt der Chinese zu Seth und leckt sich nuttenhaft seine dicken Lippen, während er mich anschmachtet.

„Dieser Ginger-Flitzer ist mein Lebenspartner“, lege ich Seth meinen Kopf auf seine Schultern und lange nach seinem Penis, um ihn zu massieren. „Ich würde es gerne in einer Underground tun!“, sehe ich zu Seth, doch der zwinkert nur China-Boy zu und gibt ihm mit einem Kinnanheben zu verstehen, er solle es mir besorgen.

„Bis zum Piccadilly Circus reicht die Zeit für einen Blowjob!“, schält sich der Chinese aus seinem Slip, wirbelt ihn mit seinem rechten Zeigefinger durch die Luft und schleudert ihn dem giftgrünen Tanga zu. Spätestens jetzt wird mir bewusst, dass die ganze Clique nur auf diesen Moment gewartet hat, denn sofort drehen sich alle zwölf uns zu, rücken dichter zusammen, um uns für die Privatshow Deckung zu geben. Die asiatische Tunte kniet sich zwischen meine Beine, legt ihre Hände auf meine Knie und beginnt mit der Zunge meine Lust weiter aufzuheizen.

Seth küsst mich auf den Mund und wird stürmischer, je heftiger ich keuche. Der Mund des Chinesen weiß sehr genau, was einem Mann gefällt, so gut, dass ich bald leise aufstöhne. Was für eine Erlösung! „Piccadilly Circus!“, holt uns die Automatenstimme aus dem fahrbaren Puff zurück in die Wirklichkeit der Underground.

„Dürfen meine Kumpels mich mit dir zusammen fotografieren?“, bettelt der Chinese und klatscht wie ein aufziehbarer Affe in seine Hände. Als ich nicke, öffnet er seine weichen Lippen und bringt sich theatralisch abermals in Position, was mich augenblicklich wieder in Stimmung bringt. Scham kennt der witzige Asiate nicht, als er grinsend mit meinem Ding in seinem Mund posiert. Er bleibt nackt, während wir alle zusammen umsteigen und leckt sich genüsslich die Lippen, als ihn eine Gruppe Studenten passiert. Wie ein übermütiges Kind hüpft er auf dem Bahnsteig auf und ab und dreht eine Pirouette nach der anderen, bis der nächste Zug eintrifft. Er schnappt sich meine Hand und zieht mich in die neue Bahn, kniet sich schon wieder vor mich hin, kaum drinnen; dass wir diesmal nicht unter uns vierzehn sind, stört ihn überhaupt nicht.

„Alter!", schiebe ich ihn sanft von mir. „Du bist ne Wucht, doch ich habe noch eine lange Nacht vor mir. Falls wir uns in einem der Clubs später nochmals treffen, dann bin ich nicht abgeneigt, deine Künste wieder in Anspruch zu nehmen, doch jetzt erstmals danke!"

Seth legt seinen rechten Arm um meine Schulter und hält sich mit der Linken an der Stange bei der Tür fest. „War er echt so gut?", blickt er auf den Lustknaben.

„Der pure Wahnsinn!", zwinkere ich dem Chinesen zu, der noch immer nackt vor mir kniet.

Seth fasst mit seinen beiden Händen nach dem Kopf des Chinesen und bringt sich breitbeinig vor ihm in Position. „Zeig's mir!", fordert er ihn auf.

„Oxford Circus!", unterbricht abermals eine andere Automatenstimme. Wir müssen alle aussteigen.

Im Sex-Kino kommen wir etwas zu spät, weshalb wir die Ansprache verpassten. Es läuft schon Essex' Streifen und ich verliebe mich abermals in den schönen Essex. Coach, Abschlussballkönig, Fokus und Justin sitzen in der ersten Reihe und stehen sofort auf, als wir endlich ankommen.

„Ist der Film so schlecht?", frage ich, bei der raschen Flucht.

„Du kennst Essex! Er ist eine Augenweide, doch den Rest des Films kannst du vergessen", winkt Coach ab. „Wie war's im Museum?"

„Ganz ok!" Ich will nicht darüber reden. „Ich vermute, es hat dem Publikum gefallen, was ich zu sagen hatte."

Um die Wahrheit zu sagen, der Job als Botschafter einer Nudisten-

Kampagne ist nur halb so spaßig, wie es sich anhört. Mit dem roten Armband haben wir überall freien Zutritt und werden bevorzugt behandelt – aber das bestimmt auch, weil wir namentlich auf der Gästeliste vieler Clubs aufgeführt sind und von uns Show erwartet wird. Nach dem siebten oder achten Club, bin ich nur noch müde. Den Benefiz Gala Auftritt um Mitternacht ertrage ich nur, weil mich der Chinese mit den weichen Lippen, der sich mit seiner Clique auch dort aufhält, nochmals hinter einer wuchtigen Säule etwas verwöhnt. Mein lieber Seth drängt sich machoartig vor und der stressige Zeitplan reicht nicht mehr, uns beide ins Nirwana zu schießen.

Leider besteht der Betreiber des *Bull's Club*, einem abermals nächsten Ort auf der Liste, auf einen Wettbewerb aller versammelten Nominierten gegen die übrigen Nudisten. Jeder von uns muss auf dem Stierimitat – einem dieser Bullen, die nur dazu dienen, den Reiter in peinlichen Hopsern abzuwerfen – drei Runden bestehen.

Hier im Club erblicke ich, zum ersten Mal seit heute Morgen im Hotel, Powell und Curly, die Hand-in-Hand im Schatten nahe des Bullen stehen und mich mustern. Meinen ältesten und besten Freund mit meinen Feind vereint zu sehen, stößt mir abermals einen Dolch ins Herz. Kalt mustere ich Powell, der eine ganz neue Rolle spielt: den verliebten Teenager. Ich bin mir sicher, Powell verzichtet auf sein übliches Machogehabe nur, weil er Curly was vorgaukeln will oder weil er Angst hat, ich könnte ihm ein drittes Veilchen verpassen.

Curly trägt seine Sonnenbrille hochgeschoben in seine wilden Locken, während Powell seine aufbehält, um das blaue Auge darunter zu verbergen. Da beide hart erregt sind, was im *Bull's Club* nicht ungewöhnlich ist, da es ein Gay-Club mit Darkroom im Keller ist, schließe ich daraus, dass beide wirklich aufeinander abfahren oder Viagras Wunder noch immer oder schon wieder wirkt.

Als Curly bemerkt, wie ich ihn heimlich beobachte, beugt er sich zu Powell und küsst ihn demonstrativ auf den Mund. Ist Curly wirklich schwul, will er mir nur eins auswischen oder mich eifersüchtig machen?

„Soll ich mit ihm reden?", stupst mich Coach in die Seite, doch ich schüttle nur meinen Kopf.

„Vielleicht ist Curly wirklich in diesen hirnamputierten Vollidioten verliebt? Soll er doch!", knurre ich aggressiv.

Augenblicklich bohren sich Coachs Augen in die meinen, um mir

Vernunft einhämmern: „Keine Gewalt! Verstanden?"

Dann beginnt die Show mit einem dicken, alten Sack. Bereits nach wenigen Sekunden ist sein Debut mit drei Abwürfen beendet. Die Schlange von nackten Kandidaten ist leider ziemlich ansehnlich, so dass ich mich gedulden muss.

Irgendwann ist Powell dran. Er achtet sehr darauf, mich niemals zu fokussieren, während er eine seiner üblichen Machonummern mit derben Sprüchen und der Zurschaustellung seines harten Extralangen im Ring beschäftigt ist. Als der dünne platinblondgefärbte Jüngling oben sitzt, sich mit seiner rechten Hand in Lederhandschuhen am Zaumzeug festkrallt, wirkt er echt potent.

Fokus umrundet den Bullen, um dieses junge Peniswunder aus möglichst vielen Perspektiven aufzunehmen, bevor Powells erste Runde startet. Viele *Bull's Club*-Gäste lassen sich das Schauspiel nicht entgehen, vor allem da der Bulle inzwischen mit zusätzlichen Scheinwerfern beleuchtet, viele von der Tanzfläche herüberlockte. Powell genießt es, angestarrt und beneidet zu werden. Da seine Sonnenbrille schon beim ersten Hopser der Maschine von ihm fliegt, erschrecke ich, als ich mein Werk in seinem Gesicht sehe. Selbst nur gelegentlich direkt von einem der Scheinwerfer beleuchtet, sieht sein Auge sehr schlimm aus. Powell wirkt so jung und verletzlich. Ob das wirklich echte Liebe zu Curly ist, die den Angeber so verwandelt hat? Oder waren es doch meine Schläge? Fast tut mir der Vollidiot leid. Dennoch lache ich hämisch, als er mit einem wirklich peinlichen Vorwärtssalto in den Matten landet, um mit hochgestrecktem Hintern ein witziges Bild abzugeben.

Curly eilt auf ihn zu, um ihm die verlorene Sonnenbrille rasch wieder aufzusetzen und ihn mit einem Händedruck zu bestärken, weiter zu machen. Powell winkt ab. Er tuschelt mit dem Betreiber des *Bull's Club*, lässt seine Sonnenbrille sinken, um ihm seine Verletzung zu zeigen und wird disqualifiziert. Powell gibt auf? Das passt nicht zu diesem Angeber. Ist das alles wieder nur Show oder habe ich den Angeber wirklich ernsthaft verletzt? Sein Stolz leidet darunter, doch auch sein Körper? Leider martert mich ein ziemlich schlechtes Gewissen, als Powell ohne weitere Showeinlage abzieht.

Als nächster kommt unser Cowboy Justin dran und ist sofort in seinem Element. Hut schwenkend ist der amerikanische Nudist einfach nicht abzuschütteln. Als es dann endlich passiert, hat Justin den Lokalrekord um eine volle Minute nach oben gedrückt. Er hat gewonnen, bevor wir anderen überhaupt angetreten sind, was den Betreiber des *Bull's Club* aber nicht davon abbringt, dass wir anderen ebenfalls drei Runden überstehen müssen, rein zum Vergnügen der vielen Gäste, die sich an unseren Verrenkungen und unseren hopsenden Penissen lautstark erfreuen.

Da ich heute wirklich schon oft den Micky Mouse oder nackten Deppen spielen durfte, genieße ich einfach das Spektakel und denke mir nichts dabei. Ich habe die Bedingungen als Nominierter unterschrieben, welche genau solche Auftritte in den Lokalen der Sponsoren vorsehen; die dreitausend Pfund Lohn, die jeder von uns dafür erhält, sind es eh wert. Wenn die Sponsoren schon so viel Kohle hinblättern, wollen sie von uns achtzehn auch gute Animations-Shows kriegen.

Als Curly, nach meinen eigenen peinlichen Kapriolen, den Bullen besteigen muss, blinzle ich mehrfach, denn es sieht so aus, als ob er sich seine Hoden rot bemalt hätte. Ich schreibe es den bunten Lichtern im Club zu, doch mein Verdacht bestätigt sich, als Curly danach von einem der weißen Lichter angestrahlt wird. Bluthoden!

Auch mein bester Freund aus Basel fliegt dreimal in kurzen Abständen in die Banden, scheint es aber voll zu genießen. Curly verneigt sich theatralisch und läuft eine Ehrenrunde, bei der er unzählige Hände abklatscht und sich feiern lässt. Er war schon in der Schule ein Flitzer und rannte mehr als nur einmal nackt über den Pausenhof, was immer für Ärger sorgte. Ich winke meinem besten Freund zu, doch der dreht nur seinen Kopf weg, langt nach Powells Hand und zieht seinen neuen Lover zu sich, um demonstrativ und leidenschaftlich mit ihm zu schmusen, bevor er den Ring mit dem Bullen verlässt.

Verwirrt und stocksauer vergeht mir jede Lust, länger hier zu verweilen, weshalb Coach dazu drängt, dass wir das Lokal wechseln, kaum dass auch Seth sein Können, das nicht schlecht war, demonstriert hat. Justin wird mit Fokus nachfolgen. Unser Cowboy Champion soll in einer halben Stunde bei einer Siegerehrung feierlich gekürt werden, was natürlich Fokus ein paar Fotos wert ist. Als uns Abschlussballkönig vor dem *Bull's Club* verrät, wohin wir als nächstes sollen und was dort von uns erwartet wird, streike ich.

„Was haben Nudisten in einem Stipp-Lokal verloren?", schüttle ich meinen Kopf. „Wir sind doch seit Stunden nackt, was soll daran noch überraschend sein? Ich ziehe mir keinen Fummel an, nur um ihn auf einer

Bühne wieder auszuziehen!"

„Stangentanz!", zuckt Abschlussballkönig mit seinen Schultern.

„Ohne mich!", bleibe ich stur. Seit meinem Wiedersehen mit Curly und dem Zeugnis von Powells Elend, fühle ich mich schuldig. Powell wirkte gebrochen. Aus eigener Erfahrung kenne ich die Nachwehen eines Traumas. Mein wiederholter Angriff auf ihn hat ihn schreckhaft und verletzlich gemacht. Ich hasse mich dafür, wenn ich gleichzeitig bestimmt abermals so handeln würde, denn immerhin war es Powells Clique, die mich vermöbelt hat!

„Bux", holt mich Abschlussballkönig aus meinem Selbstmitleid. „Dann warte draußen, doch Justin und Seth will ich auf der Bühne sehen. Keine Widerrede!", hebt Abschlussballkönig seinen rechten Zeigefinger, als Seth Atem holt, um etwas zu entgegnen.

„Ich mach's ja!", zuckt Seth mit seinen Schultern und lacht. „Ich bin richtig in Stimmung für ne geile Sex Show auf der Bühne. Justin?", boxt er den Cowboy in die Seite. „Hast du deine Peitsche noch?"

Während die beiden Pläne schmieden, bleibe ich vor dem Lokal auf der Treppe eines angrenzenden Gebäudes sitzen. Es ist bald drei Uhr in der Früh und bis auf die diversen Partys in den Clubs und Lokalen, sind die Straßen so gut wie verlassen. Nur vereinzelt schlendern nackte Pärchen oder kleine Gruppen Halbangezogener durch die Nacht. Einige von ihnen sind ziemlich angetrunken, doch es bleibt, bis auf einzelne Sänger, die ihre Liedchen grölen, ruhig und friedlich.

Nach bestimmt einer halben Stunde setzt sich Coach neben mich. „Horny-Boy, noch dieses Lokal, dann ist die Pflicht erfüllt und du kannst nach Hause oder mit deinen Freunden in einem der Clubs bis zum Morgengrauen weiterfeiern. Wenn du willst, bleibe ich nach dem offiziellen Programm als dein Leibwächter bei dir."

„Nein, nein!", schüttle ich meinen Kopf. „Ist schon gut! Ich warte hier draußen, bis Seth und Justin genug vom Stipp-Schuppen haben und dann entscheide ich, was ich tun werde. Coach, geh nur wieder rein und sieh dir Seth an. Ich bin sicher Justin und mein Lover ..."

„Seth war schon dran! Er war extrem gut. Ich wusste nicht, dass er ein derart gelenkiger Tänzer und Akrobat ist. Der Schuppen ist zum Zerbersten voll. Schau doch mal rein! Übrigens, Justin hat vorhin mit seiner Peitsche echt für Stimmung gesorgt. Ich glaube, er wird den Rest der Nacht hier verbringen, denn seine Fans und seine sechs Cowboy Freunde wollen ihn auf jeden Fall nochmals an der Stange sehen."

„Dann habe ich was verpasst?"

„Allerdings! Dein bester Freund Curly wird gleich seinen Auftritt haben."

„Ist Powell bei ihm?"

„Die beiden sind wie Turteltauben. Ich habe schon einige verliebte Pärchen gesehen, doch die beiden haben sich wirklich gefunden. Ich will Curly den Abend nicht verderben, weshalb ich ihm noch nichts über Powells andere Seite verraten habe. Und mal ehrlich!", fokussiert mich Coach, „glaubst du wirklich, dass Powell so niederträchtig ist, dir Schläger auf den Hals zu hetzen? Der Junge wirkt auf mich scheu und sensibel. Ich glaube, er hat einen sehr weichen Kern, warum er das mit seinem lauten und angeberischen Auftreten kaschiert."

„Ja, ja! Mal sehen!"

„Curly ist um halb vier Uhr dran, also in fünf Minuten! Mach was du willst! Ich bin wieder drinnen!"

Kaum ist Coach weg, schleiche ich ihm nach, verstecke mich im Lokal hinter einer Säule und warte auf Curlys Auftritt. Die Stimmung im Lokal sprüht von Sexualität, was bestimmt auch an den Gästen liegt, denn die meisten sind nackt oder tragen kaum mehr als Unterhosen, Reizwäsche oder Fetish Klamotten. Es ist, als ob jeder nur auf den Startschuss zur Orgie warten würde.

Ich will mich schon abwenden, um das Lokal wieder zu verlassen, als Curly mit einer feuerroten Krawatte um den Hals auftritt, passend zu seinen tatsächlich rot angemalten Hoden. Mein wildgelockter Freund zieht alle Blicke auf sich. Jede seiner Bewegungen und selbst die kleinste Geste sind pure Lust, als er sich um die Stange biegt, an ihr hochklettert oder sich in immer gewagteren Verrenkungen seinem Publikum als williges Sexspielzeug präsentiert. Wäre Powell nicht hier, ich würde ihn mir auf der Stelle schnappen. Ich bin wirklich ziemlich in diesen verrückten Flitzer verliebt und habe in der Vergangenheit schon oft von ihm fantasiert.

Als Powell zu ihm auf die Plattform hochklettert, ahne ich, dass die beiden es gleich vor allen Augen treiben werden. Was sie dann wirklich sehr intim auch tun. Mich überrascht es nicht mehr, da mir Curly diese Seite von sich in unserer Suite schon demonstrierte, dennoch kichere ich, als dieser bisherige Weiberheld von Powell umgarnt wird. Die beiden jetzt in all diesen Stellungen auf der rot beleuchteten Plattform zu beobachten, erregt mich viel mehr, als ich dachte.

Wie sich Powells Langer wohl anfühlt? Curly scheint davon begeistert zu sein. Ich will mich schon heimlich verdrücken, als die beiden auf der Bühne die Rollen tauschen, was mich leider sofort wieder bannt. Powell in seiner neuen Position, erregt mich beinahe noch mehr, als zuvor Curly. Was ist nur los mit mir? Stehe ich auf den Vollidioten? Wenn es mich auch Überwindung kostet, den beiden geilen Typen nicht weiter bei ihrem Liebesspiel zuzusehen, verziehe ich mich trotzdem auf die Toilette. Als ich erfrischt wieder in den Flur zurückkehre, stehen da vier angezogene Typen mit platinblondgefärbten Haaren, Springerstiefeln und Lederhandschuhen. Augenblicklich bin ich wie versteinert. Das sind die Punks, die mich beinahe ermordet haben: Powells Clique! Was machen die hier? Lauern sie mir auf?

Doch keiner beachtet mich, obwohl sie mich gesehen haben müssen. Ich unterdrücke meine Panik und dränge mich an ihnen vorbei zurück ins Lokal, um Coach zu suchen, doch von meinem Bodyguard fehlt jede Spur, wie auch von Seth oder Justin. Wenigstens Fokus oder Abschlussballkönig müssten doch angezogen unter all diesen nackten Leibern auffallen, doch auch diese beiden sind nicht aufzuspüren. Bestimmt zehn Minuten lang suche ich überall nach meinen Freunden, bis auch Powell und Curly die Bühne glücklich, verliebt und echt befriedigt zusammen verlassen. Ich suche weitere zehn Minuten nach meinen Freunden, doch ergebnislos. Die vier Schläger sind inzwischen ebenfalls verschwunden. Was tun? Hier unter all den Leuten in Sicherheit bleiben und an der Orgie teilnehmen? Beim bloßen Gedanken daran wird mir schlecht, weshalb ich einen Ausgang suche.

Als ich einen Notausgang finde, öffnet sich dessen Tür in die Nacht hinaus. Es ist ein finsterer Innenhof, der über eine Gasse zur Straße führt. Leere Getränkekisten und ein paar Bierfässer stehen an der Gebäudefassade. Ich sehe mich um und will schon zur hellbeleuchteten Straße laufen, als ich ein Wimmern höre, danach eine aggressive Stimme:

„Verdammte Schwuchtel! Jetzt wirst du den Fick deines Lebens kriegen!“

Meine Panik versteinert mich. Diese Stimme kenne ich, sie gehört einem der Schläger.

„Hilfe!“, schreit ein Knabe. Es hört sich wie ein vollkommen verängstigtes Kind an, doch es ist Powell. Ich habe diese Stimme oft genug gehört, dass ich sie auch jetzt erkenne.

„Letztes Mal erwischten wir den falschen, langen Hellblonden, doch diesmal bist du fällig! Leute, haltet die Tucke fest, damit ich den Baseballschläger in seinen Arsch reinrammen kann."

„Hilfe!", jammert Powell und weint in schierer Verzweiflung. „Bitte nicht! Hilfe! Hilfe! Bitte, bitte, nicht!"

Powell wird von den vier Schlägern vergewaltigt. Tue ich nicht sofort etwas, bringen sie ihn um. Einen Baseballschläger überlebt der dünne Typ niemals, egal wie viel Gleitcreme Curly vorhin für ihn benutzt hat!

Curly? Mir wird eiskalt. Curly muss ebenfalls dort sein, denn die beiden gaukelten vorhin auf der Bühne niemanden etwas vor; ich kann wahre Liebe, wenn auch blind vor Lust, dennoch von Show unterscheiden. Ich lausche in die Nacht, doch ich kann meinen besten Freund nicht hören, nur Powells Wimmern und die hasserfüllten Stimmen, die zu immer vulgären Kommentaren Powell quälen.

Ein lauter Schrei, so schmerzerfüllt, dass es mir die Eingeweide verknotet, zerreißt die Stille.

Plötzlich fühle ich ein Kribbeln, dass durch meinen Körper läuft, bis ich von innen heraus zu glühen scheine. In der sternenklaren Nacht blitzt es – oder ist es nur mein Zorn, der meine Sicht trübt? Ohne zu zögern, schnappe ich mir eines der leeren, metallenen Bierfässer und eile Powell zu Hilfe.

Hinter einem geparkten Wagen drückt einer der Typen den dünnen Riesen auf den Rücken, während ihm zwei weitere seinen Beine spreizen und der dritte ihm den Griff des Baseballschlägers gerade reindrückt.

„Schaut euch an, wie der Stiel reinflutscht. Haltet die perverse Nutte fester. Die Fotze schreit nach mehr!", lallt wieder der Anführer mit dem Schläger in der Hand und setzt zu einer weiteren Penetration an.

„Bitte nicht!", schluchzt Powell und weint.

„Mal sehen, wie tief du es wirklich nehmen kannst, perverser Arschficker!"

Abermals blitzt es.

Ich denke nicht. Ich handle. Es fühlt sich wie in meinem Traum an. Ich fühle, wie etwas in mir erwacht und meinen Körper überflutet und mich mit Kraft und Energie erfüllt. Ich hebe das leere Bierfass an und schlage es dem Vergewaltiger mit voller Gewalt auf den Hinterkopf, dass der sofort bewusstlos zusammensackt. „Erkennt ihr mich?“, starre ich die drei anderen Vergewaltiger an. Mein Zorn glüht, dass es abermals über uns blitzt. „Diesmal überlebt ihr die Begegnung mit mir nicht!“, fletsche ich meine Zähne, schnappe mir den Baseballschläger, den der Vergewaltiger hat fallen lassen und donnere ihn dem erstbesten in die Rippen.

„Knall ihn ab! Knall ihn ab!“, wiederholt einer der Punker und der andere zückt eine Waffe, um auf mich zu zielen.

Für einen Augenblick bin ich nur wieder der neunzehnjährige Bux, der splitternackt im Hinterhof eines Stripper-Lokals brutale Schläger angreift. Ich sacke einfach auf meine Knie und will nur noch weinen und mich verkriechen.

„STEH AUF ODER STIRB!“, befiehlt mir Atropos, die jüngst aussehende der drei Moiren. Als ich mich umsehe, stehen die drei Schicksalsgöttinnen kaum vom Dunkel zu unterscheiden neben dem Wagen.

„Du musst dich entscheiden!“, höre ich jetzt auch noch Dionysos auf mich einreden. „DU MUSST HEUTE NOCH HANDELN. ZÖGERST DU, STIRBST DU EBENFALLS! DIESMAL ENDGÜLTIG!“

Es blitzt abermals.

„ICH BIN DER, DER ICH BIN!“, verkünde ich laut und fühle, wie einer der Blitze in mich einfährt.

Bis auf die beiden noch stehenden Schläger, einer mit der gezückten Pistole und der zweite mit einem Klappmesser in jeder seiner Hände, nehme ich sonst nichts mehr wahr, nur noch diese Blitze. Dann entdecke ich in diesem grellen Licht, hinter dem Wagen am Boden liegend, den nackten Leib meines besten Freundes: bewegungslos, vielleicht tot!

„Ich akzeptiere mein Schicksal!“, rufe ich Klotho, Lachesis und Atropos zu, doch die drei Schicksalsgöttinnen haben sich längt mit den Schatten vereint und sind meinem Bewusstsein entflohen.

Ein ferner Donner antwortet mir.

Dionysos zieht sich ebenfalls zurück.

Diesen Kampf muss ich ganz alleine bestreiten.

„ERSCHIESS DEN PERVERSEN!“, brüllt der Messertyp und starrt mich mit riesigen Augen an. „KNALL IHN AB! KNALL IHN AB! DAS IST KEIN MENSCH! KNALL IHN AB!“

Neue Blitze.

Mein Baseballschläger saust nach vorne und rammt sich dem Schläger mit der Pistole in den Magen, dass der vorn übersackt und sich übergibt.

Powell gafft mich voller Panik, Verwunderung und Unglauben an, wimmert und kriecht auf allen vieren von mir fort, als ob ich hier das Monster wäre.

Ich höre den Wind, der durch den Hof fegt. Immer heftiger blitzt es um mich herum und das Donnergrollen zuckt durch meine Nerven.

„Wer bist du?“ Der vierte, noch unverletzte Vergewaltiger ist starr vor Angst, als ich ihm mit dem Schläger einen Arm breche, dass er mit einem Aufschrei beide Messer fallen lässt.

„Ich bin dein Verderben! Ich bin deine Erlösung! Ich bin dein schlimmster Albtraum und deine süßeste Verzückung! Ich bin das Gesicht hinter der Maske! Ich bin die hüllenlose, nackte Wahrheit! Ich bin der lebendige Dionysos!“

„Ich stelle mich!“, fleht der Vergewaltiger um Gnade und kniet sich vor mich hin. „Töte mich nicht!“

„Ich finde euch überall!“, fokussiere ich die vier, die mich alle starr vor Angst angaffen. „Erhebt ihr noch einmal eure Hand gegen einen Schwulen oder auch nur gegen einen Jungen, wird es das Letzte gewesen sein, was ihr jemals getan habt! HABT IHR MICH VERSTANDEN?“, türme ich mich vor dem menschlichen Abschaum auf.

Die vier Vollidioten helfen sich gegenseitig auf die Beine und humpeln unter Schmerzen hastig davon. Immer wieder blicken sie zurück, in Panik, ich könnte sie niederschmettern.

Erst als sie auf der Straße außer Sicht sind, erstarre ich selbst in purer Panik. Was habe ich getan? Ich habe vier Schläger erledigt und ihnen einen Schrecken eingejagt, denn sie ihr Leben lang nicht mehr vergessen werden. Wie das? Ich bin nur ein neunzehnjähriger Nudist.

Da erinnere ich mich an Curly und stürze mich auf seinen Körper am Boden. Sein Leib ist warm. Sein Herz schlägt noch, was ich als erstes checke. Curly ist bewusstlos, scheint aber nirgends zu bluten. Ich lege mir seinen Kopf auf meinen Schoss und streichle ihm übers wirre Haar. „Powell?“, rufe ich nach dem anderen. „Kannst du dich bewegen?“

Ich höre nur sein Schluchzen. Der platinblondgefärbte Riese kauert am Boden und Weinkrämpfe schütteln seinen Körper. Powell kann ich nur erreichen, wenn ich Curly loslasse, was ich aber nicht will. Die beiden brauchen augenblicklich medizinische Versorgung. Doch statt aufzustehen, schließe ich meine Augen und vertiefe mich in den unhörbaren

Ton, den ich schon im Museum vernommen habe und vorhin, als diese Macht von mir Besitz ergriff.

Erst schwach, dann immer stärker vernehme ich wieder diesen Wind, packe ihn und ziehe ihn zu mir, bis er mich vollkommen erfüllt, stärkt und mit seinem Leuchten umgibt. Ich will meine Augen nicht öffnen, um zu überprüfen, ob dieses Licht sichtbar ist. Es ist da, nur das zählt! Die Versuchung, dieses Licht auf Curly zu lenken, ist grenzenlos, doch ich weiß, dass ich das nicht tun darf. Das wäre Magie. Ich würde gegen den Willen eines anderen in seine Entwicklung eingreifen, sie damit zunichtemachen und Curly damit die Chance rauben, seine eigene Lektion zu lernen. Diese Energie wäre vielleicht auch einfach zu viel für ihn – falls er sie überhaupt wahrnehmen könnte?

So greife ich in den Äther hinaus und rufe in Gedanken nach Coach, Seth und meinen anderen Freunden, während ich Curlys Haar streichle und beruhigend auf Powell einrede, dass alles wieder gut werde. Das alles mache ich gleichzeitig und es erscheint mir in der jetzigen Situation vollkommen normal und alltäglich.

„Martin? Bux? Bis du hier?"

„Coach!", gebe ich mich rufend zu erkennen. „Hier hinten! Alarmiere sofort die Ambulanz und die Polizei. Schnell!"

Coach läuft zu mir und checkt die Lage, während er auf seinem Mobile Phone einen Krankenwagen ordert. „Was ist passiert?"

Mein Lover und der kleine Cowboy fallen einfach auf ihre Knie, während Justin nach Powell sieht und Seth nach mir und Curly.

„Mir fehlt nichts! Aber Powell haben sie vergewaltigt."

„Sie?", starrt mir Seth schockiert in meine Augen.

„Es waren die gleichen vier Punks, die mich vor einem Monat fast umgebracht haben."

Coach checkt erst die Vitalfunktionen von Curly, dann Powells Anus, der stark blutet.

„Wie?", gafft mich Seth wie von Sinnen an.

Ich sehe ihm nur tief in die Augen. Ich fühle nur Liebe und eine unbeschreibliche Erleichterung.

„Bux, dann hast du es endlich akzeptiert?"

„Was?", wundert mich Seths Frage.

Als kurz darauf Blaulichter den Hof beleuchten, wie die Taschenlampen der Polizisten, die auf uns zueilen, lasse ich erstmals Curly los. Sein Körper wird von Medizinern auf eine Bahre gehievt, mit Sauerstoff versorgt und weggebracht, wie kurz darauf auch Powell.

„Wir haben vier Punks vor dem Lokal aufgegriffen", klärt uns einer der zahlreichen Polizisten auf. „Sie saßen an der Wand am Boden und stellten sich, kaum, dass wir auftauchten. Sie redeten wirres Zeug. Ein bärtiger Gott hätte sie mit Blitz und Donner niedergestreckt. Dann wären dem Gott Weintrauben aus dem Kopf gewachsen und ein Hirschgeweih. Sieben gesichtlose Gestalten in Lendenschürzen standen im Kreis um den Gott und bereiteten einen Altar vor, um jemanden zu opfern. Alle vier Punker gestanden die Vergewaltigung an dem einen, das Niederschlagen des anderen und dass sie vor einem Monat einen weiteren vor einem der hiesigen Theater fast zu Tode geprügelt hätten. Die vier stehen unter einem schweren Schock. Was auch immer hier passiert ist, so etwas habe ich noch nie erlebt."

Die Taschenlampen zweier Polizisten leuchten mir direkt ins Gesicht, doch als sie scheinbar weder einen Bart noch Weintrauben auf meinem Kopf entdecken können, schütteln sie ihre Häupter. „Du bist nur ein nackter Teenager. Zugegeben, deine Muskeln sind nicht zu übersehen, doch du hättest es niemals mit vier Bewaffneten gleichzeitig aufnehmen können. Was ist wirklich hier passiert? Waren noch andere hier?"

Coach erzählt von seinem Eintreffen zusammen mit Seth und Justin und wie er mich hier mit den beiden Verwundeten gefunden hätte. Er selbst hätte keinen bärtigen „*Gott*", betont Coach das letzte Wort wie einen Scherz, „fliehen sehen! Hier waren nur diese drei jungen Nudisten", zeigt Coach auf mich und auf den Krankenwagen, der Powell und Curly wegbringt, „die den heutigen Tag in diesem Club beschlossen. Glauben Sie mir, hätte es hier geblitzt und gedonnert, hätte das jemand mitgekriegt. Befragen Sie doch die Liebespaare auf der Straße."

„Meine Kollegen sind bereits dabei! Niemand sah einen Bärtigen oder sieben Opferpriester. Wenn Sie mich fragen", schüttelt der Polizist sein Haupt und flüstert seine nächsten Worte zu Coach: „Ich vermute harte Drogen!"

„Wohin werden meine beiden Freunde gebracht?", erkundige ich mich. Jetzt ist es klar: der dünne Powell hatte damals nichts mit dem Anschlag auf mich zu tun. Wäre ich nicht gewesen, hätten die vier Schläger Powell vielleicht vor einem Monat schon ermordet. Der Anschlag galt ihm – weshalb auch immer?

Der Polizist nennt mir das Krankenhaus und Coach ruft unseren Buschauffeur mit seinem Mobil Phone an, damit er uns beim Stripper-Club abholt. Abschlussballkönig und später auch Coach rufen jeder noch mindestens ein halbes Dutzend andere Leute an. Bei jedem Anruf fassen die beiden das Ereignis mit wenigen Sätzen zusammen, nennen aber jedes Mal das Krankenhaus. So geht das, bis unser Bus uns abholt.

Vor dem Krankenhaus zögere ich kurz, ob ich mit Seth und Justin wirklich nackt hinein stürmen sollte, doch Coach nickt uns aufmunternd zu. „Jungs, offiziell endet der Nudistentag erst beim Morgengrauen! Ihr habt noch etwas Zeit. Nutzt sie!"

Als uns drinnen die Presse empfängt, ahne ich, dass Coach und Abschlussballkönig das eingefädelt haben. Seth und Justin vertreten die Nudisten und Abschlussballkönig und Fokus beantworten Fragen zur Organisation, während ich mit Coach Curlys Zimmer aufsuche.

Mein Freund ist wieder bei Bewusstsein und teilt das Zimmer mit Powell, der aber noch von einem Arzt in der Notfallstation untersucht und behandelt wird.

„Alter, du hast mir und Powell das Leben gerettet!", glänzen Curlys Augen tränennass. „Und das, obwohl ich dich so mies behandelt habe."

Ich drücke einfach seine Hand und küsse ihn auf die Stirn.

„Ihr beide seid meine Freunde. Jeder hätte an meiner Stelle das Gleiche getan."

Als ich weit nach Sonnenaufgang splitternackt aus dem Taxi vor dem Hotel steige, bin ich noch immer von all dem Adrenalin und den Nachwehen des Schocks so aufgedreht, dass ich Seth einfach an der Hand auf eine der Couchs in der Lobby ziehe.

„Die Polizei wird doch bald herausfinden, dass ich das Fass auf dem Kopf des einen zerschmettert habe und mit dem Baseballschläger die anderen außer Gefecht gesetzt habe. Meine Fingerabdrücke müssen doch überall zu finden sein. Einer der Schläger könnte mich wegen Körperverletzung anzeigen. Die wollten Powell töten. Warum?"

„Du hast zwei Teenagern das Leben gerettet. Coach und Abschlussballkönig haben die Presse nicht vergeblich informiert, damit sie dich filmen, wie du ins Krankenhaus stürmst, um nach deinen Freunden und Kollegen zu sehen. Bux, du bist ein Held! Es kam in den Frühnachrichten, die kurz nach unserem Abschied von Curly im Spital ausgestrahlt wurden."

„Irgendwann werden die vier Schläger von ihrem Fantasiegespinst eines bärtigen Gottes abkommen und mich als den Täter beschuldigen. Sie sahen alle irgendwie ähnlich aus. Eigentlich sahen sie wie Versionen von Powell aus – unheimliche Zwillinge! Oder wie Schatten dunkler Priester", füge ich sehr leise an.

„Priester? Na klar doch! Jetzt fängst du schon wieder damit an", lacht Seth, der darin einen Witz vermutete.

„Irgendwann werden sie oder der Rest dieser blondgefärbten Gang mit Springerstiefeln mir auflauern. Ich unterbrach schon ihr erstes Ritual. Diesmal haben sie auch die vier Verbrecher gesehen. Sie kamen, um mich zu holen!"

„Schatz, du bist müde", tätschelt mir Seth meine Hände. „Ich bin SO stolz auf dich! Überlass alles weitere der Polizei!"

„Ja, ja! Hat die Polizei die Vier geschnappt, nachdem sie mich damals fast zu Tode geprügelt hatten? Nein! Jetzt, da ich nicht nur als Nudist in London bekannt bin, sondern durch die Presse zum nackten Lebensretter stilisiert werde, ist es hier einfach zu gefährlich für mich geworden."

„Rede keinen Blödsinn! Lass uns schlafen gehen! Wenn du in ein paar Stunden ausgeruht auf die Ereignisse zurückblickst, wirst du es anders betrachten."

„Ich kann jetzt nicht pennen! Lass uns erst frühstücken! Ich habe echt mächtigen Kohldampf!"

Bewegt man sich so lange nackt, wie wir beide uns, vergisst man es einfach, es wird so normal, dass erst die Blicke der Frühaufsteher uns daran erinnern.

„Wilton hat bestimmt nichts dagegen, wenn wir noch in Ruhe als Haus-Nudisten frühstücken", zuckt Seth mit seinen Schultern und verspachtelt seine Würstchen, die beiden Spiegeleier, die weißen Bohnen und die Bratkartoffeln an hinter Topfpalmen und Bambusstauden abgeschirmten Personaltisch.

Total erledigt gleite ich in unserer Suite sofort in einen bizarren Traum. Dionysos steht dick und bärtig vor der Ruine eines antiken Tempels, der fast vollkommen von Efeu überwuchert ist.

„Du hast deine Aufnahmeprüfungen bestanden", spricht Dionysos im Traum zu mir. „Doch um mein Nachfolger zu werden, gehört mehr dazu. Sei entspannt, doch jederzeit wachsam, um mir ins Unbekannte zu folgen."

Sonntag: 22. Juni

Seth schläft tief und fest, als ich schweißgebadet aus dem Kurztraum aufschrecke. Zittrig verlasse ich das warme Bett, um mein geheimes Tagebuch aus der Schublade zu holen und beim Fenster am Schreibtisch des Wohnzimmers sitzend, die verrückten Episoden des Nudistentages aufzuschreiben. Ich schrieb bestimmt schon zwei Stunden, als Seth verschlafen ins Wohnzimmer kommt.

„Bux? Bist du schon lange auf den Beinen? Es ist erst zwölf. Wir sind doch eben erst zu Bett gegangen. Ich lege mich nochmals hin und würde mich gerne an dich kuscheln."

„Ja, ja! Ich komme gleich nach!"

Meine Angewohnheit mir Fragen aufzuschreiben, hat mir oft irgendwann später die Antworten geliefert.

*Wer und was ist Dionysos wirklich? Ist Dionysos eine Energie, die man anzapfen kann, wie die Kreativität, die Lust oder die Neugier? Was macht Dionysos wirklich aus? Warum wählt sich diese Macht einen neunzehnjährigen Nudisten, um sich auszudrücken?*

„Kommst du?", holt mich Seth aus meinen Fragen zurück.

Um drei Uhr nachmittags erwache ich und bin alleine im Bett. Gähnend strecke ich mich und suche das Bad auf, um ausgiebig heiß zu duschen. Da Seth nicht mehr in unserer Suite ist, koche ich mir einen Kaffee und rufe im Krankenhaus an. Curly weint wieder, als er meine Stimme hört und entschuldigt sich immer wieder, so fies zu mir gewesen zu sein. Ich sei sein bester Freund und ich werde es immer bleiben und ähnlich romantisches Zeugs rührt mich selbst zu Tränen.

„Alter, Bux, da will sich noch jemand bei dir bedanken."

Bevor ich leer schlucken kann, höre ich Powells Stimme, die abermals wie die eines Kindes klingt: „Martin Holmström", begrüßt er mich mit meinem richtigen Namen, „du hast mir zweimal das Leben gerettet, das weiß ich heute. Kannst du mir verzeihen, dass ich ein so dämlicher Schlappschwanz war?"

„Du bist vieles, doch ein Schlappschanz ganz sicher nicht", lache ich und hoffe damit die Situation etwas zu entspannen, muss mir aber Tränen aus den Augen wischen.

„Doch das war ich!" Als ich schon widersprechen will, unterbricht mich Powell. „Martin, ich hoffe, wir beide werden eines Tages so gute Freunde, wie du und Curly. Du bist echt ein extrem cooler Typ! Bux, du bist mein Held!"

„Ja, ja! Mag sein! Geht's dir schon besser?", wechsle ich das Thema.

„Ich hatte extrem viel Glück. Hätte mich Curly nicht auf der Bühne mit sehr viel Gleitcreme entjungfert, hätte der Baseballschläger einen viel größeren Schaden angerichtet. Doch wegen all der Schmiere und der vorherigen Dehnung ist zum Glück, bis auf ein paar geplatzte Blutgefäße, nicht mehr passiert. Ihr beiden Schweizer seid meine Lebensretter!" Als Powell wieder zu weinen beginnt, hätte ich diesen langen Lulatsch am liebsten in meine Arme geschlossen.

„Powell, ich habe dich auch gerne! Echt, als du und Curly gestern im Stripp-Club auf der Bühne eure Show abgezogen habt, hätte ich am liebsten mitgemacht."

„ECHT?", brüllt plötzlich Curly in die Leitung. Offensichtlich hat er mitgehört oder der Apparat ist auf Lausprecher umgeschaltet. „Bux, du weißt, ich stehe auf Dreier!"

„Bist du doch mehr, als nur temporär schwul?", provoziere ich ihn sofort.

„Alter, ich habe vorhin mit meiner Freundin in Basel Schluss gemacht. Sie fragte mich nur, ob ich dir endlich meine Liebe eingestanden hätte. Sie hat mich längst durchschaut, wenn mein Herz auch Powell gehört! Bux, er ist ganz anders, als du ihn einschätzt."

Als ich mir eine Shorts aus dem Kleiderschrank fische, um in die Lobby runterzufahren, empfinde ich beinahe ein Ekel davor. Nur sehr widerwillig ziehe ich mir die Hose an und komme mir falsch und verkleidet darin vor. Ich hoffe, dieses Gefühl legt sich wieder, sonst muss ich in ein Land mit wärmerem Klima auswandern, um mir dort meinen Lebensunterhalt künftig als Nudist zu verdienen.

In der Lobby herrscht sofort Aufregung, als ich aus dem Lift steige. Zu mehr als einer Hose konnte ich mich einfach nicht durchringen, doch mein Erscheinungsbild kann kaum dafür verantwortlich sein – nicht nach gestern.

Eldon errötet, diesmal aus Ehrfurcht, als er mich sieht, und Jonny winkt mir aus der Ferne in seiner Pagenuniform zu. Baylis steht neben ihm, angezogen und ohne das grelle Pink in seinen Haaren. Die Welt scheint fast wieder normal zu sein, bis auf die Tatsache, dass ein neues Poster die Lobby ziert. Es ist eine Vergrößerung der Titelseite der *Sunday Times*. Es zeigt ein Bild von mir – splitternackt, wie ich vor dem Krankenhaus stehe, in das Powell und Curly kurz zuvor eingeliefert wurden. *Londons Nudist Hero*, steht riesig die Headline darüber und ein Artikel, wie ich zwei Teenagern das Leben gerettet habe, in dem ich mich splitternackt und ganz alleine in einem dunklen Hinterhof vier bewaffneten und gewalttätigen Schlägern gestellt habe.

„Mein neuer Haarschnitt kommt auf Fotos ganz schön geil rüber!", lache ich, um meine Rührung zu kaschieren. „Ich glaube, ich werde es ab jetzt immer so tragen! Denkt ihr nicht auch, dass mein Penis ohne Schamhaare etwas länger wirkt?"

Bevor ich weiter Blödsinn labbere, klatscht die Hotelcrew wie auch die Gäste. Wilton legt mir seine beiden Hände auf meine Schultern und nickt, während er mir tief in die Augen sieht. Dann dreht er mich mit dem Rücken zu sich, behält aber seine Hände auf meinen Schultern. „Als dieser junge Mann vor einem Jahr zum ersten Mal nach London reiste, ahnte niemand, welcher Kerl in ihm stecken könnte. Martin Holmström, den ihr alle besser als Bux kennt, hat die vergangene Nacht sein Leben riskiert, um dem Typen das Leben zu retten, von dem er bis dahin glaubte, er habe ihm vor einem Monat die vier Schläger auf den Hals gehetzt. Er rettete dem Typen das Leben, von dem er überzeugt war, er wolle ihn ermorden. Wer von uns würde so etwas tun? Dieser junge Nudist", knöpft mir Wilton meine Hose auf und streift sie mir runter, dass ich erleichtert daraus steige, „hat heute Nacht vier, schon lange polizeilich gesuchte Verbrecher hinter Gitter gebracht. Ja!", umarmt mich Wilton rücklings und presst mich an sich, „dieser junge Mann ist wirklich *Londons Nudist Hero*!" Nur für meine Ohren bestimmt, flüstert er: „Bux, was fällt dir ein, hier im Hotel Kleidung zu tragen! Dass mir das ja nicht mehr vorkommt!"

Vollkommen überwältigt von allem drehe ich mich um, schlinge meine Arme um Wiltons Hals und küsse ihn auf beide Wangen: „Danke!"

„Powell hat sich persönlich bei mir eingesetzt, deine Dispensation vom Wettbewerb aufzuheben. Vielleicht hatte Powell eine Abreibung nötig? Fakt ist, er hat dir verziehen und mehr noch, ich glaube, er schätzt dich mehr, als du vielleicht annimmst und das nicht erst seit gestern."

„Mann!", wische ich mir Tränen aus den Augen. „Es reicht jetzt! Ich will nicht flennen! Verstanden?"

„Noch ein letztes!", hebt Wilton seine Arme. „Liebe Crew, sehr verehrte Gäste, ab heute hat dieses Hotel seinen ersten, vollzeitnackten Mitarbeiter. Bux, du bist unser erster *Nudist at Work*!"

„Wilton hat dich zum *Nudist at Work* ernannt?“, klopft mir Seth immer wieder auf die Schultern, als mich Wilton endlich losgelassen hat. „Bux, wirst du es durchziehen?“

„Mein Praktikum läuft in knapp sechs Wochen aus. Ich denke schon, doch nur falls das Wetter in London weiter mitspielt.“

Eldon stupst mich an: „Bux, um sieben Uhr findet die Wahl zum geilsten Nudisten des Jahres statt. Wilton wollte es nicht vor allen sagen, doch die Jury berät noch, da die Stimmen von drei Teilnehmern beinahe Gleichstand haben und noch immer neue Votings reinkommen. Die Verleihung findet im Country Club statt.“

„Hast du’s gestern getan?“, frage ich den Concierge.

Er schluckt leer und errötet schlagartig.

„Feigling!“, winke ich ab. „Warum nicht?“

„Eldon ist kein Feigling“, stellt sich Cecil neben Eldon, Seth und mich. „Dieses verkorkste Bürschchen stand gestern nach eurem Abgang bis kurz vor Beginn des *World Naked Bike Rides*, an dem er auch teilnahm, nur mit seiner Pagen-Mütze bekleidet neben seinem Pult in der Lounge und repräsentierte mutig die Kampagne.“ Cecil klopft dem knallrot gewordenen Concierge anerkennend auf die Schultern. „Bux!“, sieht diesmal Cecil mich an. „Ich kenne Eldon schon eine Weile. Gestern ist er über seinen Schatten gesprungen und das kostete ihn all seinen Mut. Eldon ist auch ein Held!“

„Mann, cool!“, setze ich mir Eldons Concierge Kappe auf und wuschle in seinen Haaren. „Du hast es voll drauf! Schade, das hätte ich sehr gerne gesehen!“

„Kannst du!“, reicht mir Cecil sein iPad, um mir die Fotos vom nackten Concierge zu zeigen. „Ich habe bestimmt fünfzig Bilder geschossen! Eines davon könnte vielleicht im Sitzungszimmer unser neuer Saftboy werden!“

„Leute, lasst uns aufs Dach hochfahren!“, versucht Eldon uns von den Fotos zu trennen. „Baylis hat mit Jonny zusammen oben eine kleine Party für die Nominierten organisiert“, drängt uns Eldon zu den Liften und drückt den Knopf.

„Nicht so schnell! Cecil, ich will Ausdrucke davon!"

Eldon schiebt uns in den nächsten, ankommenden Lift und wendet sich an Cecil hinter sich.

Kaum im Lift, schält sich Seth aus seiner eigenen Shorts und seinem T-Shirt und zwinkert mir verschwörerisch zu. „*Nudist at Work*, klingt echt gut! Leider ist das als Koch unmöglich, doch ich sagte dir schon, meine Zukunft liegt nicht im Gastgewerbe."

„Hättest du das Eldon zugetraut?", lächle ich über den Mut des Jungen, sich am eigenen Arbeitsplatz von allen angaffen und fotografieren zu lassen.

„Er hat dir immer in allem nachgeeifert. Hast du bemerkt, er hat sich seine Schamhaare genauso gründlich rasiert wie du. Er liebt dich! Er ist dein Fan! Warum wundert es dich so sehr?", legt mir Seth seinen Arm um die Hüften.

Auf der Dachterrasse warten Essex, Pimlico, sowie Justin mit seinen Cowboy-Kumpels auf uns. Da hier schon immer *Clothing optional* galt, sind selbstverständlich alle von ihnen nackt, wie auch einige der Hotelgäste, die um den Grill stehen, an dem Abschlussballkönig und Fokus diverse Würstchen, Spieße und Fleischstücke braten; leider hat noch keiner von diesen beiden den Nudisten in sich zum Leben erweckt. Im Pool plantschen auch welche und fordern mich auf, reinzukommen. Einer von ihnen ist Murray, der an den Beckenrand krault und nackt rausklettert, um mir zur Titelseite der *Sunday Times* zu gratulieren.

Coach schenkt hinter einer provisorischen Bar Getränke aus und winkt mir zu. „Martin, die Polizei will dich nachher verhören."

„Geh schon!", klatscht mir Murray auf den Hintern. „Wir können nachher quatschen und uns gegenseitig angaffen!"

„Sie können sich keinen Reim auf die Vorfälle machen", fährt Coach fort, als er mir ein Glas Fruchtmix reicht. „Bis auf deine Fingerabdrücke sind keine anderen aufgetaucht. Hätte ein *bärtiger Gott* den Schläger geschwungen, selbst mit Handschuhen, hätte er damit wenigstens deine verwischen müssen. Die Polizei will wissen, was wirklich passiert ist. Kennst du einen Anwalt?"

„Ja, den von Simon Hancherow. Ich habe Scott vor ein paar Wochen kennen gelernt. Ist Simon jetzt im Hotel?"

Da Coach nur mit seinen Schultern zuckt, suche ich Eldon, der nach uns hochkam und er bestätigt mir, dass Mister Hancherow wieder offiziell eingecheckt habe und seines Wissens jetzt in seiner Suite weilt.

„Ich bin gleich zurück", winke ich Seth zu und nehme die Treppe, um im Stockwerk darunter an Simons Suite zu klopfen.

„Cousin?", zieht mich Simon in seine Arme. „Ich habe gerade den Artikel in der *Sunday Times* gelesen. Du hast vier gesuchte Schläger dingfest gemacht? Erzähl!"

Was kann ich Simon erzählen, ohne dass er mich für verrückt erklärt? Ich vertusche alles und schreibe meine Kraft dem Bodybuilding und dem Adrenalinschub zu.

„Du hast beobachtet, wie die vier einen von euch Nominierten vergewaltigt haben und wie dein bester Freund bewusstlos daneben lag? Jeder andere wäre geflüchtet. Warum hast du angegriffen? Im Bericht steht, dass die vier Vergewaltiger alle mit Messern und zwei von ihnen sogar mit Pistolen bewaffnet waren. Sie gehören einer berüchtigten Gothic Gang an, die hier in London für einige unaufgeklärte Morde verantwortlich gemacht wird. Die sollen auf Opferungen und alte Rituale stehen, glaubt man der Regenbogenpresse. Hier!", schiebt mir Simon ein paar weitere Tageszeitungen zu. „Auf Seite dreizehn schreibt diese", tippt er ein buntes Cover an, „über die Gang. Am Siebenundzwanzigsten März wurde außerhalb von London, in der Nähe eines noblen Clubhauses für Reiche an einem künstlichen See gelegen, im nahen Wald ein aufgebauter Steinaltar mit zerschnittenen Fesseln neben einem niedergebrannten Feuer gefunden. Ich glaube nicht an Hexensabbate und derlei Kram, doch der Artikel bringt die Gang damit in Verbindung."

„Es gibt mehr als nur vier von ihrer Sorte?", spreche ich aus, was ich längst selbst ahne.

Simon nickt und tippt wieder auf die bunte Zeitung. „Cousin, so gerne du hier in London und in diesem Hotel arbeitest, du bist hier nicht mehr sicher. Gangs wie diese geben erst Ruhe, wenn sie ihre Rache bekommen haben oder wenn sie dabei selbst draufgehen. Die vier im Gefängnis sind nur vier Köpfe dieser Hydra. Vier Köpfe hast du abgehauen, doch inzwischen sind dem Monster bestimmt schon sieben neue gewachsen."

„Seth sprach auch schon von der Hydra und dass ich ihr das Herz rausreißen müsste, um sie wirklich zu besiegen."

„Du kannst dich dieser Gang nicht stellen!", rüttelt mich Simon grob an den Schultern, um meinen Verstand wieder zu aktivieren. „Vergiss es!“

„Ich bin hergekommen, weil ich vielleicht einen Anwalt brauche. Könnte mich Scott vertreten? Die Polizei will mich heute noch zum Tatvorgang verhören.“

„Setz dich oder leg dich oben aufs Bett, du siehst ziemlich mitgenommen aus. Ich rufe Scott sofort an.“ Simon eilt dazu in sein Schlafzimmer.

Wehmütig sehe ich zur Treppe zur Mansarde hoch und entscheide mich, auf der Couch zu bleiben. Diese Mansarde hatte ihre Zeit, doch dieser Traum ist ausgeträumt.

Als Simon nach einer Viertelstunde aus seinem Schlafzimmer zurückkommt, hebt er seinen rechten Daumen. „Scott ist auf dem Weg!“

„Alter!“, mustere ich Simon und klopfe neben mir auf die Couch. „Warum bist du nicht nackt?“

„Scott wird gleich hier auftauchen. Er setzte sich sofort in seinen Wagen, als wir zu telefonieren anfingen.“

„Na und? Gestern bist du nackt durch Londons Innenstadt geradelt. Tausende haben dich dabei gesehen.“

„Aber all die Tausende kennen mich nicht persönlich.“

„Feigling!“

Als sich Simon weiterhin weigert, seine Klamotten abzulegen, stelle ich mich an die Fensterfront und blicke über die Dächer von London. In der Ferne kann ich den *Sharp* ausmachen und das *Eye of London*. Muss ich diese Traumstadt schon bald verlassen? Was, wenn die Hydra meine Fährte schon aufgenommen hat? Im Bericht der *Sunday Times* steht nur mein Spitzname, doch zum Glück weder mein richtiger Name, noch wo ich wohne oder arbeite. Aber bei nur achtzehn offiziell nominierten Nudisten, kann es nicht sehr schwer sein, dieses Hotel und damit mich ausfindig zu machen. Das Voting läuft noch und unter meinem Foto sind alle meine Daten, wie die Orte, wo ich auftrete, abgedruckt. Das letzte Datum ist die Preisverleihung heute Abend.

Es klopft an der Suite und Simon öffnet Scott.

Der Anwalt begrüßt mich, grinst, als er mich nackt sieht und setzt sich auf die Couch. „Martin Holmström, ich hatte in der Vergangenheit schon mit dieser Gang zu tun. Ich stimme Simon zu, du solltest noch heute London verlassen.“

„WAS?“, wirble ich zu Scott herum. „Nein! Das geht nicht!“

„Vorhin sendete ein Privatsender ein Interview mit einem der festgesetzten Gangmitglieder. Der Typ schwafelte erst etwas von einem bärtigen Gott, doch dann beschrieb er dich und wie du Blitze auf sie geschleudert hättest. Zugegeben, niemand wird das glauben, doch damit bringt er den bärtigen Gott mit dir als ein und derselben Person zum Ausdruck. Martin, du bist in Gefahr! Diese Gang wird mit ungeklärten Ritualmorden in Verbindung gebracht. Diese Typen glauben an bärtige Götter!“

„Was?“, schüttle ich meinen Kopf und mir wird gleichzeitig heiß und kalt. „Ich kann hier nicht einfach weg! Nicht jetzt! Nicht heute! In wenigen Stunden ist die Bekanntgabe des Siegers und ich, als einer der achtzehn Nominierten, muss dabei sein. Das ist die letzte Pflichtveranstaltung zum offiziellen ...“

„Mein Mitarbeiter spricht in der Lobby bereits mit Wilton, um den Ort der Siegesehrung kurzfristig zu verlegen. Der Country Club mit Adresse ist als Ausführungsort auf der Homepage erwähnt. Die Polizei wird dort eine Sondereinheit hinschicken, wie auch dieses Hotel bereits überwacht wird. Bux, deine Identität ist bekannt geworden!“

„Ich kann doch nicht einfach aus London flüchten?“

„Du hast kaum eine andere Chance. Diese Gothic Gang ist sehr gefährlich. Jetzt, da vier von ihnen geschnappt sind, wird es bald zur Großfahndung kommen. Die vier stehen noch immer unter Schock und verraten Gang-Geheimnisse. Martin, du bist zwischen die Fronten sehr gefährlicher Leute geraten.“

„Aber ...“, widerspreche ich und verstumme sofort wieder.

„Ich rede unten mit der Polizei und du bleibst am besten hier bei Simon in der Suite.“ Damit lässt mich Scott mit all den schlechten Nachrichten mit Simon alleine, um unten in der Lobby mit Wilton zusammen die Polizei von mir fernzuhalten.

„Passiert das wirklich?“, frage ich Simon, als Scott weg ist.

„Heute Abend um neun Uhr gibt es einen Direktflug von London nach Miami Beach. Ich habe vorsorglich vier Plätze in der ersten Klasse gebucht.“

Mir ist mordsübel bei all den Neuigkeiten. „Ich kann doch nicht einfach nach Miami Beach abhauen? All meine Freunde sind hier in London und überhaupt ...“

„Ich benachrichtige Seth“, wischt Simon meine Bedenken bei Seite.

„Wo ist er?“

„Auf dem Dach auf der Nudisten-Party. Doch so kannst du da nicht rauf!“, nicke ich auf Simons Anzug. Das ist eine Lüge, doch ich muss mich irgendwie abreagieren. „Die lassen dich oben nur nackt rein!“ Augenblicklich zieht sich Simon tatsächlich aus und ich grinse schäbig, doch nur solange, bis Simon auch seine Unterhose ausgezogen hat.

„Cousin, ich lebe meinen Nudismus jetzt wirklich aus“, streckt er mir seine Zunge raus und verlässt nackt seine Suite, um oben Seth zu benachrichtigen.

Miami Beach? Erfüllt sich heute mein Schicksal? War das die letzte Botschaft von Dionysos: *Sei entspannt, doch jederzeit wachsam, um mir ins Unbekannte zu folgen.* Fassungslos über alles, lege ich mich auf die Couch, um nachzudenken. Ich war am siebenundzwanzigsten März im Country Club. Habe ich mir den Altar, den Scheiterhaufen und Essex‘ Entführung doch nicht eingebildet?

Alles begann mit meinen Träumen von Seth, der mir in einem Reisebüro Los Angeles als künftige Wahlheimat schmackhaft machte. Danach musste ich Nudist werden und wanderte dazu nach London aus. Hier begann Dionysos mich Schritt für Schritt umzuwandeln. Aus einem scheuen Typen wurde ein selbstbewusster Mann mit Muskeln und Selbstvertrauen. Muss ich heute noch einen Hexensabbat zerschlagen? *Ich müsse heute noch handeln. Würde ich zögern, wäre das mein Tod.* Abermals eine Warnung von Dionysos, bevor ich selbst für eine kurze Zeit selbst zum Dionysos werden musste, um die vier Verbrecher niederzuschmettern. Sterbe ich wirklich, wenn ich heute London nicht verlasse?

„Ich begleite dich natürlich nach Miami Beach!“, stürmt Seth in Simons Suite. „Bux, du bist mein Lebenspartner. Wo du hin gehst, gehe auch ich hin!“

„Echt?“

„Hast du es schon vergessen?“, boxt mir Seth hart in den Oberarm, als ich mich zu ihm geselle. „Wir sind verheiratet! Dionysos selbst hat uns vermählt und die neun Musen, wie auch die drei Moiren, waren unsere Zeugen. Nur weil wir keine Ringe tauschten, gilt das trotzdem!“

„Echt?“, wiederhole ich wie ein Depp.

„Dein Cousin bespricht alles weitere mit Wilton.“

„Simon ist nicht auf dem Dach?“, wundere ich mich.

„Er informierte mich, nahm dann aber den nächsten Lift in die Lobby runter, um dort Wilton zu treffen."

„Simon ist nackt in der Lobby?"

„Was ist schon dabei? Das warst du doch vor einer Stunde auch!", schüttelt Seth seinen Kopf. „Packen wir nur das nötigste zusammen, Wilton kann uns alles Weitere nachschicken!"

„Du willst wirklich heute Abend mit mir nach Miami Beach abhauen?"

„Bux, wir beide werden eines Tages in Venice Beach leben. So habe ich es in meiner Vision schon oft gesehen. Du doch auch? Miami Beach liegt auf dem direkten Weg dahin!"

„Hast du in meinem geheimen Tagebuch gelesen?"

„Nein! Aber du sprichst gelegentlich im Schlaf, mein Lieber! Los, wir müssen packen!"

In unserer eigenen Suite im siebten Stock herrscht bereits ein wildes Durcheinander, denn Curly, der eben aus dem Krankenhaus eingetroffen ist, wie auch Pimlico, Essex und Coach packen all unsere Sachen aus den Schränken in unsere Koffer. Die silberne Harlekinmaske aus dem Country Club, das rote Lederarmband mit dem Schriftzug: *I am a horny Nudist*, wie auch meine Fotos vom Casting und allerlei anderes persönliches Zeug liegt auf unserem Bett. Mein geheimes Tagebuch kann ich nirgends finden. Vielleicht hat es schon einer in einen der Koffer gestopft. Falls nicht, wird es mir Wilton nachschicken – es ist ja nur ein *geheimes* Tagebuch!

„Ihr nehmt Powell wirklich mit euch?", bestürmt mich Curly. „Ich kann ihn jetzt nicht alleine lassen. Er braucht mich!"

„Was?", überrumpelt mich die neue Botschaft. „Powell wird uns begleiten? Warum das?"

Da taucht auch schon Simon, tatsächlich splitternackt, in unserer Suite mit Wilton im Schlepptau auf. „Ein Helikopter wird uns in einer Stunde vom Dach des Hotels abholen."

„Was?", wiederhole ich immer wieder und bin von all dem Trubel und den ständig neuen Wendungen total überfordert. „Leute, ich habe keine gültige Einreiseerlaubnis für die USA." Es ist das Einzige, was mir gerade einfällt, um diesem Wahnsinn vielleicht ein Ende zu bereiten.

„Scott telefoniert bereits mit der Schweizer Botschaft und kümmert sich darum", hakt sich Simon bei mir unter. „Du, Seth und Powell werdet vorerst bei mir wohnen. Curly wird in der Schweiz alles klären und in ein bis zwei Wochen nachfolgen."

„Was?", frage ich schon wieder.

Wilton zieht mich auf seine Seite. „Bux, du musst aus London verschwinden. Ich werde dich in Miami Beach besuchen kommen, um dir meinen Efeukranz weiterzureichen. Doch alles zu seiner Zeit. Nicht heute und nicht jetzt!"

„Was ist mit der Jury und meinem letzten Auftritt? Zudem will ich wirklich in diesem Hotel als der erste *Nudist at Work…*"

Wilton küsst mich auf die Stirn, da zieht mich bereits Coach zu sich. „Martin, in ein paar Monaten wird sich der aufgewirbelte Staub wieder legen. Ich werde dich vermissen, mein Horny-Boy!" Plötzlich liege ich in Coachs Armen und seine Küsse bedecken mein Gesicht, dann auch meinen Mund. „Ich habe dich sehr lieb gewonnen! Du bist mein Held, jetzt beweise, dass mehr in dir steckt, als du selbst noch erahnst. Eröffne irgendwo im Süden der USA ein Fitnesscenter oder eine Agentur für Nudisten, die Arbeit suchen. Ruf mich an, wenn ich bei dir anfangen kann!", boxt mich der Muskelmann kumpelhaft in die Seite. „Echt, Buddy, dein Körper wird mir sehr fehlen!"

„Was?", gaffe ich Coach verwundert an. „Ich soll …"

„Alles zu seiner Zeit!", zwinkert mir Wilton einmal mehr vieldeutig zu.

Justin hebt seinen Cowboyhut kurz an und grinst mir feist zu. „Dude, wir bleiben in Kontakt! Wilton wird mir deine Adresse später zukommen lassen. Bleib nackt!", boxt auch er mir zum Abschied in die Seite.

Eldon weint, als er nach einer halben Stunde den ersten vollgepackten Koffer mit dem Lift aufs Dach hochbringt. Beim zweiten Koffer begleite ich ihn und fasse im Lift nach seiner linken Hand.

„Eldon, dein Kuss hat mich gerettet. Es war dein Kuss, der mich von der Insel zwischen Leben und Tod zurück in die reale Welt der Lebenden gebracht hat. Dafür danke ich dir! Jetzt möchte ich dich zum Abschied auch küssen." Bevor der unglücklich verliebte Concierge sich wehren kann, küsse ich ihn auf den Mund und als er ihn öffnet, schmusen wir, bis uns Jonny oben aus dem Lift zerrt.

„El, relax! Buxy lädt uns bestimmt mal nach Amerika zu Besuch ein! Oder etwa nicht?"

„Der neue Dionysos braucht Mänaden", tuschelt Wilton und zwinkert mir abermals verstohlen zu.

„Nur, wenn aus euch beiden endlich echte Nudisten geworden sind. Baylis soll es dich lehren und du, Eldon", bohre ich meinen Zeigefinger auf seine Brust, „ich bin sehr stolz auf dich. Werde Mitglied bei den *London Jacks*! Junge, du musst auftauen! Wenn du bereit bist, schicke ich dir eine Einladung!"

„Versprochen", zwinkert mir Eldon zu und wischt sich seine Abschiedstränen aus den Augen.

Essex und Pimlico bringen bald weitere Koffer hoch.

„Wir sehen uns wieder!", gibt mir Pimlico High Five.

Essex kniet sich hin, um meinen Penis zum Abschied zu küssen. „Bux, falls du wirklich eine Firma für Nudisten eröffnest, dann wandere ich auch nach Los Angeles aus!", sieht er mir danach mit seinen ungleichen Augen in die meinen.

„Was? Woher weißt du von meinen Träumen und L.A.?"

„Seth kann ganz schön gesprächig werden, wenn man ihn verwöhnt!", zwinkert mir Essex zu.

„Essex", packe ich ihn bei seinen Schultern. „Halte dich fern von Typen mit platinblondgefärbten Haaren. Lass dich niemals auf irgendwelche Rituale ein!"

„Ja, ja! Logo!", sieht er mich mit verdrehten Augen an.

„Bux, zieh dich endlich an!", winkt mir Seth aufgeregt von der Treppe her zu. „Wir werden in zwanzig Minuten abgeholt!" Zusammen fahren wir im Lift wieder in unsere Suite im siebten Stock hinunter. Ich habe noch nicht all meine persönlichen Sachen, noch meine Papiere oder mein geheimes Tagebuch – das ich noch immer nicht finden konnte! – in die Sportasche vom Country Club gepackt, die ich für mein Handgepäck beiseitegelegt habe, als Seth schon in Jeans und Hemd seine Turnschuhe bindet.

„Alter, wir sehen uns später am Flughafen. Ich komme mit Powell direkt zum Gate!", verschwindet Curly und meine Nudistenfreunde folgen ihm.

Bis auf Wilton haben inzwischen alle die leergeräumte Suite verlassen. „Bux, das ist kein Abschied, das ist bloß ein Neuanfang! Martin Holmström, wer hätte vor einem Jahr gedacht, dass ein im Hyde Park abspritzender Jüngling einen solchen Wirbel veranstalten kann?"

„Du wusstest es! Unsere Begegnung war nie ein Zufall gewesen!“

„Nein, das war sie nicht! Aber das hast du immer geahnt. Wir sehen uns in deinen Träumen, denn deine Ausbildung ist noch nicht abgeschlossen.“

„Danke, für alles!“, schlüpfe ich in eine Boxershorts und danach in Jeans. „Dass ich mich einmal beim Anziehen unwohl fühlen könnte, ist ein Gefühl, dass ich erst noch verarbeiten muss!“

Wilton trägt meine Windjacke und meine Country Club Sporttasche, als wir zusammen mit dem Lift abermals aufs Dach hochfahren. Auf dem Garderobendach neben dem Swimmingpool ist ein Helikopter gelandet und Seth, Eldon und Jonny verladen unsere Koffer darin.

„Sei das Gesicht hinter der Maske! Drücke in deinen Gedanken und Gefühlen, doch vor allem in deinen Taten, die hüllenlose, nackte Wahrheit aus. Reiß dir die Masken vom Gesicht, zerfetze deine Hüllen und zerschmettere deine Hemmungen! Das hört nie auf, doch es wird leichter!“, damit dreht sich Wilton um und lässt mich in den Hubschrauber einsteigen.

Als er kurz darauf mit mir, Seth und Simon vom Dach abhebt und wir über Londons Innenstadt Richtung Themse und danach weiter zum Flughafen fliegen, sehe ich von Seth zu Simon. Auf was lasse ich mich mit den beiden in Amerika ein? Sicher ist, beide gehören zu meinem Leben. Mein Schicksal wurde neu geordnet und unzählige Fäden aus dem Muster gezupft, die da nicht mehr hingehören. Ich bin wirklich wiedergeboren worden. Vieles, woran ich glaubte, hat seine Gültigkeit verloren. Ich bin über unzählige meiner Schatten gesprungen und habe viele Schwellen in neue Möglichkeiten überschritten.

Die Zukunft ängstigt mich, doch ich will sie mit weit geöffneten Armen begrüßen. Ich will nackt und hüllenlos diese tiefe Lust am Lebendigsein auskosten. Wie viele Masken verhüllen noch mein wahres Wesen?

Ich werde es rausfinden müssen!

Ich bin auf dem Weg, das zu werden, was der Wind nicht verwehen kann.

-Ende-

## Danksagung

Herzlichen Dank all meinen Lesern, Fans, Freunden und Verwandten, die nicht müde werden, meinen Geschichten zu lauschen und meine Bücher zu lesen.

Aber auch Dank den Musen, die in immer neuer Form und Verkörperung mich mit ihren Küssen inspirieren und vorwärts treiben.

Manuel Sandrino

**Apollon und Mercury – Wahre Träume leben**

374 Seiten

ISBN print
978-3-86361-379-2

Auch als E-book

Für die meisten Menschen sind Traum und Wirklichkeit vollkommen getrennte Welten, die sich nur sehr selten gegenseitig berühren oder gar beeinflussen. Doch was, wenn sich das plötzlich ändert?

Apollon und Mercury, der eine gerade achtzehn geworden, der andere kurz davor, leiden unter der Sommerhitze. Zum Glück sind bald Ferien! Apollon ist ein eitler Schönling, der Sport liebt und Mercury ist Klassenbester, Boxer und gelegentlich ein Dieb. Beide Jungs leben in Basel, doch sie kennen sich nicht. Beide träumen von Abenteuern, exotischen Welten, Jungs, Sex und den griechischen Göttern.

In ihren Sommerferien machen sich beide auf eine ungewöhnliche Suche nach sich selbst auf, die weit über das Übliche hinausgeht. Doch statt Strand erwartet sie ein ganz anderes Schicksal. Um zu überleben, was es von ihnen fordert, müsse die beiden Jungs ihre mythologischen Träume nicht nur verstehen, sondern auch leben.

Manuel Sandrino

**Apollon und Mercury -**

**Einer muss sterben**

366 Seiten

ISBN print
978-3-86361-385-3

Auch als E-book

Apollon findet in Los Angeles heraus, wer und was er wirklich sein könnte. Als ihn Dionysos verführt und ihm die Schicksalsgöttinnen prophezeien: „Einer muss sterben, so ist es immer!“, kriegt er Panik. Als dann sein Cousin vom Mordanschlag auf seinen Geschäftspartner hört, nimmt das Schicksal seinen Lauf.

Mercurys Freund fällt nach dem Attentat ins Koma. Für den Draufgänger bricht eine Welt zusammen. Plötzlich ergeben die Ratschläge seines Mentors und all die Prüfungen in seinen bizarren Träumen Sinn. In Miami treffen Apollon und Mercury erstmals aufeinander und verlieben sich. Doch für Liebesglück bleibt kaum Zeit. Die Umweltkatastrophen mehren sich. Überall lauert Verrat. Traum und Wirklichkeit überlagen sich immer mehr. Nur wenn die Jungs ihr mythologisches Schicksal annehmen, haben sie eine Chance zu überleben. Sie müssen in die Unterwelt, um Helios zu finden und Mercurys Freund aus dem Koma zu wecken. Jetzt geht es um Leben und Tod: Einer muss sterben, so ist es immer.

**www.himmelstuermer.de**

FSC
www.fsc.org
MIX
Papier | Fördert
gute Waldnutzung
FSC® C083411

Zeitfracht Medien GmbH
Ferdinand-Jühlke-Straße 7
99095 Erfurt, Deutschland
produktsicherheit@kolibri360.de

Druck:
CPI Druckdienstleistungen GmbH
im Auftrag der
Zeitfracht Medien GmbH
Ein Unternehmen der Zeitfracht - Gruppe
Ferdinand-Jühlke-Str. 7
99095 Erfurt